Jutta Krispenz
Literarkritik und Stilstatistik
im Alten Testament

Beihefte zur Zeitschrift für die alttestamentliche Wissenschaft

Herausgegeben von
Otto Kaiser

Band 307

Walter de Gruyter · Berlin · New York
2001

Jutta Krispenz

Literarkritik und Stilstatistik im Alten Testament

Eine Studie zur literarkritischen Methode,
durchgeführt an Texten aus den Büchern
Jeremia, Ezechiel und 1 Könige

Walter de Gruyter · Berlin · New York

2001

♾ Gedruckt auf säurefreiem Papier,
das die US-ANSI-Norm über Haltbarkeit erfüllt.

Die Deutsche Bibliothek — CIP-Einheitsaufnahme

Krispenz, Jutta:
Literarkritik und Stilstatistik im Alten Testament : eine Studie zur
literarkritischen Methode, durchgeführt an Texten aus den Büchern
Jeremia, Ezechiel und 1 Könige / Jutta Krispenz. — Berlin ; New
York : de Gruyter, 2001
(Beihefte zur Zeitschrift für die alttestamentliche Wissenschaft ;
Bd. 307)
Zugl. Marburg, Univ., Habil.-Schr., 2000
ISBN 3-11-017057-4

Printed in Germany
Umschlaggestaltung: Christopher Schneider, Berlin
Druck und buchbinderische Verarbeitung: Hubert & Co., Göttingen

Vorwort

Die vorliegende Arbeit ist im Sommersemester 2000 von der Theologischen Fakultät der Philipps-Universität Marburg als Habilitationsschrift angenommen worden. Für den Druck wurde sie geringfügig überarbeitet.

Mein erster Dank gilt meinem verehrten Lehrer, Herrn Prof. J. Jeremias, der den langen Entstehungsprozess der Arbeit von der Themensuche bis zum Abschluss mit Interesse, Anteilnahme und großer Geduld begleitet und mehr als jeder andere durch Kritik und Ansporn gefördert hat. Herrn Prof. R. Kessler (Marburg) danke ich für die Übernahme des Zweitgutachtens. Herr Prof. Dr. R. Bartelmus (Kiel) hat mich im Vorfeld des Habilitationsverfahrens zu einigen Verdeutlichungen ermutigt, darüber hinaus hat er die Arbeit in diesem Verfahren begutachtet. Den literaturwissenschaftlichen Teil der Arbeit hat Frau Prof. A. Heitmann vom Institut für nordische Philologie und germanische Altertumskunde der Universität München begutachtet. Ihr danke ich ganz besonders dafür, dass sie mich auf den russischen Semiotiker M. M. Bachtin aufmerksam gemacht hat. Herrn Prof. C. Levin (München) danke ich für die Erstellung eines Stipendiengutachtens.

Mit Herrn Dr. M. Wiseman, Statistikberater am Leibniz-Rechenzentrum der Bayerischen Akademie der Wissenschaften, habe ich mehrmals Konzept und Durchführung der zentralen statistischen Tests besprochen. Er hat mir auch bei Problemen mit dem Statistikprogramm weitergeholfen. Mit Fragen, die im Laufe der Einarbeitung in statistische Vorgehensweisen - besonders auf der mathematischen Seite - auftraten, konnte ich mich an meinen Mann, Ludwig Krispenz, wenden, der außerdem bei der Literaturbeschaffung behilflich war.

Im Kolloquium der HSP III-Stipendiatinnen an der Universität München - initiiert von Frau Prof. Dr. H. Bußmann und fortgeführt von Frau Dr. E. Ziegler – hatte ich die Möglichkeit, die Grundgedanken meiner Arbeit vorzutragen und in einem Kreis von Wissenschaftlerinnen verschiedener Fachrichtungen zu diskutieren. Eine entsprechende Möglichkeit bot mit innerhalb der Theologie das Doktorandenkolloquium des Fachgebietes Altes Testament an der Universität Marburg.

Bei der Erarbeitung der Druckfassung konnte ich auf Anmerkungen und Korrekturvorschlägen zurückgreifen. Ich danke in diesem Zusammenhang Herrn Prof. W. W. Müller (Marburg), Herrn Prof. M. Köckert (Berlin), Herrn Dr. F. Hartenstein (Marburg) und Herrn A. Günther (Tübingen) sehr herzlich für die Genauigkeit, mit der sie meine Arbeit gelesen haben und dafür, dass sie mir ihre Beobachtungen mitgeteilt haben. Für Hilfe beim Korrekturlesen danke ich meiner Mutter, E. Pichler, und meinem Mann, L. Krispenz.

Dem Verlag Nishen Kommunikation (Berlin) danke ich für die freundliche Erteilung der Abdruckerlaubnis für A. L. Kiellands Novelle „Karen".

Ganz besonders danke ich Herrn Prof. Dr. Dres. h. c. O. Kaiser für die Bereitschaft, meine Arbeit in die Reihe der Beihefte zur Zeitschrift für die Alttestamentliche Wissenschaft aufzunehmen.

Dachau, im Mai 2001   J. Krispenz

Inhalt

1   Einleitung.. 1

2   Überlegungen zur Methode................................. 7

2.1   Literarkritik.. 7
2.1.1   Der Ort der Literarkritik in der Exegese................. 7
2.1.2   Literarkritik – Problem und Prozedur.................... 10
2.1.2.1   Literarkritische Kriterien zur Feststellung von Diskontinuitäten
            im Textverlauf.. 12
2.1.2.2   Zur Ambivalenz in der Deutung von Diskontinuitäten in
            Texten... 15
2.1.2.3   Stilistisch begründete Diskontinuitäten. Georg Trakls „Grodek"
            und Alexander L. Kiellands „Karen"....................... 16
            Grodek (Georg Trakl, 1914).............................. 16
            Karen (Alexander L. Kielland, 1870)..................... 19
2.1.2.4   Zur Berechtigung literarkritischer Operationen. Ein Beispiel
            aus der Lehre des Ptahhotep................................ 23
2.1.2.5   Folgerungen... 28

2.2   Stilistik... 29
2.2.1   Hermeneutik.. 31
2.2.2   Literaturtheorien – literarische Ästhetik.................. 33
2.2.2.1   Werkinterpretation und New Criticism...................... 35
            Exkurs: Wirkungen des New Criticism....................... 36
2.2.2.2   Strukturales Textverständnis. Russischer Formalismus – Prager
            Strukturalismus – Semiotik................................. 39
            Exkurs: M. M. Bachtin – Semiotik zwischen Formalismus und
            Postmoderne... 41
2.2.2.3   Poststrukturalismus: Dekonstruktion und Intertextualität.... 43
2.2.2.4   Literaturtheoretische Voraussetzungen der Untersuchung...... 46
2.2.3   Rhetorik – Poetik – Stilistik.............................. 47
2.2.4   Individualstil – Sozialstil – Epochenstil – Funktionalstil... 50
2.2.5   Stilistik und Grammatik. Der Weg zu den Merkmalen........... 53
2.2.6   Zwischenbilanz.. 57

3   Stilstatistische Textuntersuchung... 59

3.1   Zu Konzept und Rahmen der Untersuchung.............................. 59

3.2   Zu den Texten... 61
3.2.1   Die Auswahl der Texte... 61
3.2.2   Zum exegetischen Problemhorizont der Texte........................ 63
         Exkurs: Poesie und Prosa... 66

3.3   Stilstatistik und „Authorship Studies".................................... 73
3.3.1   Augustus De Morgan.. 73
3.3.2   Frederick Mosteller und David L. Wallace............................. 74
3.3.3   Anthony Kenny, Kim Paffenroth und Kenneth J. Neumann....... 76
3.3.4   Andrew Q. Morton und Donald W. Foster............................... 80
3.3.5   Yehuda T. Radday.. 85

3.4   Rahmenbedingungen... 92
3.4.1   Besonderheiten alttestamentlicher Literatur............................ 92
3.4.2   Rahmenbedingungen für die statistische Untersuchung............ 98
3.4.2.1 Die Segmentierung der Texte.. 98
3.4.2.2 Die Merkmale.. 99
3.4.2.3 Kriterien „klassischer" Literarkritik.. 109
         Exkurs: Zu Fisher's exact test... 112

3.5   Vorbereitungen zur Clusteranalyse... 116
3.5.1   Beschreibung der Clusteranalyse.. 116
3.5.2   Datenerhebung.. 122

3.6   Durchführung der Clusteranalyse.. 127
3.6.1   Ausschluss aller Texte mit weniger als 100 Wörtern................. 127
3.6.2   Korrelation zwischen Merkmalen.. 129
3.6.3   Clusteranalysen zu den Texten.. 131
3.6.3.1 Zum Verständnis der Dendrogramme...................................... 131
3.6.3.2 Extreme Fälle.. 133
3.6.3.3 Die verbleibenden Texte... 136
3.6.3.4 Zwei Textgruppen. Jer 28,12-17 / Jer 29,24-32 und 1 Kön 13.... 141
         Jer 28,12-17 / Jer 29,24-32... 142
         1 Kön 13... 156
3.6.3.5 Die Heterogenität der Texte – Wie verändern literarkritische
         Operationen das Ergebnis der Clusteranalysen?...................... 167

4	Ertrag	173
4.1	Einschätzung des literarkritischen Ertrages	173
4.2	Die Clusteranalyse als Verfahren für die Literarkritik	175
4.3	Methodologischer Ertrag	178
4.4	Vom Pilotprojekt zum Verfahren	187
5.	Anhang	191
5.1	Alexander L. Kielland: Karen	191
5.2	Rohdaten	198
5.3	Normierte Daten	199
5.4	Dendrogramme	200
5.5	Übersicht über direkte Verbindungen zwischen Texten	212
	Abkürzungen	216
	Literatur	216
	Abbildungen	241
	Register	244
	Begriffe und antike Namen	244
	Autorennamen	247
	Bibelstellen	249

1 Einleitung

*Die westliche Gesellschaft ist so sehr auf
den großen Gott „Meinung" fixiert, dass
sie zu vergessen beginnt: Es gibt auch so
etwas wie Wahrheit.* (Keith Jarret)

Von dem Mathematiker Leopold Kronecker (1823-1891) stammt der Satz:
„Die ganzen Zahlen hat der liebe Gott gemacht, alles andere ist Menschen-
werk"[1]. Theologen mag dieser Satz angenehm klingen; bescheiden scheint
hier ein Mathematiker sein Fach auf ein essentielles Minimum zurückzuführen und diesem Minimum noch abzusprechen, dass es durch menschliche
Leistung erreicht worden sei: Das Wesentliche scheint hier demütig von Gott
empfangen zu sein, alles vom Autor des Satzes geschaffene demgegenüber
zweitrangig, wenn nicht gar minderwertig. Der Schein trügt. Kronecker stellt
darin vielmehr seine eigene Überzeugung, dass alle Mathematik sich auf
arithmetische Operationen mit ganzen Zahlen zurückführen ließe, quasi unter
göttlichen Schutz und verwendet so Gott als Schlagetotargument, um z.B. in
seiner Auseinandersetzung mit Georg Cantor (1845-1918) dessen
mathematische Leistungen herabzumindern[2]. So darf Theologen angesichts
der von Kronecker geäußerten Form von Frömmigkeit allerdings unwohl
werden. Die Anekdote lässt sich einordnen in die lange Reihe der Missverständnisse, die das Verhältnis zwischen christlicher Theologie und Mathematik durch ihre gemeinsame Geschichte begleiten, einer oft genug traurigen
Geschichte, die wenigstens bis auf Raimundus Lullus (1232-1316) zurück-
reicht - wobei über Jahrhunderte hinweg zumeist die mathematische Seite an
der Traurigkeit zu tragen hatte.
Die Gründe für die Missverständnisse mögen vielfältig sein, ein Problem-
punkt ist gewiss das unterschiedliche Verständnis des Adjektivs „wahr" in
Mathematik und Theologie. Bei der Verwendung dieses Adjektivs (und
seiner Verwandten) wurde von Exegeten öfter übersehen, dass die mathematische Bedeutungsvariante des Wortes „wahr" keine Übereinstimmung mit einer außermathematischen Realität kennt. Exegetisches Bemühen hat gerade
die möglichst große Übereinstimmung mit der historischen Realität des Textes zum Ziel: „Wahr" ist diejenige Exegese, die den Text - oder gar den
Autor - so versteht, wie er - der Text oder der Autor - sich selbst versteht.

---

1   Zitiert nach Purkert in Wußing/Arnold, S. 437. Vgl. Weber, S.15.
2   Cantor gilt als Begründer der Mengenlehre.

Dass es sich dabei um ein letztlich unerreichbares Ziel handelt, ist klar und braucht nicht weiter diskutiert werden. Exegese arbeitet, so gesehen, stets mit Näherungswerten, daran würden auch mathematische Prozeduren nichts ändern. In diesem Sinne ist es wenig sinnvoll, eher eines der Missverständnisse zwischen den Disziplinen, wenn exegetischen Ergebnissen „mathematische Gewissheit" nachgesagt wird. Die kann nur bedeuten, dass die durchgeführten Prozeduren in sich stimmig sind und korrekt durchgeführt wurden, nicht aber, dass das Ergebnis irgendeine „Bedeutung" hat, die in der Realität ihren Rückhalt hätte. Die Aussage Kants, wonach zufällige Geschichtswahrheiten der Grund für ewige Vernunftwahrheiten niemals werden können, gilt so gesehen, auch umgekehrt: Historische Tatsachen lassen sich durch die „ewigen Vernunftwahrheiten" mathematischer Logik nicht beweisen.

Worauf also will die auf diesen Seiten beginnende Arbeit hinaus, die bereits im Titel auf so unterschiedliche, ja möglicherweise auseinanderstrebende, vielleicht gar einander widersprechende Disziplinen sich bezieht? Die Untersuchung zielt darauf, für die Argumentationen des Methodenschrittes Literarkritik neue, bessere Möglichkeiten zu eröffnen. Die Suche nach neuen Möglichkeiten wird angestoßen durch den Eindruck, die Literarkritik könnte durch die in ihr traditionelle Argumentationsweise zu Ergebnissen gelangen, die falsch sind, ohne dass dies im Rahmen der Methode erkennbar würde. Dieser Zusammenhang wird im Abschnitt über Literarkritik ausführlicher dargestellt. Ebenfalls dort, vor allem aber im Abschnitt über Stilstatistik wird zu erläutern sein, warum und wie statistische Operationen die Zuverlässigkeit und Durchschaubarkeit literarkritischer Entscheidungen steigern können.

Durch diese Überlegungen hindurch, die den Kern der Arbeit bilden werden, und über sie hinaus zielt die Arbeit darauf, alttestamentliche Texte verstehen zu können, nicht bloß intuitiv und mit „privater" Gültigkeit, sondern in einer Weise, die den Akt des Verstehens in die Überlegungen mit einbezieht und deren Anliegen es ist, die Texte auf dem Weg über rationale und transparente Argumentation zu erschließen, so dass sie dem Leser unserer Zeit zugänglich werden als historische Texte, über deren Bedeutsamkeit im existentiellen Sinne der Leser selbst und eigens zu befinden hat. Die inhaltlichen Widerstände, die Texte des AT für heutige Leser bieten, aus dem Weg zu räumen, ist nicht Ziel dieser Arbeit.

Vorausgesetzt wird eine Vorstellung vom Verstehensprozess, der sich zwischen dem Textproduzenten und seinen antiken wie modernen Lesern abspielt und sich folgendermaßen beschreiben lässt[3]: Der Textproduzent wollte mit dem Text etwas aussagen. Diese „*intentio auctoris*" ist nicht mehr fassbar, außer in dem Maße, in dem sie im Text aufgegangen ist. Als „*intentio operis*" ist sie den Hörern oder Lesern des Textes zugänglich, sofern

---

3   Vgl. Eco (1995), S. 54 f.

diese die Voraussetzungen zum Verständnis des Textes überhaupt und zum Verständnis alttestamentlicher Texte mitbringen. Unter diesen Bedingungen können die Leser dem Text potentiell unendlich viele Bedeutungen entnehmen, aber - und das ist entscheidend - nicht beliebige Bedeutungen, wie Eco gegenüber den von ihm „hermetisch" genannten Ansätzen - ein Begriff, hinter dem unschwer u.a. poststrukturalistische Ansätze zu erkennen sind - betont[4]. Ein Bild mag den Unterschied zwischen „unendlich viel" und „beliebig" verdeutlichen: Auf einer Kreislinie befinden sich unendlich viele Punkte, aber nicht jeder beliebige. In ähnlicher Weise lässt der Text dem Verstehen nur einen - von Text zu Text je unterschiedlich weiten - Spielraum. Innerhalb dieses Spielraumes wird das Verstehen des Textes geleitet von der Gebundenheit des Lesers an seine soziokulturellen Voraussetzungen sowie seiner Kenntnis von der Welt des Textes[5] und vom Text selbst. Das heißt, wenn auch die vom Leser mitgebrachten Vorstellungen das Verständnis des Textes mitformen, so können sie das nur innerhalb des Rahmens von Bedeutungsmöglichkeiten, die der Text selbst vorgibt. Ein Verständnis, dass sich aus diesem Rahmen heraus bewegt, ist ein Missverständnis.

So schwierig es auch immer sein mag, den vom Text gegebenen Verstehensrahmen zu ergründen oder „falsches" Verstehen vom „richtigen" zu unterscheiden, wer methodisch gesicherte Exegese betreiben will, muss darauf vertrauen, dass es möglich ist, den Text als Realität außerhalb des Exegeten wahrzunehmen. Wer Bibeltexte als theologisch bestimmende Größen auffasst, wird nicht davon ausgehen können, dass deren Verständnis durch die Sozialisation des Lesers bereits vollständig determiniert oder beliebig ist.

Die vorliegende Untersuchung vertraut auf die Möglichkeit, Texte als fremde Realität zu begreifen, und rechnet mit der Möglichkeit, dass Texte einen Entstehungsprozess widerspiegeln können, der sich eventuell über einen

---

4   Eco (1995), S. 77 schreibt hierzu: „Über oft nicht feststellbare Einflüsse liegt die hermetische Tradition jeder Interpretation zugrunde, für die der Text nichts ist als die Kette der Reaktionen, die er produziert, in einer Einstellung, für die ein Text - wie Todorov (...),der eine maliziöse Bemerkung Lichtenbergs über Böhme zitiert, ebenso maliziös bemerkt - nur so etwas darstellt, wie ein Picknick, zu dem der Autor die Wörter beisteuert und die Leser den Sinn"

5   Die Eigenwelt des Textes reflektiert Ricœur: „ The term *appropriation* underlines two additional features. One of the aims of all hermeneutics is to struggle against cultural distance. This struggle can be understood in purely temporal terms as a struggle against secular estrangement, or in more genuinely hermeneutical terms as a struggle against the estrangement from meaning itself, that is, , from the system of values upon which the text is based. In this sense, interpretation ‚brings together,' ‚equalizes,' renders ‚contemporary and similar,' thus genuinely making one's *own* what was initially *alien*." (Ricœur, What Is a Text?, S. 119).

längeren Zeitraum erstreckt und den es zuerst zu erschließen gilt. Sie hält
darum methodisch reflektiertes Umgehen mit den Texten für nützlich, notwendig, letztlich unabdingbar. Im Unterschied zur Bedeutung und der
Geschichte des Textes, die in gewissem Maße festliegen, selbst wenn es uns
niemals gelänge, sie adäquat zu erfassen, ist die Methode, mit deren Hilfe die
Bedeutung erschlossen werden soll, nicht von Anfang an festgelegt. Sie ist
ein Werkzeug, das nach Zweckmäßigkeit gewählt, verändert oder ausge-
tauscht werden kann und das erprobt, geprüft und kritisch reflektiert sein
will. Der Hauptteil der Untersuchung[6] will sich dieser Aufgabe unterziehen:
Die literarkritische Methode wird einer kritischen Sichtung unterworfen.
Einige gängige Argumentationsweisen werden sich als problematisch erweisen. Dabei wird die Analyse der einzelnen Methodenschritte zeigen, dass
innerhalb der Methode derjenige Schritt, der Textabschnitte bestimmten
Quellen zuordnet, vom Exegeten schon immer statistische Methoden ver-
langte. Weil das so ist, weil außerdem Literarkritik an Texten des Alten
Testamentes an dieser Stelle bisher so gut wie nie bewusst und fachgerecht
statistisch durchgeführt wurde, wird die Analyse und kritische Sichtung der
literarkritischen Methode ergänzt durch eine exemplarische Erprobung eines
statistischen Verfahrens, das zum Ziel hat, Texte so zu gruppieren, wie man
es grundsätzlich tun muss, wenn man anonyme Texte nach ihrer Herkunft
sortieren will.
Die Abschnitte „3.3 Stilstatistik und Authorship Studies" und „3.5 Vorbereitung der Clusteranalyse" dienen in diesem Zusammenhang der Transparenz der Argumentation und der Bequemlichkeit des Lesers: Hier werden
Informationen bereitgestellt, die es dem Leser ermöglichen sollen, das
probeweise durchgeführte Verfahren kennen zu lernen und auf dem Hintergrund bereits durchgeführter stilstatistischer Untersuchungen einzuschätzen.
 Dass der Erläuterung der Clusteranalyse vergleichsweise breiter Raum
gewidmet ist, ist dem Wunsch geschuldet, die gewählte Prozedur dem Leser
mit   geringen   statistischen   Vorkenntnissen   verständlich   zu   machen.
Wenngleich die Clusteranalyse als Verfahren mit Bedacht gewählt wurde,
und obwohl die Behauptung, bei dem methodischen Schritt der Zuordnung
von Texten zu Gruppen gleicher Herkunft seien statistische Vorgehensweisen
unausweichlich, zu den Thesen dieser Arbeit gezählt werden kann, ist das
spezielle Verfahren der Clusteranalyse doch sicher nicht als alleiniges Heil-
mittel für alle Malaisen der Literarkritik zu verstehen.
So ist es auch zu verstehen, wenn im Untersuchungsteil mit verschiedenen
Ausprägungen einer statistischen Prozedur gearbeitet wird, die jeweils unterschiedliche Ergebnisse zutage bringen. Dieses Vorgehen soll dazu dienen,
dem Leser die Möglichkeiten und auch die Schwierigkeiten bei der Verwen-

---

6   Die Teile „2 Überlegungen zur Methode" und „3 Stilstatistische Textuntersuchung".

dung statistischer Methoden erkennbar werden zu lassen. Es geht darum, Methoden auszuprobieren, nicht darum, einen Bedeutungsaspekt oder die Geschichte der Texte als beliebig darzustellen. Die Arbeit begreift sich als Pilotstudie und legt den Schwerpunkt auf das Erkunden der methodischen Wege, nicht so sehr auf das exegetische Ergebnis, das bei einer solchen Untersuchung nur vorläufigen, tentativen Charakter haben kann.

Wenn diese letzte Aussage im Widerspruch zu stehen scheint zu dem oben mit leichter Emphase vorgetragenen ferneren Ziel, das Textverständnis zu fördern, so hat dieser Anschein seine Ursache nicht zuletzt darin, dass „Methode" ein in der Exegese vernachlässigtes Gebiet ist. Manchem Exegeten scheint der inhaltliche, möglichst theologisch relevante Ertrag seiner Untersuchungen wichtiger zu sein als die Verlässlichkeit, die schlichte handwerkliche Solidität seines Vorgehens. Aber das eine ist ohne das andere nicht zu haben: Wenn die theologischen Aussagen, die in den Texten gefunden wurden, dort nur mit Hilfe von Methoden gefunden werden können, die z.B. dem Stand heutiger Textwissenschaft nicht mehr entsprechen, dann wird der exegetische Ertrag u.U. wertlos, die Exegese, die sie hervorbrachte, verliert das Vertrauen der Leser, und letztlich wird ein solcher Vertrauensverlust auf die Glaubwürdigkeit der Theologie als Wissenschaft zurückwirken. Weil und solange biblische Exegese sich als Wissenschaft unter anderen Wissenschaften sieht, muss sie die grundlegenden Voraussetzungen erfüllen, die an eine Wissenschaft gestellt werden. Zu denen zählt unter anderem, dass sie mit einer nachvollziehbaren Methode vorgehen muss und diese Methode reflektiert[7]. Diese Anforderung hängt eng mit dem Wahrheitsanspruch einer Wissenschaft zusammen: Auch wenn die Bedeutungen, die „wahr" in unterschiedlichen Wissenschaftsdisziplinen beigelegt wird, variieren, so vertrauen doch alle diese Varianten darauf, dass es annähernd und vielleicht auch nie ganz erreichbar eine „Wahrheit" gibt, so etwas wie Identität mit einer als existent angenommenen Realität, über die Menschen sich verständigen können, obgleich ihre Unterschiedlichkeit ihnen eigentlich doch funktionierende Kommunikation unmöglich machen könnte, und obgleich die Existenz einer allgemein verbindlichen Realität - und was anderes sollte das Minimum von „Wahrheit" sein? - sich in gar keiner Weise beweisen lässt, schon gar nicht in mathematischer, denn die Mathematik verbindet ein Maximum an Exaktheit mit einem Minimum an Realitätsbezug und bildet in dieser Weise einen Gegenpol zu Historie und Literatur. Das vorausgesetzte Vertrauen auf diesen Konvergenzpunkt menschlichen Erkenntnisstrebens rechtfertigt es dann auch, Methoden aus unterschiedlichen Disziplinen in die Überlegungen einzubeziehen, obwohl die Disziplinen - es handelt sich neben der biblischen Exegese um Statistik und Literaturwissenschaft - für sich auf

---

7 Zu diesem Zusammenhang vgl. auch Pugliese, S. 17f.

je eigene Weise beschreiben können, was in ihnen als „wahr" zu gelten habe. Die entsprechenden Einsichten und Prozeduren müssen allerdings gerade in ihrem unterschiedlichen Geltungsanspruch ernst genommen werden. Das wird besonders für die Übergänge von einem Bereich zum anderen wichtig werden, und hier werden besonders der Übergang von exegetisch beobachteten Phänomenen zu statistischen Daten und der von statistischen Ergebnissen zum exegetischen Ertrag neuralgische Punkte sein, die besonderer Aufmerksamkeit bedürfen: Die Arten von „Wahrheit", mit denen wir zu tun haben, dürfen nicht verwechselt werden mit jenem unerreichbaren Konvergenzpunkt. Und doch entbindet alle Vorläufigkeit und Begrenztheit nicht von der Pflicht, so klar, präzise und beharrlich wie möglich Fragen zu stellen und Wege für Antworten zu erkunden.

2 Überlegungen zur Methode

2.1 Literarkritik

2.1.1 Der Ort der Literarkritik in der Exegese

Unter denjenigen Auslegern des AT, die Exegese des AT im Rahmen und mit den Methoden historisch-kritischer Forschung betreiben[1], herrscht der Konsens, dass die meisten Texte, die uns im AT überliefert sind, über eine bestimmte Zeitspanne hinweg nach ihrer ersten Niederschrift verändert worden sind.[2] Ja solches Verändern der Texte soll derart häufig vorgekommen sein, dass die Regelvermutung gegenüber einem Text des AT lauten muss, dass dieser Text möglicherweise nicht von einem Autor niedergeschrieben und dann wortgetreu durch die Jahrhunderte hindurch überliefert wurde. Allerdings wird für einen großen Teil der Überlieferungszeit angenommen, dass die Arbeit des Herübertransportierens in die eigene Welt der jeweiligen Tradenten keine Spuren mehr im Text hinterlassen hat: Es gibt in der Geschichte der Texte einen Zeitraum, von dem an die Auslegung den Innenbereich der Texte verlässt, für die Texte keine äußerlich verändernde Kraft mehr hat. Es sieht so aus, als wäre dieser Zeitraum für alle Texte des AT etwa der gleiche gewesen, so dass die früher verfassten Texte der Möglichkeit der Veränderung über einen längeren Zeitraum ausgesetzt gewesen wären als die späteren, was allerdings nicht heißen muss, dass ältere Texte stärker verändert sein müssen als jüngere.

Ab einem Zeitpunkt, für dessen Festlegung die Texte aus Qumran einen frühen, der Codex Leningradensis wohl den spätesten möglichen Wert bieten[3], sinken die Änderungen an den Texten so stark ab, dass man von einem

---

1 Andere Ansätze werden nicht berücksichtigt, da außerhalb der historisch- kritischen Exegese derzeit keine Ansätze existieren, die es ermöglichen, Exegesen in wissenschaftlicher, d.h. interdiskursiv vermittelbarer Weise durchzuführen.

2 Wie wenig das mit „Fälschung" im modernen Sinn des Wortes zu tun hat, zeigt Fuhrmann, S. 195 ff. am Beispiel von „Fälschungen" im Mittelalter auf.

3 Die beiden genannten Punkte stellen nicht obere und untere Grenze des Zeitraumes dar. Schon die Qumrantexte legen eine recht große Konstanz der Texttradition nahe, ab dem Codex Leningradensis ist diese nicht mehr von der Hand zu weisen. Dass auch nach dem Mittelalter und bis in unsere Tage unterschiedliche Textformen nebeneinander existieren und verwendet werden, sollte dabei freilich nicht vergessen werden. Dennoch gilt für den Hauptstrom alttestamentlicher Textüberlieferung unserer Tage, dass in ihm

festliegenden, unveränderbaren Text sprechen kann. Dass dieser Vorgang in direktem Zusammenhang mit der Ausbildung des Kanons steht, ist wahrscheinlich, zumindest muss die Kanonbildung[4] der *terminus quo ante* für den Abschluss der direkten Arbeit in den Texten sein: Einen Text als verbindlichen Text auszuwählen ist nur dann sinnvoll, wenn dieser Text nicht mehr beliebig verändert werden kann. Ab der „Erstarrung" der Texte in einer kanonischen Form produzieren die im Ideal stets gleichbleibenden Texte nur noch neue, separate Texte, die sich, wie der hier vorliegende, z.B. mit jener Zeit der Veränderungen innerhalb der Texte und mit den Veränderungen selbst beschäftigen. Die Methode, die sich mit den Veränderungen der Texte beschäftigt, ist die Literarkritik. Sie ist zugleich die erste eigene Methode der historisch-kritischen Exegese gewesen und hat in ihr bis zum heutigen Tag zentrale Bedeutung, hängen doch alle anderen z.T. später hinzugekommenen Schritte mit ihr zusammen:

• Textkritik und Literarkritik gehen nicht selten ineinander über[5].

• Die Formgeschichte, die als Methode gegenüber den anderen Methodenschritten sehr eigenständige Züge hat[6], begrenzt die Möglichkeit literarkritischer Scheidungen dergestalt, dass ein Textabschnitt, der als Exemplar einer Gattung / Textsorte erkannt ist auch dann nicht zerteilt werden kann, wenn er als Text auf heutige Leser einen inkonsistenten Eindruck macht.

• Die Traditionsgeschichte hängt von literarkritischen Vorentscheidungen vollständig ab.

• Bei der Klärung der historischen Rahmenbedingungen der Texte ist der Exeget nur zu oft wieder auf alttestamentliche Texte verwiesen, die erst dann sinnvoll genutzt werden können, wenn sie in ihrem geschichtlichen Zueinander geklärt sind[7]

---

zumindest der Anspruch texttreuer Überlieferung eine so große Rolle spielt, dass direkte Änderungen des Textes in den Textausgaben nicht in Frage kommen.

4   Mit „Kanonbildung" ist hier stärker die Festlegung eines verbindlichen Textes gemeint als die Zusammenstellung von Schriften mit verbindlichem Charakter.

5   Vgl. Stipp (1992), S. 1, Stipp (1990).

6   Formgeschichte arbeitet - anders als der Name suggeriert - zumeist nicht historisch: Bisher ist es nur selten gelungen, im AT wirklich die „Geschichte" einer literarischen Form nachzuzeichnen, was sicher damit zusammenhängt, dass die Textbasis, welche die Schriften des AT darstellen, für ein solches Unterfangen oft zu gering ist.

7   Die Archäologie Palästinas und Syriens stellt freilich eine historisch weitaus verlässlichere Informationsquelle dar. Allerdings haben archäologische Befunde gewöhnlich einen deutlich weniger ausdrücklichen Informationsgehalt, sind stark von Interpretationen abhängig. Dass dies selbst bei Inschriften der Fall sein kann, zeigt die Diskussion um die Tell-Dan Inschrift. Einen Eindruck von dieser Diskussion vermitteln die in den „Biblischen Notizen" erschienen Beiträge von Knauf/de Pury, Becking, Lehmann/ Reichel und Mulzer mit der dort zitierten Literatur. Zur Methode der Verwendung von Bibeltexten und archäologischen Ergebnissen zur Klärung historischer Zusammenhänge vgl. Fritz, (1996b).

• Redaktionsgeschichte ist von Literarkritik nur in der Fragerichtung (vom Endtext ausgehend) und in einigen Vorannahmen (z.B., dass die Redaktion einen sinnvollen Text produziert) unterschieden. Im Grunde ist sie eine methodische Variante zur Literarkritik.

Weil die Literarkritik in dieser Weise im Methodenkanon zentral ist, wirken sich Probleme und Unstimmigkeiten in diesem Teilgebiet der Exegese auf alle anderen Gebiete aus.

Die Divergenzen in den Ergebnissen literarkritischer Arbeit haben - zumindest stellenweise - Ausmaße erreicht, die eigentlich nicht mehr akzeptabel sein können[8]. Dabei kann das Nebeneinander zweier Leserichtungen in der Exegese für die Schwierigkeiten nicht verantwortlich sein: Bei richtiger methodischer Durchführung müsste die Leserichtung, die vom Endtext aus sich zu den Teiltexten zurückbewegt („*top down*" - die Leserichtung der Redaktionsgeschichte) zu denselben Ergebnissen gelangen wie die umgekehrt von den erschlossenen Teiltexten zum Endtext („*bottom up*" - die Leserichtung der Literarkritik) voranschreitende Leserichtung: Es gibt eine „wahre" Textgeschichte, auch wenn wir sie noch nicht kennen sollten[9]. Und beide Leserichtungen stützen sich auf dieselben Prozeduren und Argumentationsstrukturen, so dass keine der anderen grundsätzlich die Möglichkeit absprechen kann, richtige Ergebnisse zu erzielen[10].

Allen literarkritischen und redaktionsgeschichtlichen Ansätzen ist die Grundannahme gemeinsam, dass die Texte einen Entwicklungsprozess hinter sich haben, der sich den Texten noch entnehmen lässt. Der Vorgang der Rekonstruktion der Textgeschichte stützt sich dabei auf eine, bestimmten Kriterien verpflichtete, Untergliederung des Ausgangstextes, die, in einem weiteren Schritt, mit einer diachronen Struktur verbunden wird. Dem untergliederten Text wird eine Entwicklungsgeschichte zugeordnet. Unter Literarkritik soll im folgenden nur der Teil der Rekonstruktionsarbeit verstanden werden, der den Text untergliedert und zu Gruppen gleicher Herkunft zusammenstellt. Ob die Textgruppen z.B. jemals einzeln existiert haben, oder vielmehr Ergänzungen zu bereits bestehenden Teiltexten darstellen, ist für die hier zu behandelnden Fragen noch unwichtig. Da die Literarkritik für die

---

8 Siehe unten, S. 10ff. Vgl. auch Steck (1996), S. 6.

9 An diesem Punkt ist Exegese historische Wissenschaft und innerhalb dieser hat die Frage, wie es wirklich gewesen ist, trotz aller hermeneutischer Einschränkungen durchaus Sinn und Berechtigung. R. Josts Feststellung „Deshalb sind unterschiedliche, miteinander konkurrierende Interpretationen nicht einfach richtig oder falsch, sondern zeigen verschiedene Möglichkeiten auf, wie ein historisches Geschehen gedeutet werden kann" (S. 18) müsste dahingehend ergänzt werden, dass eine Interpretation der historischen Ereignisse wie auch der Texte allerdings auch falsch sein kann.

10 Daneben gibt es die Möglichkeit, jedes andere literarkritische Ergebnis als individuell falsch abzulehnen. Dieser Weg wird oft beschritten.

Rekonstruktion der Textgeschichte der grundlegende Arbeitsgang ist und diese Untersuchung den Versuch unternimmt, an dieser Stelle die exegetische Methode fortzuentwickeln, soll die Literarkritik im folgenden inspiziert werden.

2.1.2 Literarkritik - Problem und Prozedur

Das Problem der Literarkritik, das den Ausgangspunkt dieser Untersuchung bildet, besteht darin, dass verschiedene Exegeten, die diese Methode auf denselben Text anwenden, in manchen Fällen zu unterschiedlichen Ergebnissen gelangen.

Dass das ein Problem darstellt, sei am Beispiel verschiedener Einschätzungen von Jer 26 verdeutlicht:

•Nach Mowinckel[11] gehört Jer 26 der Schicht B an, ist also ein Prosatext *über* Jeremia, mithin nicht jeremianisch, aber aus Jeremia nahestehender Zeit und Kontext stammend.

•Thiel[12] teilt diese Einschätzung weitgehend, Vv 3-6.12-15 sind seiner Meinung nach allerdings deuteronomistisch bearbeitet, Vv 2.4a.6ab* sind vordeuteronomistisch. Über die verbleibenden Verse schreibt Thiel, dass in ihnen eine deuteronomistische Redaktion nicht nachweisbar sei.

•Nicholson[13] hält das ganze Kapitel für deuteronomistisch.

•Stipp teilt die Sicht Nicholsons über weite Teile des Kapitels, allerdings sind nach seiner Ansicht Vv 7.10-16 postdeuteronomistisch, V 24 ist für Stipp ein „schafanidischer Zusatz"[14]

Die vier angeführten Ansichten zu Jer 26 differieren sowohl in der Zuordnung zu Autoren als auch in der Untergliederung des Textes: Während Mowinckel und Nicholson den Text für einheitlich halten, unterscheiden Thiel und Stipp unterschiedliche Schichten, stimmen aber weder in der Zuordnung der Teilabschnitte zu Autoren[15] noch in der Untergliederung selbst ganz überein. Dabei geht es aber durchaus nicht nur darum, den einen oder anderen Autor, diesen oder jenen Sachzusammenhang früher oder später an-

---

11 Mowinckel (1914), S. 24.
12 Thiel (1981), S. 3f., vgl. McKane (1996), S. 682.
13 Nicholson (1970), S. 52; Nicholson (1975), S. 19.
14 Stipp (1992), S. 304-306.
15 Der Begriff Autor mag in antiken Zeiten eine andere Bedeutung haben als in unserer Zeit. Im Sinne dessen, der einen Text produziert hat, muss es Autoren auch in der Antike gegeben haben, denn Texte entstehen erst, wenn sie von einem Individuum hervorgebracht werden, auch wenn das, was im AT vorliegt, jeweils durch viele Stadien - die uns möglicherweise nicht mehr greifbar sind - gegangen sein mag. In diesem Sinne ist es zu verstehen, wenn im Folgenden vom „Autor" die Rede ist.

zusetzen. Die Untersuchungen zu Jer 26 werden von den vier Interpreten vor dem weiteren Horizont des Jeremiabuches gelesen, der - als Minimalkonsens - die Unterscheidung von vordeuteronomistischen, deuteronomistischen und postdeuteronomistischen Teilen zulässt. Vor diesem Grobraster[16] wird der Paralleltext zu Jer 26, Jer 7,1-8,3 ganz oder teilweise als deuteronomistischer Text eingestuft[17], Kapitel 26 wird aber teils ganz demselben Autor wie 7,1-8,3, demselben Autor teilweise und teilweise einem anderen Autor, und schließlich auch ganz einem anderen Autor zugeschrieben.

Zwar ergibt die literarkritische Sichtung alttestamentlicher Texte durch verschiedene Exegeten nicht immer ein so disparates Bild wie hier, es mag Textbereiche und literarkritische Entscheidungen geben, die erheblich leichter konsensfähig sind als die Ergebnisse zu Jer 26, aber dieser Text ist auf der anderen Seite durchaus nicht der einzige Text des AT, der Exegeten zu unterschiedlichen, ja kontroversen literarkritischen Scheidungen und Zuordnungen geführt hat. So ist die Frage berechtigt, wie es dazu kommen kann, dass mit ein und derselben Methode so unterschiedliche Ergebnisse erzielt werden, und diese Frage verliert ihre Berechtigung auch nicht durch die Feststellung, dass es auch bei Jer 26 anscheinend einen konsensfähigen Teil gibt: Vv 3-6 werden von den neueren Arbeiten[18] als deuteronomistisch eingestuft. Das ist aber ein eher schwacher Trost, wenn man bedenkt, dass Exegeten der literarkritischen Methode gelegentlich zutrauen, man könne mit ihrer Hilfe einzelne Verse, ja sogar Versteile aussondern und bestimmten Quellen zuweisen. Im betrachteten Fall von Jer 26 schwankt der einer Schicht zugewiesene Textbestandteil zwischen vier[19] und vierundzwanzig[20] Versen, wenn man Mowinckels Ergebnis außer acht lässt. Das erweckt nicht den Anschein großer Treffsicherheit der Methode, und man möchte immerhin fragen, wie man denn angesichts solcher Ergebnisse der Methode Literarkritik noch höchst detaillierte Aussagen abgewinnen zu können meint.

Näher liegt es da doch, nachzuforschen, warum die Literarkritik an einigen Punkten so wenig klare und konsensfähige Ergebnisse erbringt: Von einer wissenschaftlichen Methode muss man doch erwarten, dass sie bei richtiger Anwendung konstante Ergebnisse erbringt.

In jedem Fall ist es sicher sinnvoll, das Vorgehen, die Prozedur der Literarkritik, einmal näher zu betrachten. Und das ist auch die wesentliche Blick-

---

16 Der Vollständigkeit halber sei darauf hingewiesen, dass die genannten Autoren dies lediglich der Sache nach, nicht aber in der hier gebrauchten Terminologie (vordeuteronomistisch, deuteronomistisch, nachdeuteronomistisch) tun.
17 Stipp (1992), S. 39; Thiel (1981), S. 3f. ; Nicholson (1970), S. 34; Mowinckel (1914), S. 31.
18 Stipp (1992), S 304; Thiel (1981) S. 3.
19 Thiel (1981), S. 3f.
20 Nicholson (1970), S. 34.

richtung dieser Arbeit: Ihr Schwerpunkt liegt weniger im Erarbeiten neuer literarkritischer Thesen für bestimmte Texte als im Nachdenken über die Methode selber.

2.1.2.1 Literarkritische Kriterien zur Feststellung von Diskontinuitäten im Textverlauf

Die Kernfrage der Literarkritik ist die Frage nach der Homogenität der Texte des Alten Testaments. Diese Frage wird auf zwei Stufen behandelt. Auf der ersten Stufe wird die Homogenität eines überlieferten Textkorpus überprüft, bzw. nach Anzeichen für Diskontinuitäten im Text gesucht.

Die Kriterien für das Vorliegen einer Diskontinuität[21] sind grundsätzlich unstrittig, wenn auch in konkreten Fällen große Meinungsverschiedenheiten über die Validität und Anwendbarkeit des jeweiligen Kriteriums im jeweiligen Fall entstehen. Das liegt u.a. daran, dass, theoretisch gesehen, jedes einzelne Kriterium einen Bruch anzeigen kann, aber nicht muss.

Steck[22] nennt als Kriterien: Das Auftreten von Dubletten, Doppel- und Mehrfachüberlieferungen, sekundäre Verklammerungen[23], Spannungen im Wortlaut, Differenzen in Redeweise und Stil, Unterschiede des historischen Hintergrundes, für bestimmte literarische Schichten bzw. Quellen signifikante theologische Aussagen, Redewendungen, Spracheigentümlichkeiten, inhaltliche Spannungen und Unebenheiten...

In diesem Kriterienkatalog sind eine Reihe Kriterien durch den Stil[24] bestimmt: Differenzen in Redeweise und Stil, Spannungen im Wortlaut, für bestimmte literarische Schichten signifikante Redeweisen, Spracheigentümlichkeiten sind sicher Fragen, die im Zusammenhang stilistischer Analysen geklärt werden müssen. Aber auch die Frage nach der Bedeutung von Dubletten, Doppel- und Mehrfachüberlieferungen ist von solchen Fragen nicht ganz ablösbar.

Die verbleibenden Kriterien (für bestimmte literarische Schichten bzw. Quellen signifikante theologische Aussagen, inhaltliche Spannungen und Unebenheiten, Unterschiede des historischen Hintergrundes) sind nicht wirklich eindeutig diagnostizierbare Sachverhalte: signifikante theologische Aus-

---

21 Auch „literarischer Bruch" genannt.
22 Steck (1989), S. 53.
23 Das ist so eigentlich schon kein Kriterium mehr für eine literarkritische Entscheidung, sondern bereits eine Entscheidung, die den Text auf der Grundlage einer Hypothese (die Verklammerung sei sekundär) als historisch gewordenen zu erklären versucht und Verständnisproblemen bereits mit einer komplexen Theorie begegnet, ohne eine genaue Analyse vorzuschalten, welche die Frage, wie die Verklammerung zu verstehen sei, sich zu klären vornimmt.
24 Zum Stilbegriff s.u. 2.2.3, 2.2.4 und 2.2.5.

sagen können von anderen Schichten absichtsvoll übernommen worden sein[25], inhaltliche Spannungen und Unebenheiten können sich bei näherem Zusehen als bloße Verständnisprobleme moderner Leser vor einem antiken Text entpuppen[26]. Hinsichtlich des historischen Hintergrundes wäre zu fragen, welche Schlussfolgerungen unterschiedliche historische Voraussetzungen zulassen.[27]

Richter[28] führt im Grunde sehr ähnliche Kriterien für die Annahme eines literarischen „Bruches" an wie Steck: Doppelungen und Wiederholungen, Spannungen (terminologische Spannungen, referentielle Spannungen, syntaktische Brüche), stilistische Unterschiede (syntaktische Präferenzen, semantische Tendenzen) und Dubletten, er hinterfragt jedoch stark die Validität der genannten Kriterien[29].

Fohrer[30] führt unter den Zielen der Literarkritik auch die Abgrenzung der „Einheiten" an. Von der Vorgehensweise her betrachtet sind die Textsignale zur Markierung von Anfang und Schluss einer „Einheit" nicht scharf von den Signalen für Diskontinuität trennbar, welche die Inhomogenität des Textes signalisieren. Im Zusammenhang der methodischen Schritte hat die „Abgrenzung der Einheit" - die mit Argumenten der Narratologie, Textstrukturierung bzw. Textgrammatik eher operieren wird als mit solchen der klassischen

---

25 Man denke etwa an das Zitat aus Luthers Kleinem Katechismus am Anfang von Thomas Manns Roman „Die Buddenbrooks", das keinesfalls auf literarkritischem Weg aus dem Text herausoperiert werden darf.

26 Vgl. etwa zu Ps 74,5 Spieckermann (1989), S. 123, Anm.2 und Hartenstein, S. 236, Anm. 50.

27 Das betrifft sowohl explizite Bezugnahmen - die ja lediglich einen *terminus post quem* fixieren (als heutige Schriftstellerin könnte ich mich sowohl auf das Ende des zweiten Weltkrieges als auch auf den Fall Jerusalems im Jahre 587 beziehen) - als auch erschlossene geistesgeschichtliche Hintergründe, die ja immer nur eine Einschätzung der Gesamtsituation beinhalten können und unterstellen, solche Einstellungen seien relativ konstant innerhalb einer sozialen Gruppe, solange die historische Situation konstant sei. Tatsächlich gibt es durchaus Fälle, in denen historische Situationen innerhalb einer Gesellschaft divergent eingeschätzt werden (das zeigt nicht zuletzt das Buch Jeremia auf). Darüber hinaus kann es sogar vorkommen, dass ein und derselbe Autor in verschiedenen Phasen seines Lebens dieselbe historische Situation unterschiedlich darstellt. Der Schriftsteller Franz Fühmann dürfte mit seiner biographisch je unterschiedlichen Einschätzung des NS-Regimes in Deutschland vor und nach 1945 keinesfalls allein dastehen. M.a.W.: Unterschiedliche Einschätzungen des vorausgesetzten historischen Hintergrundes lassen auf keinen Fall eindeutige Schlüsse auf unterschiedliche Verfasser zu. Gerade derartige Schlüsse von unterschiedlichen, als Voraussetzung aus dem Text gelesenen Situationen auf unterschiedliche Verfasser begleiten die Literarkritik seit ihren Anfängen. Vgl. hierzu z.B. Smend, (1912), S. 4.

28 Vgl. Richter (1971), S. 50 ff.

29 Siehe vor allem Richter (1971), S. 62 ff.

30 Fohrer (1983), S. 45-58.

Literarkritik - die Funktion, den übergeordneten Zusammenhang, dem die „Einheiten" entnommen werden[31], zu segmentieren. Für diesen Schritt der Textsegmentierung gibt es m. W. bisher keine zusammenfassende und anerkannte Kriteriensammlung, auf welche die Analyse gestützt werden könnte[32].

Als Kriterien für die „Uneinheitlichkeit" eines Textes führt Fohrer „unvereinbare Spannungen und / oder störende Wiederholungen"[33] an. Auch hier wird auf den problematischen Charakter dieser, von Wertungen des Exegeten stark abhängigen Kriterien hingewiesen.

So werden in diesem linearen, der Leserichtung folgenden Durchgang im Achten auf Diskontinuitäten verschiedene Phänomene in den Blick genommen, die sorgfältig getrennt werden sollten: Zum einen jene als Einschnitte wahrnehmbaren Signale der Diskontinuität, die als Anfangs-, End- und Struktursignale eines Abschnittes gedeutet werden können oder müssen und die häufig - ohne Rücksicht auf Fragen der Verfasserschaft - unstrittig sind. In besonderem Maße gilt dies natürlich für die Signale auf der Textebene „Buch": Wo z.B. das Jeremiabuch beginnt und endet, ist in der Forschung bisher unstrittig. Aber auch unterhalb dieser Ebene ist die Einteilung in Abschnitte selbst oft weniger strittig als deren Verhältnis zum Buch bzw. zu anderen Teilen des Buches. Die Segmentierung des Buchganzen ist praktisch nicht umgehbar: Leser können, auch wenn sie ausgebildete Exegeten sind, einen umfangreichen Text nicht wahrnehmen, ohne den Weg über Abschnitte zu nehmen[34].

Innerhalb der durch die genannten Signale gesetzten Textgrenzen sind, nach den aufgelisteten literarkritischen Kriterien, u.U. weitere Diskontinuitäten beobachtbar. Auch diese sind hinsichtlich ihrer Deutung ambivalent[35]: Sie können Teil der Struktur des Abschnittes sein oder Signale für einen Bruch der Struktur sein, d.h. sie können die Integrität des Textes belegen oder seine Desintegrität. Die lineare Untersuchung der „Einheit" auf Diskontinuitäten wiederholt so das, was beim Durchgang durch den Gesamttext zur

---

31 Dieser kann sich einer Redaktion grundsätzlich ebenso gut verdanken wie dem Zufall.
32 Vgl. jedoch die Vorschläge bei Fohrer (1983), S. 48 f. und Schweizer (1989), S. 37 f.
33 Fohrer (1983), S. 49-54.
34 Gemeint ist hier nicht eine Aufteilung in literarkritische Segmente, sondern ein Wahrnehmen des Erzählrhythmus, repräsentiert durch narrative Strukturbildungen. Dort, wo das nicht möglich ist, auch durch die Einteilung in Sätze. Die Notwendigkeit, den Text für die Wahrnehmung zu segmentieren, wird in redaktionsgeschichtlichen Untersuchungen oftmals unterschätzt. Da auch in Bezug auf Texte das Wahrnehmungsfeld des Menschen begrenzt ist, sinkt die Detailtreue der Wahrnehmung, wenn der wahrgenommene Abschnitt größer wird. Es ist darum unwahrscheinlich, dass minimale Elemente, wie Einzelwörter oder einzelne semantische Merkmale einen Text großräumig strukturieren können.
35 Das zeigt schon die Unterscheidung zwischen „störend" und „nicht störend" bei Fohrer. Zum Problem vgl. den folgenden Abschnitt 2.1.2.2.

Entdeckung der Texteinheiten führte. So ergeben sich Zäsuren innerhalb der Texteinheit. Diese Zäsuren sind Stellen, die einen Verfasserwechsel signalisieren *können*. Sie sind aber kein zureichender Grund für die Annahme eines Verfasserwechsels: Es könnten auch Texte ein und desselben Autors zusammengestellt worden sein. Die Suche nach Diskontinuitäten kann theoretisch auf immer tieferen Gliederungsstufen des Textes fortgesetzt werden. Praktisch ist die untere Grenze erreicht bei der Trennung von Lexem und Morphem[36]. Mit welcher Gewissheit der Aussagen für die Literarkritik an dieser untersten Grenze noch gerechnet werden kann, ist eine strittige Frage in der Exegese[37]. Diese Untersuchung wird sich mit der Frage, bis zu welcher Ebene der Texte literarkritische Aussagen noch verlässlich sind, wenigstens mit Blick auf die im zweiten Teil zu erprobende Prozedur stellen müssen.[38]

2.1.2.2 Zur Ambivalenz in der Deutung von Diskontinuitäten in Texten

Als Nächstes soll aber die Ambivalenz in der Deutung von Diskontinuitäten im Textverlauf noch ein wenig genauer in den Blick genommen werden. Für die Diskontinuitäten gibt es immer zwei Deutungsrichtungen: Sie können Zeichen für eine Textstörung im Sinne der Literarkritik sein, wobei die Frage, ob ein Verfasserwechsel vorliegt, an dieser Stelle noch gar nicht zur Debatte steht, geschweige denn beantwortet ist. Sie können aber auch Struktursignale innerhalb eines integeren Textes sein. Das zentrale Problem besteht darin, jeweils die richtige Deutung zu finden. Bei einer tatsächlichen literarkritischen Störung müssten diejenigen Fälle, in denen die Störung mit einem Autorenwechsel zusammen auftritt, erkennbar werden an einem Wechsel des Personalstils, es müsste möglich sein, die Veränderung des „Sprachklangs" fassbar zu machen. Ein Struktursignal andererseits müsste verstehbar sein innerhalb der Bedeutungsstruktur des Textes und erkennbar an der stilistischen Homogenität der Bestandteile vor und nach der Diskontinuität. Als Residuum verbleiben diejenigen Fälle, in denen eine Diskontinuität mit stilistisch zueinander homogenen Textbestandteilen davor und danach

---

36 Diese Stelle ist sowohl für Fragen der Textstrukturierung als auch für solche der Literarkritik relevant: In Prv 27,6.8 ist der Wechsel zwischen femininen und maskulinen Morphemen bedeutungsvoll (vgl. Krispenz, S. 119), in Hi 3,20 zeigt der Wechsel von Pi"el zu Pu"al bei den alten Übersetzungen eine Neuinterpretation an.

37 Tatsächlich sind literarkritische Operationen knapp oberhalb dieser Grenze, die einzelne Wörter aus dem Kontext aussondern, nicht selten. Die Frage, wo die Grenze möglicher Aussagen liegt ist in der Literarkritik strittig in dem Sinne, dass diese Grenze unterschiedlich gesetzt wird. Eine grundsätzliche Diskussion über diese Frage ist m.W. bisher nicht geführt worden.

38 Siehe unten S. 127ff und S. 179ff.

zusammentrifft. Diese Fälle können entweder bei integeren Texten entstehen, wenn das Struktursignal für uns nicht verständlich ist - weil uns die nötigen Hintergrundinformationen fehlen, oder weil der Verfasser sich nicht deutlich ausgedrückt hat. Sie können aber auch entstehen, wenn eine literarkritische Störung ohne Verfasserwechsel vorliegt. Diese Fälle des Zusammentreffens einer Diskontinuität mit stilistisch homogenen Textteilen lassen sich in beiden Varianten derzeit nicht weiter bearbeiten[39] und werden darum im Folgenden ausgeklammert.

Für alle anderen Fälle müsste theoretisch die Frage, ob eine Diskontinuität literarisch oder stilistisch zu deuten sei, zu klären sein auf dem Weg über Beobachtung des Stils vor und nach der Diskontinuität. In der Praxis wird dieser Schritt kaum durchgeführt. Diejenigen Kriterien, die in der Literarkritik zur Feststellung eines „Bruches" führen, sind aber nicht eindeutig. Werden sie einlinig im literarkritischen Sinne gedeutet, so können falsche Schlüsse aus integeren Texten gezogen werden: Diese erscheinen dann möglicherweise fälschlich als geschichtete Texte. Dass diese Möglichkeit besteht, ist in alttestamentlichen Texten nicht nachweisbar, da hier die „wahre Textgeschichte" im Dunkeln liegt. Sie soll darum an modernen Texten, deren Geschichte klar vor Augen steht, erprobt werden. Auf diese Texte sollen die Kriterien literarkritischer Argumentation angewandt werden, um gewissermaßen experimentell zu erkunden, wie die Vorannahme, der Text könnte uneinheitlich sein, die Wahrnehmung und Deutung von Diskontinuitäten steuern kann. Die folgenden Textbetrachtungen verstehen sich nicht als Beiträge zur Interpretation der betreffenden Texte und vernachlässigen darum die germanistische bzw. skandinavistische Diskussion zu den Texten.

2.1.2.3 Stilistisch begründete Diskontinuitäten. Georg Trakls „Grodek" und Alexander L. Kiellands „Karen"

Grodek (Georg Trakl, 1914)

1 Am Abend tönen die herbstlichen Wälder[40]
2 Von tödlichen Waffen, die goldnen Ebenen
3 Und blauen Seen, darüber die Sonne
4 Düstrer hinrollt; umfängt die Nacht
5 Sterbende Krieger, die wilde Klage
6 Ihrer zerbrochenen Münder.

---

39 Deutlich ist dann nur, dass kein Verfasserwechsel vorliegt.
40 Der Text folgt der Ausgabe: Georg Trakl. Dichtungen und Briefe. Herausgegeben von W. Killy und H. Szklenar. 3. Auflage Salzburg, 1974. Zeilennumerierungen, Kursivdruck und Einrückung hinzugefügt.

7 Doch stille sammelt im Weidengrund
8 Rotes Gewölk, darin ein zürnender Gott wohnt
9 Das vergoßne Blut sich, mondne Kühle;
10 *Alle Straßen münden in schwarze Verwesung.*
11 Unter goldnem Gezweig der Nacht und Sternen
12 *Es schwankt der Schwester Schatten durch den schweigenden Hain,*
13 *Zu grüßen die Geister der Helden, die blutenden Häupter;*
14 Und leise tönen im Rohr die dunklen Flöten des Herbstes.
15 *O stolzere Trauer! ihr ehernen Altäre*
16 *Die heiße Flamme des Geistes nährt heute ein gewaltiger Schmerz,*
17 *Die ungebornen Enkel.*

In Trakls letztem Gedicht heben sich die durch Kursivdruck und Einrückung markierten Zeilen 10, 12, 13 und 15-17 gegenüber dem Rest des Gedichtes ab. Der Eindruck der Verschiedenheit dieser Zeilen von ihrer Umgebung beruht auf je unterschiedlichen Beobachtungen: Zeile 10 wirkt im Zusammenhang mit den Zeilen 9 und 11 prosaisch, was durch die vergleichsweise einfache Syntax und Wortwahl eher hervorgerufen sein dürfte als durch eine Änderung des Rhythmus. Die Erwähnung von „Straßen" unterbricht das von Beginn an als Folie für die Darstellung der Kriegsschrecken aufgebaute Landschaftsbild, in welchem eine naturhafte und kosmische Idylle mit dem Leid der „Krieger" (Zeile 5) kontrastiert. Zeile 10 wirkt im Zusammenhang zu sachlich.

Die Zeilen 12 und 13 dagegen fallen auf, weil sie stärker stilistisch geformt sind als das restliche Gedicht: Die starke Alliteration, die in Zeile 12 überdies lautmalerisch das Rauschen des Windes in den Zweigen abbildet, und der Rhythmus der Zeile, der die Bewegung des Schattens der Schwester nachvollzieht, tragen bei zur Komplexität des evozierten Bildes. Reale Wahrnehmung und Imagination überlagern sich zu einer Szene, in der die „Schwester" als Vertreterin des zivilen Lebens jenseits des Krieges auftritt in einer durch die Schrecken dieses Krieges geprägten Landschaft und in einer Schweigeprozession (Zweierrhythmus gegenüber den viel freieren Rhythmen der vorangehenden Zeilen) den Getöteten entgegengeht. In dem Augenblick, in dem sie ihnen begegnet, sie grüßt, schlägt der Zweierrhythmus von Zeile 12 um in einen Dreierrhythmus[41]: Der Tanz beginnt. Aber es ist ein Totentanz der Schatten und körperlosen Gespenster. Der starken Formung in Klang und Rhythmus entsprechen im Vokabular besonders gewählte Wörter wie „Häupter" und „Helden" (im Unterschied zu den „Kriegern" in Zeile 5). Hierin könnte man, unter literarkritischem Aspekt, einen deutlichen terminologischen Unterschied der beiden Zeilen 12 und 13 zu den umgebenden

---

41 Vorweggenommen wird der Dreierrhythmus in Zeile 12 in dem Wort „schweigenden".

Textteilen (Zeile 11 und 14) sehen. In derselben Weise differieren die Zeilen 15-17: Auch hier dominieren die „großen Wörter": „stolz", „ehern", „Altäre", „die heiße Flamme des Geistes", „gewaltiger Schmerz" - die letzten drei Zeilen wirken fast wie eine Kompilation aus solchen „großen Wörtern", so sehr, dass ein Sinn nicht überall leicht zu erheben ist[42]. Auch formal wirken die Zeilen stark stilisiert, vor allem der symmetrische Aufbau von Zeile 16 bewirkt diesen Eindruck. Die Zeilen 1-9, 11 und 14 wirken demgegenüber schlichter. Überdies gibt es in den Zeilen 1, 2, 11 und 14 Signale für eine Zusammengehörigkeit dieser Bereiche des Gedichtes. Neben der Sprache, die in diesem Bereich differenziert, aber doch wenig prunkvoll auftritt, sind das die Wortwiederholungen, die in einem Gedicht, das fast so viele Vokabeln wie Wörter verwendet, besonders ins Auge stechen: „Herbst / herbstlich" und „tönen" verbinden die Zeilen 1 und 14, „golden" die Zeilen 2 und 11. Die Wortaufnahmen bilden um diesen Teil des Gedichtes einen doppelten Rahmen, der dem Torso - bestehend aus den Zeilen 1-9, 11, 14 - einen bestechend geschlossenen Anblick verleiht[43]. Die Zeilen 10, 12, 13, 15-17 zerbrechen diese Harmonie, sie bringen den Text in ein Ungleichgewicht, das ihn in eine Bewegung versetzt, die zu keinem festen Ziel führt. Unter der Voraussetzung, dass das Gedicht einheitlich ist, keine Wachstumsschichten aufweist, ist das offene Ende, das sich besonders in den „ungeborenen Enkel(n)" manifestiert, eine besondere Qualität des Textes: Seine Dynamik wird in Gang gehalten durch die Form und eine Gedankenfolge, die einmündet in den Gedanken an eine niemals sich verwirklichende Möglichkeit. Wüsste man nicht um die tatsächliche Entstehungsgeschichte des Textes, so würden die genannten Spannungen terminologischer, stilistischer und thematischer Art ausreichen, um eine Aussonderung der Zeilen 10, 12, 13, 15-17 zu rechtfertigen, zumal der verbleibende Torso eine thematische Geschlossenheit und formale Abrundung aufweist und die ausgesonderten Teile recht deutlich und zielstrebig die „Tendenz" des Restes verändern und das vollständige Gedicht komplexer und in seinen Bedeutungen schwerer greifbar machen. Obendrein könnte eine literarkritische Argumentation, der die Integrität des Textes verborgen ist, eine relative Datierung mit Hilfe des Trakl-Gedichtes „In den Nachmittag geflüstert" versuchen. Die dritte Strophe dieses Gedichtes lautet: „Stirne Gottes Farben träumt / spürt des Wahnsinns sanfte Flügel / Schatten drehen sich am Hügel / von Verwesung schwarz umsäumt"[44]. Hier taucht dasselbe Bild auf, das auch „Grodek" in Zeile 10 bringt und das dort in lapi-

---

42 Was z.B. ist „stolzere Trauer"?
43 Das Semikolon am Ende von Zeile 9 muss man sich allerdings in ein Komma geändert denken und am Ende von Zeile 11 einen Punkt setzen. Derartige Änderungen würden an einem Text des Alten Testamentes selbst sehr zurückhaltende Literarkritiker vornehmen.·
44 Trakl, S. 30.

darer Sachlichkeit vorgetragen wird und deswegen unpassend wirkt. In der zitierten Strophe dagegen wirkt es in jeder Beziehung stimmig. Das angesprochene Bild ist nachvollziehbar, Rhythmus und Reim durchlaufen störungsfrei die ganze Strophe. Unter literarhistorischem Blickwinkel müsste das den Verdacht wecken, dass in „Grodek" ein „Redaktor" - den es dort freilich nicht gibt - versucht hätte, die Sprache Georg Trakls aufzunehmen, seinen Eingriff in den Text mit Hilfe eines von Trakl übernommenen Bildes zu kaschieren. Aus Georg Trakls letztem Gedicht könnte so ein durch die Überarbeitung eines Trakl-Epigonen entstelltes naturlyrisches Gedicht werden.

Ob und inwieweit entsprechende Argumentationen im Bereich alttestamentlicher Texte denkbar sind, mag der Leser selbst entscheiden. Man wird dagegen einwenden können, dass im Falle des Trakl-Gedichtes die Einschnitte nur deshalb so uneindeutig erscheinen, weil es ein Gedicht ist und im Bereich der Lyrik eben andere Gesetze herrschen. Diese Gesetze allerdings müssten dann auch in den poetischen Texten des AT, den Psalmen also beispielsweise, Geltung haben. Die literarkritische Argumentation dort unterscheidet sich aber nicht grundsätzlich von der zu Prosatexten, wenn man einmal von der Möglichkeit zu Emendationen *metri causa* absieht.

Da aber die Texte, die in dieser Arbeit Verwendung finden, narrative Texte sind, möchte ich in gebotener Kürze zeigen, dass auch Erzähltexte so beschaffen sein können, dass die Entscheidung, ob Zäsuren stilistisch oder literarkritisch zu deuten sind, in hohem Maß davon abhängt, ob man eine literarische Schichtung für möglich hält oder nicht. Ich verwende dazu die Novelle „Karen" des norwegischen Schriftstellers Kielland[45].

Karen (Alexander L. Kielland, 1870)

Kielland erzählt in dieser Novelle die Geschichte eines Mädchens, das sich auf ein Verhältnis mit einem Mann eingelassen hat und sich umbringt, als es erfährt, dass dieser Mann verheiratet ist. Eigentlich müsste man sagen, dass Kielland den Leser dazu bringt, diese Geschichte zu konstruieren, denn wirklich erzählt wird sie nirgendwo. Das Verhältnis wird nur von mehreren Seiten her angedeutet, nirgendwo explizit genannt. Ebenso wenig wird der Selbstmord Karens beschrieben: Alles bleibt der Phantasie des Lesers überlassen, der Erzähler hüllt sich am Kern seiner Geschichte in diskretes Schweigen. Dass man dennoch versteht, liegt an der Weise, wie die Erzählung komponiert ist: Nicht in einer durchgehenden Linie erzählend, sondern zwischen

---

45 Der Text im Anhang (S. 191ff.) folgt der deutschen Übersetzung der Werkausgabe in der Übersetzung von Leskien-Lie / Leskien. Die Numerierung der Absätze ist ebenso hinzugefügt wie die Markierung verschiedener Bereiche der Erzählung durch unterschiedliche Schriften. (Erläuterung der Schrifttypen am Ende des Textes im Anhang, S. 197).

verschiedenen Erzählsträngen wechselnd, wobei keiner an einem Stück erzählt wird. Diese Erzählstränge sind nach den Orten, an denen sie spielen und nach den Personen, die in ihnen handeln getrennt. Der ständige Wechsel von einem Strang zum anderen führt dazu, dass der Leser jeden Strang in fragmentierter Form erlebt und so angeregt wird, die Erzählung weiter zu konstruieren. Dass die Trennung der einzelnen Stränge stilistische Gründe hat, ist wiederum klar. Doch ist die Frage zu stellen, ob es denkbar wäre, dass man einen Erzählstrang oder mehrere Stränge aus dem Text herauslösen und für eine eigene Schicht halten könnte, wenn die Integrität des Textes nicht bekannt wäre.

Sicher undenkbar ist das bei den beiden wichtigsten Strängen der Erzählung, die mit dem Kraruper Krug und mit der Postkutsche verbunden sind. Ab Absatz 20 werden diese beiden Fäden verknüpft, die Postkutsche kommt am Kraruper Krug an. Der Strang, der den Wind zur Hauptperson hat, verbindet diese Teile miteinander und bindet auch den letzten Erzählstrang, der vom Fuchs und vom Hasen berichtet, in die Geschichte ein. Doch ist die Verquickung mit den ersten beiden Fäden der Erzählung deutlicher und enger, denn der Wind handelt in beiden als Person, er rüttelt an dem Postwagen, drückt die Stalltüren am Kraruper Krug auf und lässt bei der Ankunft der Postkutsche die Öfen qualmen. In der Episode von Fuchs und Hase dagegen taucht der Wind zwar auf, aber er ist keine handelnde Person, sondern das Naturphänomen, dem der Fuchs sein Verhalten anpasst. Dieser vierte Erzählstrang ist von den anderen nicht abhängig, er kann ohne diese existieren. Umgekehrt wird im Hauptstrang der Erzählung dort auf die Geschichte von Fuchs und Hase angespielt, wo von dem Hasenbraten die Rede ist. Der Hauptstrang setzt die Fuchs-und-Hase Geschichte voraus, nicht umgekehrt.

Eine literarkritische Argumentation könnte an dieser Stelle ansetzen und feststellen, dass die Fuchs-und-Hase Geschichte eine Fabel ist, die auf viele verschiedene Situationen passen würde, in denen das Opfer dem Jäger entging oder in denen der sich überlegen dünkende dann doch das Nachsehen hatte. Diese selbständig vorstellbare Geschichte könnte den Anfang einer Textentwicklung bilden, in deren Verlauf die Fuchs-und-Hase Geschichte gegen ihre eigene Tendenz umgedeutet wurde: Erhalten bliebe die Jäger-Opfer Konstellation, wobei die anderen Stränge sich zu einer Geschichte verbinden, in der das Opfer nicht entrinnt. Der Hase wird zum Braten, Karen verschwindet aus dem Kraruper Krug[46]. Der aus drei Erzählfäden gebildete Hauptstrang der Erzählung würde dem hoffnungsvoll-erstaunten Gedanken der Fuchs-und-Hase Geschichte, dass schlimme Erwartungen sich ganz uner-

---

46 Die Jäger-Opfer Konstellation wird aus der Fuchs-und-Hase Geschichte in den Hauptstrang der Geschichte durch Ähnlichkeitsbeziehungen im Aussehen der Akteure übertragen: Karens große, graue Augen verbinden sie mit dem Hasen, während der rote Mantel des Postführers diesen mit dem Fuchs verbindet.

wartet einmal nicht erfüllten, ein resigniertes „so ist die Welt nun einmal nicht" entgegensetzen. Zum Beleg werden zwei Jäger-Opfer Konstellationen angeführt: Die Beziehung Karens zu dem Postführer wird zu einer solchen Konstellation durch das unterschiedliche Risiko, das die Partner mit dieser Beziehung eingehen[47]. Der Betrug des Postführers lässt dieses Risiko für Karen zu einem Faktor werden, der so oder so ihr Leben zerstören wird, sie zum Opfer werden lässt. Das andere Opfer, der Hasenbraten, ist in seinem Opferstatus schon so weit vorangeschritten, dass der Jäger aus dem Blickfeld geraten ist; das Opfer ist zum konsumierbaren Gegenstand geworden. Hierin deutet Kielland - der unter diesem Blickwinkel zum „Redaktor" geworden wäre - möglicherweise die Alternative an, die er für Karen sieht: Einmal so zum Opfer geworden, könnte sie nur noch zum Konsumartikel werden, d.h. sich prostituieren.

Es zeigt sich wiederum, dass eine literarkritische Lesart des Textes möglich wäre und dass sie den Sinn des Textes zumindest teilweise verfehlen würde. In Kiellands Erzählung nimmt der Hauptstrang der Erzählung nicht deshalb so breiten Raum ein, weil es sich um eine „Textwucherung" handelte, sondern weil dieser Geschichte das Hauptinteresse des Erzählers gilt.

Kielland erzählt die Geschichte einer Frau, die zum Opfer wird, zum Opfer rücksichtslos realisierten männlichen Begehrens in einer Gesellschaft, die Liebe und besonders Sexualität stark tabuisiert und reglementiert. In derjenigen Erzählebene, welche die Geschichte unter Menschen spielen lässt, die also in dem von Kielland wahrscheinlich anvisierten Bedeutungsraum stattfindet, wird Karen zum Opfer. Unter den gesellschaftlichen Bedingungen am Ende des 19. Jahrhunderts erlebt Karen nicht nur eine emotionale Katastrophe, vielmehr sind mit der Aussichtslosigkeit der Beziehung zu dem Postführer ihre Zukunftschancen zerstört. Die Moralvorstellungen ihrer Zeit würden eine Frau, die eine Beziehung zu einem verheirateten Mann hatte, an den Rand der Gesellschaft drücken, eine ledige Mutter aus der Unterschicht[48] hätte wohl kaum anders als durch Bettelei oder Prostitution überleben können[49]. Diese Möglichkeit wird in der Erwähnung des Hasenbratens angedeutet: Dieser ist zum Konsumartikel geworden, den die Handelsreisenden, die nach Absatz 4 an Karen „kein Vergnügen (...) fanden", für sich bestellen können und über dessen Körperhaltung die Fischhändler, die Karen in Absatz

---

47 Das wird in der Novelle als Weltwissen des Lesers vorausgesetzt. Der Kern der Erzählung wäre unter den Bedingungen des späten 20. Jahrhunderts in Europa so nicht mehr überzeugend darstellbar.

48 In Absatz 18 wird angedeutet, dass Karen schwanger sein könnte.

49 Das Schicksal einer solchen ledigen Mutter schildert Amalie Skram in einer 1885 erschienenen Erzählung, die vielleicht nicht ohne Bezug auf unsere Erzählung den Titel „Karens Jul" (Karens Weihnachten) trägt.

19 und Absatz 35 bewundern, sich in Absatz 27 halbtot lachen[50]. Der Hasen-braten hat seinen Ort im Kraruper Krug, in jenem Mikrokosmos mensch-licher Gesellschaft, in dem auch Karen zum Opfer wird. Die Fuchs-und-Hase Geschichte dagegen spielt in der Natur. Dort hat das potentielle Opfer eine Chance, doch noch zu entrinnen. Karen flüchtet aus dem Krug in die Natur. Ob sie dort verunglückt, sich umbringt oder einfach verschwindet, wird nicht gesagt. Der Schluss der Novelle, in dem Karen zum warnenden Beispiel ge-worden ist, spricht am ehesten für einen Selbstmord. So würde Karen den Rest an Freiheit, den die Gesellschaft ihr ließ, benutzt haben, um dieser Ge-sellschaft zu entfliehen und zwar endgültig[51]. Durch die Fuchs-und-Hase Geschichte, welche die Natur in die Novelle einbringt, kommt die menschliche Gesellschaft neben dem Postführer[52] in den Blick als Ursache für Karens Unglück. Die Natur stellt darum den Rahmen für eine hoff-nungsvolle Utopie. So wie Karens Sturz in den Graben den Hasen aufschreckte, möge ihr warnendes Beispiel andere vor einem ähnlichen Schicksal bewahren. Aber wird die Rückführung des Beispiels in die menschliche Gesellschaft möglich sein? Werden junge Leute eine Warnung annehmen aus dem Munde alter Leute (Absatz 48)? In aller formalen Geschlossenheit endet die Novelle so nicht eindeutig, sondern offen. Ob Karens Schicksal nur einen Hasen retten wird oder auch andere Frauen, bleibt ungewiss.

Wiederum ist also der Text, wenn man ihn als einheitlichen Text liest, komplexer, weniger eindeutig, in seiner Bedeutung weniger festgelegt als das „literarkritisch bearbeitete" Pendant. Gewiss macht das auch hier den Reich-tum des Textes aus - aber ist alttestamentliche Exegese überhaupt bereit und in der Lage, einen derartigen Reichtum in den Texten des AT zu finden und zu akzeptieren?

Gegen eine Übertragung der Erfahrungen mit modernen Texten auf alt-testamentliche Literatur könnte eingewandt werden, dass unter den Entste-hungsbedingungen moderner Literatur die Subjektivität des Autors eine her-ausragende Rolle spielt, dass dies die Vielfalt und Komplexität der Texte moderner Literatur erkläre und unter altorientalischen Bedingungen in jedem

---

50 Der norwegische Text wirkt an dieser Stelle allerdings weniger eindeutig als der deutsche: Das Verb „å skreve" kann sowohl „die Beine spreizen" bedeuten als auch „schreiten".

51 Darin drücken sich wohl auch die Wertvorstellungen Kiellands als eines Mannes der Oberschicht seiner Zeit aus.

52 Der Postführer wird mit diabolischen Zügen ausgestattet: Neben der Nennung des Teufels in Absatz 10 und 39 spricht dafür die Farbkombination rot-schwarz, in der er dargestellt wird, die Tatsache, dass die Öfen bei seiner Ankunft qualmen (Absatz 21) und eventuell das lockige Hundsfell seines Kragens (Absatz 23), das eine Nähe zu Mephistos Pudel assoziiert.

Fall die Existenz entsprechend komplexer Texte ausgeschlossen werden könnte. Ein solcher Ausschluss wäre ein schwerwiegender Fehler, der keinesfalls gerechtfertigt wäre. Solange wir nicht sicher sein können, alle möglichen Textsorten alttestamentlicher Schriftsteller zu kennen, können wir keine uns bekannte Textsorte *a priori* ausschließen. Keinesfalls kann den altorientalischen Autoren abgesprochen werden, dass sie - aus welchen Gründen auch immer - Texte hervorgebracht haben könnten, die eine ähnliche Komplexität aufweisen wie moderne Texte[53]. Im Übrigen zeigt ja auch die Vielfalt der Gestaltungsformen alttestamentlicher Texte, dass die häufig angenommene Traditionsgebundenheit der Autoren des AT nicht zu einer restringierten Formensprache geführt hat.

2.1.2.4 Zur Berechtigung literarkritischer Operationen. Ein Beispiel aus der Lehre des Ptahhotep

Die andere Seite des Problems allerdings entsteht aus der menschlichen Wahrnehmung: So, wie in bizarren und zufälligen Mustern in Hölzern oder Steinen „sinnvolle Bilder" gesehen werden können, ist es denkbar und wahrscheinlich, dass „Sinn" auch dort noch wahrnehmbar wäre, wo nicht ein geplanter Zusammenhang vorläge, sondern ein ganz unplanmäßiges Zusammentreffen von Fragmenten. Der Leser neigt solange dazu, Texte als sinnvolle Texte zu lesen, bis er bei der Konstruktion von Sinn unmissverständlich scheitert. Auch wenn man in der Texttradition des AT damit wird rechnen dürfen, dass die Tradenten sinnvolle Zusammenhänge überliefern wollten und dies auch getan haben, auch wenn angenommen werden kann, dass die Redaktion der Texte nicht in einem blinden Zusammenwerfen von Texten und Textteilen bestand, so ist doch anzumerken, dass die Möglichkeit besteht, Zusammenhängen und Beziehungen innerhalb von (größeren) Textbereichen ein zu großes Gewicht beizumessen[54]. Diese Gefahr wird dann auftreten, wenn das Bewusstsein eines möglichen historischen Wachstums stark in den Hintergrund tritt und statt dessen nurmehr Phänomene beobachtet werden, die als synchrone Strukturierung gedeutet werden. Redaktions-

---

53 Tatsächlich gibt es solche Texte. Vgl. z.B. die Ausführungen in v. Soden (1992), S. 209f. zum Erra – Epos.

54 Vgl. dazu oben S. 14 Anm. 34. Als Überinterpretation von Zusammenhängen sehe ich den Gesamtentwurf zum Jeremiabuch, den Schmid (1996), S. 3 vorschlägt: Die Überzeugungskraft seiner Grobgliederung beruht wesentlich auf der Symmetrie der dort wiedergegebenen Darstellung. Diese Symmetrie aber verdankt sich einer zweimaligen Änderung des Maßstabes innerhalb der Abbildung. Zu derartigen Darstellungsformen vgl. Huff, S. 94ff.

geschichte und noch stärker der Literary Criticism[55] treffen sich in einer solchen Wertschätzung der Endgestalt, die bei einheitlichen Texten am ehesten optimale Ergebnisse erzielen, bei literarisch geschichteten Texten aber tendenziell überinterpretieren wird[56]. Diese Sichtweise wird, wenn sie die Entstehungsgeschichte der Texte ausblendet, auch die historische Tiefendimension der Texte ausblenden. Tatsächlich ist ja die Veränderung der Textgestalt im Laufe ihrer Überlieferung keine bloße Hypothese in der Exegese. Das Phänomen lässt sich vielmehr an altorientalischen Texten, die über einen längeren Zeitraum tradiert wurden und in mehreren Exemplaren überliefert sind, beobachten. An einem Abschnitt aus der Lehre des Ptahhotep soll im Folgenden dieser Sachverhalt - der in der Exegese grundsätzlich ja wohlbekannt ist - der Vollständigkeit halber gezeigt werden.

Die Lehre des Ptahhotep ist die älteste vollständig auf uns gekommene ägyptische Lebenslehre. Von der älteren Lehre des (Cheopssohnes) Djedefhor sind lediglich Fragmente überliefert, von der Lehre des Imhotep wissen wir nur, dass es sie gegeben haben soll. Die Lehre des Ptahhotep wird von Ägyptologen in den Zeitraum zwischen dem Ende des Alten Reiches und dem Beginn des Mittleren Reiches datiert. Der Hinweis des Prologs, dass die Lehre von Ptahhotep, dem Wesir des Königs *Jssj* [57], verfasst worden sei, ist als fiktiv einzuschätzen[58].

Von den Textzeugen für diese Lehre sind nur die beiden wichtigsten, die unten herangezogen werden sollen, zu nennen. Der Papyrus Prisse ist der älteste uns bisher bekannte Textzeuge für die Lehre des Ptahhotep und zugleich die einzige vollständige Abschrift des Textes. Der Papyrus wurde von E. Prisse d'Avennes in Drah Abu l'Nega erworben und befindet sich heute in der Bibliothèque Nationale in Paris. Er wird aus epigraphischen Gründen dem Beginn des Mittleren Reiches, d.h. der späten 11. bzw. frühen 12. Dynastie zugeschrieben, das ist die Zeit nach 2000 v.Chr. Außer diesem einen vollständigen Exemplar gibt es noch ein paar weitere fragmentarische Textzeugen für die Lehre des Ptahhotep, von welchen der Papyrus 10509[59] des

---

55   Vgl. dazu House.

56   Zu Fehlinterpretationen kann darüber hinaus die Ablösung der Texte von ihrem außertextlichen Umfeld führen. Nimmt man etwa den Satz: „Wenn man alles über Purpurgebirge und Grüne Dschungel weiß, dann weiß man alles über Hackenbush-Salat" aus seinem Zusammenhang - er entstammt einem Buch über mathematische Spieltheorie (Berlekamp; Conway; Guy, S. 192) - so wird man zu abenteuerlichen Interpretationen gelangen können.

57   Dévaud Nr. 5. Nach Hornung, S. 36 handelt es sich um den König Asosi (Djedkare, ca. 2388-2355 v.Chr.), den vorletzten König der 5. Dynastie.

58   Vgl. Burkard u.a., S. 196.

59   Žaba, S. 7, Anm. 1, nennt als Registernummer 10409, die dort S. 8, Anm. 15 zitierte Edition von Dévaud nennt die Registernummer 10509.

British Museum die erste Hälfte des Textes ziemlich komplett enthält. Er wird mit dem Siglum L$_2$ zitiert und auf den Anfang des Neuen Reiches, also nach 1600 v.Chr., datiert.

Obwohl schon der Papyrus Prisse mit einem Schreiberkolophon endet, der an die Kanonformel aus Dtn 4, 2 erinnert und die Vollständigkeit und Korrektheit der Abschrift beteuert[60], obwohl also das Problem der Textveränderung offenbar bekannt war und schon am Beginn des Mittleren Reiches berücksichtigt wurde, zeigt die jüngere Handschrift L$_2$ (deren Schluss fehlt, so dass wir nicht wissen können, ob auch sie diese Formel enthielt) deutliche Abweichungen von der älteren. Das bedeutet, dass die Anstrengungen zu einer konstanten Texttradition, die der Schluss des Papyrus Prisse (=P) erkennen lässt, nicht zum Erfolg geführt hat.

Die 11. und 12. Maxime der Lehre des Ptahhotep[61]

	Papyrus Prisse	Papyrus L$_2$
186	*Sois joyeux aussi longtemps que tu existeras;*	*Sers ton ka pendant le temps de ton existence;*
187	ne fais pas plus que ce qui est dit	ne donne pas plus que ce que tu diras
188	et n'abrège pas le temps destiné à la joie;	et ne gaspille pas le temps destiné aux besoins du cœur.
189	il est dégoûtant pour le *ka* de gaspiller son moment (de plaisir).	
190	Ne perds (?) pas le temps du jour (par le travail)	
191	plus qu'il ne faut pour les soins de ton ménage;	
192	la richesse viendra même quand on suit le désir,	
193	mais il n'y a aucun profit des richesses quand il (*sc.* le désir) est négligé.	
194		Si tu cesses de soigner ton ménage,
195		les deux (?) grands (?) pères seront affligés
196		et quant à la mère qui a enfanté - la face d'une autre sera plus heureuse qu'elle.
197	*Si tu es un homme notable,*	*Si tu es notable et fondes un foyer*

---

60 Dévaud Nr. 645 f.: *jw.f pw ḥ3tj.f r pḥtj.f mj gmjt m sš* „Es ist gekommen sein Anfang zu seinem Ende wie gefunden in der Schrift".

61 Übersetzung nach Žaba. Diese Übersetzung wurde gewählt, weil sie gegenüber neueren deutschen Übersetzungen (z.B. Burkard in TUAT III, 2) alle wesentlichen Textzeugen getrennt übersetzt und so die Unterschiede im Text auch in der Übersetzung sichtbar macht. Die kursiv gesetzten Zeilen sind im Original Rubra.

198	et tu engendres un fils à cause de la faveur du dieu,	et engendres un fils à cause de la faveur du dieu,
199	s'il est bien rangé, s'il suit ton exemple	s'il est bien rangé, s'il suit ton exemple,
200		s'il obéit à tes instructions,
201		si sa conduite dans ta maison est très bien établie
202	et s'il prend soin de ton bien convenablement,	et qu'il prenne soin de ta propriété convenablement,
203	fais-lui tout ce qui est bon -	cherche pour lui chaque occasion de prospérité -
204	c'est ton fils qui (vraiment) appartient à la semence de ton *ka*;	c'est ton fils qui est digne d'avoir été procréé par ton *ka*
205	ne sépare point ton cœur de lui!	et tu ne dois point séparer ton cœur de lui!
206	Un rejeton aime (cependant souvent) à contredire.	Un rejeton agit (cependant souvent) en homme qui se rebelle.
207	S'il s'écarte de tes directives et les transgresse,	S'il s'écarte de tes directives et les transgresse,
208		s'il n'exécute pas tes instructions
209		et que sa conduite dans ta maison est mauvaise
210	de sorte qu'il s'oppose à tout ce qui est dit,	parce qu'il s'est opposé à tout ce que tu as dit
211	si sa bouche se sert trop de mauvaises paroles,	et que sa bouche déborde de mauvaises paroles,
212		parce qu'il ne se rend pas compte de ce qu'il ne possède vraiment rien,
213		*chasse - le, il n'est pas ton fils,*
214		il n'est certes pas né de (litt. „ à") toi.
215	tu dois l'asservir quant à sa bouche entièrement,	Asservis - le entièrement quant à sa langue;
216	lui qui a agi hostilement contre toi et que les dieux (litt. „ ils ") ont frappé de leur haine;	il est un de ceux que les dieux (litt. „ils") ont frappés de leur haine,
217	c'est qu'il est celui à qui la perdition a été infligé (déjà) dans les entrailles (*sc.* de sa mère)	c'est, qu'il est celui que le dieu a condamné (déjà dans le ventre (*sc.* de sa mère).
218	Celui qu'ils guident ne peut pas s'écarter;	Celui qu'ils ont guidé ne peut pas s'égarer,
219	mais celui qu'ils privent d'esquif ne trouve pas de passage.	mais celui qu'ils ont privé d'esquif ne trouve pas de passage.
	Papyrus Prisse	Papyrus L$_2$

Abbildung 1: Die 11. und 12. Maxime der Lehre des Ptahhotep.

In der 11. und 12. Maxime[62] sehen die Texte nebeneinander bereits auf den ersten Blick unterschiedlich aus: L_2 hat zumeist Überschüsse gegenüber P, lediglich Dévaud Nr. 188 -193 bilden umgekehrt einen Überschuss von P gegenüber L_2. Aber auch dort, wo die Textzeugen im Wesentlichen parallel laufen, zeigen sich deutliche Unterschiede im Wortlaut des Textes, die auch unterschiedliche Bedeutungen hervorbringen. Ein besonders prägnantes Beispiel ist die Zeile Dévaud Nr. 187: Sie gibt der 11. Maxime in den beiden Papyri eine völlig unterschiedliche Bedeutungsrichtung. Während der Text von P mit hedonistischem Unterton vor übergroßem Arbeitseifer warnt, zielt L_2 eher darauf, vor zuviel Großzügigkeit zu warnen und dazu zu ermahnen, dass man die Interessen der eigenen Ökonomie nicht vernachlässigen solle. Die Weichenstellung dazu bilden minimale textliche Unterschiede in Dévaud Nr. 187. In Umschrift lauten die beiden Texte:

P	m jr tue nicht	ḥ3w etwas	ḥr mddwt über das Gesagte (hinaus)
	negierter Imperativ	Objekt[63]	präpositional eingeleitete Ergänzung
L_2	m (r)dj gib nicht	ḥ3w etwas	ḥr mdw.k über das, was du gesagt hast (hinaus)

Abbildung 2: Lehre des Ptahhotep, Dévaud Nr. 187 in P und L_2.

Die wichtigste Änderung ist dabei die Änderung des im Imperativ verwendeten Verbs: Wo P *jrj* „tun" verwendet, steht in L_2 das ähnlich häufige Verb *rdj* „geben". Das sind natürlich ganz unterschiedliche Verbalwurzeln, die hieroglyphische Schreibweise allerdings lässt den Übergang vom einen zum anderen durch einen Schreibfehler als möglich erscheinen.[64]

Falls das der Fall wäre, so hätte dieser Fehler jedenfalls eine Fülle an Folgeänderungen nach sich gezogen, die letztendlich auf eine Überarbeitung und Umdeutung des Ausgangstextes hinausliefen. Hätten wir nur die Version

---

62 11. Maxime: Nr. 186-196 nach Dévaud; 12. Maxime: Nr. 197-219 nach Dévaud.

63 Nach Gardiners Darstellung (Gardiner, § 430f.) ist das Negativkomplement – in der Übersetzung also der negierte Imperativ - bereits Objekt zum Negativverb *jmj*. In dieser Darstellung stünde der hier als Objekt bezeichnete Bereich zum Negativkomplement im Genetivverhältnis.

64 Auch Žaba (S. 128) rechnet mit dieser Möglichkeit und verweist auf einige weitere Fälle, in denen die beiden Verben vertauscht wurden.

von L_2, so wäre es sehr schwer, vielleicht unmöglich, diesen Text als bearbeiteten Text zu erkennen. Am ehesten wären in diesem Fall noch die Spannungen zwischen der Aufforderung, nicht zuviel zu geben und dem in Dévaud Nr. 188 folgenden Hinweis auf die „besoins du cœur", die Bedürfnisse des Herzens, als Spannung wahrnehmbar. In der folgenden 12. Maxime bestehen die Überschüsse in L_2 meist aus erläuternden, näher begründenden Zusätzen. Das sind Erweiterungen, die ein literarkritischer Ansatz wahrscheinlich auch im Verdacht hätte, sekundärer Natur zu sein.

2.1.2.5 Folgerungen

Die Fragestellung der Literarkritik, das sollte das Beispiel aus der Lehre des Ptahhotep nur noch einmal in Erinnerung rufen, ist bei Texten aus dem Alten Orient, also auch bei alttestamentlichen Texten, keineswegs durch Erstellung einer stilistisch begründeten Struktur erledigt: Zu groß ist die Gefahr, dass diese Struktur sich nur dem Strukturwillen und der Sinnbezogenheit des Exegeten verdankt. Eigentlich müssten beide Möglichkeiten nebeneinander erwogen werden - nur so wäre eine Entscheidung darüber, ob Diskontinuitäten stilistischer oder literarkritischer Natur sind, möglich. Die angeführten modernen Beispiele zeigen zur Genüge, dass Diskontinuitäten allein noch nicht ausreichen können, um einen literarkritischen Bruch oder gar einen Verfasserwechsel zu konstatieren.

Sind also die Diskontinuitäten des Textes festgestellt und eventuell eindeutig erklärbare Fälle[65] registriert, muss darum dem ersten Durchgang durch den Text, der diesem in seiner vorgegebenen Richtung folgte, ein weiterer nachfolgen, der durch Vergleich der abgegrenzten Textblöcke diese zu solchen Gruppen zusammenzustellen versucht, die in sich eine Homogenität aufweisen, welche die Annahme gemeinsamer Herkunft von einer Autorengruppe bzw. einem Autor als wahrscheinliche Erklärung dieser Homogenität zulässt.

Bei den Kriterien für die Zusammenstellung der einzelnen Textabschnitte zu Gruppen ist an erster Stelle die Gleichförmigkeit hinsichtlich der sprachlichen Gestalt, die des Stils also, zu nennen. Da der Sprachstil in der folgenden Untersuchung das wesentliche Kriterium darstellt für die Wahrnehmung unterschiedlicher „Stimmen"[66] in Texten des AT, wird im Folgenden eine Darlegung und Diskussion des hier verwendeten Stilbegriffes nötig. Ebenso ist zu fragen, wie sich dieser Stilbegriff zu einer Gesamtvorstellung von dem,

---

65 Eindeutig erklärbar können an dieser Stelle nur solche Fälle sein, in denen die Diskontinuität stilistische Gründe hat

66 „Stimme" wird hier nicht in dem Sinne verwendet, den er etwa bei Derrida hat.

was ein Text ist und wie er entsteht, verhält. Weiter wird es nötig sein zu beschreiben, aus welcher Perspektive somit die vorliegende Untersuchung an die Texte herangeht und welche Konsequenzen sich daraus - insbesondere mit Blick auf die damit ermöglichten und ausgeschlossenen Ergebnisse - ergeben.

2.2 Stilistik

Die Begriffe „Stilistik" und „Stil" rufen eine verwirrende Vielzahl von Assoziationen hervor. In der Exegese des AT scheint die Kette der Assoziationen - unter Anleitung durch die einschlägigen Stilmittelkataloge von Bühlmann/Scherer, Alonso-Schökel und König[67] - rasch zu den „Stilfiguren" zu führen, die es zu erkennen und aufzulisten gilt, um dann eventuell noch einen kurzen, meist eher zaghaften Abstecher auf das Gebiet der Metrik zu nehmen. Letzteres hat bis zum heutigen Tag keine wirklich allgemein anerkannten Ergebnisse erbracht[68]. So endet die Beschäftigung mit dem „Stil" alttestamentlicher Texte oft in einem schulterzuckenden *ignoramus, ignorabimus*. Aber wir nehmen die Texte doch wahr - in ihrem Inhalt wie auch in ihrer konkreten Sprachgestalt und könnten sie anders auch niemals verstehen.

Die Literaturwissenschaften andererseits haben auf dem Gebiet der Beschreibung literarischer Gestaltungen in den letzten Jahrzehnten Fortschritte gemacht, von denen im AT allerdings immer noch eher zaghaft Gebrauch gemacht wird[69]. Zu wenig und oft zu einseitig wurde hier rezipiert, was anderweitig an Erkenntnissen bereitgestellt worden war. Eine der Ursachen mag gerade die große Vielfalt an Ansätzen und Methoden gewesen sein, die innerhalb der literaturwissenschaftlichen Diskussion vertreten wurden - für Exegeten kann das Gebiet der Literaturwissenschaften nur ein Gebiet unter anderen sein, und so wird der Zugang stets von einem gewissen Eklektizismus geprägt sein[70]. Ein weiterer Grund wird wohl die nur allzu deutliche Bindung einiger literaturwissenschaftlicher Richtungen an ideologische Vor-

---

67 König (1911).
68 Angesichts des Überlieferungsvorgangs bei den Texten des AT ist das nicht verwunderlich, es wäre vielmehr zu fragen, ob die Metren, die sich in den masoretisch bearbeiteten Texten evtl. finden lassen, nicht auf diese zurückgehen und deren Beziehung zu den literarischen Wertschätzungen ihrer Zeit und ihrer Welt bezeugen.
69 In der englischsprachigen exegetischen Diskussion scheint an dieser Stelle eine größere Offenheit zu herrschen, vgl. jedoch unten S. 36-38. In der deutschsprachigen Debatte beschreibt der - 1971 erschienene - programmatische Entwurf Richters noch immer die Zukunft stärker als die Gegenwart, hat aber seinerzeit wohl auch zu einer Verhärtung der Fronten beigetragen.
70 Darin allerdings ist die Situation für Literaturwissenschaftler soviel anders nicht.

gaben gewesen sein[71], die zudem mit denen christlicher Theologie durchaus unvereinbar schienen und dies auch sind. Beide Probleme haben, zusammen mit der Komplexität der Theoriediskussion in den Literaturwissenschaften, eine wirkliche Öffnung der Exegese auf literaturwissenschaftliche Erkenntniswege hin sehr behindert.[72]

Heute ist die Sachlage verändert. Die Diskussion innerhalb der Literaturwissenschaften weist inzwischen auch von außen klar wahrnehmbare Konturen auf. Das zeigt sich etwa darin, dass es seit geraumer Zeit zusammenfassende Darstellungen der verschiedenen Strömungen innerhalb der Literaturwissenschaften gibt. Der Exeget oder die Exegetin ist damit nicht länger genötigt, alle Theoretiker zu lesen, um sich einen Überblick zu verschaffen[73] und dann eine kompetente Wahl treffen zu können. Andererseits aber ist er nicht gezwungen, auf die Begründung verzichtend, sich einer Richtung anzuvertrauen, sondern kann vielmehr seinen eigenen Ansatz in den Zusammenhang dieser weiteren Diskussion stellen. Mit den zusammenfassenden Darstellungen der verschiedenen literaturwissenschaftlichen Zugänge zu Texten wird außerdem der Blick frei auf eine Vielzahl von Beobachtungsperspektiven und beobachtbare Details. Letztere verdanken ihre Entdeckung meist weniger der Weltanschauung des jeweiligen Wissenschaftlers als seiner Arbeit an den Texten, sind daher auch längst nicht so stark von ideologischen Vorgaben gesteuert wie etwa der allgemeinere Rahmen einer Texttheorie oder literarischen Ästhetik. Diese Elemente können problemlos mit verschiedenen Rahmentheorien vereinbart werden, müssen aber andererseits dem jeweiligen Gesamtbild von Textgenese, Bedeutungskonstitution und Rezeptionsvorgang eingefügt werden. Auch Exegeten haben ja immer eine Texttheorie, selbst wenn sie nirgends expliziert wird, und diese Texttheorie ist Teil eines Diskurses, der in der Literaturwissenschaft, aber auch in der Literatursoziologie oder der Sprachphilosophie stattfindet.

Um die Einordnung dieses theoretischen Rahmens zu erleichtern, soll im folgenden Abschnitt ein Überblick über einige der wichtigsten Ansätze literarischer Ästhetik gegeben werden. Dieser Überblick[74] hat die Funktion, dem Leser für das Verständnis notwendige Informationen innerhalb dieser Arbeit wenigstens skizzenhaft zu liefern, damit er die Theorien, die das Vorgehen in dieser Arbeit lenken, einordnen kann.

---

71   Vgl. Zima zum sozialistischen Realismus, S. 77 ff. und zur Frage nach Ideologien S. 381 ff.

72   Warum z.B. Hardmeier (1978) gerade S.J. Schmidt rezipierte, wird als begründete Wahl nicht einsichtig.

73   Das ist auch praktisch kaum möglich, da ein erheblicher Teil der wichtigen Werke in russischer bzw. tschechischer Sprache erschienen und nicht übersetzt ist.

74   Für Einzelheiten sei verwiesen auf die Arbeiten von Eagleton; Arnold/Sinemus; Zima; Bogdal; Maren-Grisebach; Schwarz u.a.

2.2.1 Hermeneutik

Die mit „Hermeneutik" bezeichnete Zugangsweise zu Texten hat eine lange, bis in die griechische Antike hinabreichende Tradition. Sie begleitet die Auslegung biblischer Texte durch die Geschichte des christlichen Abendlandes hindurch und wandelt sich dabei.

Da hermeneutische Fragestellungen in der Exegese des AT häufig bedacht werden, braucht die Geschichte der Hermeneutik an dieser Stelle nicht nachgezeichnet werden[75]. Auch eine Darlegung der wichtigsten hermeneutischen Positionen - Schleiermacher, Dilthey, Gadamer, Ricœur - kann und muss hier nicht geleistet werden. Es geht darum, zu bestimmen, wie sich Hermeneutik in das Feld der zu Interpretationszwecken entwickelten ästhetischen Theorien einordnen lässt.

Hermeneutik steht den Typen von Textbetrachtung, die in der vorliegenden Darstellung als die Hauptrichtungen innerhalb der Literaturwissenschaft angesehen werden, in gleicher Weise gegenüber: Wird in den unten beschriebenen Hauptrichtungen der Text zum Objekt für eine Untersuchung, für die es verbindliche und gültige Prozeduren zu erarbeiten gilt, so thematisiert die Hermeneutik den Prozess des Verstehens, besonders von der Seite des verstehenden Subjekts her. Hermeneutik behandelt so grundsätzliche Rahmenbedingungen für die literaturwissenschaftlichen Fragestellungen. Sie ist in dieser Hinsicht keine Richtung innerhalb der literaturtheoretischen Diskussion, sondern eher eine in jenen Richtungen zumindest latent und potentiell stets vorhandene Reflexionsebene, auf der die jeweilige Axiomatik bestimmt und zur Methode in Beziehung gesetzt wird. Aus dem Blickwinkel der Hermeneutik lassen sich die verschiedenen literaturtheoretischen Positionen anordnen auf einer Skala bezüglich ihrer Einschätzung der Möglichkeit, ihren Gegenstand zu verstehen.

Hier wäre die strukturale Semiotik – diejenige Theorie, die in dieser Arbeit Anwendung finden wird - in dem Bereich der Skala anzusiedeln, der dem Punkt nahe liegt, an dem mit der Möglichkeit vollkommener Verstehbarkeit des Textes gerechnet wird. Die werkimmanenten Methoden der Textanalyse wie auch die unten angeführten poststrukturalistischen Theorien mit ihrer Skepsis gegenüber der Möglichkeit eines Verständnisses der Texte, befänden sich näher am entgegengesetzten Ende der Skala.

Die Hermeneutik bietet selbst keinen operationalisierbaren Zugang zur Bedeutung der Texte[76], sie zeigt aber auf, an welcher Stelle die strukturale

---

75 Als Ergänzung zu den bekannten Darstellungen zur Hermeneutik des AT sei auf den Überblick bei Rusterholz in Arnold/Detering (S. 101-136) verwiesen.

76 Allerdings versuchen die Vertreter der Rezeptionsästhetik (Konstanzer Schule, Iser, Jauß, Ingarden) einen solchen zu entwickeln. Vgl. dazu Zima S. 215-263.

Semiotik von ihren Voraussetzungen her problematisch werden könnte[77]: Die beiden Extreme vollständiger Verstehbarkeit und der Unmöglichkeit eines solchen vollständigen Verstehens können in etwa gleiche argumentative Kraft für sich beanspruchen dafür, dass sie die Realität des Verständnisaktes zutreffend beschreiben. Keine der beiden Positionen sagt nämlich, aus hermeneutischer Sicht, die „ganze Wahrheit" über den Text. Die strukturale Semiotik, welche die Möglichkeit adäquaten Verstehens nicht weiter bezweifelt, wird dann am ehesten dazu neigen, die unverständlichen, der Interpretation sich entziehenden Bereiche des Textes zu unterschätzen.

Diesen Extremfall strukturalistischer Methoden hat Rusterholz im Blick, wenn er zum Ergebnis struktural Textanalyse schreibt: „Der literarische Text wird zur ‚nature morte‘, zum Katalog eines Systems von Beschreibungssätzen, die den Text auf kulturelles Durchschnittswissen reduzieren. Vor diesem Hintergrund methodischer Entwicklungen des textlinguistischen Strukturalismus, der generativen Transformationsgrammatik, der Informationstheorie, die auf totale Beherrschbarkeit, auf Mechanisierung des Bedeutungsprozesses und auf Negation der Interpretation angelegt sind, ist der Radikalismus poststrukturalistischer Strömungen erklärbar"[78]. Eine der Bewertung nach ähnliche Position hat Bachtin schon 1924[79] gegenüber den Formalisten vertreten: „Diese Versuche, das ästhetische Objekt gänzlich zu empirisieren, erweisen sich als vergeblich und sind, wie wir gezeigt haben, methodisch durchaus unzulässig: es ist wichtig, gerade die Eigenart des ästhetischen Objektes als eines solchen zu verstehen und die Eigenart des rein ästhetischen Zusammenhangs seiner Momente, d. h. ihre Architektonik. Diese Aufgabe kann weder die psychologistische noch die Material-Ästhetik erfüllen"[80]. Allerdings bedenkt Bachtin auch die andere Seite: „Hieraus folgt nun keineswegs, dass die Erforschung der materiellen Struktur des Kunstwerks als einer rein technischen Struktur in der Ästhetik einen bescheidenen Platz habe. Die Bedeutung der Materialuntersuchungen ist in der speziellen Ästhetik außerordentlich groß, nicht minder groß als die Bedeutung des materiellen Werks und seiner Erschaffung für den Künstler und die ästhetische Wahrnehmung. Wir können uns der Feststellung: ‚In der Kunst ist die Technik alles‘ durchaus anschließen, wenn wir sie in dem Sinne verstehen,

---

77 Natürlich kann aus einem hermeneutischen Blickwinkel auch jede andere Theorie kritisch beleuchtet werden. Diese Arbeit wird aber ein semiotisches Textverständnis zugrunde legen. Darum ist es sinnvoll, gerade auch die möglichen Problemstellen dieses Ansatzes mit zu bedenken.

78 Rusterholz, nach Arnold/Detering, S. 160. Rusterholz' Kritik richtet sich nicht gegen jedes strukturale Verständnis, sondern nur gegen bestimmte Anwendungsgebiete des Strukturalismus in der Linguistik.

79 Zu dieser Datierung vgl. Clark/Holquist, S. 149; Morson/Emerson, S. 77.

80 Bachtin (1979), S. 137.

dass das ästhetische Objekt nur durch Hervorbringung des materiellen Werks verwirklicht wird"[81].

2.2.2 Literaturtheorien - literarische Ästhetik

Aus heutiger Sicht stellt sich die Abfolge unterschiedlicher Entwürfe zur literarischen Ästhetik vom russischen Formalismus[82] bis zur Dekonstruktion als eine „Epoche" dar. Deren Beginn ließe sich durch den Übergang von der Literaturkritik zur Literaturwissenschaft bezeichnen. Die noch stark romantischen Konzepten verhafteten Verfahren der Werkinterpretation[83] wie auch des New Criticism (und der Explication du Texte[84]) stellen, bezogen auf die geschichtliche Entwicklung in den Literaturwissenschaften Europas und Nordamerikas, im Gegensatz zu den Verfahren des Formalismus mit seinen dem Rationalismus verpflichteten Abstraktionsmethoden eine Art Übergangsphänomen dar.

Die Verfahrensweise literarischer Kritik vor dem genannten Einschnitt ist geprägt durch die Subjektivität von Geschmacksurteilen auf der Basis der Tradition antiker Rhetorik[85]. Mit Ausnahme der poststrukturalistischen Ansätze, die in der Entwicklung als Endpunkt angesehen werden können und insofern einen Sonderfall darstellen, ist allen Ansätzen gemeinsam das Bestreben, subjektive Argumentationen und Beobachtungsformen immer weiter zurück zu drängen zugunsten von Beobachtungen, die durch systematische und kontrollierte Abstraktion aus den Texten gewonnen werden, sowie die Tendenz zur Übernahme von oder zumindest Auseinandersetzung mit genuin linguistischer Terminologie und Argumentationsweise.

Für das Verständnis des übergreifenden Diskussionszusammenhanges, der Kontinuität in der Auseinandersetzung ist es wichtig, die grundlegenden Unterschiede wahrzunehmen. Diese betreffen die den Ansätzen einer Richtung jeweils gemeinsame Einstellung gegenüber ihrem Untersuchungs-

---

81 Bachtin, 1979, S. 138.
82 Vgl. Ehrlich.
83 Bekanntester Vertreter dieser Richtung ist W. Kayser. Allein die Nennung dieses Namens macht deutlich, dass die Anordnung der Ansätze nicht rein chronologischen Kriterien gehorcht: Kaysers einschlägiges Werk „Das literarische Kunstwerk" erschien 1948, lange nach der Blütezeit des russischen Formalismus, greift allerdings von seiner Rahmentheorie her hinter diese zurück. Die Entwicklung verläuft überdies in den verschiedenen Ländern unterschiedlich. In der BRD werden die Gedanken des russischen Formalismus erst ab den 60er Jahren breit rezipiert.
84 Die „Explication du Texte" wird im Folgenden nicht behandelt, weil sie auf die biblische Exegese keinen nachvollziehbaren Einfluß ausgeübt hat.
85 Die Rezeption der Poetik des Aristoteles ist in diesem Zusammenhang ein eigenes Problem; vgl. Boethius in Arnold/Sinemus, S. 115 ff.

gegenstand und können an unterschiedlichen Kriterien orientiert wahrgenommen und dargestellt werden. Zima ordnet in seiner Darstellung die wesentlichen Ansätze nach erkenntnistheoretischen Gesichtspunkten. Epistemologische Extrempunkte sind ihm die Ansätze Hegels (für den das Kunstwerk Entfaltung des Begriffs ist, das somit auf den Begriff zurückgeführt werden kann unter Absehung von der Form, die gegenüber dem Begriff unwesentlich ist) und Kants (für den die Form das einzige beobachtbare am Kunstwerk ist)[86]. Die Vielfalt der literaturtheoretischen Ansätze, aus denen sich eine noch größere Vielfalt an Methoden der Darstellung und Beobachtung entwickelt, erschließt sich in ähnlicher Weise als Zusammenhang unter hermeneutischem Blickwinkel. Die Möglichkeiten, einen Text zu verstehen, sind reduzierbar auf ein Kontinuum, das sich zwischen den Extrempunkten, der Text sei dem Verstehen völlig transparent oder der Text bleibe jedem Verständnis gänzlich verschlossen, ausspannt. Dass es sich um so nie vertretene Extreme handelt, braucht kaum erwähnt zu werden. Ich lege der folgenden Darstellung die damit gegebene Polarität als Raster zu Grunde, weise aber darauf hin, dass die tendenzielle Zuordnung von wissenschaftlichen Gruppen zu dem einen oder anderen Extrempunkt eine (hier notwendige) Vereinfachung darstellt, aus der nicht geschlossen werden kann, dass sie auf jeden Vertreter der entsprechenden Gruppierung in gleicher Weise zutrifft.

Außer in den grundlegenden hermeneutischen Vorgaben unterscheiden die Ansätze sich auch darin, dass sie die Notwendigkeit, die Genese des Werkes in die Auseinandersetzung mit seiner Bedeutung einzubeziehen[87], unterschiedlich bewerten, und dass sie das Verhältnis der Literatur zur Realität verschieden einschätzen.

Der folgende Überblick stellt den Teil der Wissenschaftsgeschichte in den Mittelpunkt, der durch den russischen Formalismus eingeleitet wurde und seine Fortsetzung im Prager Strukturalismus und schließlich in der Semiotik fand. Die Darstellung dieser literaturtheoretischen Hauptströmung wird durch kurze Darstellungen von Werkinterpretation und New Criticism einerseits

---

86 Zima, S. 1 f.: "Es wäre grundsätzlich möglich, vom Gegensatz zwischen Hegels und Kants Ästhetik auszugehen (...) Als Grundlage meiner Darstellung wären sie allerdings eine unzulässige Vereinfachung, weil gerade die radikalsten Kritiker der hegelianischen Position - von Nietzsche bis Derrida - alles andere als Kantianer sind. Ihre Kritik an Hegel geht von anderen, von nicht-kantianischen Prämissen aus. *Dennoch wird im folgenden der Gegensatz zwischen Kant und Hegel eine zentrale Rolle spielen, weil er zwei extreme Positionen zum Ausdruck bringt, zwischen denen die moderne Literaturwissenschaft oszilliert"* (Hervorhebung hinzugefügt).

87 Anders als bei Steck (1986), S.16, Anm. 18 vermerkt, ist man dieser Frage in der Literaturwissenschaft schon seit langem nachgegangen.

und die poststrukturalistischen Richtungen intertextuelle Interpretation und Dekonstruktion andererseits ergänzt.

2.2.2.1 Werkinterpretation und New Criticism

Die Werkinterpretation ist das Verfahren, dasjenige faktisch in der Exegese des AT am weitesten verbreitet ist, jedenfalls dort, wo sie literarisch argumentiert und nicht historisch, soziologisch usw. Vertreter der Werkinterpretation sind im deutschen Sprachraum, auf den das mit dem Namen „Werkinterpretation" bezeichnete Vorgehen beschränkt ist, Emil Staiger und Wolfgang Kayser. Sie ist gekennzeichnet durch das Bestreben, für die Literaturbetrachtung und -interpretation nur das Werk selbst heranzuziehen. Alle historischen, psychologischen und soziologischen Faktoren der Genese oder Rezeption des Werkes sind bei der Interpretation auszuklammern.

Die weitreichende Wirkung dieser Konzeption wird verständlich vor dem Hintergrund des Missbrauchs germanistischer Forschung zu Propagandazwecken im „Dritten Reich" und der damit verbundenen Kompromittierung jeden Bezugs zu historischer Wirklichkeit[88]. Für die Charakterisierung der Werkinterpretation gegenüber strukturalistischen Ansätzen ist das folgende, von Bogdal[89] übernommene Schema hilfreich (die Begriffe auf der linken Seite sind der Werkinterpretation, die auf der rechten dem Strukturalismus[90] zuzuordnen):

┌── *Literatur*	*Text* ──┐
Wahrheit der Kunst	- Wissenschaftliche Wahrheit
Singularität des Werks	- Intertextualität
Einfühlendes Lesen	- Symptomale Lektüre
Verstehen verborgener	- Beschreibung von Strukturen,
Bedeutung (Interpretation)	Regeln, Funktionen (Analyse)
Dominanz des Signifikats	- Dominanz des Signifikanten
Bewahrung und Überlieferung	- Systematisierung von Wissen
└── *Kultureller Wert*	*Gesellschaftliche Funktion* ──┘

Abbildung 3: Elemente werkimmanenter und strukturaler Methoden in den Literaturwissenschaften nach Bogdal.

---

88 Vgl. Bogdal, S. 16 ff. Ob das allein den lang anhaltenden Vorrang der Werkinterpretation gegenüber strukturalistischen Ansätzen erklärt, mag dahingestellt bleiben.

89 Bogdal, S. 22.

90 Zu beachten ist, dass im Rahmen eines sehr groben Überblicks, wie er hier geboten wird, Differenzen zwischen einzelnen Ausprägungen einer Richtung notgedrungen verschwinden.

Deutlich scheint mir nach diesem Schema der Übergang von der Werkinterpretation zu strukturalen Methoden[91] mit Versachlichung einher zu gehen - besonders deutlich wird dies im Gegenüber von „Kulturellem Wert"
und „Gesellschaftlicher Funktion" -, was umgekehrt zeigt, dass die Werkinterpretation sich ihrem Gegenstand mit einem reduzierbaren Maß an Anteilnahme näherte.

Ähnliches gilt für den amerikanischen New Criticism. Entstanden ist er als
Abwehrreaktion konservativer Literaturwissenschaftler und Literaten gegen
die Industrialisierung und die mit ihr einher gehenden sozialen Umwälzun-
gen, die ihrerseits auf das kulturelle Leben einwirkten. Die Vertreter des New
Criticism[92] reagierten darauf mit Ausblendung historischer und sozialer Sachverhalte als relevante Parameter für das Verständnis[93] von Texten. Sie
verfuhren dabei so konsequent, dass auch der Autor für den Text keine Rolle
mehr spielen konnte. Das Gepräge des New Criticism in seinem historischen
Zusammenhang charakterisiert Eagleton prägnant: „Darüber hinaus kam der
New Criticism in den Jahren auf, in denen die Literaturkritik in Nordamerika
darum kämpfte, als eine ‚professionelle', respektable akademische Disziplin
ernst genommen zu werden. Sein Inventar kritischer Verfahrensweisen stellte
die Möglichkeit dar, die harten Naturwissenschaften in einer Gesellschaft, in
der diese Art Wissenschaft das vorherrschende Kriterium für Erkenntnis
überhaupt darstellte, mit ihren eigene Waffen zu bekämpfen."[94]

Exkurs: Wirkungen des New Criticism

Der New Criticism hat die Literaturwissenschaft in den USA tief geprägt. Selbst dort, wo
Wissenschaftler sich der Dekonstruktion[95] zugewandt haben, stehen sie dem New Criticism
oft näher als der Dekonstruktion Derridas. So ist es vielleicht zu verstehen, dass auch bei
amerikanischen Exegeten öfter die Neigung zum New Criticism durchschlägt, auch dort, wo
dieser ausdrücklich abgelehnt wird. So schreibt A. Berlin:

„Now Todorov is not committing the sin of New Criticism by closing off the world of the
text from the real world. He is simply and correctly promoting the idea that literary works
should be analyzed according to the principles of literary science rather than according to the
principles of some other science. After all, one does not explain biology according to the

---

91 Noch einmal sei darauf hingewiesen, dass es sich dabei nicht um einen geradlinigen
    Vorgang handelte. Tatsächlich werden die Verfahren der Werkinterpretation bis heute
    auch z.B. in der Germanistik angewandt. Die Klarheit der Darstellung nötigt
    gelegentlich zu Vereinfachungen.
92 Ein Vertreter des New Criticism ist z.B. T. S. Eliot, vgl. Eagleton S. 59.
93 Vgl. Culler, S. 20.
94 Eagleton, S. 63.
95 In den USA besonders die Yale-School mit den Vertretern Hartmann, Miller, Bloom
    und de Man. Culler, S. 29, zählt Bloom nicht zu den Vertretern der Yale-School.

principles of psychology. In this way Todorov establishes the *autonomous character* of both the literary work and the science that deals with it."[96]

Das „autonome Kunstwerk" gehört gerade zu den Kernbegriffen des New Criticism und die Volte, die Berlin hier schlägt, wird vielleicht verständlich, wenn man bedenkt, dass die Hypostasierung des Kunstwerkes, wie der New Criticism sie betreibt, vortrefflich zu einer Wort-Gottes-Theologie passen mag, sofern beide sich zur Immunisierung gegen die Infragestellung überkommener Frömmigkeitsformen gebrauchen lassen. Berlin vertritt hier eher die Position des New Criticism, als die des Strukturalismus.

Der Formalismus[97] ist an diesem Punkt dem New Criticism näher als der Strukturalismus, der die Genese des Kunstwerkes für seine Interpretation fruchtbar machen wollte. In den 1929 veröffentlichten Thesen des Prager Kreises wird der Unterschied poetischer Sprache gegenüber kommunikativer Sprache mit dem Autonomiebegriff markiert[98]. Aber diese Autonomie ist in den genannten Thesen gerade nicht gegen eine historische Entwicklung ausgespielt. Dass die einzelnen Mitglieder des Prager Kreises sich in dieser Frage unterschiedlich geäußert haben mögen, bedarf keiner weiteren Diskussion. Wenn und sofern jedoch ein Unterschied zum New Criticism wahrnehmbar ist, so liegt er - das sieht ja auch Berlin so - darin, dass der New Criticism die reale Welt vom Text abtrennt. Genau das schlägt aber Berlin selbst vor:

„Because the quest is a literary one, we must have recourse only to literary phenomena. Poetics, the science of literature, is what Todorov has called 'internal'; it seeks its rules and principles from within literature itself, without recourse to sciences outside of literature, such as psychology, sociology, etc. (and one may add, in the case of biblical studies, history and archeology)."[99]

Das Zitat steht unmittelbar vor dem zuerst zitierten und soll durch dieses wohl relativiert werden, was nicht gelingen will, weil der Anfang („... not committing the sin of New Criticism..") vom Ende („... the autonomous character...") konterkariert wird.

Der Ablösung der realen Welt vom Kunstwerk[100] entspricht die Ablösung der Exegetin von ihrem eigenen historischen, kulturellen und literarischen Hintergrund. So können beide, der Text und die Exegetin zusammenkommen in einer gewissermaßen homöopathischen Methodik:

„The type of poetics that I am advocating is less foreign to biblical studies because it is derived from and restricted to the Bible. I do not seek a theory that can be applied to all narrative, but only a theory of biblical narrative. Before we can understand general poetics we must understand specific poetics. This specific poetics should be derived from the literature that it seeks to describe, not imported from some other, perhaps quite alien, literature.

---

96 Berlin, S. 16. Hervorhebung hinzugefügt.

97 Der von Berlin zitierte Tzvetan Todorov hat sich um die Rezeption der Formalisten verdient gemacht u.a. durch Herausgabe einer Textauswahl in französischer Übersetzung (Todorov, Théorie de la littérature). Zu Formalismus und Strukturalismus siehe unten 2.2.2.2.

98 Nach Zima, S. 183 f. Der Begriff ist dort allerdings bezogen auf die sprachlichen Ebenen in ihrem Verhältnis zueinander, nicht auf das ganze Werk in seinem Verhältnis zur Realität.

99 Berlin, S. 16.

100 Die Frage, ob die Texte im AT literarische Kunstwerke oder auch nur Literatur sind, behandelt Berlin nicht. Dort, wo der Autonomiebegriff eingesetzt wird, behandelt man zumeist Lyrik.

General theory can suggest what we are to look for, but it cannot tell us what we will find."[101]

Diese Aussage Berlins wird unter Exegeten durchaus nicht nur auf Ablehnung stoßen. Die Verwendung neuer Philologien und der dazu gehörenden Literatur(wissenschaft)en erfreut sich nicht allzu großer Beliebtheit. Dennoch liegt gerade an dieser Stelle das Kernproblem.

Sicher ist es möglich, eine „generelle Poetik" als Abstraktion aus einer „speziellen Poetik" zu verstehen, und der Weg, den Berlin vorschlägt - von der speziellen Poetik auszugehen - kann sehr wohl sinnvoll sein. Wenn aber diese spezielle Poetik außerdem noch verstehbar sein soll, dann kann das ganze Unternehmen nur bei der Literatur der eigenen Muttersprache beginnen und darin bestehen, der Exegetin bewusst zu machen, welche literarischen Phänomene sie als „literarisch" wahrnehmen kann, welchen Regeln diese Phänomene gehorchen, wie sie sich zu anderen Phänomenen verhalten. Dieses Vertrautwerden mit einer speziellen Poetik bekommt weitere Dimensionen durch die Wahrnehmung der zeitlich weiter zurückliegenden Literaturwerke der eigenen Sprache sowie durch den Blick über den Tellerrand der eigenen Sprache auf die Literaturen anderer, noch gesprochener Sprachen. Von dort aus kommen dann auch die speziellen Poetiken, die ja auch schriftlich vorliegen, in den Blick. Alles, was an Möglichkeiten damit in den Erfahrungsschatz der Exegetin gelangt ist, kann dann auch in biblischen Texten gefunden werden. Die uns nicht bekannten literarischen Phänomene können wir nur wahrnehmen, wenn sie auf dem Umweg über eine generelle Poetik erschließbar sind[102] - alles andere ist für uns unwiederbringlich verloren. Freilich wird die generelle Theorie nicht sagen können, was wir in den Texten finden werden - zum Glück wird sie das nicht können - aber finden werden wir nur, was wir auch suchen können, und dabei wird unsere Wahrnehmung geleitet durch unsere Erfahrung. Der Einfluss dieser Vorprägung soll nicht dazu führen, dass die Distanz, das Bewusstsein der Differenz zu den biblischen Texten dahinfällt. Das geht aber nur, wenn der eigene Standpunkt als eigener Standpunkt im Bewusstsein der Exegeten verankert ist und der historische Abstand zu den biblischen Texten als solcher wahrgenommen wird.

Die Poetik biblischer Texte, die Berlin anstrebt, hätte allenfalls einer der Autoren aus der Zeit der Entstehung des AT verfassen können. Leider ist uns kein solches Werk überliefert. Wir heutigen Leser des AT können das nicht nachholen, sowenig wir uns auf die Stufe des „native speaker" stellen können. Die Poetik der alttestamentlichen Texte aus alttestamentlicher Zeit würde uns, wenn wir sie hätten, am Ende vor dieselben Probleme stellen, wie alle anderen Texte des AT.

Selbst bei den Formalisten - die ohnehin hauptsächlich Texte ihrer Muttersprache bearbeiteten - würde Berlin auf Widerspruch stoßen, wie das folgende Zitat zeigt:

„Partis de l'établissement de l'identité du procédé sur des matériaux différents et de la différenciation du procédé selon les fonctions, nous sommes arrivés à la question de l'évolution des formes, c'est-à-dire aux problèmes de l'étude de l'histoire littéraire.

Nous nous trouvons donc devant une série de problèmes nouveaux.

Le dernier article de J. Tynianov, "le Fait littéraire"... en témoigne clairement. Ici se pose le problème des rapports entre la vie pratique et la littérature, problème qui est souvent résolu avec toute l'insouciance du dilettantisme." [103]

---

101 Berlin, S. 19.
102 Also etwa über die von Lotman vorgeschlagenen Instanzen der Äquivalenz und der Relation.
103 Ejchenbaum 1925, nach Todorov, S. 74.

Kommen New Criticism und Werkinterpretation überein in der Beschränkung auf den Text selbst als Grundlage der Interpretation[104] und in der Abwehrhaltung gegen Strömungen der Zeit, in der sie entstanden sind, so unterscheiden sie sich andererseits hinsichtlich der Wissenschaftstraditionen, auf die sie für ihre Analysen jeweils zurückgreifen: Für die Werkinterpretation sind das die aus der Antike stammenden Rhetoriktraditionen des Abendlandes[105], die von den Vertretern der Werkinterpretation mit ihrer Texttheorie verbunden und zu systematischen Werkzeugen für die Textanalyse ausgearbeitet wurden[106]. Der New Criticism dagegen war darum bemüht, sich bei seinen Analysen den argumentativen Standards der Naturwissenschaften anzugleichen. Dieser „Szientismus"[107] des New Criticism verleiht seinem Vorgehen ein Aussehen, das an strukturale Methoden erinnern kann. Dass der New Criticism vom Strukturalismus deutlich unterschieden ist und in welcher Hinsicht, soll u.a. Thema des folgenden Abschnittes sein.

2.2.2.2 Strukturales Textverständnis. Russischer Formalismus - Prager Strukturalismus – Semiotik

Wenn die Überschrift drei Richtungen nennt, so hat dies seinen Grund darin, dass innerhalb der mit dem Etikett „Strukturalismus" versehenen Blickrichtung auf Texte eine Fülle von Konzepten zu finden ist, die sich in ihrem Herangehen an Texte z.T. erheblich voneinander unterscheiden[108]. Für einen groben Überblick reicht es aus, die drei genannten Richtungen als Stationen in der Entwicklung des Strukturalismus zu skizzieren.

Der Formalismus kommt in Russland in der Zeit vor der Oktoberrevolution auf. Seine Vertreter entwickeln ihre Theorien und Interpretationsgrundsätze[109] gegen den Widerstand und die Kritik der Kommunisten. Die Ablehnung durch die Kommunisten beendet unter der

---

104 Diese Ähnlichkeit sieht auch Hawthorn, S. 22.

105 Zu den Auswirkungen antiker Traditionen im Abendland vgl. Curtius. Die überragende Wirkung dieses Werkes mag zugleich eine Warnung vor allzu einseitiger Abwertung der Literaturwissenschaft vor der „linguistischen Wende" sein.

106 Vgl. z.B. Kayser.

107 Zima, S. 265 verwendet diesen Begriff im Zusammenhang mit dem Semiotiker Max Bense.

108 Differenziertere Darstellungen der einzelnen Richtungen finden sich in den angegebenen Werken von Zima, Eagleton, Bogdal, Arnold/Detering usw.

109 Von den beiden den Formalismus institutionell tragenden Schulen ist hier der Petersburger „Gesellschaft zum Studium der poetischen Sprache" (OPOJaZ) die wichtigere. Die Moskauer Schule befaßte sich mit sprachwissenschaftlichen Fragen. Für die weitere Entwicklung allerdings war deren langjähriger Leiter, Roman Jakobson, von größter Bedeutung. Vgl. Grübel in Arnold/Detering, S. 392.

stalinistischen Herrschaft die von den Formalisten eingeschlagene Forschungsrichtung. Wichtige Vertreter des Formalismus sind Boris M. Ejchenbaum, Vladimir Propp, Viktor Šklovskj, Viktor Vinogradov, Jurij Tynjanov und Roman Jakobson. Der Formalismus ist, wie der Strukturalismus, keine vollkommen einheitliche Richtung, das verdeutlicht schon die große Zahl der hier aufgelisteten Vertreter. Er beginnt - darin dem New Criticism vergleichbar - als Abgrenzungsbewegung gegen den Symbolismus und gegen psychologische Textdeutungen. Statt dessen richtet sich die Aufmerksamkeit auf das literarische Kunstwerk[110] als Produkt einer gewollten Handlung[111]. „Der Autor der Avantgarde und der Formalist ist Erfinder, Techniker und Konstrukteur"[112]. Entsprechend ist der technische Zug in den Verfahren der Textanalyse keine bloße Anpassungsleistung an zeitgebundene Sach- und Sprachzwänge, wie im New Criticism. Vielmehr verbindet sich für die Formalisten damit die Erwartung, so reichere und gewissere Ergebnisse aus der Beschäftigung mit Texten zu erhalten. Letztlich sind die Formalisten von der Möglichkeit, ein literarisches Kunstwerk zu verstehen, überzeugt - die Anhänger des New Criticism halten das im Grunde für unmöglich.

Der Strukturalismus in dem Sinn, wie der Begriff heute verwendet wird, nimmt seinen Anfang bei dem Prager linguistischen Kreis (*Cercle linguistique de Prague*)[113]. Er wurde im Oktober 1926 von Vilém Mathesius gegründet, seinen Mittelpunkt fand er in Jan Mukařovský. Der Prager Strukturalismus „... verstand sich selbst als Aufhebung der Dichotomien von Romantik und Positivismus und von Sprach- und Literaturwissenschaft. Dieser Schule ging es vor allem darum, die ästhetische Tätigkeit in ein funktionales Verhältnis zu anderen kulturellen Praktiken zu setzen und die Evolution von Literatur und Kunst in einem Modell von Errichtung und Durchbrechung der ästhetischen Norm zu fassen."[114]

Die Verbindung des Prager Strukturalismus zum russischen Formalismus wurde geleistet durch die Person Roman Jakobsons. Dieser war Leiter des 1915 gegründeten Moskauer linguistischen Kreises[115] gewesen, ehe er 1920

---

110 Der Unterschied zwischen Literatursprache und Alltagssprache spielt - wenngleich er mitbedacht wird - keine Rolle, weil und solange nur Werke analysiert werden, die eindeutig dem Bereich der Literatur angehören. Zur Zeit des Formalismus wird dieser Begriff noch nicht problematisiert.

111 „Den Formalisten schwebte vor, die in der Ästhetik des Realismus vorherrschende mimetische Motivation der Sprache abzulösen und das Verfahren, z.B. durch seine Motivierung bloßzulegen (‚Hier greife ich, des Reimes wegen, / zu den Wörtern ‚ganz verlegen")" (Arnold/Detering, S. 392).

112 Arnold/Detering, S. 392.

113 Der Kopenhagener linguistische Kreis bleibt hier unberücksichtigt.

114 Arnold/Detering, S. 397.

115 Vgl. Eagleton, S. 76.

nach Prag übersiedelte. Dort wurde Jakobson neben Mukařovský die zentrale Figur des Prager Kreises, der bis zum Ausbruch des zweiten Weltkrieges bestand. Die zweite Emigration Jakobsons führte ihn in die USA, wo er Claude Lévi-Strauss traf und so den modernen, im wesentlichen französischen Strukturalismus beeinflusste[116].

Der Formalismus prägt jedoch den Strukturalismus der Prager Schule nur zum Teil[117]. Einen weiteren wichtigen Anknüpfungspunkt bildet Ferdinand de Saussures „*Cours de linguistique générale*", der als Bezugspunkt zugleich eine Konstante in der Entwicklung des Strukturalismus auf die Semiotik hin darstellt. Für den Strukturalismus bedeutend ist de Saussures Unterscheidung von „Signifikant" und „Signifikat"[118] sowie die zwischen *langue* und *parole*. Mit der erstgenannten Unterscheidung verbindet der Strukturalismus eine Orientierung am Signifikanten: Interessant ist für den Strukturalismus das Werk als Objekt mit einer Struktur - einer phonetischen Struktur, einer syntaktischen Struktur, einer semantischen Struktur usw. Mit der Opposition *langue* vs. *parole* verbindet der Strukturalismus die Vorstellung, dass den Texten Tiefenstrukturen zu Grunde liegen, die es herauszuarbeiten gilt.

Beides zusammen - das Desinteresse an den konkreten Inhalten der Texte, wie sie von Signifikat und Referenz repräsentiert werden, aber auch vom Text als *parole* - trägt dazu bei, dass der Strukturalismus sich gegenüber den Texten jeder Wertung enthält und auf diese Weise den Anteil des Lesers an der Konstituierung der Textbedeutung tendenziell ausblendet.

Exkurs: M. M. Bachtin – Semiotik zwischen Formalismus und Postmoderne

M. M. Bachtin (1895 – 1975) war über den längsten Teil seines Lebens hinweg selbst in seinem Heimatland, der UdSSR, weithin unbekannt. Zwar machte seine 1926 veröffentlichte Dissertation ihn in Fachkreisen rasch und nachhaltig bekannt, doch konnte er, nachdem er 1929 zu sechs Jahren Verbannung in Kasachstan verurteilt worden war, für dreißig Jahre so gut wie nichts publizieren. Erst Anfang der sechziger Jahre wurde seine Arbeit über Dostojewski „wiederentdeckt", erneut veröffentlicht und übersetzt, im Anschluss daran auch weitere Werke[119].

Bachtin nimmt, aus heutiger Sicht, eine wichtige Vermittlerposition zwischen dem russischen Formalismus und der Semiotik ein. Vermittler freilich war Bachtin vor allem als Kritiker der Formalisten. In seiner Schrift „Das Problem von Inhalt, Material und Form im Wort-

---

116 Grübel in Arnold/Detering, S. 399.
117 Zur Abgrenzung des Strukturalismus gegen den Formalismus vgl. Zima, S. 176.
118 Spätere Ausformungen der Semiotik - der Begriff begegnet faktisch schon bei Saussure in der Form „sémiologie" - beziehen noch die in der Semiotik von C. S. Peirce belegte „Referenz" in die Überlegung mit ein.
119 Eine Auflistung der Werke Bachtins und ihrer Übersetzungen findet sich in Bachtin (1979), S. 79-88. Zur Frage der „umstrittenen Arbeiten" (die nicht unter Bachtins Namen erschienen, ihm aber häufig zugeschrieben werden) vgl. Clark/Holquist, S. 146 ff.; Morson/Emerson, S. 101 ff.

kunstschaffen" wies Bachtin eindringlich darauf hin, dass das literarische Werk nicht auf seine Form reduzierbar ist[120]. Es lebt in und aus seiner kulturellen Umgebung (die sich stets ändert) und es lebt im Dialog des Interpretierenden mit dem Werk. Die Kritik Bachtins an den Formalisten[121] fiel auf fruchtbaren Boden. Wenn der Formalismus und später der Strukturalismus ihre anfängliche Tendenz, Literaturwerke unter Absehung von deren historischen und kulturellen Voraussetzungen zu verstehen, letztlich überwinden konnten, so dürfte das nicht zuletzt der Kritik Bachtins zu verdanken sein – eine Kritik allerdings, auf welche die Formalisten auch eingingen. Spätere semiotische Ansätze, besonders derjenige Lotmans wurden von Bachtin ausdrücklich begrüßt[122].

Bachtins Denken ist ein weiter Horizont und große Originalität zu eigen. Der Literaturwissenschaftler hinterließ ein Werk, in dem Literaturtheorie in Kulturtheorie gründet. „Der Natur gegenübergestellt, gewinnt Kultur ihre Einheit aus der Gesamtheit gnoseologischer, ethischer und ästhetischer Werte. Der Bezug auf diese axiologisch fundierte Einheit ist die Bedingung der Möglichkeit von Sinnstiftung durch Erkenntnis, ethische Handlung oder ästhetische Gestaltung"[123].

Besonders späte, oftmals nur skizzenhaft niedergelegte Texte lassen erkennen, in welcher Weise Bachtins Gedanken als Anregung für die von Julia Kristeva begründete poststrukturalistische Richtung der Intertextualität vorstellbar sind: „ Der Text lebt nur, indem er sich mit einem anderen Text (dem Kontext) berührt. Nur im Punkt dieses Kontaktes von Texten erstrahlt jenes Licht, das nach vorn und nach hinten leuchtet, das den Text am Dialog teilnehmen läßt"[124]. Dass Kristeva mit dem Konzept der Intertextualität sich zu Recht auf Bachtin beruft, kann allerdings bezweifelt werden. Auch vage Anklänge an Gedanken der späteren Dekonstruktion tauchen kurz auf, dann aber nimmt der Gedanke eine völlig andere Richtung: „Es gibt kein erstes und kein letztes Wort, und es gibt keine Grenzen für den dialogischen Kontext (...) Selbst ein *vergangener*, das heißt im Dialog früherer Jahrhunderte entstandener Sinn kann niemals stabil (...) werden, er wird sich im Prozess der folgenden, künftigen Entwicklung des Dialogs verändern (...). In jedem Moment der Entwicklung des Dialogs liegen gewaltige, unbegrenzte Massen vergessenen Sinns beschlossen, doch in bestimmten Momenten der weiteren Entwicklung des Dialogs werden sie je nach seinem Gang von neuem in Erinnerung gebracht und leben (...) in erneuerter Gestalt auf. Es gibt nichts absolut Totes: Jeder Sinn wird – in der ‚großen Zeit' – seinen Tag der Auferstehung haben."[125]

In Anlehnung an die Begriffe de Saussures und Peirces[126] etablierte sich schließlich ab den 60er Jahren des 20. Jahrhunderts eine Wissenschaft unter dem Namen Semiotik, die den Objektbereich des Strukturalismus über Texte hinaus auf jede Art von Zeichen erweiterte[127]. Die Verbindung zum Struktu-

---

120 Vgl. dazu die Zitate oben S. 32f. Diese Arbeit wurde erst 1975 veröffentlicht.
121 Bachtins Diskussionsbeitrag „The Formal Method in Literary Scholarship" erschien 1928 als Werk von P.N. Medvedev , einem Mitglied des „Bachtinkreises".
122 Bachtin (1999), S. 2.
123 Grübel in Bachtin (1979), S. 24.
124 Bachtin (1979), S. 353.
125 Bachtin (1979), S. 357.
126 Zu den Details vgl. Hawthorn, S. 283 ff.
127 Allerdings war schon der Strukturalismus in seinen Analysen nicht auf Texte beschränkt, wie die Arbeiten des Ethnologen Lévi-Strauss zeigen.

ralismus bleibt jedoch gewahrt durch die Übernahme linguistischer Denkmuster samt der dazugehörigen Terminologie. Diese Verbindung wird auch darin deutlich, dass Semiotiker gelegentlich dem Strukturalismus zugerechnet werden[128] bzw. in ihrem Schaffen von strukturalistischen Ansätzen zu semiotischen Arbeiten übergegangen sind, wie es bei Roland Barthes der Fall ist[129]. Vom Strukturalismus zur Semiotik gibt es eine stärkere Kontinuität als vom Formalismus zum Strukturalismus, ja letztlich ist die Semiotik eine konsequente Ausweitung und Ausarbeitung dessen, was im Strukturalismus begann. Vertreter der Semiotik sind R. Barthes, U. Eco, J.M. Lotman und J.A. Greimas. Wiederum ist daran zu erinnern, dass auch in der Semiotik die Unterschiede zwischen den einzelnen Vertretern beträchtlich sind. Die genannten Vertreter repräsentieren unterschiedliche Ausgangspunkte. Der Vorzug der Semiotik liegt darin, dass sie ein hohes theoretisches Reflexionsniveau in Verbindung mit einer Fülle von Beobachtungsperspektiven und systematisierten Zugängen zu Texten[130] bietet. Das große Angebot an „Werkzeugen" für die Erschließung von Bedeutungen lässt die Semiotik als attraktive Methode erscheinen, wenn es darum geht, „verborgene" Bedeutungen systematisch zu erschließen. Nicht zuletzt diese Eigenschaft lässt diesen Zugang als besonders geeignet für alte Texte erscheinen[131].

2.2.2.3 Poststrukturalismus: Dekonstruktion und Intertextualität

Abschließend soll nur ein kurzer Seitenblick auf zwei neuere Formen literaturwissenschaftlicher Theoriebildung geworfen werden.

Die Dekonstruktion J. Derridas - den ich stellvertretend für das, was Rusterholz „antihermeneutische Strömungen"[132] nennt, erwähnen möchte -

---

128 Bei Arnold/Detering wird z.B. Lotman auf S. 406 den „russischen Semiotiker(n)" zugerechnet, S. 404 f. wird er unter dem Titel „Strukturale Erzähltheorie" mitbehandelt, sein wichtigstes Werk (Die Struktur literarischer Texte) wird den „grundlegende(n) Einführungen in die strukturalistisch-semiotische Literaturbetrachtung" (S. 405) zugerechnet.

129 Der späte Barthes lässt dann auch die Semiotik hinter sich und läßt sich auf die Auflösung von Struktur und Bedeutung in der Dekonstruktion ein.

130 Alle anderen Arten von Zeichen sind für diese Untersuchung weniger wichtig.

131 So auch Schwarz u.a: „Die modernen Texte, mit denen die Textlinguistik arbeitet, verstehen sich von selbst. Bei den alten Texten aber, um die es hier geht, muss das Verstehen erst herbeigeführt werden" (S. 6).

132 Rusterholz, nach Arnold/Detering, S. 157 ff. Für poststrukturalistische Ansätze neben Derrida (Lacan, Foucault, Bourdieu usw.) sei auf die entsprechenden Kapitel bei Bogdal verwiesen. In literaturwissenschaftlichen Diskussionen wird gelegentlich der Begriff „Dekonstruktion" den amerikanischen Dekonstruktivisten (Paul de Man usw.) vorbehalten. Anders allerdings Zima, S. 315 und Menke in Bogdal, S. 242.

kommt aus mehreren Gründen als theoretische Grundlage für die Untersuchung nicht in Frage.

Dekonstruktion wird von vielen Literaturwissenschaftlern bereits als aktueller „Stand der Wissenschaft" angewendet, von anderen dagegen mit unterschiedlichen Begründungen abgelehnt[133]. Eagleton stellt die Dekonstruktion in einen Zusammenhang mit den Studentenunruhen von 1968 und sagt, ihre Theorie spiegele die Frustration der damaligen Protestierenden und jetzigen Dekonstruktivisten, wegen der Erfolglosigkeit der damals begonnenen Revolte[134]. Sachlich wendet Eagleton gegen die Dekonstruktion ein: „Mit der Äußerung, dass es keine absoluten Grundlagen für solche Wörter wie Wahrheit, Gewissheit, Realität etc. gibt, ist noch nicht gesagt, dass diese Wörter keine Bedeutung haben oder ineffektiv sind. Wer glaubte denn überhaupt, dass solche Grundlagen existieren, und wie würden sie aussehen, wenn es sie gäbe?"[135]

Ebenfalls kritisch, wenngleich verhaltener und mit anderen Schwerpunkten äußern sich Zima[136] und Rusterholz[137] zur Dekonstruktion. Schwierig-

---

133 Einen Eindruck von der Diskussion vermittelt der von G. Neumann herausgegebene Sammelband „Poststrukturalismus als Herausforderung der Literaturwissenschaft".

134 „Die Ansicht, dass der signifikanteste Aspekt jeglicher sprachlichen Äußerung darin besteht, dass sie nicht weiß, worüber sie spricht, schmeckt nach einer müden Resignation angesichts der Unmöglichkeit von Wahrheit, die zu der historischen Desillusion der nach-1968er durchaus in Beziehung steht. Aber es befreit einen auch auf einen Schlag davon, in wichtigen Dingen Position beziehen zu müssen, denn was man zu solchen Dingen sagt, ist nie mehr als ein flüchtiges Ergebnis des Signifikanten und kann daher in keiner Weise als 'wahr' oder 'ernst' genommen werden. Ein weiterer Vorteil besteht darin, dass sie auf schadenfrohe Weise gegenüber den Meinungen aller radikal ist, dazu fähig, auch noch die ernsthaftesten Erklärungen als liederliches Spiel der Zeichen zu demaskieren, während sie in jeder anderen Hinsicht zutiefst konservativ ist. Da sie einen dazu verpflichtet, nichts zu bestätigen, ist sie so gefährlich wie Platzpatronen" (Eagleton, S. 130 f).

135 Eagleton, S. 130.

136 „Eine jede Deutung, eine jede Objektkonstruktion reizt in der gegenwärtigen sprachlichen Situation zum Widerspruch, zur *Dekonstruktion*; schon aus diesem Grunde muss ich davon ausgehen, dass auch meine Darstellung von Derridas kritischer Philosophie im ‚junghegelianischen' Kontext, d.h. zwischen Hegel und Nietzsche, dekonstruiert wird. Ich meine allerdings, dass im Bereich der Sozialwissenschaften, denen ich auch die Literaturwissenschaft rechne, weil sie es mit gesellschaftlichen und nicht mit Naturprodukten zu tun hat, die Dekonstruktion nicht der Wahrheit letzter Schluss sein sollte: In *Ideologie und Theorie* (1989) versuchte ich zu erklären, weshalb nicht Dekonstruktion (Derrida) und Parataxis (Adorno, S. Kap.4) die kritische Sozialwissenschaft fördern, sondern eine kritische Theorie, die von kritischer Ambivalenz und Reflexion ausgeht und einen interdiskursiven Dialog zwischen heterogenen Positionen anvisiert." Zima, S. 317).

137 Vgl. besonders die Darstellung einer Auseinandersetzung zwischen Derrida und Gadamer am 25.4.1981 in Paris, die Rusterholz auf S. 170 ff. vornimmt. Das Ergebnis

keiten bereitet nicht zuletzt die Tatsache, dass dekonstruktivistische Ergebnisse sich nicht falsifizieren lassen, denn jede neue *lecture* fügt dem trügerischen Spiel der Signifikanten nur eine weitere Facette hinzu, „Wahrheit" ist nicht nur nicht erreichbar, sie existiert nicht.

Besonders die radikal antimetaphysische Zielrichtung Derridas[138] empfiehlt seine Dekonstruktion nicht als Verfahren zur Interpretation biblischer Texte innerhalb der Theologie. Mir schiene eine Vorgehensweise, die innerhalb der christlichen Theologie ein Verfahren aufgreift, das den Kern dieser Theologie nicht nur in Frage stellt, sondern negiert, wenigstens tendenziell frivol: Eine solche Exegese würde der Theologie ein Element einfügen, das den sonstigen Denkvoraussetzungen theologischen Argumentierens zumindest an einem wesentlichen Punkt - der Frage nach der Möglichkeit von Sinn überhaupt - erkenntnistheoretisch diametral entgegengesetzt ist. Eine dekonstruktivistische Exegese könnte dem nur entgehen, wenn es ihr gelänge, ihren Wahrheitsanspruch mit der Dekonstruktion gegen die Dekonstruktion zu verteidigen, was, salopp gesagt, nichts anderes hieße, als Derrida hinterrücks zu christianisieren. Nicht zuletzt aus moralischen Gründen wähle ich keinen der beiden Wege. In einigen Jahren mag die Diskussion über die Dekonstruktion eine anderes Bild zeichnen, heute scheint mir ihre Anwendung innerhalb der Theologie nicht ratsam[139].

Aber auch die zweite in der Überschrift genannte Theorie, Kristevas Intertextualität, scheint mir weder für die vorliegende noch für andere, an wissenschaftlichen Fragestellungen orientierten Untersuchungen geeignet zu sein, jedenfalls sofern es sich von dem unterscheidet, was in der Exegese unter dem Begriff „Traditionsgeschichte" ohnehin längst praktiziert wird. Tegtmeyer beschreibt letzteres als „globales Intertextualitätskonzept" folgendermaßen: „Ein globales Intertextualitätskonzept vertreten z.B. de Beaugrande und Dressler, die davon ausgehen, dass jeder Text durch intertextuelle Beziehungen gekennzeichnet ist, d. h. ohne Kenntnis anderer Texte unverständ-

---

dieser Begebenheit faßt Rusterholz in den folgenden Worten zusammen: „Gadamer hat im Blick auf Derrida deutlich gemacht, inwiefern sein Verständnis von Hermeneutik sich von traditionellen Positionen unterscheidet. Er bejaht auch Nietzsches und Freuds Kritik des idealistischen Subjektbegriffs. Er kritisiert wie Derrida die Naivität des positivistischen Tatsachenbegriffs, und er sieht Grenzen des Verstehens und der Interpretation. Allerdings sind das nur bescheidene Annäherungen, die Derrida offensichtlich nicht wahrnahm. Er nahm nicht einmal wahr, was in entschiedenem Sinne vorhanden war, den guten Willen Gadamers, seinen Widerpart Derrida zu verstehen" (Rusterholz in Arnold/Detering, S. 173).

138 „In Anspielung auf eine Wissenschaft von der Schrift, die noch an die Metapher und die Theologie gefesselt ist, soll die Devise mehr als nur ankündigen, dass die Wissenschaft von der Schrift – die *Grammatologie* – dank entschiedener Anstrengungen weltweit die Zeichen zu ihrer Befreiung setzt". Derrida, S. 13f.

139 Vgl. jedoch Nethöfel.

lich bleibt. Gleichzeitig aber restringieren sie den Textbegriff auf Einheiten von sprachlichen Zeichen"[140]. Diese Restriktion sieht Tegtmeyer nicht mehr gegeben in J. Kristevas Konzept von Intertextualität „...die wie ihre französischen Philosophenkollegen Barthes und Derrida den Begriff der Intertextualität aus einem globalisierten Textbegriff entwickelt. Text ist bei ihr der Name für beliebige Zeichen – und Regelkomplexe. In der Konsequenz werden die Begriffe Textualität und Kultur koextensiv, d. h. synonym und damit gegeneinander vertauschbar. Das bedeutet, dass von individuierbaren Einzeltexten nicht mehr die Rede sein kann, ohne Rekurs auf das Universum der Texte"[141] Damit wird die konkrete, methodisch verantwortete Interpretation eines Einzeltextes unmöglich, denn niemand kann auf das Universum der Texte zurückgreifen. Darüber hinaus negiert Kristeva die Existenz einer außersprachlichen Wirklichkeit und befindet sich damit auf einer Linie mit Derrida. Kristevas Konzept verbindet von Bachtin übernommene Gedanken mit solchen des Psychoanalytikers Lacan. In dessen Gefolge hat auch Kristeva mathematische und naturwissenschaftliche Termini in ihre Argumentation eingeführt, die von Sokal und Bricmont kritisiert wurden[142].

Die vollständige Ablösung des Textes von außersprachlicher Realität führt auch in der Exegese des Alten Testamentes zu Auslegungen, die um chronologische Abläufe völlig unbekümmert sind.

2.2.2.4 Literaturtheoretische Voraussetzung der Untersuchung

Die Theorie, die hinter den folgenden Untersuchungen steht, ist im wesentlichen die der strukturalen Semiotik und nimmt im besonderen Arbeiten von Lotman und Eco auf. Lotman hat mit seinem Buch „Die Struktur literarischer Texte" eine Untersuchung vorgelegt, die eine allgemeine Darstellung semiotischen Textverständnisses bietet: Der literarische Text ist dort vorgestellt als etwas, das Bedeutung durch Überlagerung von zwei strukturierenden Systemen hervorbringt: Dem primären System der Sprache mit den in ihr geltenden Regeln von Syntax, Semantik und Pragmatik und dem sekundären mo-

---

140 Tegtmeyer, S. 50.
141 Ebda.
142 „...this enterprise faces a serious problem: What relation, if any, does poetic language have with mathematical set theory? Kristeva doesn't really say. She invokes technical notions concerning infinite sets, whose relevance to poetic language is difficult to fathom, especially since no argument is given. Moreover, her presentation of the mathematics contain some gross errors, for example with regard to Gödel's theorem. Let us emphasize that Kristeva has long since abandoned this approach; nevertheless, it is too typical of work we are criticizing for us to pass it over in silence" Sokal; Bricmont, S. 38f.

dellierenden System der Literatur, in dem Äquivalenz und Relation als Steuerungsmechanismen der Modellierung auf allen Ebenen der Sprache wirksam sind. Das Ergebnis dieser Modellierung ist der „Stil" des Textes. Es ist unmittelbar deutlich, dass der Bereich des „Stilistischen" nicht abschließbar ist. An Ecos vielfältigem Werk ist es, neben seiner dezidierten Auseinandersetzung mit dem Poststrukturalismus, seine Beschäftigung mit alten Texten[143], die dazu geführt hat, dass seine Darstellung neben der Lotmans herangezogen wurde. Die Auswahl dieser beiden Autoren als Gewährsmännern für die grundsätzliche Ebene semiotischen Textverständnisses schließt aber keinesfalls aus, dass auf diesem Hintergrund auch Beobachtungsweisen, -objekte und -perspektiven einbezogen werden können, die keiner der beiden Autoren berücksichtigt hat.

Von Eco übernehme ich - wie schon in der Einleitung skizziert - die Annahme, dass Texte nicht nur polysem sind. Auch wenn ihre möglichen Interpretationen unendlich viele sein mögen, so ist doch nicht jedes beliebige Textverständnis ein angemessenes Textverständnis. Auch wenn die kulturelle Vorprägung des Lesers dessen Verständnis mitformt, so ist dieser hermeneutische Standort allein noch nicht ausreichend um das konkrete Textverständnis hervorzubringen: Der Text wirkt mit an der Konstitution seiner Bedeutung. Selbst wenn die Trennung zwischen „richtigem" und „falschem" Textverständnis, zwischen dem Anteil des Lesers und dem des Textes theoretisch wie praktisch schwierig sein mag, die Interpretation kann sich nur auf den Text als verstehbaren und interpretierbaren beziehen.

Die stilistische Analyse, die im Untersuchungsteil zu Grunde gelegt wird, basiert in ihren theoretischen Vorannahmen auf dem semiotischen Textverständnis, das Lotman entworfen hat. Sie versteht Stil als sekundäres modellbildendes System. Damit ist u. U. keine vollständige Textinterpretation möglich, aber das ist, angesichts des Ziels der Untersuchung, ja auch nicht nötig.

2.2.3 Rhetorik - Poetik - Stilistik

Die drei in der Überschrift genannten Begriffe sind traditionelle Begriffe. Sie stammen aus der Antike und bringen auf unterschiedliche Weise zur Sprache, dass Texte nur als jeweils konkrete Entitäten existieren, die so und nicht anders *be*schaffen sind, weil sie so und nicht anders *ge*schaffen sind. Die drei Begriffe spiegeln das Machen, die Machart von Texten. Sie tun das in der abendländischen Tradition und in drei je unterschiedlichen Nuancen.

---

143 Vor allem in Eco (1995).

Die Rhetorik ist in dieser Tradition die Lehre von der Rede in allen ihren Verzweigungen vom Erfassen des Redethemas bis zu den Techniken des Sprechens und Memorierens.

Die Poetik hat demgegenüber schriftliche Texte zum Gegenstand, kann sowohl deskriptiv als auch normativ ausgerichtet sein und weist Überschneidungen zu dem Bereich auf, der im vorangegangenen Abschnitt unter dem Oberbegriff „Literaturtheorie" behandelt wurde.

Rhetorik und Poetik überschneiden sich dort, wo die Gestaltung von Texten[144] zur Diskussion steht. Dieser Bereich ist zugleich der Bereich der Stilistik. Stellt die Poetik die Texte in einen Zusammenhang, der ein Kontinuum ausspannt von der Texttheorie bis zum verfertigten oder analysierten Text[145], so begleitet die Rhetorik die Textkonstitution über ihren Eintritt in die Sphäre des Sozialen durch Kommunikation hinaus, verzichtet aber auf texttheoretische Erwägungen.

Auch von Stilistik wird gelegentlich so gesprochen, als sei der Begriff synonym zu „Poetik". In dieser Arbeit wird Stilistik als Lehre vom Stil verstanden, wobei „Stil" als eine Beschreibungsdimension von Texten, die gegenüber anderen Dimensionen (besonders Syntax und Semantik) abgegrenzt wird. Stil ist die besondere Gestalt, in der ein Text auftritt, gegenüber den allgemeinen Gestaltungsmöglichkeiten, welche die Sprache in ihrer Syntax bietet. Er ist die einzelne Kombination semantischer Einheiten gegenüber der Vielzahl von Möglichkeiten, ein semantisches Ziel mit Hilfe der in der Sprache gegebenen Möglichkeiten zu realisieren[146]. Ebenso ist Stil aber auch die sich durchhaltende Tendenz der Gestaltung innerhalb eines Textkorpus. Die Gestaltungstendenz eines Textes oder auch eines Textkorpus fächert sich auf in Tendenzen in Texten, unterschiedliche Gestaltungsmerkmale in einer je bestimmten und beschreibbaren Weise zu verwenden. Keinesfalls sind die Gestaltungsmerkmale auf den Kanon der „rhetorischen Figuren", wie er in der Antike ausgebildet wurde, beschränkt, und ebenso wenig sind die Gestaltungsmöglichkeiten als von vornherein festgelegte Möglichkeiten („Hoher Ton") vorzustellen. Stilistik ist in diesem Sinne auch nicht mit einer Wertung des Stils verbunden.

Wenn in dieser Weise davon ausgegangen wird, dass jeder Text hinsichtlich seines Stils beschreibbar ist, so steht dahinter die Vorstellung, dass bei der Formulierung von Texten weder völlige Gestaltungswillkür herrscht, noch auch die Form des Textes durch Aussageabsicht und Grammatik völlig

---

144 Es genügt für unseren Zusammenhang, schriftlich vorliegende Texte in die Überlegung einzubeziehen.

145 Textanalyse ist in diesem Zusammenhang als Extremfall von Textrezeption gemeint.

146 Zu fragen ist allerdings, ob es in einer Sprache jemals zwei Möglichkeiten gibt, einen Inhalt auszudrücken, die als synonym bezeichnet werden können. Spillner bringt in Arnold/Detering S. 234 f. ein Beispiel hierfür.

determiniert sei. Stilistik steht so zwischen Grammatik und Texttheorie, beide umgreifend und zwischen beiden vermittelnd, an einem Ort, der sich genauer und zugleich umfassender Definition offenbar recht wirkungsvoll entzieht[147]. Dennoch gibt es kaum Zweifel an der Existenz von „Stil".

Für die Untersuchung mögen zwei Zitate zur Orientierung im Gestrüpp der Stildefinitionen genügen:

„Stil (ist) eine in sich verhältnismäßig einheitliche, anderen Texten gegenüber jeweils unterschiedliche Form des wiederholten Gebrauchs bestimmter sprachlicher Variationsmöglichkeiten für bestimmte Ausdrucksabsichten."[148]

„The style of a text is the aggregate of contextual probabilities of its linguistic items."[149]

Diese beiden Definitionen stellen „Stil" unter Aspekten dar, die sie für Zwecke der Literarkritik nutzbar machen lassen: Stil ist begreifbar als ein Merkmalsatz, der es gestattet, Texte voneinander zu unterscheiden. Und Stil lässt sich auffassen als ein Merkmalsatz mit feststellbaren statistischen Häufigkeiten, die eine Textgruppe oder einen Text gegenüber anderen Texten charakterisieren können.

So verstanden muss es möglich sein, mit Hilfe des Stils eine Menge von Texten in Gruppen einzuteilen, die in sich hinsichtlich des zuvor festgelegten Merkmalsatzes möglichst homogen sind. Die einzelnen Merkmale des Merkmalsatzes müssen für die Prozedur[150] in quantifizierter Form erfasst werden. Das stellt kein Problem dar, da jedes Merkmal, sofern es feststellbar ist, auch quantifizierbar ist.

Zwei andere Fragen erfordern allerdings noch besondere Aufmerksamkeit: Die Frage nach den Deutungsmöglichkeiten für die Ähnlichkeit der entstehenden Gruppen wird im nächsten Abschnitt behandelt werden. Wichtiger noch, aber mit der ersten Frage verbunden ist die zweite nach den zu wählenden Merkmalen. Zu dieser Frage wird der letzte Abschnitt dieses Teils ein Raster entwickeln, das helfen soll, den Vorgang der Auswahl von Merkmalen systematisch und in nachvollziehbarer Weise durchzuführen.

---

147 Vgl. dazu z.B. Sanders.
148 Sowinski nach Sanders, S. 21.
149 Enkvist nach Sanders, S. 17.
150 Siehe unten 3.5.

2.2.4 Individualstil - Sozialstil - Epochenstil – Funktionalstil

Wenn mit Hilfe eines Merkmalsatzes die Texte eines Untersuchungskorpus zu Gruppen angeordnet wurden, so „bedeuten" diese Gruppen zunächst einmal nichts weiter als Gruppen, die hinsichtlich des Merkmalsatzes jeweils homogen sind. Jede Aussage, die darüber hinausgeht, bedarf einer Begründung. Zur Illustration gebe ich ein Beispiel: Ich gruppiere eine Anzahl von Gegenständen mit Hilfe des Merkmals „Farbe". Die entstandenen Gruppen lassen erst einmal keine weiterreichenden Schlüsse zu, als dass die Gegenstände einer Gruppe hinsichtlich des Merkmals „Farbe" Homogenität aufweisen. Wenn ich von dem Merkmal „Farbe" auf die Herkunft des Gegenstandes schließen möchte, so bedarf es dafür zusätzlicher Begründungen und Informationen. Die könnten z.B. darin bestehen, dass eine bestimmte Farbe nur bei der Lackierung von Autos der Marke X vorkommt[151]. Damit wäre ein Schluss von dem Merkmal auf die Art des Gegenstandes und seine Herkunft möglich, allerdings nur unter der Voraussetzung, dass Merkmale gewählt wurden, die für die zur Diskussion stehende Unterscheidung effektiv sind.

Das zeigt, dass es für die Frage nach der Herkunft von Texten von großer Wichtigkeit ist, effektive Merkmale zu finden. Die Merkmale sind eigentlich der neuralgische Punkt der Literarkritik[152].

Nun stellt die gerade gegebene Darstellung des Zusammenhanges zwischen effektiven Merkmalen und Herkunft eine gewisse Vereinfachung dar. Das betrifft besonders das, was wir mit „Herkunft" bezeichnet haben. Auch wenn auf Grund eines effektiven Merkmals oder Merkmalsatzes eine Gruppierung erzielt wurde, ist die Deutung der Ursache der Homogenität damit noch nicht völlig sicher. Ein einheitlicher Stil kann nämlich entweder auf eine gemeinsame Funktion, d.h. auf eine Textsorte zurückgehen (Funktionalstil) oder auf gemeinsame Herkunft. Gemeinsame Herkunft wiederum kann bedeuten, dass die Texte Produkte eines Autors (Individualstil), einer Gruppe (Sozialstil) oder einer Zeit (Epochenstil) sind. Davon sind insbesondere der Individualstil und der Sozialstil im AT kaum mit Gewissheit zu unterscheiden. Ob an den Texten ein Autor oder eine Gruppe von Autoren gewirkt

---

151 „Farbe" ist dann schon ein komplexes Merkmal, das nicht allein die Wellenlänge des von der Oberfläche reflektierten Lichtes meint, sondern andere Faktoren wie Oberflächenbeschaffenheit usw. einbezieht.

152 Die Kritik von Weippert (1973) an der Gültigkeit von Mowinckels ABCD-Theorie basiert darauf: Wenn nachgewiesen werden kann, dass „deuteronomistische" Formulierungen kein effektives Merkmal sind, dann besteht kein Grund, einen Text einem nichtdeuteronomistischen Autor abzusprechen. Allerdings sind die Frage nach der Homogenität des Textes des Jeremiabuches und die Frage nach der Identität seines Autors oder seiner Autoren in jedem Fall unterschiedliche Fragen. Rein phraseologische Kriterien sind weder für den Nachweis der Homogenität des Stils noch für den Erweis des Gegenteils geeignet.

hat, ob die charakteristischen Merkmale, welche die Textgruppe von anderen unterscheiden lassen, einem Individuum zu verdanken sind, das der Sprache seine originelle Prägung verliehen hat, entzieht sich wahrscheinlich weitgehend und dauerhaft unserem Urteil. Gründe dafür sind: Der nicht allzu große Umfang des Textmaterials, die Unsicherheit bei der Zuweisung von Texten zu bestimmten Autoren oder Autorengruppen[153], die Tatsache, dass für keinen heute lebenden Leser das biblische Hebräisch Muttersprache ist, in der er all die feinen Nuancen wahrnehmen könnte, die uns in unseren Muttersprachen zugänglich sind. Wie schwierig die Aufgabe ist, diesen Mangel aufzuarbeiten, zeigen die Untersuchungen von Jenni zu den hebräischen Präpositionen[154]. Es ist kaum vorstellbar, dass für das Hebräische z.B. Verbvalenzen in derselben semantischen Differenziertheit erarbeitet werden können, wie v. Polenz sie für das deutsche Verb „reden" vorführt[155].

Für die Stilanalyse ist die Unmöglichkeit von sicheren Aussagen zur phonetischen Gestalt eine herbe Einschränkung.

Erschwerend wirkt sich im sprachlichen Bereich m.E. auch noch aus, dass die Sprache des AT eigentlich erstaunlich gleichförmig ist. Hält man sich nur den Zeitraum vor Augen, den die „Schriftprophetie" abdeckt[156], muss dieser Tatbestand eigentlich verwundern: Innerhalb von gut 400 Jahren würde man doch eine deutlichere Veränderung der Sprache erwarten. Wir, die wir das Deutsch der Gegenwart zur Muttersprache haben, benötigen für Texte der frühen Neuzeit bereits Übersetzungshilfen wie Wörterbücher[157]. Wären diese Verhältnisse nur annähernd auf das Hebräische anwendbar, so müsste z.B. Tritosacharja Mühe gehabt haben, Amos zu verstehen - von früheren Texten ganz zu schweigen.

Für diesen Befund sind - von radikalen Datierungen abgesehen - mehrere Erklärungen denkbar. Die Sprache könnte sich geändert haben, ohne dass dies in der Schrift sichtbar geworden wäre, d.h. die Veränderungen betrafen den Vokalismus usw., nicht aber die Konsonanten und die grammatischen

---

153 Gerade hier ließen sich aber mit der in der Untersuchung vorgeschlagenen Methode Fortschritte erzielen.

154 Jenni, (1992).

155 v. Polenz, S. 102. In der Reihe ATS sind einige Monographien zur Valenz einzelner hebräischer Verben erschienen (vgl. dazu im Literaturverzeichnis die Arbeiten von Richter, Seidl, Häusl und Schweizer). Sie zeigen, wie komplex die Aufgabe ist, wenn keiner der Untersuchenden als *„native speaker"* bezeichnet werden kann.

156 Nach Steck (1993), 20a, von ca 760 (Amos) bis ca 300 (Tritosacharja). Zur historischen Einordnung des Amos vgl. Jeremias (1988), S. XV. Für Tritosacharja vgl. Kaiser, S. 156 f.

157 Auch den Zeitgenossen Luthers dürfte es nicht viel besser ergangen sein mit Texten aus der Zeit zwischen 1000 und 1100 - dass die Sprache sich in unserer Zeit rascher entwickelt, wäre wohl erst zu beweisen.

Fügungen[158]. Denkbar wäre weiter, dass die Schriftsprache konstant blieb, ähnlich wie in Ägypten das Mittelägyptische als Literatursprache bis in Zeiten erhalten blieb, in denen niemand mehr Mittelägyptisch sprach. Darüber hinaus muss aber damit gerechnet werden, dass die Sprache der literarischen Überlieferung möglicherweise im Vollzug der Textpflege dem veränderten Sprachgebrauch angenähert wurde. Für das hier anvisierte Vorhaben wäre das der schwierigste Fall, weil damit stilistische Unterschiede, die sich durch den Sprachwandel (Epochenstil) ergeben, eingeebnet worden wären. Das würde, angesichts der reduzierten Sprachkompetenz der Nicht-Muttersprachler, eine weitere Verschlechterung der Ausgangslage bedeuten. Könnten wir nämlich Texte hinsichtlich ihrer sprachhistorischen Prägung unterscheiden, so wären für Texte, die in unterschiedliche Epochen gehörten, gleiche Autoren praktisch auszuschließen. Tatsächlich gibt es durchaus Hinweise darauf, dass es eine derartige Angleichung der Sprache gegeben hat[159].

2.2.5 Stilistik und Grammatik. Der Weg zu den Merkmalen

„Da Stil Berührungen mit Syntax, Semantik, Pragmatik (...) hat (...), sind die Grenzen des jeweiligen Interesses abzustecken."[160]. Es mag sein, dass mit Syntax, Semantik und Pragmatik ein Text so weitgehend erschlossen werden kann, dass die Frage entsteht, wozu es noch nötig sein soll, stilistische Fragen zu stellen und zu beantworten, zumal bei Texten, deren literarischer An-

---

158 Theoretisch könnten die datierbaren Inschriften zur Klärung der Frage beitragen, wie konstant die grammatische Gestalt des Hebräischen gegenüber der im AT vertretenen Sprache gewesen ist. Die Hoffnung, auf diesem Wege Einblick zu erhalten, schwindet angesichts der bei Renz/Röllig III gesammelten hebräischen Inschriften, die auf etwas mehr als 30 Seiten Platz finden. Das Gros der etwas längeren Texte stammt aus Arad und Lachisch aus dem 6. und 7. Jahrhundert und diese scheinen den Texten des AT nahe zu sein.

159 „Das Hebräische des AT ist keine einheitliche Größe - das sollte von vornherein klar sein, wenn man bedenkt, dass das AT eine Periode von beinahe tausend Jahren deckt. Hier hat man sich durch die einheitliche Punktation und die durch sie vorausgesetzte einheitliche Grammatik täuschen lassen. Diese schablonenhafte Betrachtung muss je früher je besser aufgegeben werden, wenn wir vorwärts kommen wollen. An der bisher gemachten Voraussetzung ist soviel wahr, dass die Sprache dadurch ein gewisses einheitliches Gepräge erhalten hat, dass der Stoff in der jüdischen Gemeinde, d.h. in jerusalemischer Überlieferung seine definitive Gestalt erhalten hat. Unzweifelhaft hat Jerusalem in hohem Masse das AT auch sprachlich geprägt"(Nyberg, S. 11). Nyberg beurteilt die Möglichkeit, sprachliche Differenzierungen noch feststellen zu können, optimistisch, was ein wenig seiner Ansicht, die Texte seien über lange Zeit mündlich tradiert worden, widerspricht. Eine sprachliche Angleichung nimmt unter den neueren Veröffentlichungen z.B. Stipp (1991), S. 544 f. an.

160 Sandig, S. 169.

spruch gar nicht sicher geklärt werden kann. Haben die alttestamentlichen
Autoren denn ihre Texte überhaupt bewusst gestaltet?

Die Frage ist kaum zu beantworten. Sicher ist nur, dass Texte immer eine
bestimmte Gestalt haben und gewöhnlich auch einen Ursprung. Da der Textproduzent beim Herstellen des Textes an Vorgaben gebunden ist - die vor
allem dem Ziel dienen, erfolgreich zu kommunizieren - und unter diesen Vorgaben die Regeln der verwendeten Sprache (Lexikon und Grammatik) die
wichtigsten Vorgaben sein dürften, muss nach dem Verhältnis der Grammatik zum Stil eines Textes gefragt werden. Dies ist umso nötiger, als häufig
Stil als Überschuss zur Grammatik verstanden wurde, als Abweichung von
der Norm. Diese Auffassung wurde z.B. von Vertretern der generativen
Transformationsgrammatik vertreten[161]. Es genügt, zu dieser Ansicht Spillner
zu zitieren: „Die Auffassung von Stil als Abweichung von einer Sprachnorm
hält sich hartnäckig, obwohl kaum eine Konzeption so gründlich widerlegt ist
wie diese (...). Abgesehen von der Problematik, eine extratextuelle Norm zu
definieren und Abweichungen von Varietäten zu unterscheiden, müssten
nach dieser Auffassung alle Fehler ‚Stil' sein und dürften ‚normale' Texte
keinen Stil haben. Die Abweichungskonzeption mag daher in der Stilanalyse
als erste heuristische Annäherung geeignet sein, auffällige Textmerkmale zu
entdecken - als Grundlage für eine Stiltheorie ist sie ungeeignet."[162]

Mir scheint es sinnvoll, Grammatik und Stil als zwei verschiedene Beobachtungsraster für Texte zu verstehen. Die präskriptive Seite, die sowohl
Grammatik als auch Stil haben, kann ohnehin unberücksichtigt bleiben.
Grammatik wäre dann als - Syntax, Semantik, Pragmatik und Phonetik -
dasjenige Beobachtungsraster, das einer Vielzahl von Texten synchron und
diachron gültige Regeln (für Formbildung, Satzmuster, Textsignale, Aus-
wahlrestitutionen usw.) entnimmt, „Stil" würde diejenige Sichtweise benen-
nen, die nach den Tendenzen bei der Auswahl aus den vielfältigen Möglichkeiten der Grammatik fragt. Die Grammatik fragt nach der *langue* jeder
denkbaren *parole* einer Sprache, Stil nach der *langue* eines definierten Aus-
schnittes aus den vorliegenden Texten einer Sprache, die außerdem noch jenen allgemeinen Strukturen der *langue* im ersten Sinn folgen. In Anlehnung
an Lotman sehe ich Stil als „sekundäres modellierendes System" an, das alle
Ebenen des Textes erfasst. „Sekundär" ist das modellierende System gegenüber dem primären System der Sprache als *langue* („Grammatik"). Die Behauptung, Stil sei ein sekundäres modellierendes System, besagt demnach,
dass derjenige, der einen Text formuliert, dabei nicht nur auf die allgemeinen
Regeln der Sprache zurückgreift, sondern, durch eine Reihe von Parametern
geleitet, aus den Ausdrucksmöglichkeiten der Sprache die ihm jeweils „rich-

---

161 Vgl. Spillner in Arnold/Detering, S.243.
162 Spillner, nach Arnold/Detering S. 244.

tig" erscheinende wählt. Zu den Parametern zählen z.B. die Aussageabsicht, das stilistische Inventar der literarischen Kultur, aber auch die sprachlichen Neigungen der schreibenden Person. Die Möglichkeit, Texte aufgrund ihrer Sprachgestalt bestimmten Autoren oder Autorengruppen zuzuordnen, beruht auf der Voraussetzung, dass die Person des Verfassers ein Parameter im sekundären modellierenden System „Stil" ist.

In dieser Sichtweise kann jedes Textmerkmal, insbesondere jedes grammatische Merkmal stilistisch relevant werden: Die Grammatik mag einen Sprachbenutzer nötigen, bei einem transitiven Verb ein direktes Objekt zu nennen, aber muss ein Sprachbenutzer diese Sorte Verben gehäuft benutzen? Oder: Wenn man einen Sachverhalt negieren will, so wird man aus dem Repertoire der Sprache eine Möglichkeit zur Negation wählen müssen - aber man kann fast jeden Sachverhalt durch Negation seines Gegenteils darstellen.

Es zeigt sich also, dass die Wahl grammatischer Realisationen nicht auf die Textbestandteile beschränkt werden muss, die „fakultativ" genannt werden. Die Möglichkeit auszuwählen ist allerdings immer vorausgesetzt und die Frage, was gewählt wurde, ist bedeutungsvoll.

Die Grammatik stellt für die stilistische Untersuchung Mittel zur Bestimmung der Elemente bereit, die für die stilistische Untersuchung relevant werden können, Stilistik ist auf Grammatik angewiesen. Aber „Grammatik" ist ja auch kein eindeutiger Begriff mehr, verschiedene Konzepte von Grammatik sind im 20. Jahrhundert auch für das biblische Hebräisch erstellt worden. Zu Beginn dieses Abschnittes war „Grammatik" in einem weiten Sinn als Gesamtheit von Syntax, Semantik, Pragmatik und Phonetik gefasst worden. Dieser weite Begriff soll grundsätzlich beibehalten werden, obwohl im Folgenden nur recht bescheidene Ausschnitte aus Syntax und Semantik eine Rolle spielen.

Die Pragmatik scheidet als Feld für die Suche nach effektiven Merkmalen aus. Abgesehen von der mit pragmatischen Fragen verbundenen Notwendigkeit, Hypothesen über die Wirkung von Texten aufzustellen, würden Merkmale aus diesem Bereich zumeist größere Textmengen erfordern. Pragmatik ist nämlich zu verstehen als „linguistische Teildisziplin, die die Relation zwischen natürlich-sprachlichen Ausdrücken und ihren spezifischen Verwendungssituationen untersucht."[163] In einem Text von begrenzter Länge können nicht sehr viele derartige Relationen zu finden sein. Die Relationen selbst können aber recht unterschiedlicher Art sein[164]. Das wird dazu führen, dass Textmerkmale der Pragmatik schwer eindeutig und verbindlich feststellbar sein werden, und darüber hinaus wird ein konkret beobachtetes Element (z.B. eine Aktantenkonstellation) in einem Einzeltext nicht häufig genug vor-

---

163 Bußmann (1990), S. 606.
164 vgl. Schweizer (1989), S. 78 ff.

kommen, um statistisch auswertbar zu sein. Aus diesen Gründen wird die Pragmatik bei dieser Untersuchung ausgeklammert. Damit soll aber nicht gesagt sein, dass pragmatische Textmerkmale für Untersuchungen der hier angestrebten Art nicht verwendbar sind. Verwendbar sind *alle* stilistischen Merkmale.

Die Gestaltung kann auf allen Ebenen des Textes stattfinden. Diese Erkenntnis Lotmans ist von entscheidender Bedeutung bei der Aufgabe, systematisch nach effektiven Merkmalen für stilstatistische Argumente der Literarkiritk zu suchen: Die Suche kann sich an den Ebenen des Textes orientieren. Auf diesem Wege wurde oben das Gebiet der Pragmatik als wahrscheinlich unergiebig ausgeklammert. Auf diese Weise ist es weiter möglich, Merkmale der phonetischen Ebene auszuklammern. Da der originale Klang der Texte nicht mehr rekonstruiert werden kann, werden solche Merkmale nicht verwendet[165]. Die Merkmale werden ausschließlich aus den Bereichen „Lexikon" und „Syntax" gewählt. Die Syntax ist nun dasjenige Gebiet der Grammatik, das innerhalb der Hebraistik in den vergangenen Jahrzehnten am stärksten diskutiert wurde und in dem in dieser Zeit große Fortschritte erzielt wurden. Von größter Bedeutung war dabei die Einführung moderner Linguistik in Gestalt der Dependenzgrammatik Tesnières als Modell für die Beschreibung der hebräischen Grammatik durch Richter. Sein Entwurf ist durch zahlreiche Arbeiten seiner Schüler fortgeführt worden, wurde allerdings außerhalb dieses Kreises von Schülern und deren Schülern in der von Richter erarbeiteten Form, die mit der traditionellen Grammatikterminologie bricht, kaum aufgenommen. Die alte Terminologie erwies sich als anschaulicher und damit wohl auch leichter zu handhaben als die von Richter im Gefolge Tesnières vorgenommene Nummerierung der Syntagmen. Jenseits dieser terminologischen Fragen dürfte die große Bedeutung des Grammatikentwurfes Richters inzwischen deutlich sein. Ergänzt wird dieser einzige neue Gesamtentwurf der vergangenen Jahrzehnte zur hebräischen Grammatik[166] durch die Beiträge Jennis, der unabhängig von Richter seinen hebraistischen Arbeiten Ergebnisse moderner Sprachwissenschaft zugrunde gelegt hatte. Jenni lehnt die von Richter geforderte Trennung von „Ausdruck" und „Inhalt" ab und bezieht folglich semantische Erwägungen in die

---

165 Auch die Konsonanten fallen gewöhnlich unter diesen Ausschluss: Merkmale dieser Art - Häufigkeit bestimmter Phoneme/Phonemtypen - könnte nur auf dem Hintergrund einer bekannten Normalverteilung zum Sprechen gebracht werden, die zu erheben das Verfahren unnötig komplizieren würde. Auch das Merkmal „Wortlänge", das sich in anderen Zusammenhängen als effektiv erwiesen hat, bleibt ausgeklammert. Dazu unten S. 87.

166 Waltke/O'Connor bieten keinen eigenen Entwurf, sondern tragen die Ergebnisse aus vielen Einzeluntersuchungen zusammen. Joüon bleibt weitgehend im Rahmen traditioneller Grammatik.

Darstellung grammatischer Probleme ein. Dieses Vorgehen entspricht den Ergebnissen der Sprachwissenschaften, die ebenfalls die strikte Trennung zwischen Ausdruck und Inhalt als unmöglich erkannt haben.

Der unten durchgeführten Untersuchung liegt eine Analyse der Phrasenstruktur der Sätze der untersuchten Texte zugrunde. Die Analyse folgt darin den in der Hebraistik nunmehr erarbeiteten Grundlagen. Von den Sätzen wird angenommen, dass sie ein Subjekt - das nicht expliziert sein muss - und ein Prädikat enthalten. Das Subjekt kann erweitert sein durch Appositionen, Attribute (auch Attributsätze) oder Bestandteile einer Constructusverbindung. Das Prädikat kann erweitert sein durch Syntagmen entsprechend seiner Valenz sowie durch Circumstantien - also durch direktes Objekt, indirektes Objekt, Präpositionalobjekt und Adverbialen[167]. Alle diese Erweiterungen können in unterschiedlich erweiterter Form, u.a. auch als Satz, auftreten. Die in der statistischen Untersuchung verwendeten Merkmale entstammen sämtlich dem Bereich der Erweiterungen, wobei die Objekte nicht verwendet wurden, weil bei ihnen wohl noch am stärksten der Eindruck besteht, ihre Verwendung sei unausweichlich[168]. Auch in untergeordneten Sätzen werden stets die Erweiterungen beachtet, d.h. alle satzhaften Äußerungen werden wie Sätze behandelt. Die Zählregeln werden im zweiten Hauptteil ausführlicher dargestellt[169].

2.2.6 Zwischenbilanz

Die Frage, der diese Arbeit nachgeht, lautet: Auf welche Weise ist es möglich, Texte verschiedener und unbekannter Herkunft so zu gruppieren, dass die einzelnen Gruppen hinsichtlich ihrer Herkunft möglichst homogen sind? Zur Beantwortung dieser Frage beschreitet die Untersuchung in den folgenden Abschnitten Wege, die gelegentlich ungewohnt erscheinen werden. Ungewohnt wird aber schon die Art sein, in der die Kernfrage gerade formuliert wurde. Die Frage selbst ist den Exegeten des AT längst vertraut, nur wird sie gewöhnlich in der Form gestellt: Zu welcher Quelle gehört dieser oder jener Text? In dieser Gestalt ist die Frage auch kürzer, und sie scheint klarer und einfacher zu sein. Das ist indes nicht der Fall. Die zweite Form, meine ich,

---

167 Letztere können entweder zu den obligatorischen Syntagmen gehören oder Circumstantien sein.Vgl. Richter (1980), S. 40-44.

168 Dass dies möglicherweise nicht zutrifft, sei an einem Beispiel illustriert: Das deutsche Verb „geben" erfordert ein direktes und ein indirektes Objekt. Goethe formulierte folgenden Vers: „Mann mit zugeknöpften Taschen / dir tut niemand was zulieb / Hand wird nur von Hand gewaschen / wenn du nehmen willst, so gib" („Wie du mir, so ich dir" Goethe S. 776.).

169 Siehe unten 3.5.2.

stellt eine Verkürzung dar, in der das Problem undeutlich wird. Dort nämlich wird eigentlich unterstellt, es gäbe eine bekannte Anzahl von bekannten Autoren im AT, und das Problem bestehe lediglich darin, einige strittige Fälle hinsichtlich ihrer Zuordnung zu klären. Tatsächlich sind die „Autoren" des AT sehr oft hypothetische Größen, die bereits definiert wurden über eine Gruppe von Texten. Das ist an sich nichts Verwerfliches - ein gewisses Maß an Zirkularität ist eben unvermeidlich - allerdings verschiebt dieser Zugang das Problem nur um eine Stufe, und dort entschwindet es dann gewöhnlich aus dem Blickfeld. Denn: Auf welche Weise war es denn möglich, eine Gruppe von Texten zu finden, die einem „Autor" zugeschrieben werden konnten?

So bleibt als erstes festzuhalten, dass nach der Homogenität von Texten eines Textkorpus gefragt werden muss. Das Kriterium, an dem die Homogenität gemessen wird, ist der „Stil". Dieser wiederum wird definiert durch bestimmte Merkmale. Von der Auswahl der Merkmale wird es abhängen, ob die Homogenität der Gruppen Schlüsse zulässt auf ihre Herkunft. Das heißt: Die Merkmale definieren einen der in 2.2.3 genannten Stiltypen oder auch gar nichts. Darum ist es wichtig, von vornherein Merkmale zu wählen, die nach allem, was man wissen kann, gewisse Erfolgsaussichten zulassen, ein reines *trial-and-error* Verfahren würde wenig erbringen. Ein Verfahren allerdings, das zu schnell versucht, Gewissheit zu erlangen, wird Gefahr laufen, nicht mehr sehen zu können, was zu sehen wäre.

So ist es nur konsequent, wenn sich die Untersuchung als „Pilotstudie" versteht. Mit einer noch recht übersichtlichen Auswahl an Texten wird mit verschiedenen einfachen Merkmalen versucht, Gruppen zu erzeugen, welche die Forderung nach Homogenität erfüllen. Dass Gruppen durch nur ein Merkmal klar unterschieden werden, ist eigentlich unwahrscheinlich. Wahrscheinlicher ist, dass sie sich durch mehrere Merkmale unterscheiden, und dass jedes einzelne Merkmal für sich ein nur unklares Trennungsergebnis erbringt. So ergibt sich die Notwendigkeit, eine Methode zu finden, mit der ein komplexer Vergleich mit mehreren Merkmalen gleichzeitig durchführbar ist. Eine solche Methode gibt es in der Statistik unter dem Oberbegriff „Multivariate Analysemethoden". So führt die ungewohnte, aber exaktere Frage zur Methode. Sie führt außerdem zu einer klareren Sicht auf die Merkmale.

Die vorangegangenen Abschnitten hatten das Phänomen „Stil" genauer zu fassen versucht. Notwendig geworden war das, nachdem der Stil sich als dasjenige Kriterium erwiesen hatte, das es gestattet, Texte einem „Autor" zuzuordnen, denn „Der Stil ist die Physiognomie des Geistes"[170]. Nach Lotman ist der Stil darüber hinaus und allgemeiner ein sekundäres modellieren-

---

170 Schopenhauer, S. 23.

des System, das auf allen Ebenen der Sprache wirksam werden kann. Und so ist es möglich, Merkmale systematisch auf einer Ebene zu suchen oder verwendete Merkmale einer Ebene zuzuordnen und dann einzuschätzen. Pragmatische Merkmale konnten so als voraussichtlich schlecht handhabbar ausscheiden. Auf diese Weise wird aber auch deutlich, dass inhaltliche Kriterien, die in der Literarkritik oft verwendet werden, ganz ähnliche Probleme aufwerfen, wie die pragmatischen Merkmale. Sie wären zumindest mit mehr Gewissheit einzusetzen, wenn es dafür ein „stabiles Fundament" gäbe: Eine Textgruppe, die sich auf der Grundlage von einfachen syntaktischen und lexikalischen Eigenschaften als stilistisch homogen erwiesen hat wird weniger leicht den Verdacht erregen, hier habe ein Exeget sich einen „Autor" nach seinen eigenen inhaltlichen Vorlieben oder Abneigungen zusammengestellt.

3 Stilstatistische Textuntersuchung

3.1 Zu Konzept und Rahmen der Untersuchung

Der Charakter dieser Arbeit als einer Pilotstudie hat zur Folge, dass die hierin vorzunehmende Literarkritik nicht so sehr deswegen durchgeführt wird, um neue literarkritische Einsichten zu gewinnen oder alte zu bestätigen, sondern um den Prozess der Zuordnung zu Textgruppen gleicher Herkunft mit statistischen Mitteln zu beobachten und aus den angestellten Beobachtungen Schlüsse zu ziehen: auf die Validität traditioneller literarkritischer Argumentation, auf die Verlässlichkeit der erprobten statistischen Vorgehensweisen, aber auch darauf, welche Rahmenbedingungen erfüllt sein müssen und welche prozeduralen Grundregeln befolgt werden müssen, um das erreichen zu können, was traditionelle Literarkritik erreichen will - und schon längst zu erreichen meint. Weil die Rahmenbedingungen in dieser Untersuchung Teil der Studie sind, war es nötig, sie breiter als sonst üblich zu reflektieren, und aus demselben Grund wird auch der Weg zu den Clusteranalysen von Überlegungen zu den Rahmenbedingungen begleitet sein, werden Seitenblicke auf stilstatistische Untersuchungen wie auf Ergebnisse konventioneller literarkritischer Untersuchungen erforderlich werden. Alles das nämlich gehört zum Rahmen der Untersuchung.

Den Kern der Untersuchung bildet eine Clusteranalyse, deren Ziel es ist, die Texte zu sortieren, so dass Gruppen entstehen, die in sich stilistisch möglichst homogen sind. Nun haben die Ausführungen des vorangegangenen Kapitels gezeigt, dass „Stil" ein komplexes Phänomen ist. Es ist, auf Texte bezogen, zwischen dem Allgemeinen der Grammatik und dem Besonderen des Einzeltextes angesiedelt und hat infolge dieser „Zwischenlage" keine „natürlichen Grenzen", ist als eigenes Phänomen darum nicht völlig eindeutig abgrenzbar gegenüber benachbarten Phänomenen, zugleich aber eine auch in sich gegliederte Größe. Folglich muss der Aspekt von Stil, der hier in den Blick genommen werden soll, festgelegt werden: Die Analyse soll Stil unter dem Aspekt der Herkunft wahrnehmen, im Idealfall sollen genau solche Stilphänomene zu Variablen der Clusteranalyse werden, die „Autoren" von einander unterscheiden lassen, so dass das Ziel dieser Clusteranalyse wäre, das zu leisten, was in der Literarkritik die Zuweisung zu Quellen oder Schichten leistet. Sie soll es auf eine Weise leisten, die klaren und rational nachvollziehbaren Regeln folgt und unbewusster Beeinflussung durch die Exegetin sehr weitgehend entzogen ist. Wenn die Merkmale bestimmt und die Zählregeln festgelegt sind, ist die weitere Bearbeitung der Daten dem Einfluss der auslegenden Person entzogen. In den Clusteranalysen wird vorausgesetzt, dass die dann ausgewählten Merkmale effektive Merkmale sind, was in einer Untersuchung mit allein literarkritischer Zielsetzung erst eigens wahrscheinlich gemacht werden müsste, eine Aufgabe, die im Zusammenhang der hier durchgeführten Untersuchung nicht möglich ist, weil sie die Einbeziehung großer Textmengen erforderlich machen würde. Von der tatsächlichen Effektivität der Merkmale wird es abhängen, ob die Clusteranalysen neben methodologischen Einsichten auch literarkritisch sinnvolle Ergebnisse erbringen werden. Die Festlegung auf bestimmte Merkmale, die dann im gesamten Textkorpus beobachtet werden, und die Definition von Zählregeln nötigt in jedem Fall zu Konsequenz und Transparenz. In der Literarkritik gibt es eine Neigung zu wenig systematischen *ad-hoc*-Beobachtungen; man bemerkt in einem Text vielleicht einige Vokabeln, die für eine Schicht charakteristisch erscheinen, im anderen dagegen lässt sich etwa eine klare theologische Tendenz ausmachen. So entstehen im günstigeren Fall unvollständige, im ungünstigeren Fall heteronome Argumentationen[1]: Man vergleicht Äpfel mit Birnen.

Die Clusteranalyse tut, wie noch zu erläutern sein wird[2], eigentlich nichts anderes als die Literarkritik, wenn sie Texte Schichten zuordnet. Sie sortiert die Fälle, die in sie eingehen, nach den Variablen, die diese Fälle charakterisieren. Wenn also das Ergebnis der Clusteranalyse das Ziel der Untersuchung wäre, so müsste am Ende dieses Ergebnis zur neuen - oder neu bestätigten - literarkritischen Deutung erklärt und entsprechend vertreten werden.

Das ist allerdings nicht das letzte Ziel dieser Arbeit. Vielmehr wird dieses Ziel nur experimentell verfolgt. Die Clusteranalyse des Textkorpus ist die Versuchsanordnung, die helfen soll, Erkenntnisse zu gewinnen über Möglichkeiten, literarkritische Argumentationen auf einer stärkeren Grundlage durchzuführen. Die Anwendbarkeit der Clusteranalyse, die Frage nach ihrem sinnvollen Einsatz innerhalb literarkritischer Operationen, wird dabei ebenso auf dem Prüfstand stehen müssen wie die eingesetzten Merkmale. Es wird aber auch zu fragen sein, was die klassische Literarkritik denn grundlegend anders macht und ob die dort verwendeten Merkmale leistungsfähiger sind als die in der statistischen Untersuchung dieser Arbeit verwendeten. Schließ-

---

1   Schon Wellhausen argumentierte in dieser Weise. Um z.B. in Gen 22,1-19 „ ... die bearbeitende Hand des Jehovisten" (Composition, S. 18) nachzuweisen, verwendet er als Merkmale für diese Schicht: mangelnde Originalität und undeutliche Lokalisierung. In Gen 16 ist es der Handlungsverlauf , den er für unnatürlich hält. Darüber hinaus kann Wellhausen den Text von Gen 16,8-10 dem Jahwisten absprechen auf Grund des schlechten Stils dieser Verse: „So hat der Jahwist, der beste Erzähler der ganzen Bibel, nicht geschrieben" (Composition, S. 20).

2   Siehe unten S. 117f.

lich wird zu prüfen sein, ob auf der Grundlage der Erfahrungen mit stilstatistischem Herangehen an die Texte etwa Grenzen möglicher literarkritischer Operationen sichtbar werden.

So läuft die Untersuchung insgesamt auf einen Vergleich zweier Instrumente zu - der traditionellen Literarkritik und der Stilstatistik, die unter den beschriebene Rahmenbedingungen dasselbe Ziel verfolgen[3], dabei grundsätzlich analoge Prozeduren und Argumentationsmuster verwenden, sich aber in der Struktur und in der Strukturiertheit dieser Prozeduren unterscheiden.

3.2 Zu den Texten

3.2.1 Die Auswahl der Texte

Neben den weiter oben genannten Möglichkeiten, Stilunterschiede zu deuten - als funktional oder durch die Herkunft bestimmte Unterschiede - wäre möglicherweise noch eine dritte denkbar: Der Sprachgebrauch könnte durch das Thema beeinflußt werden. Freilich haben stilstatistische Untersuchungen gezeigt, dass der Stil eines Autors von thematischen Änderungen nicht beeinflusst wird und umgekehrt unterschiedliche Autoren sich auch bei Texten zu gleichen Themen unterscheiden lassen[4]. Um auf jeden Fall thematische Gründe als Erklärung für die Ähnlichkeit oder Unähnlichkeit auszuschließen, wird die Untersuchung an einer Gruppe von Texten durchgeführt, die das gleiche Thema behandeln. Die Texte, die das Textkorpus dieser Arbeit bilden, kreisen sämtlich um das Problem „wahre und falsche Prophetie". Der Inhalt kann damit als Erklärung für Unähnlichkeiten zwischen den Texten praktisch ausgeschlossen werden. So können Ähnlichkeiten und Unähnlichkeiten, wo sie sich ergeben sollten, je darauf befragt werden, ob sie funktional oder personal zu erklären sind.

Nun ist die Frage nach der wahren Prophetie eines der zentralen Themen der „deuteronomistischen Theologie". Für diese wird angenommen, dass sie enge

---

3 Stilstatistik kann auch andere als literarkritische Ziele verfolgen.

4 Mosteller/Wallace; Morton, S. 189 ff. beschreibt stilstatistische Möglichkeiten auf dem Hintergrund der extremen Situation versuchter Nachahmung. Probleme sind eigentlich nur dann vorstellbar, wenn die Untersuchung auf der Grundlage von Worthäufigkeiten geführt wird und dafür Wörter gewählt werden, die den Inhalt charakterisieren. Solche Wörter sind, da sie in Texten jeweils selten sind, ohnehin von geringem statistischen Wert. In der Exegese werden sie allerdings sehr gerne benutzt, um Texte bestimmten Quellen zuzuordnen. Das dürfte eine der Ursachen für die argumentative Schwäche und Unbeliebtheit der Statistik in der Exegese des AT sein. Vgl. hierzu unten S. 68f und 70f zur Diskussion über die Zuordnung von Jeremiatexten im Zusammenhang der Arbeiten von Weippert und Thiel.

Berührungen mit der Theologie des Propheten Jeremia aufweist[5]. Die Diskussion zu dem Thema „wahre und falsche Prophetie" geht von einer Überschneidung jeremianischer und deuteronomistischer Theologie aus, ohne dass die Frage, wer wen beeinflusst hat, eindeutig beantwortet wäre. So ist es nicht weiter verwunderlich, dass Texte zu diesem Thema mit theologischen Argumenten kaum klar dieser oder jener Seite zugeordnet werden können. Gerade das macht sie zu einer Herausforderung für jeden alternativen methodischen Zugang. Sie ermöglicht außerdem die Zusammenstellung einer Textprobe, die potentiell oder sicher „deuteronomistische" Texte aus unterschiedlichen Büchern des AT enthält sowie Texte aus Bereichen, die gewöhnlich mit dem Deuteronomismus nicht in Verbindung gebracht werden.[6]

Aus diesem Grund bilden die Texte Jer 26-29 den Kern der Textgrundlage der Untersuchung. In ihnen wird an verschiedenen Stellen mit deuteronomistischen Überarbeitungen gerechnet, ohne dass im einzelnen Einigkeit über die Abgrenzung dieser Bestandteile bestünde. Dieser Kern wird erweitert um eine Reihe von Texten, für deren Auswahl je eigene Gründe maßgeblich sind, die jedoch stets in Beziehung zu der ersten Wahl der Textprobe stehen.

Jer 7-8,3 wird hinzu genommen als Paralleltext zu Jer 26 und weil bei diesem Text ein breiter Konsens für die Zugehörigkeit zur „deuteronomistischen Bearbeitungsschicht" besteht[7]. Dieser Text ist - im Rahmen dieser kleinen Pilotstudie - derjenige Text, der das „deuteronomistische" Kontrollkorpus repräsentieren muss. Er ist darüber hinaus von einiger Länge, was für stilstatistische Untersuchungen von Vorteil ist.

1 Kön 13 wird als ein möglicherweise deuteronomistischer Text außerhalb des Jeremiabuches[8] aufgenommen. An ihm müsste sich eventuell eine Grenze zwischen bearbeiteten Jeremiatexten und Texten aus dem deuteronomistischen Geschichtswerk[9], bzw. eine Strukturierung beider Bereiche zei-

---

5   vgl. z.B. S. Herrmann (1994). Zur Fragestellung auch: Koch (1981) und Albertz (1989).

6   Im Brennpunkt steht dabei allerdings nicht die Frage, ob die fraglichen Texte zu Recht „deuteronomistisch" genannt werden oder nicht. Das wäre eine Frage, die überhaupt erst im Anschluss an eine Zuordnung zu einem Textkorpus gestellt werden könnte, weil es erst dann möglich wäre, stilistische Parallelen zu bewerten. Die Zuordnung zur „deuteronomistischen" Literatur leidet wohl auch an einer gewissen Unbestimmtheit des Begriffes „deuteronomistisch". Er wird dennoch an dieser Stelle übernommen, um die Untersuchung einem konkreten Problemfeld alttestamentlicher Fragestellung zuzuordnen und damit die Möglichkeit zu mehr Anschaulichkeit zu gewinnen.

7   Thiel (1973), S. 103, Stipp (1992), S. 39.

8   Stipp (1987), S. 399 f.; Noth (1963), S. 81.

9   Die Benennung „deuteronomistisches Geschichtswerk" wird verwendet, ohne dass gelegentlich vorgenommene Differenzierungen zwischen unterschiedlichen deuteronomistischen Schichten im deuteronomistischen Geschichtswerk berücksichtigt werden. Da nur ein Kapitel aus diesem Textbereich herangezogen wird, dürfte daraus kein Problem entstehen.

gen. Die Frage dazu müsste lauten: In welches Verhältnis bringt die Cluster-analyse 1 Kön 13 und Jeremiatexte.

Ez 13 wird eingeführt unter der Prämisse, dass dieser Text zwar in großer zeitlicher Nähe zu dem Phänomen steht, das „Deuteronomismus" genannt wird, selbst diesem Phänomen aber nicht unmittelbar angehört. Dieser Text müsste als Indikator dienen können für die Auswirkungen des Sozialstils.

Jer 20 schließlich wird als nichtdeuteronomistischer Text innerhalb des Jeremiabuches unter die Textproben aufgenommen. Bei diesem Text ist für dessen zweite Hälfte die Frage nach den differenzierenden Wirkungen des Funktionalstils dominant. Für die erste Hälfte allerdings, die sich hinsichtlich der Textsorte von den übrigen Texten nicht unterscheidet, wird zu fragen sein, ob etwa auftretende Unterschiede nicht zwangsläufig zu der Annahme unterschiedlicher Autoren führen müssen.

3.2.2 Zum exegetischen Problemhorizont der Texte

„Die Jeremiaforschung hat namentlich in der zweiten Hälfte dieses Jahrhunderts ein ungewöhnliches Ausmaß angenommen. Ein Ende ist noch nicht abzusehen."[10] Mit diesen Worten beginnt Siegfried Herrmann seinen 1990 erschienen Forschungsüberblick zum Jeremiabuch. Er beschreibt damit einen Sachverhalt, der auch auf anderen Gebieten des AT zu beobachten ist: Forschungsgeschichte wird zunehmend ein Gebiet, dem sich Exegeten erst nach langer Forschungsarbeit mit Gewinn zuwenden können. Darin folgt die biblische Exegese einem Trend, der in anderen Wissenschaften schon lange wirksam ist: Wissenschaftsgeschichte ist eine eigene Disziplin. Der alttestamentlichen Wissenschaft brachte die bisher vergleichsweise geringe Arbeitsteilung einen starken Traditionsbezug. Zugleich allerdings bindet die Beschäftigung mit der eigenen Geschichte auch Kräfte, die an anderen Stellen fehlen. Das Ideal, in einer Monographie alle Literatur zu einem Thema und zu einem Textbereich wahrgenommen und verarbeitet zu haben, kann eine Lähmung herbeiführen, die neue Zugänge behindert. Die folgenden Skizzen zur exegetischen Diskussionslage bei den für die Untersuchung herangezogenen Textproben wollen aus diesen Gründen keinen vollständigen forschungsgeschichtlichen Überblick bieten. Das dürfte auch angesichts der vorliegenden forschungsgeschichtlicher Arbeiten[11] nicht dringend nötig sein. Die Informationen, die hier vermisst werden, sind in den einschlägigen Forschungsüberblicken und in Sammelbänden gut zugänglich, ich verzichte

---

10 Herrmann (1981), S. VII.
11 Für das Jeremiabuch verweise ich, neben dem forschungsgeschichtlichen Überblick, den S. Herrmann in „Jeremia. Der Prophet und das Buch" vorgelegt hat, auf Weippert (1973), S. 1-21, Collins, S. 104-121, Brueggeman, Crenshaw, Bogaert (1997).

darum auf eine ausführlichere Darstellung exegetischer Ergebnisse, beschränke mich statt dessen auf eine schlaglichtartige Vorstellung von besonders markanten Positionen in der literarkritischen Diskussion um das Jeremiabuch. Die dort bisher vertretenen Positionen unterscheiden sich im Bereich literarkritischer Methode nicht wesentlich: Zwar legen die verschiedenen Entwürfe z.T. unterschiedliche Beobachtungen zu Grunde, gewichten und bewerten die Beobachtungen unterschiedlich und deuten sie vor dem Hintergrund unterschiedlicher historischer Annahmen über das Jeremiabuch. So gut wie allen Entwürfen gemeinsam ist aber die Beschränkung auf traditionelle Merkmale für die Feststellung von „literarischen Brüchen", die Vermengung von textinternen (literarischen) mit textexternen (historischen) Argumenten sowie das durchgängige Fehlen eines eigenen Schrittes, bei dem die Einzeltexte durch einen Vergleich zu Gruppen geordnet würden. Die relative Ähnlichkeit der Diskussionsbeiträge an diesem einen, für die Untersuchung zentralen Punkt ist ein weiterer Grund für die Kürze des folgenden Überblicks über die Entwicklung des heutigen Standes der Debatte.

Der die heutige Forschungslage bestimmende Abschnitt der Diskussion über das Jeremiabuch beginnt mit Duhm, der in diesem Buch drei Klassen von Texten unterscheidet. Die beiden für Duhm theologisch wichtigeren sind diejenigen, die den im Jeremiabuch verwendeten Quellen entstammen. Nach Duhms Ansicht sind dies zum einen „Jeremias Gedichte"[12], von denen das heutige Buch „etwa sechzig"[13] enthält in den Kapiteln 1-25, 30, 31 sowie in 38,22. Die zweite Quelle ist „Baruchs Beschreibung des Lebens Jeremias"[14]. Aus ihr „haben die Bearbeiter des Jeremiabuches zuerst manches in Kap. 1-25 verwertet und dann einzelne Abschnitte nach und nach diesem Buche hinzugefügt; es sind das Kap. 26-29. 32-45, in die ebenfalls manche jüngere Zusätze eingeflochten sind."[15]. Die dritte Textklasse umfasst die Texte, die den im Zitat genannten Bearbeitern zugeschrieben sind. Die Bearbeitung zog sich nach Duhm über mehrere Jahrhunderte hin, manche Teile sind seiner Ansicht nach erst nach 200 v. Chr. entstanden.[16] Duhm schätzt den Wert der Bearbeitung nicht sehr hoch ein: „Dass in den Ergänzungen bisweilen ganz bedeutende Gedanken zu Tage treten, ist bereits erwähnt; auch das eschatologische System entbehrt eines grossartigen Zuges nicht. Aber diese Gedanken sind von denen, die sie uns bieten, nicht geschaffen; sie sind das Ergebnis der grossen geistigen Geschichte von Amos bis auf Deuterojesaia und der weltgeschichtlichen Bewegung von den Assyrern bis auf die Griechen, als deren aktiver Urheber den Juden ihr Gott so gewiss galt, als sie selber sich

---

12 Duhm (1922), S. 243.
13 Duhm (1922), S. 243.
14 Duhm (1922), S. 243.
15 Duhm (1922), S. 243.
16 Duhm (1901), S. XX.

nur als passive Teilnehmer fühlten (...). Diese Gedanken sind ferner mit sehr geringem schriftstellerischem Geschick ausgeführt; in noch höherem Mass trifft dies Urteil das Gros der übrigen Ergänzungen (...). Vielfach erhält man den Eindruck, dass die Ergänzer den unteren Volksschichten angehört, (vgl. z.B. zu 19,21 ff.), vielleicht ein Handwerk betrieben (vgl. zu 51,13), jedenfalls aber keine schriftstellerische Schulung genossen haben und trotz ihrer Neigung zum Vielschreiben kein Autorentalent besitzen."[17] Bei aller Bedeutung, die Duhms grundlegende Sicht der Entstehung des Jeremiabuches zweifellos hat, ist doch nicht zu übersehen, wie stark seine Sicht sich auf Werturteile stützt, wie stark die - bis in unsere Zeit hinein wirksame - Hochschätzung der älteren, ursprünglicheren Teile auf die Argumentation einwirkt[18], wobei der Geringschätzung der späteren, von der Synagogentheologie geprägten Textbestandteile gelegentlich der Geruch des Antijudaismus anhaftet, dessen fatale Folgen Duhm freilich weder 1901 beim Erscheinen seines Jeremiakommentars voraussehen konnte, noch 1922, als die zweite Auflage von „Israels Propheten" erschien. Duhms Aufteilung in poetische Prophetenworte und prosaische Bestandteile sowie die Aufteilung letzterer in Berichte über Jeremia und spätere Ergänzungen stellt dasjenige Modell dar, das im wesentlichen unangefochten[19] weiterentwickelt wurde und auf dem die Exegese nach Duhm aufbaute.

Die erste wichtige Station auf dem nun einsetzenden Weg war Mowinckels Fortentwicklung der Theorie Duhms. Mowinckel rechnet nur Jer 1-45 dem ursprünglichen Bestand des Jeremiabuches zu. Die Kapitel 46-52 bilden eine späteren Anhang. Die Abtrennung dieser Kapitel hatte auch Duhm in seinem Kommentar vertreten[20], doch waren bei ihm die Völkersprüche[21] von anderen Erweiterungen aus späterer Zeit nicht unterschieden. Mowinckel zählt Kapitel 46-52 so entschieden nicht zum Grundbestand des Buches, dass diese bei ihm nicht einmal mehr als eigene Quelle des Buches vorkommen.

---

17 Duhm (1901), S. XIX.
18 Bezeichnende Ausführungen dazu enthält das Vorwort zum Kommentar, in dem Duhm die „allerherrlichsten prophetischen Dichtungen" den Stücken „von recht geringer Qualität" gegenüberstellt, in dem die Unterscheidung „echt" vs „unecht" mit der von Prosa einerseits und Poesie andererseits koinzidiert und Duhm sich als denjenigen darstellt, der die von ihm gefundene Erkenntnis nicht gewollt herbeigeführt habe, vielmehr von der Erkenntnis überwunden worden sei, die doch zugleich für ihn „die Befreiung von einem Albdruck" (S. VII) bedeutete.
19 Vgl. jedoch Weippert (1973).
20 Die erste Bestreitung der Ursprünglichkeit der Kap. 46-52 in neuerer Zeit findet sich bei O. Blau im Jahre 1866. Vgl. Huwyler, S. 16. In Huwylers Buch findet sich ein Überblick zur Forschungsgeschichte der Kap. 46 ff. auf S. 8-31.
21 Das mit 2 Kön 24,18 ff. praktisch identische Kapitel 52 führt in andere Zusammenhänge der Jeremiaexegese.

In Kapitel 1-45 rechnet Mowinckel mit vier Quellen: Quelle A umfasst die poetisch formulierten Orakel in Kapitel 1-25, die auch Duhm für *ipsissima verba* des Propheten gehalten hatte. Quelle B sind Berichte über den Propheten, die, da sie gerade nicht den Erzählstandpunkt des Propheten einnehmen, auch nicht von diesem verfasst sind[22]. Quelle C enthält Reden, „die sich sprachlich und inhaltlich mit dem ‚Deuteronomisten' berühren"[23]. Die Quelle C wird näher bestimmt durch die Monotonie der Sprache sowie den einheitlichen Aufbau der Reden[24]. Hier wird deutlich, dass Mowinckels Kriterien für die Zuordnung zu Quellen ambivalent sind. Sie können ebenso gut verschiedene Stiltypen aussondern, deren Gemeinsamkeit jeweils in einer gemeinsamen Funktion besteht. M.a.W.: Mowinckels Kriterien können nicht gewährleisten, dass die daraus sich ergebende Einteilung der Texte auf Quellen führt, auf Textgruppen also, die gemeinsamer Herkunft sind, und nicht auf Textgruppen, deren Gemeinsamkeit auf eine funktional bedingte formale Ähnlichkeit führt. Gerade weil die Literatur des AT Traditionsliteratur ist, muss damit gerechnet werden, dass verschiedene Autoren sich denselben Formvorgaben unterwerfen können. Zu diesen Vorgaben wird die Disposition von Reden gehören, dazu kann aber genauso gut ein monotoner Sprachduktus gehören.

Dass die Unterscheidung Poesie/Prosa, die in der Diskussion zur Literarkritik im Jeremiabuch eine so gewichtige Rolle spielt, nicht zwangsläufig auf unterschiedliche Herkunft von Texten führt, liegt auf der Hand: Zu groß ist die Zahl derjenigen Autoren, die sowohl „poetische" als auch „prosaische" Texte hervorgebracht haben. Um eine Interpretation der Stilunterschiede zwischen poetischen und prosaischen Texten im Sinne unterschiedlicher Herkunft überhaupt denkbar zu machen, ist es nötig einen Zwischengedanken einzuführen.

Exkurs: Poesie und Prosa

Nach Lotman[25] ist Sprache primär zweckorientiertes Kommunikationsmittel. Poetische Sprache, in der die Sprachgebundenheit von Wirklichkeit stärker in den Vordergrund tritt gegenüber der Alltagskommunikation, die von einer sachbezogenen Wirklichkeit ausgeht, ist wegen dieser genannten Besonderheit an ihrem Anfang - sofern es einen solchen in realen

---

22 Dass dieser Schluss nicht ganz zwingend ist, zeigt das Beispiel moderner Autoren, die - wie etwa Herrmann in seinem Forschungsüberblick- durchaus von sich selbst in der dritten Person reden können.

23 Herrmann (1990), S. 57.

24 Quelle D schließlich besteht aus Kapitel 30 f., dem sogenannten „Trostbüchlein für Ephraim ". Dass Mowinckel dies als eigene Quelle auffaßt („D"), ist für die vorliegende Untersuchung weniger bedeutungsvoll, sei aber immerhin angemerkt.

25 Lotman, S. 19ff. Eine ausführliche Darstellung des Verhältnisses von Poesie und Prosa zueinander findet man bei Lotman, S. 143 ff.

Zusammenhängen gibt - ein Ausdrucksmittel, das den allgemeinen Regularien literarischer Sprache[26] folgt und sich zugleich möglichst deutlich von der Alltagssprache absetzt, z.B. durch Einhalten besonderer Metren, durch Reime usw. Ist diese Art von Sprache erst einmal etabliert, entwickelt sie sich relativ unabhängig von der Alltagssprache, wobei der artifizielle und originelle Charakter der Literatursprache nun nicht nur gegenüber der Alltagssprache, sondern auch gegenüber bereits vorliegender literarischer Sprache aufrechterhalten werden muss. Der Zwang zur Originalität führt im Lauf der Zeit zu der paradoxen Situation, dass literarische Sprache ihre Artifizialität gerade durch Annäherung, ja Nachahmung der Alltagssprache aufrecht erhält.

Auf Poesie und Prosa im Jeremiabuch angewandt, könnte man diesen Befund so deuten, dass die entsprechend abgefassten Texte in ganz unterschiedlichen Epochen der Sprachgeschichte gehörten, somit notwendig unterschiedlichen Autoren zugeschrieben werden müssten. Das ist indes nicht zwingend der Fall.

Der beschriebene „Anfang" literarischer Entwicklung kann nirgendwo als belegt gelten, vielmehr haben wahrscheinlich alle Sprachen, sicher aber alle Schriftsprachen bereits eine literarische Entwicklung hinter sich. Dann aber sind alle bis dahin aufgetretenen Möglichkeiten prinzipiell in der Sprache präsent und können verwendet werden. Das heißt jedoch, dass der Unterschied zwischen „poetischen" und „prosaischen" Formulierungen nicht mehr kennzeichnend für unterschiedliche Herkunftsepochen der jeweiligen Texte ist: Auch den „Deuteronomisten", die sich in den Reden - formgerechter? - Monotonie in der Sprache bedienen, kann nicht abgesprochen werden, dass sie ebenso ein poetisches Forminventar kennen und anwenden können. Die Unterscheidung zwischen „Poesie" und „Prosa" beruht sich darüber hinaus auf makrostilistische Unterscheidungsmerkmale, solche Merkmale, die bewusster Steuerung durch einen Autor unterliegen[27]. Die Unterscheidung zwischen „poetischen" und „prosaischen" Texten ist darüber hinaus grundsätzlich problematisch. Wahrscheinlich ist sie innerhalb der Literatur vergleichsweise irrelevant. Sinnvoll wird eine solche Unterscheidung erst, wenn nichtliterarische Texte als „Prosatexte" einbezogen werden.

Die außerordentlich wirkungsvollen Ergebnisse Mowinckels können den Verdacht, dass hier vielleicht die Texte in Funktionsklassen aufgeteilt wurden, nicht zerstreuen.

Die Ergebnisse aus Mowinckels Studie zur Komposition des Buches Jeremia fanden nicht zuletzt dadurch große Verbreitung, dass sie von Wilhelm Rudolph aufgenommen wurden und so Eingang in dessen Kommentar zum Buch Jeremia fanden. Auf dem Weg dorthin wurde Mowinckels „ABCD-Theorie" einigen Modifikationen unterzogen, die dazu führten, einen weitaus größeren Teil der Texte in enge Verbindung zum Propheten zu bringen: Sowohl die Fremdvölkersprüche als auch das „Trostbüchlein für Ephraim" (Kapitel 30 f.) rechnet Rudolph der Quelle A zu. Bei der Quelle B plädiert Rudolph für Baruch als ursprünglichen Verfasser, und die Quelle C ist für ihn

---

26 Nach Lotman sind das, kurz gesagt, die Strukturierungsmöglichkeit auf allen Ebenen der Sprache nach den Prinzipien Äquivalenz und Relation. Vgl. Lotman, S. 115 und S. 122-125.

27 Häufiger noch stützt diese Unterscheidung sich in der Exegese des AT allerdings auf das Akzentsystem der Masoreten bzw. das Layout der Biblia Hebraica.

zwar „deuteronomisch bearbeitet"[28], in ihrem Kern sind jedoch auch diese Reden und Berichte auf den Propheten selbst zurückzuführen. Außerdem vermutet Rudolph, „dass der Verfasser der C-Stücke zugleich der Hauptredaktor des Jeremiabuches war"[29].

Darin nimmt Rudolph einen Gedanken J. P. Hyatts auf, der aus dem Schweigen des deuteronomistischen Geschichtswerkes über Jeremia zusammen mit der deuteronomistischen Bearbeitung ein Szenario für die Entstehung des Jeremiabuches auf dem Hintergrund der deuteronomistischen Bewegung entworfen hatte: Danach stand Jeremia und die mit ihm verbundene Schrift der deuteronomistischen Bewegung fern - im historischen Sinne, weil Jeremia die josianische Reform nicht kennen konnte. Weil er deren Ziele nicht vertrat, wurde er von der Hauptschrift der deuteronomistischen Bewegung, dem deuteronomistischen Geschichtswerk, schweigend übergangen. Dann allerdings bemächtigten sich die Deuteronomisten auch der Jeremiatradition und bearbeiteten sie in ihrem Sinne, so dass das jetzt vorliegende Buch Jeremia in gewisser Weise gegenüber seiner ursprünglichen Intention völlig verkehrt ist.

Von dieser Stelle aus, an der Rudolph die von Duhm ausgehende literarische Fragestellung mit der redaktionsgeschichtlichen Hyatts[30] verbindet, fächert sich die Forschung auf in unterschiedliche Richtungen, die je unterschiedliche Fragen stellen und zu beantworten versuchen, sich im methodischen Vorgehen jedoch nicht wesentlich unterscheiden.

Eine Linie ist diejenige, die von Hyatt ausgehend zu Herrmann und vor allem zu Thiel läuft. Hier wird - anders als noch bei Duhm! - die Aufmerksamkeit vom Propheten auf die Ergänzer und ihr Produkt, die deuteronomistischen Bearbeitungen verschoben: Da diese das Buch in seinen Aussagen wesentlich geprägt haben, bedürfen sie genauerer Erforschung. Thiels Arbeit ragt darin über alle anderen hinaus, dass er es als einziger unternommen hat, den ganzen Jeremiatext auf seine deuteronomistischen Bestandteile hin zu untersuchen. Thiel erarbeitet dabei seine literarkritische Ausgangsbasis selbst auf der Grundlage von Kriterien, über die er in der Einleitung Rechenschaft ablegt. Diese umfassen die Gebiete der „Sprach-, Stil- und Sachkritik"[31], wobei sprachliche Kriterien vor allem die Phraseologie berücksichtigen, Stilistik für Thiel stark verknüpft ist mit Fragen der Metrik und der Unterscheidung von Poesie und Prosa, während Sachkritik im wesentlichen die Untersuchung inhaltlicher Parallelen und Konvergenzen meint. Dabei prüft Thiel

---

28 Rudolph (1958), S. XVI.
29 Rudolph (1958), S. XX.
30 Vgl. auch Thiel (1973), S. 28.
31 Thiel (1973), S. 41.

immer wieder, inwiefern Inhalte in geschichtliche Zusammenhänge passen und ob die Rekonstruktion ein historisch stimmiges Bild ergibt[32].

Alle Kriterien Thiels wären nach der oben in 2.2.4 gegebenen Definition stilistische Merkmale, auf verschiedenen Ebenen der Sprache angesiedelt. Auf dem Hintergrund der Stildefinition Lotmans wird deutlich, wie schmal die Bandbreite der bisher für literarkritisches Argumentieren verwendeten Texteigenschaften ist und wie stark in der Literarkritik des AT das Denken um Inhalte kreist, ferner, wie wenig in der Exegese des AT die Neigung ausgeprägt ist, die literarische Gestalt von Texten als solche wahrzunehmen und ihren literarischen Charakter zu reflektieren.

In allen diesen Tendenzen bleibt die Arbeit Thiels nämlich beileibe nicht hinter anderen Werken vergleichbarer Zielsetzung zurück, kann vielmehr auch heute noch[33] behaupten, methodisch dem Stand der Wissenschaft zu genügen. Allerdings ist der Stand der Wissenschaft auf diesem Gebiet nicht mehr befriedigend, wenn man einmal wahrnimmt, wie Zuschreibungsfragen in andern Disziplinen angegangen und gelöst werden.

Für Carroll, der z.B. mit Nicholson in eine weitere Linie der Forschung am Jeremiabuch gehört, sind die geschichtlichen Zusammenhänge, in welche die Texte hineingeschrieben wurden, ebenso wenig deutlich wie die literarischen und literarkritischen Zusammenhänge eindeutig sind. Er wählt darum den Weg, die Vielfalt möglicher literarischer und historischer Szenarien - repräsentiert durch die Vielstimmigkeit wissenschaftlicher Äußerungen zum Jeremiatext - als Ergebnis einer hochkomplizierten und von unserem Standpunkt aus nicht mehr zu entwirrenden Textgeschichte zu sehen. Seine eigene Interpretation steht für ihn neben vielen anderen ebenso gut möglichen; die Vorgehensweise ist eher redaktionsgeschichtlich als literarkritisch, wobei klare Kriterien für die Zuordnung zu einem literarischen Bereich (z.B. „deuteronomistisch") nicht gegeben werden. Die Ausführungen der Einleitung zu seinem Jeremiakommentar[34] zu diesen Fragen lassen nicht unbedingt vermuten, dass Carroll dennoch eine deuteronomistische Redaktion annimmt und ihr konkrete Textbestandteile zuweist[35]. Alles was Carroll seiner

---

32 Darauf, dass der Verweis auf historische Stimmigkeit kein gültiges Argument für die Zuweisung zu einer Quelle sein kann, wurde bereits hingewiesen. Siehe oben, S. 13, Anm. 27.

33 Die Arbeit geht zurück auf eine im Jahr 1970 angenommene Dissertation.

34 Vgl. Carroll (1986), S. 41 ff.

35 „A Book like that of Jeremiah or Isaiah is the product of lengthy processes of editing and accumulation, and few traces of the history of such processes can be detected clearly from the text itself. Without an acute knowledge of the social and religious background it is difficult to determine why such collections were made or given the shape they possess in the Bible. Nor do we know how such books (once their oral stages have become written documents) functioned in the communities where they were regarded as important or why they should have existed in writing in the first place. If

Entscheidung - neben der Tradition der alttestamentlichen Wissenschaft - zu Grunde zu legen scheint, sind thematische Parallelen zwischen dem deutero-nomistischen Geschichtswerk und Jeremia[36]. Diese, von starker Resignation geprägte Sicht, die Carroll in seinem Kommentar vorträgt, leidet deutlich an einem Mangel an Reflexion über die literarische Verfasstheit der Texte: Zu Fragen der Zuordnung zu Textbereichen geben die Texte nämlich sehr viel mehr und leichter kontrollierbare Informationen als zu Fragen der Geschichte und der sozialen Zusammenhänge, in welche die Texte hineinreden. Carroll erwartet, ganz ähnlich wie Holladay, von den Texten, dass sie über histori-sche Fakten Auskunft geben sollen, und dass sie das Versprechen, Worte des Propheten Jeremia zu überliefern, in einer Weise erfüllen sollten, die unseren Vorstellung von historischer Identität entsprechen. Anders als Holladay stellt Carroll aber resigniert fest, dass die Texte diese Erwartung nicht erfüllen. Das nimmt er den Tradenten übel. Aber auch wenn Texte nur vollständig verstanden werden können, solange ihr pragmatisches Umfeld bekannt und handhabbar ist, so lässt letzteres sich doch gelegentlich auch aus literarischen Daten - die freilich als solche wahrgenommen werden müssen - rekonstruie-ren.

Eine skeptische Haltung gegenüber der durch Duhm und Mowinckel initiierten Forschungsrichtung nimmt, wenngleich in anderer Weise als Carroll, auch H. Weippert ein. Ihre Kritik richtet sich gegen das Kriterium, nach dem Mowinckel seine Quelle A von den übrigen Quellen unterschied und das Duhm das Zeichen prophetischer Herkunft war: Die Unterscheidung zwischen Poesie und Prosa ist, nach Weippert, kein zureichender Grund für die Annahme, dass die poetischen Partien von einem anderen Verfasser stammen müssten als die Prosastücke im Buch Jeremia. Weippert zeigt durch Vergleich besonders der Phraseologie in Poesie und Prosa des Jeremia-buches, dass die Übereinstimmungen zwischen Mowinckels Quellen A und C erheblich größer sind als bis dahin angenommen. Weippert zieht daraus den Schluss, auch die Prosareden im Jeremiabuch dem Propheten Jeremia zu-zuschreiben. Ob diese Konsequenz zwingend ist, muss hier nicht entschieden werden. Wesentlich scheinen mir zwei Impulse aus Weipperts Buch zu sein: Zum einen hat sie die Vergleiche zwischen poetischen und prosaischen Tex-

---

ignorance is stressed here it is because it is important to be aware of how little we really know and how uncertain that little knowledge is. Without such agnosticism too little evidence will have to bear too much weight and the level of claims made for the material will be determined by assumed knowledge rather than controlled by an awareness of our deep-seated ignorance." (Carroll (1986), S. 65).

36 „These sermons betray the same concerns with cultic purity as are used in the Deuteronomistic history to denounce the kings of Israel and Judah, and demonstrate a Deuteronomistic influence in the construction of the book of Jeremiah." (Carroll (1986), S. 66).

ten mit statistischen Mitteln durchgeführt[37], ein Vorgehen, das bei Textvergleichen mit diesem Ziel m. E. nicht umgangen, sondern allenfalls verschleiert werden kann[38]. Zum anderen rückt Weippert mit dem Stichwort „Kunstprosa" die Sprachgestalt als ein Phänomen ins Blickfeld, das mit der Zuweisung zu metrisch geformter, dem Alltagsgebrauch entrückter Poesie oder zu banalsprachlicher, im bloß Inhaltlichen sich erschöpfender Prosa beileibe nicht zureichend beschrieben und in seinen Informationsmöglichkeiten nicht annähernd ausgeschöpft ist.

Stipp hat mit Weippert gemeinsam die kritische Ausrichtung zu Teilen der Forschung, in diesem Fall besonders zu der Arbeit Thiels. Stipp hat seine Position grundsätzlich formuliert in dem Aufsatz „Probleme des redaktionsgeschichtlichen Modells der Entstehung des Jeremiabuches"[39]. In diesem wendet sich Stipp mit großer Leidenschaft gegen das „redaktionsgeschichtliche Modell", das er exemplarisch mit dem Namen Thiel verbindet. Stipps Darlegungen sind getragen von starkem Unbehagen an der Diskussion zum Jeremiabuch, er wirft Thiel Fehler in der Methode vor, wobei er insbesondere Anstoß an den Kriterien Thiels nimmt: „Infolgedessen hantiert Thiel wie schon Hyatt faktisch mit einem einzigen Kriterium: der geprägten Diktion. Sie soll dann in deutlicher Überforderung ihrer Beweiskraft zumeist nicht nur den deuteronomistischen, sondern auch den literarisch sekundären Charakter des betroffenen Passus erweisen, ein Argumentationsmodell, das methodisch Schule gemacht hat."[40] Die Feststellung Stipps, Thiel halte sich lediglich an die „Diktion", entspricht der oben gemachten Feststellung, Thiels Argumente seien letztlich alle stilistischer Natur - woran ich aber, im Unterschied zu Stipp, nichts grundsätzlich Anstößiges zu finden vermag. Stipp meint, die Diktion allein sei nicht genug, um die Beweislast zu tragen, die Thiel ihr aufbürdet, nämlich sowohl Inhomogenität im Textablauf zu zeigen als auch Zeugnis abzulegen über die Chronologie der Textbestandteile. Weiter kritisiert Stipp an Thiel, dass er sich nicht an das traditionelle Prozedere der Literarkritik halte, das verlangt, zuerst Diskontinuitäten festzuhalten und ohne diese den Text für einheitlich zu halten[41], und dass er „sprachstatistisch" argumentiere[42].

---

37 Das hat auch Thiel getan, wofür er heftig kritisiert wurde (z.B. von Stipp).

38 Formulierungen wie „mehr", „weniger", „häufiger", „selten" usw. stehen an solchen Stellen dann gerne als Stellvertreter für exakte und kontrollierbare Zahlenangeben.

39 Stipp (1995), S. 225 - 262.

40 Stipp (1995), S. 234.

41 Wenn Stipp „Kohärenzstörungen" (S. 234) als Voraussetzung für literarkritisches Einschreiten verlangt, so meint er das an dieser Stelle wahrscheinlich nicht in dem strikten Sinne, in dem man zwischen Kohärenz und Kohäsion unterscheiden müsste.

42 Stipp (1995), S. 235: „Der Nachweis geht wieder der Sache nach rein sprachstatistisch vor. Von einer soliden vorstufenkritischen Herleitung bleibt ein Geschmacksurteil".

Stipp legt mit seiner Kritik den Finger auf einen wunden Punkt in der literar- und redaktionskritischen Diskussion. Dennoch entsteht daraus kein Neu- ansatz. Stipp beharrt ja zum einen darauf, dass die Literarkritik die üblichen Wege zu beschreiten habe, d.h. den Weg, der in der alttestamentlichen Tradi- tion vorgezeichnet ist[43]. Zum anderen aber erscheint ihm das, was ja durch- aus unter Berufung auf diese Tradition erarbeitet wurde, als mit Problemen und Mängeln behaftet. Für Stipp zeigt das weniger Schwierigkeiten an, die von der Methode vorgezeichnet, oder zumindest als Möglichkeiten in ihr angelegt sind, sondern sehr deutlich Fehler von Exegeten. Sein Vertrauen in die Methoden, so wie sie überliefert sind, bleibt ungebrochen. Aber Thiels Vorgehen hat im Rahmen dieser Methode seine Berechtigung, so wie auch Stipps Kritik ihre Berechtigung hat, sie gelangt nur nicht so weit, dass sie die literarkritische Methode irgendeiner Form von Fehlbarkeit verdächtigen würde. So kann es geschehen, dass Stipp das, was er Thiel als Fehler anrech- net, am Ende selbst tut: Sprachstatistische Argumentationen finden sich bei Stipp selbstverständlich[44]. Bei seiner Argumentation für die Zuordnung zu Schichten vermengt Stipp synchrone und diachrone Argumente[45] - die Frage nach der Kohärenz bleibt ausgespart. Hinsichtlich der bei Thiel inkriminier- ten Beschränkung auf die Phraseologie lädt Stipp sich letztlich genau diesel- ben Probleme auf, wenn er „die Erarbeitung eines Kompendiums distinktiver Theologumena" fordert, denn woran sollen die Theologumena denn erkannt werden, wenn nicht an der von ihnen hervorgerufenen Phraseologie? Wenn Stipps neuestes Buch[46] gerade eine ausführliche Sammlung der von ihm als Kriterium bei Thiel so harsch gerügten Phraseologie des deuteronomistischen Idioms im Jeremiabuch bietet, so wirkt das auf dem Hintergrund von Stipps Auseinandersetzung mit Thiels Werk wie eine Ironie und doch auch konse- quent.

Trotz aller kritischer Schärfe und trotz der beachtenswerten Beobachtungen an den Texten ist Stipps Ansatz kein neuer, über die allfälligen Probleme

---

43 „Nun mag man einwenden, von ,predigtartigen Erweiterungen' und ,Erscheinungen, die man einer redaktionellen Tätigkeit zuzuschreiben pflegt' könne definitionsgemäß nur die Rede sein, wenn sie zuvor mittels Kohärenzstörungen als jüngere Zutaten identifiziert worden seien. Wie jedoch die Lektüre von Thiels Untersuchungen bestätigt, spielen die üblichen vorstufenkritischen Indikatoren bei ihm nur eine bescheidene Nebenrolle. Die indizienmäßig relativ gut markierten, typisch redaktionellen Gattungen wie Nähte und Glossen nehmen ohnehin nur einen Bruchteil der als redaktionell gewerteten Passagen ein; im Wesentlichen schreibt Thiel der dtr. Redaktion Reden zu, und zwar ohne sich von Kohärenzstörungen abhängig zu machen." Stipp (1995), S. 234. Zumindest für die Bezeichnung „Naht" erscheint mir die Einstufung als Gattung eine Überdehnung des Gattungsbegriffes zu implizieren.

44 So z.B. Stipp (1992), S. 124.

45 Vgl. Stipp (1992), S. 126.

46 Stipp (1998).

hinüberführender Weg, sondern eigentlich ein Rückgriff hinter Duhm zurück auf die Gründerväter der Literarkritik

3.3 Stilstatistik und „Authorship Studies"

Die Idee, stilistische Merkmale zur Identifizierung von Textautoren zu verwenden, ist in der Exegese des AT so alt wie die Literarkritik selbst. Bereits die Beobachtung Jean Astrucs, dass Gen 1 und Gen 2 sich in der Gottesbezeichnung unterscheiden, geht davon aus, dass hier eine bedeutungsvolle Wahl zwischen Signifikanten mit derselben Referenz stattgefunden habe, die in beiden Texten unterschiedlich ausfiel und so zu deuten sei, dass die Texte sich damit soweit stilistisch voneinander unterscheiden, dass von unterschiedlichen Autoren ausgegangen werden muss. Dass die Beobachtung von Stilmerkmalen, die Texten gemeinsam sind oder sie voneinander unterscheiden, sowie die Einschätzung der Relevanz dieser Gemeinsamkeiten bzw. Unterschiede eine Leittechnik literarkritischer Arbeit ist, dürfte außer Zweifel stehen, auch wenn die Technik bisher weniger ausdrücklich mit dem Stilbegriff verbunden wurde als in dieser Untersuchung, und die Notwendigkeit zur Unterscheidung und Trennung stilistischer (textinterner) Argumente von chronologisch-historischen (textexternen) Argumenten noch keinen festen Platz im exegetischen Problembewusstsein gefunden hat.

3.3.1 Augustus De Morgan

Der wohl erste Vorschlag, Autorenfragen mit Hilfe statistischer Verfahren zu klären, stammt aus dem Jahr 1852 von Augustus De Morgan. Die folgende viel zitierte Stelle stellt fast schon einen Grundtext stilstatistisch orientierter Autorenuntersuchung dar:

„I wish you would do this: run your eye over any part of those of St. Paul´s Epistles which begin with Παυλος - the Greek, I mean - and without paying any attention to the meaning. Then do the same with the Epistle to the Hebrew, and try to balance in your own mind the question whether the latter does not deal in longer words than the former. It has always run in my head that a little expenditure of money would settle questions of authorship in this way. The best mode of expl(a)yning what I would try will be to put down the results I should *expect* as if I had tried them.
Count a large number of Words in Herodotus - say all the first book - and count all the letters; divide the second number by the first, giving the average number of letters to a word *in that book*. Do the same with the second book. I should expect a very close approximation. If Book I. gave 5.624 letters per word, it would not surprise me if Book II. gave 5.619. I judge by other things. But I should not wonder if the same result applied to two books of

Thucydides gave, say 5.713 and 5.728. That is to say, I should expect the slight differences between one writer and another to be well maintained against each other, and very well agreeing with themselves. If this fact were established there, if St. Paul´s Epistles which begin with Παυλος gave 5.428 and the Hebrews gave 5.516, for instance, I should feel quite sure that the *Greek* of the Hebrews (passing no verdict on whether Paul wrote in Hebrew and another translated) was not from the pen of Paul. If scholars knew the law of averages as well as mathematicians, it would be easy to raise a few hundred pounds to try this experiment on a grand scale. I would have Greek, Latin and English tried, and I should expect to find that one man writing on two different subjects agrees more nearly to himself than two different men writing on the same subject. Some of these days spurious writings will be detected by this test. Mind, I told you so"[47].

Die darin formulierte Strategie wurde zuerst von Mendenhall auf Texte von Shakespeare und Bacon angewandt. In der Folge, verstärkt ab der Mitte des 20. Jahrhunderts, wurden immer wieder Autorenuntersuchungen auf stilstatistischer Grundlage vorgenommen.

3.3.2 Frederick Mosteller und David L. Wallace

Die Untersuchung von Mosteller und Wallace zu den „Federalist Papers" hat unter diesen Untersuchungen Berühmtheit erlangt. Die Studie erschien ursprünglich 1964 und ist ihrer Ausrichtung und Fragestellung nach eher eine statistische Studie als eine literaturwissenschaftliche, wie die Autoren bereits in den ersten Sätzen des Vorwortes feststellen:

„For us the question of whether Hamilton or Madison wrote the disputed Federalist papers has served as a laboratory and demonstration problem for developing and comparing statistical methods. While we help solve this historical problem, our practical application of Bayes' theorem to a large analysis of data is a step in testing the feasibility of a method of inference that has been heavily criticized in the past, but which is currently being explored with fresh attitudes and fresh mathematics."[48]

Für statistische Laien ist die Frage, ob Bayes Theorem für Untersuchungen zu Autorenfragen besser geeignet ist als die klassischen Schlussmethoden der Statistik aus den Diskussionen bei Mosteller und Wallace heraus nicht zu beantworten. Auf die Information, auf die es den Autoren der Studie gerade ankommt, müssen wir hier verzichten, die „Brosamen", die nebenher abfallen, sind immer noch interessant genug, um wenigstens erwähnt zu werden.

---

47 Zitiert nach Pieper, S.16.
48 Mosteller/Wallace, S: IX.

Mostellers und Wallaces Untersuchungsgegenstand sind eine Gruppe von
Artikel, die in der Zeitung „The Federalist" in den Jahren 1787-1788 ver-
öffentlicht wurden und die für die damals im Entstehen begriffene Verfas-
sung der Vereinigten Staaten von Amerika warben. Der Verfasserkreis dieser
Artikel ist bekannt, die meisten stammen aus der Feder von James Madison,
Alexander Hamilton und John Jay. Für die Mehrzahl der Artikel steht der
Verfasser eindeutig fest: fünf stammen von John Jay, 43 von Alexander
Hamilton und 14 von James Madison; nur zwölf der Essays sind nicht ein-
deutig zugeordnet: Hamilton bezeichnet sie als gemeinsame Arbeit, Madison
stellt sie als seine Bearbeitung von Hamiltons Material dar. Mosteller und
Wallace versuchen die Zuordnung dieser zwölf nicht eindeutig Madison bzw.
Hamilton zugeschriebenen Artikel über eine ausführliche Untersuchung des
Wortschatzes, wobei das Hauptgewicht auf solchen Wörtern liegt, die „in-
haltsarm" sind, wie z.B. the, enough, while, whilst, upon, by, from, to. Diese
Wörter sind relativ unabhängig vom Inhalt des jeweiligen Textes und darüber
hinaus häufig in Texten. Ihre Häufigkeit wird zuerst in den klar zugeordneten
Texten untersucht, dann werden die Raten in den fraglichen Texten ver-
glichen.
Die Untersuchung ergibt, dass Madison mit sehr hoher Wahrscheinlichkeit
der Autor der zwölf fraglichen Artikel ist, lediglich in einem Fall ist die
Sicherheit, mit der Madison als Autor in Frage kommt, geringer:

„We say weak, because a reasonable person with strong initial convictions in favor of
Hamilton would find these odds overwhelming. For people who slightly favor Hamilton's
authorship, or favor Madison's, these odds are strong"[49].

Diese Aussage ist bemerkenswert, weil sie zeigt, dass gerade dort, wo
Exegeten des AT vielleicht „Beweise" erwarten würden, den Statistikern bewusst bleibt, dass sie beim Übergang von den Zahlen zu den historischen und
literarischen Sachverhalten das Gebiet der mathematischen Operationen und
Gewißheiten verlassen und deutend zwischen Zahlen und Wirklichkeit vermitteln. Dass die Wahrnehmung der Wirklichkeit nicht allein durch „Daten"
gelenkt wird, sondern auch durch Vorannahmen und Einstellungen des
Wahrnehmenden, ist ja auch in der Exegese des AT konsensfähig ebenso wie
die Einsicht, dass auf den Gebieten der Literatur und der Geschichte Wahrheit nicht andemonstriert oder Zustimmung zu Schlussfolgerungen gar er-
zwungen werden kann. Die Vorsicht in der zusammenfassenden Deutung der
statistischen Untersuchung lassen die Studie von Mosteller und Wallace vertrauenswürdig erscheinen: Zumindest grundsätzlich scheint es möglich zu
sein, fragliche Autorenzuordnungen mit Hilfe statistischer Methoden aufzu-

---

49 Mosteller/Wallace, S. 263.

klären. Tatsächlich können Mosteller und Wallace auch gegen eine denkbare Grenzsituation gute Argumente aufbieten:

„We give little credence to the possibility that Hamilton wrote but Madison thoroughly edited the disputed papers, so that they finally looked Madisonian, rather than like a mixture of styles or a parody. The reader must appreciate that such a performance is not so trivial as changing two or three words. Even among the 30 words of the main study, Madison would have to make between 50 to 100 changes in each paper, to say nothing of the further changes these would induce. Since Madison could not know, that we planned to use these 30 words, the total revision required, so that an analysis shows clear Madison rates, would have to be on a scale even more vast"[50].

Die hier getroffene Grenzziehung zwischen „Autor" und „Redaktor" scheint mir überzeugend, und auch für entsprechende Problemstellungen im AT bedenkenswert.

3.3.3 Anthony Kenny, Kim Paffenroth und Kenneth J. Neumann

Im Ganzen allerdings unterscheidet sich die Situation, aus der heraus im AT Literarkritik betrieben wird erheblich von der, aus der heraus Mosteller und Wallace ihre Untersuchung unternehmen. Mosteller und Wallace haben zwei Autoren zur Auswahl. Für jeden der 12 diskutierten Texte kommt nur einer dieser beiden Autoren in Frage, und zu beiden gibt es ein umfangreiches Textkorpus aus demselben Zeitraum, in etwa dieselbe Textsorte repräsentierend. So kann der Zuweisung eine ausführliche Untersuchung der stilistischen Gewohnheiten der beiden Autoren vorgeschaltet werden. Bei Texten des AT ist nicht einmal die Zahl der potentiell beteiligten Verfasser in einem Textbereich immer eindeutig: Gab es überhaupt einen Deuteronomisten? Oder gab es gar mehrere? Sicher ist nur, dass es zu keinem Autor bisher ein eindeutiges Ausgangskorpus gibt[51], ja es gibt so etwas heute weniger als in vorkritischen Zeiten.

Die bisher besprochenen Arbeiten, die Stilstatistik als Mittel der Autorenzuweisung verwandten, befanden sich in dieser Hinsicht gewöhnlich auf erheblich sichererem Boden als literarkritische Untersuchungen des AT. Das gilt auch für drei neutestamentliche Arbeiten, die in jüngerer Zeit in diesem Bereich erschienen sind, und die, da sie biblische Texte behandeln und von Theologen verfasst wurden, an dieser Stelle zumindest kurz erwähnt werden sollen, wenngleich im NT die literarkritische Situation übersichtlicher ist als im AT.

---

50 Mosteller/Wallace, S. 264.
51 Am ehesten ließe sich das vielleicht von der Pentateuchquelle P sagen.

A. Kennys Buch „A Stylometric Study of the New Testament" untersucht das sprachliche Profil neutestamentlicher Autoren, um auf diesem Hintergrund zu klären, ob das Lukasevangelium und die Apostelgeschichte, das Johannesevangelium und die Offenbarung des Johannes und schließlich die 13 Briefe des Corpus Paulinum unter stilstatistischem Blickwinkel jeweils als Werke *eines* Autors erscheinen.

Kenny verwendet dazu 99 Merkmale[52]. Unter diesen befinden sich Partikeln, die im Griechischen so häufig sind, Konjunktionen und Präpositionen aber auch allgemeinere Merkmale wie die Zahl der koordinierenden oder subordinierenden Konjunktionen, die Zahl der Nomina im Nominativ, die Zahl der Pronomina der 3. Person usw. Kennys Merkmale sind alle mikrostilistische Merkmale, sie erstrecken sich alle auf nur jeweils ein Wort, allerdings stellt Kenny keine Überlegungen an zur systematischen Auswahl der Merkmale[53]. Der Gedanke, die Zahl der Merkmale könnte, wenn zu viele ungeeignete verwendet werden, undeutliche Ergebnisse hervorrufen oder falsche Interpretationen nahe legen, begegnet bei Kenny nicht. Auch die Möglichkeit, statistisch erkennbare Unterschiede könnten nicht auf unterschiedliche Herkunft, sondern z.B. auf unterschiedliche Textsorten zurückgehen, bedenkt Kenny nicht. Er verwendet in seiner Untersuchung keine multivariaten Methoden[54]. Die Daten, die er aus seinen Merkmalen erhält, wertet er je einzeln statistisch aus und bringt die Ergebnisse dann in ein Gesamtbild ein. Die Studie kommt insgesamt zu keinen spektakulären Ergebnissen, bestätigt vielmehr die üblichen literarkritischen Annahmen zu den betrachteten Texten. Die Untersuchung ist als statistische Studie der Texte breit angelegt, Kenny argumentiert umsichtig und zurückhaltend. Erstaunlich ist aus heutiger Sicht, dass er zwar die statistische Vorgehensweise immer wieder kritisch reflektiert, literarkritische Ergebnisse in ihrem Anspruch auf Gültigkeit in keiner Weise anzweifelt.

K. Paffenroth bemerkt in seiner Studie zum lukanischen Sondergut, dass die Ausgangslage bei Texten des Neuen Testamentes erheblich transparenter ist, als bei Texten aus dem Alten Testament[55]. Er verwendet bei seiner Unter-

---

52 Eine Aufstellung aller Merkmale findet sich in Kenny, S. 123f.

53 Der Vorbereitung einer solchen gezielten Auswahl dienten die Erwägungen zur Literaturtheorie und zum Stil in Kapitel 2 der vorliegenden Untersuchung.

54 Multivariate Methoden waren noch nicht sehr gängig, als Kenny seine Studie durchführte. Darum registriert er sie eher als zukünftige Möglichkeit: „Some of the problems studied, such as the Pauline canon, would be suitable for treatment by more advanced methods such as a cluster analysis. I have made some experiments with such techniques, and my results do not suggest any answers different from those presented here" (Kenny, S. 121f).

55 „Finally, to compare the present work with another type of source criticism, the situation with Luke's sources is not nearly as precarious as it is with Pentateuchal source

suchung ausschließlich Beobachtungen zum Wortschatz. Er zieht einerseits Hapaxlegomena heran, andererseits, unter dem Titel „Stylometry"[56], Funktionswörter, die seiner Meinung nach allein die Möglichkeit eines quantitativen Zugriffs auf das Phänomen Stil bieten. Dass das eine Verkürzung darstellt und die Möglichkeiten unnötig beschneidet, dürfte nach den oben gegebene Darlegungen zum Stil deutlich sein. Während Paffenroth Vorgänger bei der Verwendung statistischer Methoden nicht weiter bespricht, auch mit methodologischen Erläuterungen sich zurückhält, findet man beides ausführlich dargestellt in K. J. Neumanns Buch „The Authenticity of the Pauline Epistels in the Light of Stylostatistical Analysis". Das zweite Kapitel „Overview of Past Statistical Studies"[57] umfasst ca. 90 Seiten des knapp 230 Seiten langen Werkes. Auffallend ist Neumanns recht unkritische Darstellung der Werke Raddays[58]. Diese teilt Neumann zwar mit anderen Stilstatistikern[59], doch unterscheidet ihn von jenen, dass er als Exeget biblischer Texte in der Lage hätte sein sollen, die Brisanz der Ergebnisse Raddays[60] zu erkennen und dies zum Anlass zu nehmen, um die an Radday geäußerte Kritik sorgfältig zu prüfen[61].

Neumann verwendet bei seiner Studie eine Textgruppe paulinischer Herkunft, dazu zwei Vergleichskorpora: den Hebräerbrief sowie eine außerbiblische Textgruppe. Seine Strategie zielt darauf, fragliche Texte hinsichtlich bestimmter Merkmale mit anderen, zugeordneten Texten zu vergleichen und die fraglichen Texte derjenigen Gruppe zuzuordnen, der sie am stärksten ähneln. Neumann verwendet einen maschinenlesbaren Text, der zusätzlich syntaktisch kodiert wurde. So kann er die Erhebung der Daten großenteils mit dem Computer ausführen, was zähltechnisch die sicherste Methode ist. Neumann führt mit seinen Daten eine Diskriminanzanalyse durch, das ist

---

criticism, which has had to rely solely on internal observations, and is now in increasing disarray." (Paffenroth, S. 25).

56 Paffenroth. S. 85.

57 K. J. Neumann, S. 23ff.

58 Zu Radday s.u. S. 85 ff.

59 Vgl. Holmes (1994), S. 102, der aber immerhin auf die zu Radday geäußerte Kritik ausführlich eingeht: „The work done by Radday and his colleagues (1985) on the unity of Genesis has caused much comment." Auch Mosteller/Wallace, S. 277, erwähnen immerhin die Kritiker an Radday von statistischer Seite.

60 Die Diskussion konzentriert sich zumeist auf das Werk zur Genesis, doch ziehen sich einige Fehleinschätzungen und Trugschlüsse durch eine ganze Reihe der unter Raddays Ägide entstandenen Gemeinschaftswerke. Zu Radday et al. siehe unten S. 85.

61 Besonders irritierend ist, dass der Aufsatz von Portnoy/Petersen (1984a) zwar im Literaturverzeichnis erscheint, Neumann auf die darin geäußerte Kritik aber nicht eingeht, obwohl er Raddays Arbeiten ausführlich darstellt und sich auch immer wieder auf sie bezieht.

eine multivariate Analysemethode[62], die die Fälle - das sind hier die jeweiligen Einzeltexte - in Gruppen ordnet, so dass die Gruppenmitglieder einander möglichst ähnlich, die Gruppen dagegen möglichst unähnlich sind. Voraussetzung für die Anwendung der Diskriminanzanalyse ist, dass die Zahl der Gruppen bekannt ist. Das macht die Diskriminanzanalyse für literarkritische Untersuchungen im AT weniger interessant.

Neumanns Darstellung ist nicht überall übersichtlich und setzt häufig Kenntnisse voraus, die bei Exegeten biblischer Texte nicht vorausgesetzt werden können. Eine gute Ergänzung, nicht nur für Neumanns Buch, stellt in dieser Hinsicht der Aufsatz von David I. Holmes „Authorship Attribution" dar. Holmes gibt darin einen Überblick über den Stand der Forschung, in dem viele Arbeiten zu verschiedenen Autorenproblemen behandelt werden. Holmes, der bereits Untersuchungen zu Autorenzuschreibungen mit stilstatistischen Mitteln veröffentlicht hat[63], gliedert seinen Aufsatz problemorientiert nach verschiedenen quantitativen Ansätzen zur Klärung von Zuschreibungsfragen. Unter den einzelnen Rubriken werden diejenigen Arbeiten besprochen, die den jeweiligen Zugang erprobt haben. Als mögliche Merkmale bespricht Holmes: Wortlänge, Silbenzahl pro Wort, Satzlänge, Verteilung der Wortklassen, Funktionswörter, das Type-Token-Verhältnis, aber auch einige indirekte Merkmale, das sind aus Textbeobachtungen erarbeitete Formeln zu möglichen Gesetzmäßigkeiten des Vokabulars; bei Holmes erhält der Leser einen raschen Überblick über Simpsons Index, Yule's K, Entropie als Modell sowie verschiedene Modelle der Vokabelverteilung wie das Zipfsche Gesetz, das Waring-Herdan-Modell, die Sichelverteilung, die Verwendung von Hapalegomena und Hapax Dislegomena[64]. Holmes Aufsatz informiert knapp und gut verständlich über diese verschiedenen Maßzahlen und Gesetzmäßigkeiten, die in der Literatur oft ohne weitere Erläuterung erwähnt werden.

Als Abschluss dieses Überblicks über Studien zur Stilstatistik möchte ich auf drei Werke ausführlicher eingehen: A. Q. Mortons Buch „Literary Detection", D. W. Fosters Abhandlung „Elegy by W.S. A Study in Attribution" und schließlich Y. T. Raddays „Genesis. An Authorship Study".

---

62 Multivariate Analysemethoden sind Methoden, die mehrere Merkmale (Variablen) je Objekt (Fall) zugleich verwenden. Auch die in dieser Untersuchung verwendete Clusteranalyse ist eine multivariate Analysemethode.

63 Vgl. z.B. Holmes (1992).

64 Einige dieser mathematischen Gesetzmäßigkeiten sind auf empirischem Wege erarbeitet worden, und es muss jeweils geprüft werden, ob sie auf hebräische Texte überhaupt anwendbar sind. Aber auch nichtempirisch abgeleitete Formeln sollten vor einer Verwendung sorgfältig daraufhin geprüft werden, ob ihre Prämissen akzeptabel sind.

3.3.4 Andrew Q. Morton und Donald W. Foster

A. Q. Mortons Buch „Literary Detection. How to prove Authorship and Fraud in Literature and Documents" ist eine Einführung in die Frage nach dem Autor auf der Grundlage von statistischen Untersuchungen des Stils. Morton beginnt mit der Beobachtung, dass Menschen einander wiedererkennen können, dass solches Wiedererkennen aber an Voraussetzungen geknüpft ist, dass man die betreffende Person z.B. lange genug wahrgenommen haben muss, um sie wirklich und sicher wiedererkennen zu können. Ausgehend von diesem anschaulichen Beispiel beschreibt Morton das Problem der Wiedererkennung und Identifikation sprachlicher Äußerungen, genauer gesagt, der Identifizierung derjenigen Muster innerhalb sprachlicher Äußerungen, des Textes, die den Eindruck hervorrufen, der Text sei das Produkt eines bestimmten Autors, der sich gerade so auszudrücken pflege.

Von hier ist es nur ein Schritt zur Stilstatistik, und Morton behandelt nun „Statistics as Description" und wenig später „The Statistics of Comparison". Morton gibt in dieser ersten von drei Abteilungen einen Überblick über diejenigen statistischen Grundlagen, die für stilstatistische Untersuchungen von Belang sind. Der Einstieg in die für Exegeten eher ungewohnte Materie wird durch den Bezug zur Stilstatistik und zu Zuschreibungsfragen - dem Gebiet, das exegetisch ja gerade interessant ist - erleichtert. Außerdem ist Mortons Buch amüsant geschrieben.

In den beiden folgenden Teilen beschreibt Morton verschiedene Merkmale, die in der Stilstatistik bisher mit unterschiedlichem Erfolg zur Identifizierung von Autoren verwendet wurden. Es sind überwiegend Merkmale des Vokabulars. Für den an literarkritische Argumentationen gewöhnten Alttestamentler sind darin vor allem Mortons Ausführungen interessant, in denen er darlegt, dass zur Charakterisierung eines Autors die häufigsten Wörter in Texten, die praktisch jeder Autor verwendet, besser geeignet sind, als die „Spezialwörter" eines Autors: Erstere benützt nämlich jeder Autor unbewusst, letztere dagegen können sehr bewusst eingesetzt werden und werden dies auch[65]. Die Beschreibung von Merkmalen wie auch die in den Teilen II und III gebotene Darstellung stilstatistischer Autorenuntersuchungen sind als Einführung in den Themenbereich sehr nützlich[66]. Das Buch hat allerdings zwei Schwachpunkte, die nicht verschwiegen bleiben sollen. Zum einen gibt

---

65 Im Deutschland der 90er Jahre unseres Jahrhunderts genügte bereits eine Floskel wie „in diesem unserem Lande" um die Assoziation mit den Autor dieser Floskel – den damaligen Bundeskanzler Helmut Kohl - hervorzurufen. Ein Umstand, der weidlich ausgenützt wurde.

66 Als Einführung in statistisches Denken können ferner nützlich und hilfreich sein: Huff ; Hatch/Farhady.

es eine erkleckliche Menge an Druckfehlern. Das wäre normalerweise nicht erwähnenswert, doch ist in Mortons Buch z.B. die Formel für die Varianz, aus der die Standardabweichung[67] abgeleitet wird, mit einem Druckfehler behaftet[68], der denjenigen, der die Formel ahnungslos anwendet, zu falschen Ergebnissen kommen lässt. Der zweite Schwachpunkt, auf den hingewiesen werden muss, ist die von Morton selbst favorisierte Methode, die „cusum chart technique", die auf der Verteilung der Satzlängen basiert und die Übergangswahrscheinlichkeiten von einer Wortart zu einer anderen als Merkmale verwendet werden. Diese Technik hat sich nicht durchsetzen können[69], ist vielmehr kritisiert worden[70]. Da die Satzlänge in Texten der hebräischen Bibel ohnehin eine Größe wäre, die mit zu vielen Problemen behaftet ist, kommt diese Technik für die hier zur Debatte stehenden Texte sowieso nicht in Frage.

Steht Mortons Buch im Rahmen dieses Überblicks für diejenigen Werke, die geeignet sind, eine Einführung in das Gebiet stilstatistisch orientierter Autorenuntersuchung zu geben, so ist Donald W. Fosters Buch „Elegy by W. S. A Study in Attribution" ein Beispiel für eine im Vollzug wie in der Ergebnisformulierung vorbildliche Untersuchung. Fosters Studie hat eine Elegie zum Gegenstand, die, 1612 als Privatdruck in London bei Thomas Thorpe verlegt, in zwei Exemplaren in Oxford die Jahrhunderte überdauert hat und die, anstatt eines Autorennamens, nur die Initialen W. S. trägt. Foster erklärt, dass die Anonymität in der gegebenen Situation kein ungewöhnliches Phänomen ist. Fosters Ziel ist es, den Autor der Elegie herauszufinden. Er beginnt bei den Initialen, von denen er annimmt, dass sie den wirklichen Namen des Autors widerspiegeln, und listet sämtliche Autoren mit diesen Initialen auf, von denen ihm bekannt ist, dass sie im fraglichen Zeitraum in England publiziert haben. Von diesen etwa 50 Autoren zieht Foster alle diejenigen ab, für die sich keinerlei direkte oder indirekte Bezüge zu William Peter, dem die Elegie gilt, auffinden lassen. Es bleiben drei Schriftsteller üb-

---

67 Standardabweichung heißt das zumeist angegebene Maß für die Schwankungsbreite einer Probe mit einem bestimmten Mittelwert. Beispiel: Zwei Schulklassen mit je 20 Schülern schreiben eine Arbeit. Die Einzelnoten der Schüler lassen sich in jeder Klasse zusammenfassen im Durchschnittswert, der in diesem Fall in beiden Klassen 3,0 betragen soll. In einer Klasse haben alle 20 Schüler die Note drei bekommen, in der anderen Klasse gab es zehnmal die Note 1 und zehnmal die Note 5. Die Standardabweichung würde diesen Unterschied zwischen den Schulklassen, der hinter dem identischen Mittelwert verschwindet, sichtbar werden lassen.

68 Vgl. Morton, S. 43. Die Differenzen aus Einzelwerten und Mittelwert müssen quadriert werden, ehe man die Summe aus allen Werten bildet! Die richtige Formel findet man z.B. bei Hatch/Farhady S. 59.

69 Vgl. die Kritik bei Holmes (1994), S.90.102. Anders Farringdon et al.

70 Vgl auch Kenny, S. 101 ff. Dort auch eine ausführliche Auseinandersetzung mit Mortons Argumentation.

rig: William Shute, William Strachey und William Shakespeare. Foster zieht noch ein paar Autoren in Erwägung, schränkt aber die nähere Untersuchung auf die zwei wahrscheinlichsten Kandidaten ein: Strachey und Shakespeare. Die Untersuchungen zu diesen beiden Autoren führt Foster in getrennten Durchgängen durch, wobei der Vergleich mit Shakespeares Werken einen breiteren Raum einnimmt als der mit den Werken Stracheys. Es genügt, die Untersuchung zu Shakespeare zu skizzieren, um Fosters Vorgehensweise darzustellen.

In der Argumentation für Shakespeare als Autor der Elegie unterscheidet Foster klar zwischen stilistischen und historischen Argumenten. Die Elegie ist, als materiell vorhandener Text, in klare historische Umstände eingefügt: Der Vorgang der Publikation lässt sich noch recht gut nachzeichnen, und der Text der Elegie erhält seinen Anlass aus einem konkreten historischen Ereignis, der Ermordung von William Peter am 25. Januar 1612 um 19 Uhr. Das Ereignis ist auch außerhalb der Elegie belegt. So müssen drei Zusammenhänge in die Biographie des in den Blick genommenen Autors - in diesem Fall Shakespeares - passen: 1.Die Publikation selbst. 2. Zwischen dem Leben William Peters und Shakespeares müssen Berührungen zumindest soweit denkbar sein, dass man wird sagen können, Shakespeare habe Peter so gut gekannt, dass er sich bemüßigt fühlte, den sonst Unbekannten mit einer Elegie zu ehren, und 3. müssen die wenigen, in der Elegie aufzufindenden autobiographischen Bemerkungen und Anspielungen zu dem passen, was über Shakespeare bekannt ist. In allen drei Bereichen gelangen Fosters Untersuchungen zu einem *nihil obstat*.

Die Hauptlast der Argumentation für William Shakespeare liegt aber auf dem Stilvergleich zwischen der Elegie und Werken Shakespeares. Foster kann dabei die Werke Shakespeares noch in chronologischer Einordnung verwenden: Nach dem Erscheinungsjahr der Elegie müssen besonders die späten Werke Shakespeares Ähnlichkeiten zu dem Text aufweisen. Darüber hinaus unterscheidet Foster im Textkorpus Shakespeares noch zwischen poetischen Werken und Prosawerken. Foster kann - um Epochenstil und Individualstil zu scheiden - auf eine Fülle von Werken zurückgreifen, die aus derselben Epoche stammen, und kann auch noch ein Vergleichskorpus aus zeitgenössischen Elegien heranziehen, das es ihm gestattet, den Einfluss der Textsorte auf den Stil zu kontrollieren. Für die einzelnen Untersuchungen, die Foster mit kriminalistischem Scharfsinn und Akribie durchführt[71], kann

---

71 Diese Einschätzung kann ich nur für die Argumentationsweise treffen - die Daten nachzuprüfen liegt außerhalb meiner Möglichkeiten. Ich vertraue darin auf Fosters Sorgfalt, die in gewisser Weise durch seine Einbindung in eine *scientific community* kontrolliert und damit gewährleistet wird. Für Fosters Sorgfalt und fachliche Expertise spricht, dass es ihm gelang, den Autor des anonym erschienene Romans „Primary Colours" auf der Grundlage eines Stilvergleichs zu ermitteln. Fosters Analyse wurde

ich nur auf das Buch selbst verweisen. Es mag hier genügen, die wichtigsten Merkmale aufzulisten, die Foster verwendet. Fast alle Merkmale werden quantifiziert und auf eine passende Bezugsgröße normiert: Die Zahl der Zeilensprünge wird in Relation gesetzt zur Zahl der Pentameterzeilen im jeweiligen Werk, die Zahl der weiblichen Kadenzen zur Zahl der Verszeilen, verschiedene Reimtypen jeweils zur Zahl der Reime, die Zahl der Hapaxlegomena bezogen auf die Werke Shakespeares auf die Wortzahl des fraglichen Werkes usw. Foster untersucht außerdem die Neigung zu bestimmten Wortbildungstypen, zu Partizipialkomposita und Bindestrichworten, die Neigung, Wortklassengrenzen zu missachten und Wortspiele zu prägen, bestimmte Wortklassen (Eigennamen und Adjektive) zu meiden oder bestimmte Stilfiguren zu gebrauchen. Foster zieht syntaktische, lexikalische und auch orthographische Idiosynkrasien und Eigentümlichkeiten heran, alles minutiös und detailliert belegt, zumeist in quantifizierter Form.

Zu diesen Vergleichen - in der Exegese des AT wäre darüber schon längst das Verdikt „bloß statistisch" gesprochen - zieht Foster noch spezielle „statistical indices"[72] heran. In dieser Merkmalsgruppe verwendet Foster das von De Morgan und Mendenhall her bekannte Stilmerkmal der Häufigkeit bestimmter Wortlängen. Außerdem untersucht Foster verschiedene Vokabelgruppen: sowohl Shakespeares „Sonderwortschatz" - also charakteristische, aber nicht häufige Wörter - als auch die charakteristische Verwendung von „Allerweltswörtern" jeweils bei Shakespeare, in der Elegie und im Kontrollkorpus. Das Ergebnis ist so, dass es schwer fällt, an Shakespeares Autorschaft zu zweifeln. Dennoch mahnt Foster zu Vorsicht:

„It cannot, of course be proven, that my sample is perfectly representative of all non-Shakespearean verse of the period. Nor can it be demonstrated that the tests I have chosen are perfectly representative of Shakespeare. One must therefore be cautious and not draw too hasty a conclusion from statistics such as these. The chances are quite remote, by any method of calculation, that a non Shakespearean poem, by any author of any initials, should have so close an affinity with Shakespeare as that found in this elegy by W. S.; still the mathematical significance of the various tests discussed here begs a more detailed analysis than I am able to provide."[73]

Foster beschließt seinen Stilvergleich mit einem Abschnitt über „Thematic and Verbal Affinities"[74], in dem er eine überwältigende Menge an Formulie-

---

später durch externe Evidenzen und schließlich das Eingeständnis des Autors bestätigt. („Die Adjektive". Meldung der Frankfurter Rundschau vom 19.7.1996, S. 7).
72 Foster, S. 131.
73 Foster, S.154.
74 Foster, S.154.

rungen aufbietet, die von Shakespeare auf die Elegie weisen. Das Verfahren wird von Foster grundsätzlich mit wohltuender Skepsis betrachtet:

„The appearance in an anonymous work of phrasing that appears elsewhere in a work of known authorship is rarely convincing as a basis of attribution. Barring instances of wholesale plagiarism, verbal echoes generally dwell in the ear of the beholder. What one scholar calls an 'echo' of this or that author may in fact be nothing more than a commonplace expression or sentiment, and even when two or more texts contain obvious similarities of diction or phraseology, no firm conclusion may be drawn from it, for there is nothing easier than for one writer simply to borrow the words of another."[75]

Was er dann allerdings auf etwa sechzehn Seiten zusammenträgt und kommentiert darlegt, ist durch Umfang und Vielfalt so überzeugend, dass man ihm nur zustimmen kann, wenn er schreibt: „Yet the parallels of phrasing between William Shakespeare and W. S. are so pervasive that the poem, if not written by Shakespeare, was at least written under Shakespeare's influence."[76] Um so erstaunlicher und doch überzeugend ist Fosters Zurückhaltung gegenüber seinen doch so deutlichen Ergebnissen. Auch diese Vielfalt von Belegen ergibt nicht das, was man in den Naturwissenschaften als Beweis bezeichnen würde, ein solcher wäre der Natur des Problems ganz unangemessen. Historische und literarische Probleme sind nicht durch Beweise zu lösen, ein „Zustimmungszwang"[77] ist hier nicht denkbar, weil Geschichte und Literatur keine Naturprodukte sind und nicht Naturgesetzen folgen, jedenfalls nicht in der Weise, in der ein Apfel vom Baum fällt, ein Vorgang, an dem kein Bewusstsein Anteil hat. Vielmehr ist das Kriterium, das über den Erfolg einer Untersuchung zu Autorenfragen entscheidet, der Konsens der informierten Leser. Dass für die Argumentation in Zuschreibungsfragen statistische Untersuchungen großen Wert haben können, räumt auch Foster ein, trotz seiner Kritik am „ ,stylometrics' craze of the last two decades"[78] :

„Until very recently, the statistical analysis of literary texts has been fallow ground. Literary scholars and statisticians have been slow to learn from one another, and even slower to work in consort. The field has been left instead to amateur Jacks-of-both-trades."[79]

Im Bereich der Exegese des AT konnte von einem „stylometrics craze" bisher wohl nicht die Rede sein, vielleicht ist es möglich, dort bereits

---

75   Foster, S.154.
76   Foster, S.154.
77   Fucks, zit. nach Radday (1977), S. 469.
78   Foster, S. 238.
79   Foster, S. 238.

frühzeitig von den Erfahrungen zu profitieren, die andere Forscher - wie etwa Foster - auf anderen Gebieten gemacht haben:

„Statisticians have repeatedly shown as much naiveté in their understanding of language and literature as have literary scholars in their knowledge of mathematics. Nevertheless, statistical analysis continues to hold great promise for canonical studies. We have only just begun to pool our expertise. Recent years have seen a marked increase both in volume and sophistication of literary-statistical analysis."[80]

3.3.5 Yehuda T. Radday

In der Exegese des AT hat es diese Zunahme, von der Foster schreibt, durchaus nicht gegeben. Vielmehr hat es den Anschein, als seien alle Versuche, literarkritische Fragen mit stilstatistischen Mitteln zu lösen, mit einem Namen verbunden: Y. T. Radday. Radday hat als Professor für biblische und jüdische Studien in Haifa neben zwei Lehrbüchern und einer Grammatik für Ivrith, eine Reihe von Arbeiten veröffentlicht, welche die statistische Klärung von literarkritischen Fragen im AT versuchen. Da es zu weit führen würde, sie alle hier zu behandeln, stelle ich seine wohl bekannteste und umstrittenste Veröffentlichung „Genesis. An Authorship Study" in den Mittelpunkt der Darstellung. Andere Werke werden nur am Rande herangezogen.

Wie alle mir bekannten stilstatistischen Untersuchungen Raddays ist auch das Buch zur Genesis ein Gemeinschaftswerk mehrerer Autoren. Für den Hauptteil des Buches werden neben Radday folgende Autoren genannt: Dieter Wickmann, ein Physiker und Statistiker, der durch ein Werk zu Autorenfragen hervorgetreten ist[81]. Haim Shore, der auch im Titel als Ko-Autor genannt ist, ist Ingenieur für „Operations Research" mit zusätzlichen Studienabschlüssen in Philosophie, Psychologie und Soziopsychologie. Der vierte Mitarbeiter, Moshe A. Pollatschek, ist Chemiker mit einer Spezialisierung auf „Operations Research" und Computertechnik. Diese vier Autoren zeichnen für die eigentliche statistische Untersuchung samt Deutung verantwortlich. Der Semitist und Linguist C. Rabin und der Exeget S. Talmon haben zur vorliegenden Untersuchung kommentierende Aufsätze geschrieben - im Falle von S. Talmon mit recht skeptischem Unterton - an

---

80 Foster, S. 238f.
81 D. Wickmann: Eine mathematisch-statistische Methode zur Untersuchung der Verfasserfrage literarischer Texte. Durchgeführt am Beispiel *Nachtwachen. Von Bonaventura* mit Hilfe der Wortübergänge. Oppladen, 1969; das Werk wird von Mosteller/Wallace, S. 274, skeptisch beurteilt.

der Hauptuntersuchung selbst waren sie nicht beteiligt. Dasselbe gilt natürlich für D. N. Freedman, der das Vorwort geschrieben hat.[82]

Die Untersuchung hat das Ziel, Wellhausens Dokumentenhypothese zu überprüfen und verwendet dafür den Text der Genesis, unter Ausschluss einiger Textpartien[83], von denen die Verfasser meinen, sie würden das Ergebnis verfälschen. Der verbleibende Text wird als erstes dreifach segmentiert: 1. nach Erzählzyklen: Sektion I Urgeschichte, II Vätererzählung, III Josephsgeschichte; 2. nach den Pentateuchquellen: J, E und P, wobei die literarkritische Analyse von Ernst Sellin, die in die Enzyklopädia Judaica Eingang fand, als maßgebliche Gestalt der Dokumentenhypothese Verwendung findet; 3. nach „Textsorten": Dabei wird zwischen Erzählung (Siglum: N) und Rede unterschieden, die Redeabschnitte werden weiter ausdifferenziert nach menschlicher Rede (Siglum H) oder göttlicher Rede (Siglum D). Die erste Differenzierung spielt für das Ergebnis keine wichtige Rolle, wenngleich schon hier zu fragen ist, ob die Josephsgeschichte, für welche die Gültigkeit der Dokumentenhypothese auch bezweifelt wurde[84], sinnvoll in einer solchen Untersuchung verwendet werden kann.

Die beiden anderen Segmentierungen, die ja beide über den ganzen Text der Genesis laufen, ergeben letztlich neun unterschiedliche Klassen, die Radday & al. jeweils mit kombinierten Siglen bezeichnen: NJ, DJ, HJ, NE, DE, HE, NP, DP, HP. Radday & al. haben jedes Wort der Genesis in einem maschinenlesbaren Text[85] mit einer Reihe von Informationen zu Grammatik[86], zur Quellenzugehörigkeit, zur Zugehörigkeit zu Kategorie N, D oder H sowie mit einer genauen Lokalisierung nach Kapitel, Vers und Wortnummer im Vers versehen.

Die Textabschnitte, die auf die Klassen NJ, NE, NP usw. verteilt wurden, sind von sehr unterschiedlicher Länge. Radday & al. teilen nun diese Abschnitte auf oder legen sie innerhalb der Klasse mit anderen Abschnitten zusammen, so dass Textproben mit jeweils ca. 200 Wörtern Länge entstehen. Die einzige Probe der Klasse DE setzt sich so aus Einzeltexten zusammen,

---

82 Das Autorenteam wird in der Folge „Radday & al." genannt. Die Tatsache, dass unter den maßgeblichen Autoren der Studie kein Bibelexeget zu finden ist, erlaubt natürlich keinerlei Schlüsse auf die Richtigkeit der erzielten Ergebnisse. Ich denke aber, sie macht manche Entscheidung der Autoren verständlicher.

83 Es sind dies „poetische" Texte, sofern sie länger sind, wie z.B. Gen 49. Dass Radday & al. an dieser Stelle auch Gen 1 ausschließen, ist bereits von Portnoy/Petersen (1984b), S. 424 zu Radday (1982) kritisiert worden.

84 Vgl. Kratz (2000), S. 281 ff.

85 Diesem Text liegt unverständlicherweise keine wissenschaftliche Textausgabe zugrunde (M. L. Letteris, Wien 1852). Als Erklärung schreiben Radday & al. (1985) dazu: „A more exact edition is not needed in a statistical enquiry: it would only unnecessarily burden it with unwarranted details." S. 16.

86 Vgl. dazu Radday & al. (1985), S. 17.

die aus den Kapiteln 20-50 stammen, und die zwei Proben in HP stammen aus den Kapiteln 12-27 und 27-50[87]. Möglicherweise macht sich in den vermutlich relativ kurzen Einzeltexten, die in diesen Proben zusammengestellt sind, der stilprägende Charakter der Gattung so stark geltend, dass individualstilistische Merkmale gar nicht mehr nachweisbar sein werden. In der Klasse DE z.B. werden häufig Imperative vorliegen und Sätze, die durch die Konjunktionen כִּי und אֲשֶׁר eingeleitet werden. Da in der Genesis keine langen Reden überliefert sind, sind die Textstücke, die in diesen Patchwork-Proben zusammengestellt sind, wahrscheinlich zu kurz, um die Entfaltung eines Individualstils überhaupt wirksam werden zu lassen. Da bei den Klassen DJ, DP, HJ, HE, HP mit ähnlichen Bedingungen zu rechnen ist, ist zu vermuten, dass diese Klassen in sich jeweils recht homogen sein müssten, unter den Klassen sich aber, wenn überhaupt, am ehesten ein Unterschied zwischen H und D zeigen müsste, da hier wohl auch unterschiedliche Soziolekte eine Rolle spielen könnten: In D, einer generell spärlich besetzten Kategorie, gibt es nur Rede eines Höhergestellten zu Untergeordneten. In H sind vorstellbar: Rede eines Untergeordneten zu einem Höhergestellten, Rede eines Höhergestellten zu einem Untergeordneten, Rede gleichberechtigter Partner sowie kollektive Rede. Die Kategorie H ließe allenfalls - d.h., wenn diese Soziolekte tatsächlich zum Tragen kommen - größere Heterogenität aufgrund der Gattung erwarten. Tatsächlich kommen Radday & al. zu dem Ergebnis: „there is no significant difference between H and D."[88]

Letztlich hängt es aber von der Wahl der Merkmale ab, ob die Untersuchung das tut, was sie tun soll: überprüfen, ob J, E und P unterschiedliche Autoren sind. Radday & al. beginnen mit 54 Merkmalen, die in vier Gruppen aufgeteilt sind: Wortlänge, morphologische Merkmale, syntaktische Merkmale und Übergangshäufigkeiten.[89]

Die erste Gruppe enthält zehn Merkmale. Gezählt wird jeweils der Anteil an Zwei-, Drei-, Vier- usw. Phonem-Wörtern, bis hin zu Zehn-Phonem-Wörtern und solchen Wörtern mit über zehn Phonemen. Dem Ansatz nach stammt dieses Merkmal von Augustus De Morgan, der es primär auf griechische Texte angewandt wissen wollte. Doch während es De Morgan um die Buchstaben ging, zählen Radday & al. Phoneme - ein problematisches Verfahren im Hebräischen, zu dessen Lautung wir nur schemenhafte Informationen haben[90]. Zur Begründung dafür, dass sie auf Phoneme zurückgreifen und nicht etwa auf Konsonanten, verweisen Radday & al. auf

---

87 Eine Übersicht über die Aufteilung wird in Radday & al. (1985), S. 25 geboten. Die Proben DE und HP werden später bei einigen Tests ausgeschlossen, vgl. S. 78.
88 Radday & al. (1985), S. 78.
89 Eine Aufstellung der Merkmale bieten Radday & al. (1985), S.30.
90 Vgl. z.B. Richter (1978), S. 6: „ Die Disziplin der Phonetik lässt sich somit nicht anwenden."

ihren Aufsatz zu Sacharia[91], in dem sie feststellen, die gebräuchlichste
Einheit zum Messen der Wortlänge sei die Silbe, indes „When measured in
terms of syllables the range between ‚short' and ‚long' words in Hebrew in
general and in Zechariah in particular is (...) extremly narrow."[92] Aber ist das
wirklich eine Lösung? Hebräische Wörter haben sicher mehr Phoneme
besessen als Silben, aber die Phoneme sind - Radday und Wickmann rechnen
mit einer Schwankungsbreite von 13 Phonemen - zum großen Teil erst ab
dem Mittelalter belegt. Über die Aussprache in biblischen Zeiten können wir
nichts mehr sagen. Wie das, was die Masoreten als Schwa bezeichnet haben,
im einzelnen zu bewerten ist, bleibt z.B. unklar. Allein diese Unsicherheit
kann bei der Zählung der Phoneme eine Schwankungsbreite hervorrufen, die
den Erfolg oder Misserfolg dieses Merkmals dann von der Konsequenz der
Masoreten abhängen lässt. Radday & al. ficht das nicht an. Sie sind ja
ohnehin der Meinung, dass ein Merkmal, das für die Unterscheidung der
Quellen nichts austrägt, einfach unwirksam sei:

„If, however, a criterion happens to be taken into account which is not sufficiently
discriminating, no harm is done. Simply, non-discriminants do not add to the information
gained nor do they detract from it. As Goethe put it, we just remain ‚so klug als wie zuvor'".[93]

Tatsächlich muss damit gerechnet werden, dass jede Information etwas
beiträgt, wenn nicht zur eigentlichen Frage, dann zur Verstärkung des
„Rauschens", d.h. sie wird das Ergebnis verundeutlichen. Darum müssen die
Merkmale sorgfältig gewählt werden. Auch wenn Portnoy[94] bei einer
Kontrolluntersuchung mit denselben Kriterien zu dem Ergebnis kam, dass
gerade die Wortlänge, wie Radday & al. sie definiert haben, unter deren
Kriterien das einzige ist, das die Quellen klar trennt, würde ich die
Entscheidung über die Gültigkeit der Dokumentenhypothese ungern an ein so
fragwürdiges Kriterium binden. Die Weise, wie Radday & al. die Merkmale
einbringen, ohne die Probleme auch nur zu erwähnen, erweckt bei mir den
Eindruck einer gewissen Leichtfertigkeit im Umgang mit dem Hebräischen.
Diese Neigung scheint mir auch in den folgenden Merkmalen eine Rolle zu
spielen. Unter den morphologischen Merkmalen finden sich z.B. vier der hebräischen Verbalstämme wieder. Ihre Häufigkeit wird auf die Zahl aller
Verben bezogen. Welche Formen einbezogen wurden, wird nicht gesagt.
Sind Infinitive und Partizipien stets inbegriffen? Wo wird die Grenze
gezogen zwischen nominaler Verbform und deverbaler Nominalform? Wird

---

91   Radday/Wickmann (1979), S.35.
92   Radday/Wickmann (1979), S.35.
93   Radday & al (1985), S. 27.
94   Vgl. den Diskussionsbeitrag von Portnoy in Bartholomew, S. 172.

z.B. das Wort מצליח in Gen 39, 2 als Verb gerechnet und den Hif'ilformen zugeschlagen oder, da es ja in einer Constructusverbindung mit אִישׁ steht, als Nomen? Oder wird es in beiden Kategorien gezählt? Die Einbeziehung der Stämme betreiben Radday & al. auf experimenteller Basis. Auch hier wäre zu bedenken, dass Merkmale nicht einfach nichts bewirken, wenn sie nicht so wirken, wie die Untersucher es wünschen. Wenn bei Radday & al. das Nif'al als „passive"[95] bezeichnet wird, stellt sich doch die Frage, ob sie eigentlich wissen, was sie damit messen wollen? Ähnlich unkritisch erscheint die Aufnahme der beiden folgenden Merkmale: Die Zählung des Artikels und der Konjunktion Waw.

Dass bei der Häufigkeit des bestimmten Artikels alle Vorkommen „per nouns, numerals and participles" auch die Fälle gezählt werden, die im vormasoretischen Text wegen der Elision des He nicht sichtbar sind, ist sicher kein Kritikpunkt, aber kann die Verwendung des Artikels denn abgetrennt werden von dem allgemeineren Gebiet der Determination? Und wie gehen die Untersucher in Fällen vor, in denen der Artikel aus Gründen der Kongruenz stehen muss? Der Artikel hat bei Autorenuntersuchungen im Englischen und Griechischen immer wieder eine Rolle gespielt, aber lassen sich effektive Merkmale von einer Sprache auf eine andere übertragen? Holmes ist der Ansicht, dass sie sich nicht einmal von einem Autorenpaar auf ein anderes übertragen lassen, wenngleich Merkmale, die bei früheren Untersuchungen wirksam waren, natürlich in Erwägung gezogen werden sollen[96]. Radday & al. vernachlässigen in ihrer Untersuchung den grammatischen Problemhorizont so gut wie vollständig. Auch die Zählung aller „waw-conjunctive + consecutive" scheint mir eine unglückliche Mischkategorie hervorzubringen. Welchen Sinn soll es haben, die Vorkommen von Waw zu zählen ohne Rücksicht darauf, dass dies einmal zur Markierung von Verbformen, ein anderes Mal aber als Konjunktion dient[97]?

Der letzte und umfangreichste Block von Merkmalen enthält Übergangsmöglichkeiten. Hier wird der Text systematisch daraufhin durchgesehen, wie oft z.B. auf ein Nomen ein finites Verb folgt. Die beobachteten Worttypen sind: Nomina, finite Verben, nichtfinite Verben,

---

95 Radday & al. (1985), S. 28.
96 Vgl Holmes (1994), S. 104: „All authorship studies begin with a choice of criteria believed to characterize authors. One should probably not believe that any single set of variables is guaranteed to work for every problem, so researchers must be familiar with variables that have worked in previous studies as well as statistical methods to determine their effectiveness for the current problem."
97 Radday & al. begründen die Verwendung damit, dass dieses Merkmal bei anderen Untersuchungen erfolgreich war. Alle Untersuchungen die angeführt sind, wurden von Radday (mit)verfaßt.

Präpositionen und Pronomina, das Versende[98] und schließlich als eine
Gruppe Konjunktionen, Adverbien „and the rest"[99]. Diese Merkmalsgruppe
wird aus einer Arbeit von Wickmann übernommen - wiederum ohne dass
darüber nachgedacht wurde, dass Wickmann seine Untersuchungen an
deutschen Texten durchgeführt hat und Ergebnisse von Texten, die in einer
Sprache mit ausgeprägtem Formenreichtum verfasst werden nicht einfach auf
Texte übertragen werden können, die in einer eher formenarmen Sprache geschrieben wurden, besonders wenn Fragen der Wortfolge im Satz betroffen
sind[100]. Die Variablen zu den Wortübergängen stellen die größte Gruppe
innerhalb der Variablen bei Radday & al. Auch wenn 12 der ursprünglich 34
Übergänge in der Genesis gar nicht vorkommen, bleiben immer noch 22
Variablen, die 19 weiteren Variablen gegenüberstehen unter denen wiederum
zehn allein die Wortlänge zum Gegenstand haben.

Die Merkmale und die Weise, wie sie dargeboten werden, erwecken den
Eindruck, dass hier sehr wenig systematisch und gezielt nach Merkmalen
gesucht wurde. Die Ausführungen lassen wenig Sorgfalt, wenig kritische
Umsicht und einen erstaunlich oberflächlichen Umgang mit der hebräischen
Grammatik erkennen.

Die anschließende statistische Untersuchung möchte ich nicht im
einzelnen kommentieren[101] - sie macht einen ähnlich ziellosen Eindruck wie
die Auswahl der Merkmale. Zu viele Prozeduren werden auf die Texte
angewandt, ohne dass es den Autoren gelänge, verstehbar darzulegen, wozu
diese Tests durchgeführt werden und was sie wirklich testen. Einen gewissen
Höhepunkt erreicht die Studie auf Seite 50, wo Wickmann zuerst als
Ergebnis der Untersuchung feststellt, E und J seien nicht klar voneinander
getrennt, P dagegen deutlich sowohl von E als auch von J unterschieden - ein
Ergebnis, das keinen Verfechter der Dokumentenhypothese beunruhigt. Dann
allerdings interpretiert Wickmann dieses Ergebnis so, dass der Unterschied
von P zu J und E nicht durch unterschiedliche Autoren, sondern durch
unterschiedliche Gattungen zustande käme[102]. Es wäre zu fragen, ob die

---

98 Nach E. Tov (1997), S. 41 eine masoretische Ergänzung des Textes. In den
   Qumrantexten sind Versenden nicht markiert.
99 Radday & al. (1985), S. 29.
100 In Portnoys Kontrollstudie erwiesen sich diese Merkmale als „paticularly uninformative
    about sources" vgl. Bartholomew, S. 172.
101 Zur Kritik am statistischen Vorgehen vgl. Portnoy/Petersen (1984), S. 423f; Portnoy und
    Weitzman in Bartholomew, S. 172f.
102 So auch das Resümee der ganzen Untersuchung: „All these reservations
    notwithstanding, and with all due respect to the illustrious Documentarians past and
    present, there is massive evidence that the pre-Biblical triplicity of Genesis, which their
    line of thought postulates to have been worked over by a late and gifted editor into a
    trinity, is actually a unity." (Radday & al. (1985), S. 190). Weitzman schreibt dazu in
    Bartholomew, S. 173: „However, I must bemoan the overambituos nature of some

Autoren dann, da sie dieselben Merkmale, von denen sie hier feststellen, dass sie Gattungen differenzieren und nicht Autoren, auch in ihren anderen Untersuchungen verwendet haben, nicht Konsequenzen ziehen und auch etwa bei Sacharia und Jesaja fragen müssten, ob diese Bücher dann nicht doch auch einheitlich genannt werden müssten?

Raddays Verdienst war es, bereits zu einem frühen Zeitpunkt die Möglichkeiten statistischer Methoden für die Literarkritik erkannt zu haben. Allerdings trägt er zum Teil auch die Verantwortung dafür, dass Statistik für Exegeten des AT über viele Jahre hinweg zu einer „no-go area" geworden ist. Fast hat es den Anschein, als hätte Foster nicht an Arbeiten seines Fachs gedacht, als er schrieb: „Statisticians have repeatedly shown as much naiveté in their understanding of language and literature as have literary scholars in their knowledge of mathematics."[103]

Statistische Methoden sind in literaturwissenschaftlichen Untersuchungen mit Erfolg verwendet worden, um bei strittigen Autorenzuweisungen Argumente zu sammeln, die klar nachprüfbar sind und bei denen leichter sichtbar wird, wo eine Interpretation den Vorlieben des Interpretierenden stärker folgt als dem Profil der Texte[104]. Entscheidend für den Erfolg oder Misserfolg einer solchen Untersuchung ist weniger die statistische Methode[105] als die Argumentation, die zur Statistik hinführt, besonders die Wahl und die Diskussion der Merkmale, sowie die Argumentation, die dann auf der Statistik aufbaut. Wesentlich ist auch das Wissen darum, dass statistische Aussagen eine klar begrenzte Aussagekraft haben. Foster macht das in seiner Studie zur Peter-Elegie ebenso deutlich wie Mosteller und Wallace in ihrer Untersuchung der „Federalist Papers". Bei Radday & al. wird zu leicht die Gleichsetzung zwischen Datensatz und Text vollzogen, zu schnell wird von der Aussage „die Texte, wie sie durch die Datensätze dargestellt werden, gehören nicht zwingend zu unterschiedlichen Populationen" - wenn denn ihre Untersuchung zu einer derartigen Aussage überhaupt berechtigt - übergegangen zu der Aussage „die Texte haben wahrscheinlich denselben Autor". Ganz zu Recht fordern Foster und Holmes, dass bei Zuschreibungsfragen der Art, wie sie sie behandeln, die

---

studies of the biblical text. Radday (1985), for example, created the impression that the unity of *Genesis* was proved by absence of stilistic difference between the portions which bible critics attribute to the three supposed sources *J*, *E* and *P*. In fact, however, Radday and his colleagues *did* find statistically significant differences - between *J* and *E* on the one hand and *P* on the other (pp. 32-190), or even between all three (pp. 191-214). Radday then tried to explain this variation away".

103 Foster, S. 238 f.

104 Letztlich wird das ja auch bei Radday & al. (1985) sichtbar, auch wenn die Darstellungsweise das nicht fördert.

105 Allerdings sind auch hier Anforderungen zu erfüllen bei der Wahl der Methode, der Datenerhebung und der Interpretation der Ergebnisse.

Zuschreibung bewiesen werden muss, unterschiedliche Herkunft dagegen angenommen werden soll, solange nicht deutliche Indizien dagegen sprechen. Allerdings ist im Falle alttestamentlicher Texte auch zu bedenken, dass diese immerhin nicht selten gemeinsam in einem Textkorpus - dem Buch - überliefert wurden, ehe die literarkritische Arbeit an ihnen ansetzt. Zu bedenken wäre, ob nicht auch Grenzen der Ausgliederung sinnvoll und konsensfähig formuliert werden können, so wie Holmes und Foster Grenzen der Eingliederung formuliert haben. Damit sind wir bei der Frage nach den Besonderheiten alttestamentlicher Literatur angelangt, welcher der nächste Abschnitt gewidmet ist.

3.4 Rahmenbedingungen

3.4.1 Besonderheiten alttestamentlicher Literatur

So beeindruckend die Studien von Mosteller/Wallace und Foster auch sind, der vom AT kommende Leser weiß, dass die beiden Studien von Voraussetzungen ausgehen, die im AT nirgendwo zu finden sind. Schon der Textzustand ist so unterschiedlich, wie er nur sein kann: Selbst wenn Shakespeare sehr selten Korrektur gelesen hat, ist die Authentizität des wahrscheinlich von ihm zum Druck gegebenen Gedichttextes natürlich erheblich höher als alles, was wir in Texten des AT finden. Die Qumranschriften sind von den Abfassungszeiten der Schriften, die sie reproduzieren, teilweise schon ähnlich weit entfernt, wie wir heutigen von Shakespeare. Man kann an diesem Beispiel ein wenig in Gedanken durchspielen, was mit Texten passieren kann. Shakespeares Werke haben ja schon früh „kanonischen" Charakter erlangt[106]. Die erste Gesamtausgabe seiner Stücke erschien 1623, sieben Jahre nach seinem Tod[107]. Die Tatsache, dass die Werke teilweise bereits zu Lebzeiten gedruckt wurden, ließe vermuten, dass es hier einen eindeutigen, klaren und zweifelsfrei feststehenden Text gibt. Natürlich gibt es das nicht; bei Shakespeare sowenig wie bei irgendeinem modernen Verfasser, bei ihm, der sowenig Korrektur las wie seine zeitgenössischen Kollegen, gab es das natürlich noch weniger als bei modernen Autoren. Vielleicht ist der stabile Text, der die authentische Sprachgestalt des Werkes, wie der Autor sie intendierte, zu fassen trachtet, selbst eine (ideologische?) Chimäre. Sicher ist, dass es auch bei erheblich günstigeren Umständen der Textüberlieferung Textvarianten jede Untersuchung an Texten in Ungewissheiten treiben.

---

106 Foster verwendet diesen Begriff öfter.
107 Zur Editionsgeschichte vgl. H. W. Gabler in I. Schabert, S. 202-251.

Die Texte des AT sind über den weitaus fehlerträchtigeren Weg handschriftlicher Übermittlung[108] in die Zeit des Buchdrucks gelangt - von dieser Zeit an hat man nicht zwingend fehlerfreie oder auch nur an Fehlern ärmere Exemplare, man hat allerdings viele identische Exemplare. Der Buchdruck führt zu einer Vereinheitlichung der Texttradition, nicht unbedingt zu einer Verbesserung.

Auch wenn der Vergleich der Qumranschriften mit alten masoretischen Textexemplaren auf große Sorgfalt in der Überlieferung und Pflege der Texte schließen lässt, wird man für die Zeit vor den Qumrantexten das nicht so annehmen können, ja man wird umgekehrt annehmen müssen, dass die Überlieferung einmal erheblich weniger skrupulösen Prinzipien folgte: Irgendwer muss irgendwann ja die Kühnheit besessen haben, die ursprünglichen Quellentexte, die wir heute mit literarkritischen Mitteln zu rekonstruieren versuchen, zu verbinden, zu verändern und damit in ihrem Geltungsanspruch zu relativieren. Kann man ausschließen, dass Textpflege in vormasoretischer Zeit auch die Angleichung an „moderne" Sprachformen einschloss, das Ausmerzen ungebräuchlich gewordener Wörter, ohne dass dieser Vorgang systematisch werden musste[109]? Wenn es so gewesen wäre, dann wäre die Zeit der vormasoretischen Textüberlieferung möglicherweise auch die Zeit einer Nivellierung von Unterschieden im Vokabular, in der Orthographie, vielleicht sogar in der einen oder anderen syntaktischen Fügung. Jüngere und jüngste Schriften werden diesem Erosionsvorgang weniger ausgesetzt gewesen sein als ältere, früh kanonisch, ja sakrosankt gewordene Schriften weniger als solche, die länger als weniger wichtig, vielleicht gar als marginal erachtet wurden. Rechnen muss man mit dieser Art von Veränderung überall im AT. Das bedeutet, dass es weniger „leicht" sein dürfte, zu Elementen des Individualstils vorzudringen, als dies im Falle von Shakespeares Werken der Fall ist. Möglicherweise wirkt sich auch eine stärkere Bindung der Autoren an überkommene Sprach- und Gestaltungsmuster nivellierend aus. Umgekehrt wird man daraus allerdings schließen können, dass stilistische Besonderheiten, die sich durch diese beiden Tendenzen hindurch noch bemerkbar machen, erklärungsbedürftig sind. Tatsächlich gilt die Literatur des AT ja als vielgestaltig, was so nicht zu erwarten wäre.

Zugleich ist die Literatur, die uns im AT überliefert ist, von der Menge her gesehen, eher gering. Gering vor allem, wenn man bedenkt, wie viele Auto-

---

108 Fehlerträchtiger wird dieser Weg durch die Vielzahl der Schreiber, von denen jeder zwar alte Fehler potentiell wieder ausmerzen kann, tatsächlich aber, ab einer gewissen Textlänge, selber auch wieder Fehler machen wird, von denen einige stehenbleiben werden.

109 Nyberg spricht im Zusammenhang mit der alttestamentlichen Texttradition von einem „Schleier jerusalemischer Sprache" (S. 11). Einzelwörter, besonders wenn sie nicht häufig vorkommen, sind auch darum keine guten Indikatoren für Autorenzuschreibungen.

ren daran beteiligt waren. Der geringe Textumfang relativiert sich freilich ein wenig, wenn man den Text z.B. mit einer entsprechenden deutschen Übersetzung vergleicht: Der deutsche Text ist, in Wörtern gemessen, immer länger, denn das Hebräische ist eine „kompakte" Sprache. Dennoch kennen wir im AT keinen Autor, von dem so viel Text überliefert wäre, den wir sicher zuordnen können, wie von Shakespeare oder auch - um nicht ganz so unbescheiden zu sein - so viel, wie Hamilton und Madison im „Federalist" veröffentlicht haben. Es gibt praktisch nirgendwo ein Kontrollkorpus zu irgendeinem Autor, ja, bisher hielt es wohl auch niemand für nötig, so etwas zu definieren[110]. Strittige Autorenzuschreibungen sind ohne ein Vergleichskorpus, auf das man sich verständigen kann, nicht lösbar. Das bedeutet, dass die Aussage, die über Verfasserschaft in der Regel möglich sein wird, wenn überhaupt eine Aussage möglich ist, konditional sein wird. Also, beispielsweise nicht: Text B ist deuteronomistisch, sondern: Text B ist deuteronomistisch, wenn Textkorpus A deuteronomistisch ist. Möglicherweise gibt es in der bisherigen literarkritischen Debatte unterschiedliche Einschätzungen, die darauf beruhen, dass unterschiedliche Vergleichskorpora herangezogen wurden. Damit müsste auch deutlich geworden sein, dass das Problem, dass Autoren, Schichten o. ä. nur anhand von klar zugeschriebenen Texten identifiziert werden können, kein Problem ist, das erst auftritt, wenn statistisch argumentiert wird, und das umgangen werden könnte, wenn man sich den „Luxus" statistischer Begründungen erspart. Vielmehr ist literarkritische Argumentation dort, wo sie Texte vergleicht, schon immer statistisch vorgegangen, auch wenn sie die Eigenschaften, die für die Entscheidung maßgeblich waren, nicht konkret gezählt oder gemessen, sondern lediglich geschätzt hat. Diese Argumentation ist nicht weniger statistisch, sondern nur ungenauer. Sie legt ihre Kriterien nicht so vor, dass sie nachprüfbar werden.

Am Beginn literarkritischer Untersuchung wird man sagen müssen, welches Textkorpus zum Vergleich für welche Schicht maßgeblich ist. So wäre das Verfahren zu beschreiben, wenn es darum geht, einen Text einer bereits bekannten Schicht zuzuordnen. In den Fällen, in denen kein Anfangsverdacht besteht, wird allgemeiner die Homogenität eines als homogen überlieferten Textes zu prüfen sein. In solchen Fällen werden als erstes zwei Probleme auftreten, die miteinander verbunden sind und ebenfalls zu den Rahmenbedingungen alttestamentlicher Literatur gehören.

Als erstes ist die Frage zu nennen, wie der Text zu segmentieren ist, als zweites die nach der benötigten Mindestlänge von Texten. Die beiden Fragen streben gegensätzlichen Lösungen zu, so dass die Aufgabe darin bestehen wird, einen Punkt zu finden, an dem für jede der Fragen eine optimale Antwort gegeben werden kann.

---

110 Ein deutliche Ausnahme bildet hierin Stipp (1992), S. 39.

Bei der literarkritischen Textsegmentierung, die oben[111] als erster Schritt der Literarkritik beschrieben wurde, ist es das Ziel, möglichst so weit zu segmentieren, dass die erhaltenen Segmente einer Schicht ganz zugehören, also so, dass es innerhalb des Segmentes keine Teile mehr gibt, die einer anderen Schicht angehören. Stellt man sich den Text bildlich als ein Band vor, dessen unterschiedliche Muster jeweils unterschiedliche Herkunft signalisieren (Abb. 4), dann wäre es das Ziel des ersten Schrittes literarkritischer Arbeit, die „Schnitte" so zu legen, dass sie jeweils mit den Grenzen zwischen zwei Mustern zusammenfielen. Würde dabei des Guten zuviel getan, so wäre kein Schaden angerichtet: Dieser Schritt des Zerteilens nimmt ja gewöhnlich nicht die verschiedenen „Muster" wahr, sondern die Diskontinuitäten innerhalb eines Textes. Der zweite Schritt in der Literarkritik wird, falls zu Unrecht geschnitten wurde, zusammenfügen, was zusammengehört. Im ersten Schritt wird man folglich der Tendenz nach eher zu viele Schnitte machen als zu wenige.

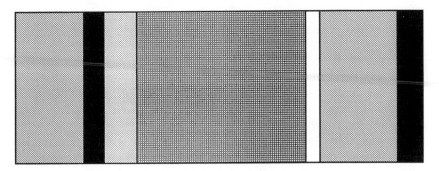

Abbildung 4: Text mit unterschiedlichen Schichten

Nun hatten wir oben festgestellt, dass alle Diskontinuitäten innerhalb von Texten zweideutig sind[112]. Dem Muster der abwechselnden Schichten ist nämlich ein zweites Muster überlagert, das der literarischen Struktur, das ebenfalls Diskontinuitäten[113] im Text produziert (*Abb. 5*) Der erste Schritt der Literarkritik wird, da die Bedeutung der Diskontinuität in vielen Fällen nicht eindeutig voraussagbar ist, auch an einigen der strukturbedingten Diskontinuitäten schneiden - in Abb. 5 also auch entlang der gegenüber *Abb. 4* zusätzlichen senkrechten schwarzen Linien.

---

111 Siehe oben S. 14.
112 Siehe oben 2.1.2.2.
113 Hervorgerufen durch Wechsel, Wiederholungen, Brüche, Spannungen usw.

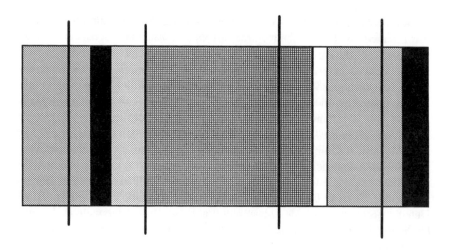

Abbildung 5: Text mit unterschiedlichen Schichten und einer literarischen Struktur (senkrechte Striche)

Vorausgesetzt wurde in alledem ein alles wahrnehmender Literarkritiker, dem keine Diskontinuität im Text entgeht. Das sind sicher idealtypische Bedingungen, aber unter diesen Bedingungen wird die Einschätzung der Fehlerquellen und Grenzen, die sich der Situation im AT verdanken, sicher nicht zu pessimistisch ausfallen.

Die minimalen Bestandteile, in die der Text im ersten Schritt zerlegt wurde, werden im zweiten Schritt durch Stilvergleich zu möglichst homogenen Gruppen zusammengestellt. Hierfür müssen die Textstücke aber eine gewisse Mindestgröße aufweisen: Selbst wenn für alle im Text vertretenen Gruppen (=Schichten) Merkmale bekannt sind, die diese charakterisieren, verliert mit abnehmender Textlänge das Fehlen oder Auftreten eines Merkmales seine Bedeutung: Der Name „Nebukadnezar" hat (in beiden Schreibformen) im Jeremiabuch eine Rate von 1,08 Vorkommen auf 1000 Wörtern. Aber tatsächlich kann der Name nur ganzzahlig vorkommen. Wenn er in einem Abschnitt von 100 Wörtern vorkommt, dann ist die Rate um einen Faktor 10 erhöht, aber natürlich kann er ebenso gut nicht vorkommen. Das bedeutet: Für die Zuordnung von Textteilen zu Schichten benötigt man bei abnehmender Textlänge eine steigende Menge an Merkmalen, um mit gleicher Wahrscheinlichkeit zuordnen zu können[114]. Es dürfte klar sein, dass auf diese Weise irgendwann eine untere Grenze erreicht sein wird, ab der die Texte nicht mehr lang genug sind, um auch nur theoretisch die Merkmale in

---

114 Vgl. auch Morton, S. 73.

entsprechender Häufigkeit aufweisen zu können, die erforderlich wäre, um eine Zuordnung zu einer Textgruppe aus dem Bereich einer Willkürentscheidung auf der Grundlage eines zufälligen Befundes herauszuholen. Anders gesagt heißt das, dass es bei der Zuordnung von Texten eine untere Grenze der Textlänge gibt. Unterhalb dieser Grenze wird die Zuordnung zu einer äußerst hypothetischen, ja, hochspekulativen Angelegenheit. Es mag Situationen geben, in denen Zuordnungen dennoch begründet werden können, prinzipiell ist die Argumentationslage prekär.

Anzumerken bleibt allerdings, dass sich bisher keine konkreten Angaben darüber machen lassen, wo diese Grenze für Texte des AT liegt. Um sie einschätzen zu können, müssten mehr Erfahrungen mit statistischen Messgrößen und deren Bedeutung in Texten unterschiedlicher Länge vorliegen. Auch hierfür wird man um die Definition von Kontrollkorpora nicht herumkommen.

Die Texte, die im AT vorliegen, sind in ihrer Struktur eher „kleinräumig". Größere Erzählungen - um diesen Bereich als Beispiel zu nehmen - sind in kleinere Episoden aufgeteilt. Selbst wenn neben der Erzählstruktur mit ihren Einschnitten keine Diskontinuitäten vorhanden sind, hat man so von Anfang an recht kurze Abschnitte. Kommen noch weitere hinzu, gerät man rasch in Bereiche, in denen man sich nicht mehr recht auf der sicheren Seite wähnen kann[115]. Das ist natürlich eine Schwierigkeit, die sich nicht beheben lässt: Die Textsegmente sind nun einmal nicht länger, und es wird zu überlegen sein, welche Möglichkeiten es gibt, um mit dieser Situation umzugehen.

Zu der Kürze der Textabschnitte, die nur zum Teil durch die bereits erwähnte sprachliche Knappheit aufgewogen wird, kommt die Spärlichkeit bei den bereits erprobten Merkmalen. Literarkritische Untersuchungen verwenden für die Entscheidung, zu welcher Gruppe oder „Schicht" der jeweilige Text gehört, meistens die Phraseologie, wenn nicht gar auf den Inhalt bezogene, von konkreter Sprachgestalt abstrahierte Merkmale diese Rolle übernehmen. Nur gelegentlich kommen stärker formale Eigenschaften in den Blick, wie etwa die Gattung der Predigt. Die Neigung zu dieser Art von Merkmalen mag in der Diskussion um „deuteronomistische" Einflüsse[116] besonders stark sein, vorhanden ist sie allenthalben. Dass Phraseologie und inhaltliche Tendenz keine besonders geeigneten Merkmale sind, hat Foster grundsätzlich dargelegt[117]. Seine Argumente haben über die Grenzen englischsprachiger Literatur hinaus Gültigkeit. Dass die Zugehörigkeit zu einer Gattung kein besonders stichhaltiges Merkmal ist, wenn es darum geht,

---

115 Textlängen bei Mosteller/Wallace zwischen knapp 1000 bis über 3000 Wörtern je Text (S. 12 f.); bei Radday & al. (1985) ca. 200 Wörter (S. 23).
116 Diese Texte spielen in der Untersuchung eine besondere Rolle, weil für den Kern des Testkorpus deuteronomistischer Einfluss diskutiert wird.
117 vgl. Foster, S. 154 ff.

Texte nach ihrer Herkunft von bestimmten Autoren oder Autorengruppen zu ordnen, liegt auf der Hand. Selbst wenn in bestimmten Bereichen tatsächlich alle Reden einen gemeinsamen Ursprung haben sollten, ist die Gattung selbst - nicht nur wegen ihrer Vagheit und ihres textlichen Umfangs - kein guter Ausgangspunkt für die Suche. Zu nahe liegt der Verdacht, dass am Ende nur das herauskommen kann, was am Anfang vorausgesetzt wurde, nämlich eine Ordnung nach Gattungen[118].

Die Untersuchung kann sich nicht auf bewährte Merkmale stützen. Das Finden neuer, zur Unterscheidung tauglicher Merkmale ist eine notwendige, aber schwierige Aufgabe. Das biblische Hebräisch ist nämlich für alle Exegeten eine äußerst fremde Sprache, die uns heutigen schon allein wegen des historischen Abstandes nicht vertraut ist. Sprache lebt zu einem erheblichen Teil aus dem Ungesagten, das in der Sprache mitschwingt, transportiert durch die den gleichzeitig Lebenden gemeinsame Kultur, die in ihr vermittelte Bildung, die Erfahrung der historischen Situation, die in ihrer subjektiven Normalität selten bewusst wahrgenommenen Lebensumstände, Einflüsse anderer Kulturen und Sprachen. So gesehen ist Sprache nicht nur als Lyrik „Das Nichtwort // ausgespannt / zwischen // Wort und Wort"[119]. Das Gefühl der Vertrautheit mit Sprache und Welt des AT und des alten Orients ist eine nicht zu unterschätzende Fehlerquelle. Darum ist es so wichtig, bei der Suche nach Merkmalen ein Raster zu haben, an dem man sich entlang tasten kann. Intuition kann immer wieder neue und bisher ungeahnte Zusammenhänge finden helfen. Wenn der Weg, den die Intuition genommen hat, nicht mit rationalen Mitteln und ohne Intuition nachvollzogen werden kann, geht auch das intuitiv gewonnene wieder verloren. Die Untersuchung hat unter Berücksichtigung der Besonderheiten alttestamentlicher Literatur als erstes den Text zu segmentieren und Merkmale zu finden. Darauf wird im folgenden Abschnitt eingegangen.

3.4.2 Rahmenbedingungen für die statistische Untersuchung

3.4.2.1 Die Segmentierung der Texte

Die Einschnitte, die durch beobachtete Diskontinuitäten im Textablauf hervorgerufen werden, haben entweder die literarische Struktur des Abschnittes oder dessen literargeschichtliche Struktur zur Ursache. Für die Segmentierung des Textes auf der Grundlage vorhandener Diskontinuitäten ergeben sich daraus grundsätzlich drei Möglichkeiten: Man kann zum ersten

---

118 Diesen Einwand hat Weippert (1973), S. 229-234 ganz zu Recht erhoben.
119 „Lyrik" in Domin, S. 227.

versuchen, die Segmentierung so vorzunehmen, dass nur literarkritisch relevante Schnitte berücksichtigt werden. So erhält man Abschnitte, die jeweils
nur eine Schicht enthalten. Das wäre die Ideallösung, die aber nicht durchführbar ist, weil die Entscheidung, was eine literarkritisch relevante Diskontinuität sei, bereits einen literarkritischen Entwurf voraussetzt. Es ist kaum
vorstellbar, dass es möglich sein könnte, für eine ganze Reihe von Texten
jeweils konsensfähige literarkritische Entwürfe zu finden. Die zweite Möglichkeit bestünde darin, jede Diskontinuität als literarkritische Diskontinuität
aufzufassen, also bei jeder Diskontinuität vorsichtshalber einen Verfasserwechsel anzunehmen. Abgesehen davon, dass auch hier bereits bei den Diskontinuitäten dieselben Probleme auftreten dürften wie bei der ersten
Möglichkeit, wird man auf diesem Wege Abschnitte erhalten, die viel zu
klein sind, um noch irgendwelche Aussagen treffen zu können. Bleibt als
dritter Weg noch die Möglichkeit, sich an die Diskontinuitäten zu halten, die
sicher durch die literarische Struktur entstehen, das sind die großen Einschnitte in der narrativen Struktur. Auf diesem Weg erhält man Abschnitte,
die als solche zumeist leicht konsensfähig sind. Diese sind allerdings entweder homogen oder inhomogen. Beim Vergleich der Abschnitte werden
dann solche Segmente zusammengefasst werden, die dasselbe Maß und dieselbe Art von Homogenität - oder Inhomogenität - aufweisen. Dadurch wird
die Untersuchung zumindest theoretisch an Genauigkeit verlieren. Sie wird
aber nicht schon im Vorfeld durch strittige Entscheidungen zu stark belastet.
Zugleich kann diese Art der Segmentierung helfen, literarkritische Entscheidungen unterhalb der Abschnittsgrenze zu kontrollieren.

3.4.2.2 Die Merkmale

Ob die Zuordnung eines Textes zu einer stilistisch konformen Gruppe am
Ende Aussagen zulässt über die Herkunft eines Textes, hängt fast vollständig
von den Merkmalen ab, die zur Charakterisierung des Stils herangezogen
werden. Für die Auswahl effektiver Merkmale gibt es keine Methode, die es
gestatten würde, sicher und gezielt effektive Merkmale auszuwählen, und es
muss wohl damit gerechnet werden, dass es eine Methode hierfür nicht geben
kann. Die traditionelle Literarkritik verwendet ja auch Merkmale für die Zuordnung zu Schichten. Zu einer Systematisierung der Suche nach möglichen
Merkmalen ist es m.W. dort bisher nicht gekommen. Nur gelegentlich, wenn
die Gültigkeit einer literarkritischen Entscheidung bezweifelt wird, werden
auch Zweifel an der Tauglichkeit der verwendeten Merkmale geäußert.
    Die Auswahl möglicher Merkmale, d.h. solcher Merkmale, die eventuell
effektive Merkmale sein könnten, lässt sich aber auf der Grundlage der

Struktur literarischer Texte, wie sie in Lotmans gleichnamigem Buch[120] beschrieben ist, systematisieren. Insbesondere die - nicht nur von Lotman vertretene - Gliederung literarischer Texte in Ebenen[121] ermöglicht es, gezielt Merkmale aus denjenigen Ebenen zu wählen, bei denen eine bewusste Steuerung durch den Verfasser ausgeschlossen werden kann. Solche Merkmale sind deshalb von Bedeutung, weil sie die Möglichkeit bieten, einen Autor auch dann noch zu identifizieren, wenn dieser sich hinter einem sprachlichem Habitus verbirgt. Am konkreten Beispiel hieße das, dass die Merkmale in die Lage versetzen sollten, einen deuteronomistisch beeinflussten Jeremia, einen Jeremiadeuteronomisten und einen nichtjeremianischen Deuteronomisten voneinander zu unterscheiden, unabhängig von den vertretenen Inhalten allein anhand der Sprachgestalt ihrer Texte[122]. Voraussetzung hierfür wäre, dass es für jeden Autor ein ausreichend großes Textkorpus gibt, das mit den Textkorpora der anderen Autoren vergleichbar ist. Bei den bewusst einsetzbaren Stilmitteln müsste dagegen damit gerechnet werden, dass in ihnen sich gerade der Wunsch ausdrückt, an einer gemeinsamen „deuteronomistischen" Sprache zu partizipieren, den Eindruck der Zugehörigkeit zu diesen Kreisen zu beleben. Das trifft insbesondere auf phraseologische Versatzstücke zu.

So soll die Suche nach Merkmalen zunächst eingeschränkt werden auf mikrostilistische Merkmale, das sind Tendenzen des sprachlichen Ausdrucks, die keiner unmittelbar erkennbaren Aussageabsicht dienen und die in der Regel zu unauffällig sind, um einer Aussageabsicht dienen zu können: Wenn z.B. in einem deutschen Text der Artikel in einer bestimmten Rate verwendet wird, die für den jeweiligen Autor charakteristisch sein kann, so ist die Kontrolle über diese Rate i.d.R. für den Autor unmöglich. Auch der normale Leser wird dieses Merkmal zumindest bewusst nicht wahrnehmen. Diese Art von Stilmerkmalen streben wir hier an. Sie wurden in Untersuchungen zu Texten des AT bisher kaum herangezogen[123].

Allerdings ist diese Vorgehensweise eine Engführung, die nur unter den Bedingungen einer Pilotstudie ihren Sinn hat. Hier nämlich dominiert der Wunsch, zu verhindern, dass bewusst herbeigeführte sprachliche Ähnlichkeiten den Blick verstellen auf diejenigen Ähnlichkeiten, welche die Texte

---

120 Lotman, Die Struktur literarischer Texte.

121 Das damit angesprochene Bild darf nicht zu sehr strapaziert werden. Insbesondere die Vorstellung eines hierarchischen Aufbaus der Sprache, welche die Bezeichnung „Ebene" hervorruft, kann in die Irre leiten: Die syntaktische und die semantische oder die lexikalische Ebene sind nicht ohne Gewalt in ein hierarchisches Verhältnis zueinander zu bringen.

122 Ob derartige Unterscheidungen tatsächlich je möglich sein werden, ist eine andere Frage. Jedenfalls ist der Idiolekt eines Verfassers – wenn man ihn bestimmen kann – ein sicherer Indikator für die Verfasserschaft als die von dem Verfasser vertretenen Meinungen, die von der „Tendenzkritik" erfasst werden.

123 Vgl. jedoch Häusl (1993); Seidl (1978).

durch ihre Herkunft - idealerweise von einem Autor - an sich tragen. Fosters
Untersuchung zeigt, dass auch makrostilistische Merkmale u.U. sehr starke
Indizien liefern können: Wenn der Verfasser der Elegie für William Peter
Zeilensprünge in einem Ausmaß verwendet, in dem sie unter den Dichtern
elisabethanischer Zeit nur Shakespeare verwendet, ist das allerdings ein Indiz
für die Identität von W. S. und William Shakespeare[124].

Da wir bei den Texten des AT bisher wenig sicheren Boden haben, was
die Verfasserschaft angeht, ist der vorläufige Ausschluss makrostilistischer
Merkmale sicher der sinnvollere Weg. Er reduziert jedenfalls die Komplexität des Untersuchungsfeldes und hat schon deshalb seine Berechtigung. Es
sollte aber nicht vergessen werden, dass auch makrostilistische Merkmale
effektive Merkmale für die Unterscheidung von Autoren sein können. Die
Merkmale, die hier für die Clusteranalyse verwendet werden, sind ausschließlich mikrostilistischer Natur. Es handelt sich um Merkmale, die in den
Texten nicht als singuläre Erscheinungen hervorstechen, vielmehr um Phänomene, die praktisch in allen Texten gegenwärtig sind. Die Erfahrungen, die
Stilstatistiker mit solchen Merkmalen gemacht haben, sprechen für eine derartige Entscheidung. So erwiesen sich etwa Wörter wie „and" oder Kolloka-
tionen wie „and a" immer wieder als effektive Merkmale. Es genügt aber
nicht, einfach die Merkmale, die anderweitig sich als effektiv erwiesen haben, auf die hebräischen Texte anzuwenden, das zeigt ja gerade der Fall des
„waw" bei Radday & al. Es ist nicht möglich, die Vorgehensweise aus anderen Sprachen zu kopieren, man kann lediglich versuchen, das Prinzip zu
übertragen. Das Prinzip besteht darin, nicht die singulären, im Text jeweils
kontingenten, aber vom Autor auch bewusst einsetzbaren Phänomene als Indikatoren zu wählen, sondern graduelle Unterschiede in der Verwendung von
häufigen, ja unumgänglichen Sprachphänomenen heranzuziehen. Neben dem
häufigen Vorkommen sollten diese Merkmale auch noch so weit eindeutig
sein, dass nicht schon wegen der Beschaffenheit des Merkmals jeder Konsens
von vornherein ausgeschlossen ist. Darum etwa ist es nicht ratsam, alle *waw*
zu zählen. Aus diesem Grund möchte ich auch davon absehen, die durchschnittliche Satzlänge als Merkmal zu verwenden. Die Alltagserfahrung lehrt
zwar, dass Menschen unterschiedlich komplexe Sätze verwenden, und kom-
plexere Sätze sind gewöhnlich auch längere Sätze. Es ist aber wahrscheinlich,
dass die Satzlänge auch durch die Textsorte beeinflusst wird, und dass selbst

---

124 In diesem Fall spielt allerdings auch die Tatsache eine Rolle, dass der Zeilensprung,
ähnlich wie die Länge eines Gedichtes, durch ausgiebige Praxis gesteigert werden kann.
So, wie zwar theoretisch niemandem abgesprochen werden kann, dass er oder sie
irgendwann hundert Meter in weniger als zehn Sekunden laufen können wird, obwohl
absehbar ist, dass nur sehr wenige Menschen das tatsächlich schaffen und diese
sämtlich bekannt sind, so ist es nur theoretisch denkbar, dass ein völlig unbekannter
Autor ein langes Gedicht mit ungeheuer vielen Zeilensprüngen hervorbringt.

innerhalb einer Textsorte die Satzlänge an bestimmten Stellen des Textes zu
größerer Länge neigt. Darum zieht Stipp wahrscheinlich inkorrekte Schlüsse,
wenn er zum Text Jer 36 bei der Zuordnung zu Schichten auch die relative
Satzlänge heranzieht: „Im Vergleich zur Grundschicht fällt die erheblich hö-
here sprachliche Komplexität der schafanidischen Bearbeitung auf. Ihre Sätze
sind im Durchschnitt etwa 30% länger als in der Quelle"[125]. Etwas weiter
unten bemerkt er selbst „Zu außerordentlichem Umfang schwillt die Satzlänge vor allem in den Versen 9-12 an, bedingt durch präzise Detailangaben
und Filiationen"[126], ohne jedoch zu bemerken, dass, da V 9-12 einen Neueinsatz mit Einführung von Personen („Filiationen") sowie Umständen des Ortes
und der Zeit („präzise Detailangaben") darstellt, die Abweichung durch die
Textsorte hervorgerufen ist und noch keinen Autorenwechsel indizieren
muss. Auch wäre gegen Stipps statistische Argumentation einzuwenden, dass
der Unterschied durch eine einzelne Häufung hervorgerufen ist. Von solchen
Einzelphänomenen müsste eigentlich abgesehen werden, d.h. diese Sätze
sollten aus der Probe ausgeschlossen werden[127]. Das Beispiel zeigt, dass
Merkmale stets sehr sorgfältig geprüft und durchdacht sein wollen. Es zeigt
weiter, dass in der Exegese nicht immer nur die Statistik schuld ist, wenn
statistische Argumentationen misslingen, dass vielmehr auch der statistische
Regeln missachtende Umgang mit Statistik seine Opfer fordert. Es zeigt
schließlich, dass die Entscheidung, die Segmentierung entlang der literarischen Trennlinien vorzunehmen, nicht nur Nachteile erbringt: Bei Texten, die
vergleichbaren Textsorten angehören, wird man auch mit vergleichbaren
Verteilungsschwerpunkten rechnen können.

Die Verwendung des Merkmals „relative Satzlänge" hat noch einen weiteren Nachteil: Die Satzgrenzen sind schon im masoretischen Hebräisch kein
leichtes Problem - darum haben Radday & al. auch nicht Sätze, sondern
Verse herangezogen. Für den vormasoretischen Textbestand lassen sich über
die Satzgrenzen noch weniger sichere Aussagen treffen. Weil es kein Zeichen
für das Ende eines Satzes gibt, haben wir keinen Anhalt dafür, was ein
„native speaker" des biblischen Hebräisch als Satz empfunden hätte und was
nicht. Für uns sind die Satzgrenzen im hebräischen Text keineswegs immer
mit Sicherheit zu bestimmen. Zur Illustration ziehe ich Jer 28, 12 f. heran.
Die beiden Verse können als ein Satz aufgefasst werden mit dem
Satznukleus:

---

125 Stipp (1992) S. 124.
126 Stipp (1992), S. 125.
127 Stipp gibt außerdem zu seinen arithmetischen Mittelwerten kein Maß für die
    Schwankungsbreite, wie z.B. die Standardabweichung an.

דבר יהוה	ויהי
S	P

Diesem Nukleus (die Erweiterung des Subjekts in der Constructusverbindung
דבר יהוה bedarf keiner Erläuterung) sind drei Erweiterungen des Prädikats
beigefügt, die jeweils die Struktur Präposition + Nominalgruppe haben:

1.   אל ירמיהו
2.   אחרי שבור חניה הנביא את המטה מעל צואר ירמיה הנביא
3.   (V.13)+ לאמר

Der Satz hat also die Grundstruktur „Das Jahwewort erging in Richtung [X]
(= Erweiterung 1) zum Zeitpunkt [Y] (= Erweiterung 2) mit dem Ziel [Z] (=
Erweiterung 3). Das erscheint stringent und wird viele Leser zumindest intuitiv nicht ganz überzeugen. Die drei Erweiterungen liegen nicht so auf einer
Ebene, wie die parallelen Einleitungen durch Präpositionen suggerieren. Am
einfachsten ist der Unterschied zwischen Erweiterung (1) einerseits und Erweiterung (2) und (3) andererseits festzumachen: Im Unterschied zu (2) und
(3) folgt in Erweiterung (1) eine Nominalgruppe, die keinen satzhaften Charakter hat. Allerdings ist der Unterschied, den man intuitiv zwischen (2) und
(3) empfindet für die Bestimmung der Satzgrenze wesentlicher und mit den
Mitteln der Syntax allein nicht zu beschreiben, dafür sind die Erweiterungen
(2) und (3) zu parallel gebaut. Beide bestehen aus einer Präposition mit fol-
gendem *Infinitiv constructus* und Syntagmen, die das Verb bei sich hätte,
wenn es in finiter Form Prädikat eines selbständigen Satzes wäre, d.h. Syntagmen gemäß der Valenz des Verbes. Die Erweiterungen haben satzhaften
Charakter. Besonders bei Erweiterung (2) ist deutlich, dass es sich hier um
einen abhängigen Satz handelt, so dass das Lexem אחרי in seiner Funktion
changiert: Vom übergeordneten Satz aus betrachtet ist es eine Präposition,
die eine Adverbiale einleitet, vom untergeordneten „Infinitivsatz" aus gesehen übernimmt es die Funktion einer Konjunktion[128]. Das ist auf der syntaktischen Ebene bei Erweiterung (3) nicht anders, auch wenn hier das Subjekt
nicht ausgedrückt ist und als einziges Syntagma das direkte Objekt in Gestalt
von zwei (oder mehr?)[129] Sätzen vorhanden ist. Erst auf der pragmatischen
Ebene ändern sich die Dinge. Dort, wo der (vermutliche oder aus dem Text

---

128 Die Möglichkeit, Präpositionen zwischen Sätzen als Konjunktionen zu verwenden, ist
     z.B. im Ägyptischen regelhaft gegeben. Vgl. Gardiner, S.124.
129 Tatsächlich könnte man den Satz, der in Vers 12 beginnt, noch bis zum Ende von V 14
     laufen lassen. Sowohl V 13 als auch V 14 wären dann dem לאמר untergeordnet. Mit
     dem wayyiqtol in V 15 beginnt dann eine neue Aktion, die parallel zum wayyiqtol in
     V12 zu sehen ist.

des AT zu erhebende) Sprachgebrauch zu betrachten ist, wird die Tatsache
bedeutungsvoll, dass לֵאמֹר durch häufigen Gebrauch zu einem Signal gewissermaßen erstarrt ist. Der Leser nimmt es nurmehr als Zeichen für ein folgendes Zitat wahr und lenkt seine Aufmerksamkeit auf dieses Zitat. So
verschwindet im Falle der Erweiterung (3) der eigentliche Nukleus dieses
abhängigen Satzes hinter dem als Objekt fungierenden Zitat. Da aber dieses
Zitat aus unabhängigen Sätzen besteht, empfindet der Leser eine deutliche
Zäsur vor dem לֵאמֹר. Die Frage, wo der mit V 12 beginnende Satz ende,
lässt sich nicht eindeutig beantworten: Syntaktisch endet er am Ende von V
13 oder V 14[130], pragmatisch vor dem לֵאמֹר in V 12. Angesichts solcher
Schwierigkeiten schließt sich das Merkmal „Satzlänge" fast von selber aus.

Bereits oben[131] wurde vermutet, dass Merkmale mit der relativ größten
Erfolgsaussicht in den Bereichen der Syntax und des Lexikons zu vermuten
sind - phonetische Merkmale scheiden aus wegen der Unsicherheit des phonetischen Bestandes, Merkmale oberhalb der syntaktischen Ebene sind i.d.R.
in jedem Text zu selten, um statistisch aussagekräftig werden zu können.

Auch innerhalb der Bereiche Syntax und Lexikon gilt es, eine sinnvolle
und praktikable Auswahl zu treffen. Die Merkmale sollen leicht und eindeutig zählbar sein, häufig vorkommen und in sich konsistent sein.

Für den Bereich des Lexikons wird man als erstes an ein Merkmal denken,
das die Variabilität des Wortschatzes misst. Das „type-token-Verhältnis"
könnte ein solches Merkmal sein. Es bezeichnet in diesem Fall den Wortschatz des Textes in Relation zu seiner Länge, rechnet die Zahl der verwendeten Lexeme (type) gegen die Wortzahl des Textes (token) auf. Auch dies
ist kein völlig einfaches Merkmal. Die größte Schwierigkeit liegt darin, festzulegen, was ein eigenständiges Lexem ist. Zwar wird man ein Partizip etwa
nicht als neuen type rechnen, wenn es prädikativ verwendet und die Verbalwurzel bereits ein type ist - aber wie steht es mit nominalen Verwendungen?
Ist מַעֲלֶה (Aufstieg) ein eigenes Lexem gegenüber dem Hif'il von עלה? Ist es
gegenüber מַעֲלָה (Stufe) ein eigenes Lexem? Und wird man dann nicht auch
fragen müssen, ob die Wurzel עלה und die Präposition עַל als je eigene
Lexeme und damit types aufzufassen sind? Für die Entscheidung im Einzelfall wurde auf die einschlägigen Wörterbücher zurückgegriffen. Wenn ein
mögliches type dort als eigenes Lemma vertreten war, so wurde es auch als
type gerechnet. Eine allgemeingültige Begründung für diese oder eine andere
Vorgehensweise kann nicht gegeben werden. Das type-token-Verhältnis des
Wortschatzes lässt im Übrigen keine Schlüsse auf den Wortschatzumfang des
Autors zu. Um sich das zu vergegenwärtigen, muss man sich nur das Type-

---

130 Vgl. die vorangegangene Anmerkung.
131 Siehe oben S. 54.

Token-Verhältnis[132] von Paul Celans „Todesfuge" vor Augen halten. Auch hier spielt die Textsorte eine große Rolle. Wenn dieses Merkmal dennoch in die Untersuchung einbezogen wird, so geschieht das in der Hoffnung, dass bei annähernd gleicher Textsorte[133] die Unterschiede herkunftsbedingt sind.

Entsprechendes gilt auch für das zweite lexikalische Merkmal, das zum Ziel hat, die Konventionalität des Wortschatzes zu messen. Als Hintergrund dafür verwende ich den Gesamtwortschatz des AT mit seinen in den Konkordanzen dokumentierten Häufigkeitsverteilungen. Alle Wörter, die im AT 1-100 Vorkommen haben, werden als „seltene Wörter" definiert und gezählt. Die Grenze ist willkürlich festgelegt, das sollte keine Schwierigkeiten bereiten[134]. Aber auch dieses Merkmal kann nur bei einigermaßen konstanten Textsorten verwendet werden: Goethes naturwissenschaftliche Werke und Goethes literarische Prosa könnten, hinsichtlich dieses Merkmals betrachtet, u.U. als Werke verschiedener Autoren erscheinen. Das Merkmal wird bei einigen Textsorten zu Extremwerten neigen, besonders bei naturkundlichen und stark technisch orientierten Texten[135]. Mit solchen Texten muss man im anvisierten Textkorpus aber nicht rechnen.

Auch das dritte Merkmal ist nur auf den ersten Blick einfach. Es ist in dieser Untersuchung das einzige konkrete Lexem, das als Merkmal Verwendung findet: Die Präposition Beth hat gegenüber anderen Lexemen eine ganze Reihe von Kennzeichen, die sie geeignet erscheinen lassen. Sie ist dort, wo sie verwendet wurde, eindeutig wahrnehmbar[136]; das unterscheidet die Präposition Beth z.B. vom bestimmten Artikel. Sie ist außerdem überaus häufig, ein Pluspunkt gegenüber anderen synkategorematischen Wörtern wie beispielsweise ׳כ oder der Präposition Kaph. Die Präposition Beth fehlt schwerlich in irgendeinem Text[137]. Ihr Funktionsspektrum ist weniger disparat als das bei Waw der Fall wäre, das in den Formen wayyiqtol, w°qatal und vielleicht auch w°yiqtol zum Morphem geworden ist. Darüber hinaus gibt es zu Beth die Untersuchung von Ernst Jenni. Jenni kommt allerdings zu dem

---

132 Um eine unnötig komplizierte Ausdrucksweise zu vermeiden, heißt dieses Merkmal von jetzt an dennoch „Wortschatzumfang". Dieser Ausdruck bezieht sich natürlich nur auf den jeweiligen Text.

133 Nicht alle Texte des Korpus repräsentieren dieselbe Textsorte, aber für eine großen Teil der Texte lässt sich eine gewisse Einheitlichkeit durchaus behaupten.

134 Allerdings wäre es wünschenswert, in einer ausführlicheren Untersuchung zu überprüfen, welche Auswirkung die Verschiebung dieser Grenze auf das Gesamtergebnis hat.

135 Unter „technische" Texte würden auch solche Texte fallen, die etwa genaue Kultanweisungen geben wollen.

136 Die bei Jenni (1992), S. 43 aufgeführten Zweifelsfälle betreffen nur Vorkommen der Präposition in Namen, sind also für unsere Problemstellung nicht von Bedeutung, außerdem ist keine der bei Jenni genannten Problemstellen im Textkorpus enthalten.

137 Vgl. Jenni (1992), S. 45, Anm 25.

Schluss, dass „irgendwelche signifikanten Abweichungen von der durchschnittlichen Häufigkeit in den einzelnen Büchern nicht erkennbar sind. Nicht einmal die Textgattungen scheinen sich durch konstante Häufigkeitsunterschiede auszuzeichnen. Eindrücklich wird nur die Häufigkeit der Präposition ב an sich, die nur noch von ל übertroffen wird."[138] Soweit die Erläuterungen Jennis das erkennen lassen, dürfte dieses Urteil sich aber streng auf die bei Jenni auf Seite 46 aufgeführte Tabelle beziehen, zumal keine explizite Textsegmentierung vorgenommen wird, vielleicht also ganze Bücher betrachtet werden[139]. So bleibt die Information, dass die Präposition ב im AT in den Texten unterschiedlicher Textsorte und Epochen erstaunlich konstant vorkommt. Die Beobachtungen an dem der Clusteranalyse zu unterziehenden Textkorpus werden zeigen müssen, ob die Präposition ב in diesen Texten auch in konstanten Raten vorkommt[140]. Unterschiedliche Raten in der Verwendung können, müssen aber nicht unbedingt auf unterschiedliche Herkunft deuten, und in diesem Falle könnte jedenfalls der Epochenstil als Erklärungsmöglichkeit ausgeschlossen werden, da Jennis Untersuchungen ja zeigen, dass die durchschnittliche Verwendungshäufigkeit von ב durch die Epochen hindurch wohl einigermaßen konstant ist.

Mit diesen drei Merkmalen: Wortschatzumfang, Konventionalität des Wortschatzes und Häufigkeit der Präposition Beth sind schon alle lexikalischen Merkmale, die in der Clusteranalyse verwendet werden, aufgelistet. Weitere Merkmale sind denkbar, werden aber aus verschiedenen Gründen nicht verwendet. Ein wichtiger Grund ist dabei, dass generell in der hier durchzuführenden Analyse nicht zu viele Merkmale Verwendung finden sollen, um das Verfahren überschaubar und kontrollierbar zu gestalten[141]. Das geht natürlich auf Kosten der Deutlichkeit des Ergebnisses bei der Clusteranalyse. Das Ergebnis wird „grobkörniger" sein als es wäre, wenn mehr Merkmale einbezogen würden. Da aber das literarkritische Ergebnis selber nicht im Vordergrund steht, ist der Verzicht auf Differenziertheit beim Ergebnis zugunsten größerer Transparenz in der Prozedur gerechtfertigt.

So werden denn auch aus dem Gebiet der Syntax nur wenige Merkmale ausgewählt. Allen gewählten syntaktischen Eigenschaften ist gemeinsam, dass sie unterhalb der Satzgrenze angesiedelt sind - was die Entscheidung

---

138 Jenni (1992), S. 45.

139 Inwieweit die Ausführungen in Anm. 24 auf der Grundlage systematischer Beobachtungen - etwa auf der Grundlage einer Segmentierung nach Kapiteln - beruht, oder ob die Extremwerte eher ad hoc registriert wurden, lässt sich dem Text nicht entnehmen.

140 Das bei Jenni gestreifte Problem der Textlänge wurde bereits erwähnt und muss später noch einmal aufgegriffen werden. Siehe unten 3.6.1.

141 Außerhalb einer Erprobung ist es sinnvoll, möglichst viele Merkmale einzubeziehen·

über Satzgrenzen entbehrlich macht - und dass es sich bei ihnen um Erweiterungen handelt.

Ein Satz hat mindestens zwei Glieder[142], ein Subjekt und ein Prädikat. Das Subjekt kann u.U. nicht expliziert sein oder natürlich, bei der Verwendung finiter Verbformen, in der Verbform ausgedrückt sein. Beide Grundbestandteile können erweitert werden[143]. Das Subjekt kann durch Attribute oder Appositionen erweitert werden oder in Gestalt einer Constructusverbindung realisiert sein. Das Prädikat kann, wenn es ein nominales Prädikat ist, in derselben Weise erweitert sein wie das beim Subjekt möglich ist. Ein verbales Prädikat, d.h. ein finites Verb oder ein als Prädikat fungierendes Partizip, kann durch Syntagmen gemäß seiner Valenz ergänzt sein. Wenn dabei zwischen obligatorischen und nicht obligatorischen Syntagmen unterschieden wird[144], so kann das schwerlich bedeuten, dass es einen „Zwang" zur Realisierung des betreffenden Syntagmas gegeben hätte[145]. Dennoch könnte die Konvention der Sprache bei den Objekten stärker wirken als bei den Adverbialen, und innerhalb der Objekte dürfte der obligatorische Charakter der Bindung[146] vom direkten Objekt über das indirekte Objekt zum Präpositionalobjekt abnehmen. Seinen Anhalt hat dieser, hier als intuitive Wahrnehmung dargestellte Sachverhalt in einer Sicht der Sprachwissenschaft auf das Phänomen der Transitivität, die sich seit einiger Zeit durchgesetzt hat. Transitivität ist hier nicht mehr eine absolute, sondern eine graduelle Eigenschaft des Verbes. Der Grad der Transitivität eines Verbes wird durch verschiedene Faktoren bestimmt[147], liegt aber nicht für jedes Verb ein für allemal fest, sondern wird durch semantische Eigenschaften des Verbs, im Kontext auftretende Adverbialen, Negationen usw. jeweils variiert[148]. Diese Tatsache dürfte auch im biblischen Hebräisch Gültigkeit haben[149].

Obwohl die Objekte nicht absolut obligatorisch sein können, wird die Tendenz zur Verwendung von Objekten, oder der Anteil der Objekte am Text, nicht unter die Merkmale aufgenommen. Das ist ein Zugeständnis an die grammatischen Gewohnheiten vieler Exegeten des AT. Wohl aber werden

---

142 Zur Ausnahme des eingliedrigen Nominalsatzes vgl. Bartelmus, S. 45.
143 Sie können auch jeweils die Form eines Satzes annehmen.
144 Vgl. Richter (1980), S. 50 f.
145 Vgl. oben, S. 54. 56 und Tesnière, S. 161: „Es ist im übrigen nie erforderlich, dass alle Valenzen eines Verbs durch ihre jeweiligen Aktanten belegt sind".
146 Die Metaphern der Dependenzgrammatik stammen aus der Chemie (so auch Tesnière, S. 161). Es wäre überlegenswert, ob die Metaphorik nicht an manchen Punkten das Nachdenken über die Sprache zu stark in ihrem Sinne strukturiert.
147 Vgl. Bußmann (1990), S. 806 f.
148 Vgl. z.B. v. Polenz, Deutsche Satzsemantik S.102 zu den Fügungsmöglichkeiten des Verbs am Beispiel von „reden".
149 Vgl. Jenni (1997b).

die Adverbialen einbezogen. Nach Richter[150] müssten auch bei den Adverbialen obligatorische von nicht obligatorischen Adverbialen unterschieden werden. Nach dieser Einschätzung dürften nur nicht obligatorische Adverbialen, die Circumstantien, als Merkmale verwendet werden, weil nur bei ihnen der Autor entscheiden kann, ob er dieses Syntagma verwenden will oder nicht. Aufgrund der oben zitierten Einsicht in den graduellen und veränderbaren Charakter der Transitivität und damit ja auch der Valenz, gehe ich davon aus, dass Sprachbenutzer die Möglichkeit haben, Syntagmen, die bei einem Verb beobachtet werden, auch wegzulassen. Für Adverbialen wird das in höherem Maße gelten als für Objekte[151]. Der Anteil der Adverbialen am Text liefert damit ein zwei weitere Merkmale, denn die Adverbialen können noch differenziert werden in „Adverbialen mit Präposition" und „Adverbialen ohne Präposition".

Bei den Adverbialen mit Präposition ist klar, dass hier erneut die Möglichkeit des Einflusses der Textsorte bedacht sein will. Wiederum kann daran erinnert werden, dass das Textkorpus hinsichtlich der Textsorten kein breites Spektrum bietet. Das Merkmal „Adverbiale ohne Präposition" dagegen ist in sich sehr vielgestaltig, was möglicherweise zu Verzerrungen des Bildes führen kann. Es könnte sich herausstellen, dass eine Textgruppe z.B. häufig adverbielle Akkusative verwendet, eine andere dagegen zahlreiche Negationen aufweist. Beide Eigenschaften werden jetzt als ein Merkmal gezählt. Diese Vereinheitlichung könnte tatsächlich in den Texten vorhandene Differenzierungen verschwinden lassen. Wenn dieser Fall eintritt und Wirkung hat, wird die Clusteranalyse zu wenige Textgruppen ergeben.

Damit ist der Merkmalsatz, der für die Clusteranalyse eingesetzt wird, beschrieben. Mit Constructusverbindungen, Attributen, Appositionen, Adverbialen ohne Präposition, Adverbialen mit Präposition, Wortschatzumfang, Konventionalität des Wortschatzes, gemessen am Vorkommen „seltener Wörter" und Häufigkeit der Präposition Beth werden acht unterschiedliche Merkmale gezählt. Im Vergleich zur traditionellen Literarkritik ist das ein recht vielfältiger Merkmalsatz, wobei auch eine Auseinandersetzung mit den verglichenen Merkmalen, auf deren Grundlage die Zuordnung zu Gruppen oder Schichten erfolgt, in traditionell literarkritischen Darlegungen gänzlich unüblich ist. Wenn in der Reflexion über die Merkmale auch deren mögliche Probleme aufgedeckt wurden, so mag es dem Leser so scheinen, als sollte er sich nun mit problematischen Merkmalen für die Schichtenzuweisung abfinden, wo doch die Literarkritik bisher gänzlich problemfreie Merkmale ver-

---

150 Vgl. Richter (1980), S. 18 und S. 24.

151 Dass die Bereiche der Objekte und Adverbialen nicht diskret sind, sondern ein Kontinuum bilden, zeigt die Existenz des Präpositionalobjekts. Gewißheit über die Verbindlichkeit der Objekte und Adverbialen ist an dieser Stelle für das Hebräische nicht zu erlangen, die könnte nur die Befragung des „native speaker" erbringen.

wenden konnte. Der Schein trügt gerade an dieser Stelle, denn die Merkmale, die verwendet wurden, wurden kaum je einer kritischen Sichtung unterworfen, wie es mit den hier zusammengetragenen Merkmalen getan wurde. Die Probleme sind durchaus vorhanden, sie wurden nur bisher zu wenig beachtet.

3.4.2.3 Kriterien „klassischer" Literarkritik

Zum Beleg der an verschiedenen Stellen der Arbeit geäußerten Vermutungen über die Gültigkeit literarkritischer Argumente, wie sie bisher verwendet werden, möchte ich einen Fall exemplarisch diskutieren.

Wilhelm Rudolph beginnt in seinem Kommentar die Ausführungen zu Jer 27-29 folgendermaßen: „Diese 3 Kapitel haben einmal eine kleine Schrift für sich gebildet, da sie - und nur sie - gewisse stilistische Eigentümlichkeiten gegenüber dem sonstigen Jer-Buch aufweisen. 1. Der Name des babylonischen Königs lautet hier (außer 29,21) Nebukadnezar, im übrigen Buch (doch s. 21,2[a]) Nebukadrezar. 2. Die jahwehaltigen Eigennamen endigen meist (die Ausnahmen fallen den Abschreibern zur Last) auf -ja statt wie sonst auf -jahu (auch ירמיה 27,1; 28, 5 ff.; 29, 1). 3. Jer erhält hier in absichtlicher Häufung den Titel ‚der Prophet', aber ebenso auch Chananja. Letzteres führt auf das, was die 3 Kapitel innerlich verbindet: es ist der Kampf Jer's gegen die Nabis in bestimmten politischen Situationen"[152].

Rudolphs Argumentation hat offenbar überzeugt, denn sie wurde immer wieder aufgenommen: Thiel rezipiert sie ebenso wie die Kommentare von Weiser, Carroll, Jones und Schreiner[153]. Sie benützt darüber hinaus statistische Argumente und kommt darin in gewisser Weise der in dieser Arbeit vorgestellten Verfahrensweise nahe: Hier hat einmal ein statistisches Argument weitgehende Zustimmung erfahren. Die Argumentation hat allerdings eine entscheidende Problemstelle: Sie stützt sich auf relativ seltene Einzelwörter, einem Merkmalstyp, der allerdings in literarkritischen Argumentationen beliebt ist. Insgesamt wirkt die Darstellung Rudolphs ja erst einmal recht überzeugend und bildet so ein gutes Fallbeispiel, das die Möglichkeit zu differenzierenden Einblicken in die Struktur statistischer Argumente gestattet.

Seine Argumentation besteht eigentlich aus zwei Behauptungen, die er mit seinen drei Beobachtungen belegt. Die Behauptungen sind, dass 1. Jer 27-29 aus stilistischen Gründen zusammengehören, und dass 2. diese Kapitel wegen dieser stilistischen Eigentümlichkeiten vom restlichen Jeremiabuch abzugrenzen sind. Rudolph erklärt diesen Tatbestand damit, dass die drei Kapitel

---

152 Rudolph (1958), S. 157 f.
153 Jones, S. 346; Schreiner (1984), S. 158; Weiser, S.245; Thiel (1981), S. 5; Carroll (1986), S. 523.

einmal eine gemeinsame Geschichte gehabt hätten, dergestalt, dass man sie als „Kampfschrift gegen falsche Prophetie"[154] verwandt habe. Die drei Kapitel gehören darüber hinaus nämlich nach Rudolph unterschiedlichen Quellen an, da in Kapitel 27 fast durchgängig der Prophet in der ersten Person spricht - Jer 27 gehört für Rudolph zur Quelle A -, während Kap 28 f. von Jeremia in der dritten Person sprechen, folglich Quelle B zuzurechnen sind. Neben der geschichtlich gedeuteten Abgrenzung der drei Kapitel steht bei Rudolph so eine Zuordnung zu den als durchgängig vorausgesetzten Quellen des Jeremiabuches. Die Kapitel 27-29 hätten nach der Fertigstellung des ganzen Buches erst für eine gewisse Zeit eine eigene Geschichte gehabt. Die Zuordnung zu den Quellen wird mit den in den Kapiteln verwendeten Personalformen begründet, was natürlich allenfalls auf Funktionsklassen führt und nicht zu herkunftsbedingten Gruppen: Wenn im Buch Jeremia eine Prophetenrede in der ersten Person steht, so beweist das fürs erste nur, dass der Verfasser in der Lage war, eine stilgerechte Prophetenrede zu formulieren, über die Identität des Verfassers ist nichts gesagt, auch nicht, dass es sich um einen anderen Verfasser handeln muss als denjenigen, der Jer 28 verfasst hat und dabei ebenso stilgerecht in einem Bericht die dritte Person verwandt hat. Das würde für die Verfasserschaft allerdings auch den Propheten nicht grundsätzlich ausschließen, denn der könnte ja auch über sich selber einen Bericht verfassen und dies, in Kenntnis der Textsorte, in der dritten Person tun[155]. Die grundlegende „ABCD-Theorie" mag sich intuitiv auf den richtigen Bahnen bewegen, die von ihr aufgebotenen Argumente reichen nicht aus, Jer 27 auf einer rationalen Basis eine andere Herkunft zuzuschreiben als Jer 28 und 29.

Die drei Argumente für die Ausgrenzung von Jer 27-29 aus dem Kontext des Jeremiabuches sind davon nicht berührt und sind nun näher zu betrachten. Alle drei Argumente sind stilstatistischer Natur. Sie vergleichen das Auftreten bestimmter Details der Sprachgestalt in Jer 27-29 einerseits und dem übrigen Jeremiabuch andererseits. Dass das dritte Argument Rudolphs keine Gültigkeit beanspruchen kann, hat auch Weiser schon gesehen[156]. Die häufige Bezeichnung „der Prophet" hat inhaltliche Gründe. Gerade weil hier die Geltungsansprüche von Propheten gegeneinander stehen, muss immer

---

154 Rudolph (1958), S. 158.

155 Die hinter diesen Zusammenhängen stehende Frage nach dem Verhältnis des Autors zu den von ihm beschriebenen Personen behandelt grundlegend Bachtins in den zwanziger Jahren entstandener Essay „Author and Hero in Aesthetic Activity". Rudolph unterscheidet in diesem Fall nicht klar genug zwischen dem Text als literarischer Gegebenheit und dem Text als Geschichtsquelle. Er ist damit in der Exegese des AT nicht allein geblieben.

156 Weiser, S. 245.

wieder betont werden, dass die verschiedenen Personen mit dem Anspruch auftreten, den die Bezeichnung impliziert.

Die verbleibenden zwei Argumente Rudolphs basieren auf Namen, an sich einem klassischen literarkritischen Argument. Allerdings sind die Varianten, die hier als Kriterien herangezogen werden, keine eigentlich unterschiedlichen Namen - wie etwa Jakob und Israel - sondern orthographische Varianten der jeweils gleichen Namen. Wenn man sich das vor Augen führt, wird man die beiden Argumente in einem anderen Licht sehen: Von orthographischen Besonderheiten wird man im Falle der alttestamentlichen Texte nicht so gewisse Schlüsse auf mögliche Verfasser ziehen, wie im Fall etwa der Elegie für William Peter. An den alttestamentlichen Texten hatte wohl mehr als eine Hand Gelegenheit, orthographische Spuren zu hinterlassen.

Im Falle der Nennung von Nebukadnezar im Unterschied zu Nebukadrezar im restlichen masoretischen Text des Jeremiabuches wird das Argument durch weitere Beobachtungen relativiert. Die Form „Nebukadrezar" begegnet außer im Jeremiabuch noch bei Ezechiel. Sie ist dort viermal vertreten, die Variante „Nebukadnezar" gar nicht. Diese ist wiederum im Jeremiabuch 7 mal vertreten, gegenüber 29 Fällen von „Nebukadrezar". Außerhalb von Jeremia und Ezechiel erscheint nur die Form mit Nun, und zwar in 2 Kön (2mal), Esther (1mal), Daniel (1mal), Esra (2mal), Neh (1mal) und 2 Chr (4mal). Das heißt, dass die Nennung des Nebukadnezar/Nebukadrezar im masoretischen Text des Jeremiabuches Werte von einmaliger Höhe erreicht. Wie lässt sich die Schwankung bei der Namensform im Jeremiabuch erklären? Die Verteilung der Formen auf die Bücher des AT lässt neben den beiden Prophetenbüchern Jeremia und Ezechiel einen zweiten Schwerpunkt in den späten Büchern des AT erkennen. Das könnte darauf zurückzuführen sein, dass die Form mit Nun eine spätere Form ist[157], was eine ganz einleuchtende etymologische Linie von der in babylonischen Texten belegten Form *Nabu - kudurri - usur* über Nebukadrezar zu Nebukadnezar ergibt. Das Auftreten der späteren Form wäre dann verständlich als partielle Angleichung an eine spätere Form. Ein Vergleich mit dem Text der LXX ergibt weitere Einsichten: Diese verwendet die Namensform Ναβουξοδονοσορ, was der späteren Form mit Nun entspräche. Weitaus interessanter ist allerdings, dass die LXX von den 36 Erwähnungen des Namens im Jeremiabuch nur 14 überliefert. Von den 7 Nennungen in Jer 27-29 bleibt nur eine, nämlich Jer 27, 6 MT (= Jer 34, 6 LXX). Die Texttradition der LXX hat aber im Jeremiabuch ein anderes Gewicht als in anderen Büchern des AT[158]: Im Jeremiabuch ist damit zu rechnen, dass die LXX gegenüber dem

---

157 So auch Köhler/Baumgartner, Bd II, S. 624.
158 So Stipp (1994), S. 59; zum Textbereich Jer 27-29 auch S. 68-70. Vgl. aber auch Fischer (1993), S. 1-6.

MT die ältere Textform bewahrt hat. Der Befund in der LXX lässt die Zeit gemeinsamer Textgeschichte, die Rudolph für Jer 27-29 annimmt, auf einen sehr späten Zeitpunkt rücken, womit dieses Merkmal dann eher einen interessanten Einblick in die Textgeschichte gewährt, als dass es literarkritische Schlüsse auf Verhältnisse zur Zeit der Buchkomposition oder gar der Abfassung des Jeremiabuches zuließe.

Bleibt nur noch das Argument der Schwankung in den Formen der jahwehaltigen Namen. Die Häufung von Formen auf *-ja* gegenüber denen auf *-jahu* ist schließlich erst einmal durchaus beeindruckend, zumal auch die häufigen Namen „Zedekia" und „Jeremia" betroffen sind, den ganz überwiegenden Teil der Namen bilden die Namen „Jeremia" und der nur hier vorkommende „Hananja". „Jeremia" kommt nur hier in dieser Form vor. In Zahlen ausgedrückt gibt es in Kapitel 27-29 sieben Namen auf *-jahu* und 30 auf *-ja*. Im restlichen Jeremiabuch ist das Verhältnis 227 Namen auf *-jahu* gegenüber 41 Namen auf *-ja*. Dieser Befund ergibt einen hochsignifikanten Unterschied zwischen den drei Kapiteln und dem Rest des Buches. Fisher's exact test ergibt eine Wahrscheinlichkeit in der Größenordnung von $10^{-12}\%$ dafür, dass die Kapitel 27-29 derselben Population angehören, wie das restliche Jeremiabuch. Die Frage ist allerdings, was eine „Population" ist, wenn sie durch dieses Merkmal definiert wird. Zu einer angemessenen Einschätzung der Beobachtung wird man nur kommen können, wenn der Umgang des Jeremiabuches mit Namen dieses Typs etwas klarer ist[159].

Exkurs: Zu Fisher's exact test

Fisher's exact test antwortet auf die Frage, welche Wahrscheinlichkeit für die Annahme spricht, dass zwei Stichproben derselben Population entstammen.

Die beiden Formen jahwehaltiger Namen sind binomialverteilt, d.h. wenn ich einen Namen aus einer Menge solcher Namen herausgreife, dann endet dieser Name entweder auf *-jahu* oder nicht. Dieses Problem ist also etwa zu vergleichen mit dem Versuch, bei dem man aus einem Sack mit roten und weißen Bohnen Stichproben entnimmt. Nimmt man genügend Stichproben, so wird man aus dem durchschnittlichen Verhältnis von roten und weißen Bohnen das Mischungsverhältnis in dem Sack (das ist hier die Population) ermitteln können.

Umgekehrt versucht Fisher's exact test zu ermitteln, ob zwei Stichproben gewissermaßen „aus demselben Sack" stammen, ob sie also ein Mischungsverhältnis aufweisen, das sie als Vertreter einer Population mit einem bestimmten Mischungsverhältnis und den sich daraus ergebenden Verteilungsmöglichkeiten ausweist[160], oder ob sie verschiedene Mischungsverhältnisse voraussetzen, also aus unterschiedlichen Säcken stammen.

Für Fisher's exact test werden die Vorkommen der beiden Möglichkeiten in zwei binomialverteilten Stichproben in eine vier-Felder-Tabelle eingetragen. Mit Hilfe des Testes wird

---

159 Eine solche Untersuchung ist ohne den Einsatz einer Computerkonkordanz kaum realisierbar. Rudolph hatte so gesehen gar nicht die Möglichkeit, sich diesen Überblick zu verschaffen.

160 Zu Fisher's exact test vgl. Agresti, S.39-45.

errechnet, wie wahrscheinlich es ist, dass aus einer gemeinsamen Ausgangsmenge zwei Stichproben der gegebenen Größe gezogen werden können, die das Mischungsverhältnis der eingegebenen Stichproben aufweisen. Weil der Test diese Wahrscheinlichkeit nicht durch Näherung errechnet, sondern exakt - darum heißt er Fisher's *exact* test - eignet er sich für kleine Stichproben, bei denen andere Tests nicht mehr anwendbar sind.

Das Jeremiabuch verwendet in der masoretischen Textform 2494 mal Eigennamen, wobei geographische Namen usw. eingeschlossen sind. In den 52 Kapiteln des Jeremiabuches gibt es aber nur in 38 Kapiteln jahwehaltige Namen[161]. Häufungen sind in Jer 26, 28, 29, 32 (Anfang), 35 (Anfang), 36, 37, 38, 39, 40, 41 und am Ende von 51 zu beobachten. Insgesamt überwiegen die Namensformen auf *-jahu*, doch ist unter den aufgeführten Kapiteln nur Kapitel 39 und Kapitel 32 frei von Namen, die auf *-ja* enden. Umgekehrt ist nur Kapitel 28 frei von *-jahu*-Formen. Betrachtet man die Verwendung der Namen im Einzelnen - was nicht ganz einfach ist, weil einige Namen öfter vorkommen, wobei die Identität nicht immer klar feststellbar ist -, so ergibt sich, dass die Namen in relativ, aber nicht absolut konstanten Formen gebraucht werden. Ein Beispiel mag das verdeutlichen: In Kapitel 40 f. sind die Hauptpersonen Gedalja und Ismael ben Nethanja. „Gedalja" endet normalerweise auf *-jahu*, „Nethanja" auf *-ja*. In 40,8 und 41,9 aber endet Nethanja auf *-jahu* und in 41, 10 Gedalja auf *-ja*. Auch bei „Baruch ben Nerija" gibt es solche Schwankungen, und sie scheinen bei ihm - bei Gedalja und Ismael ben Nethanja ist das etwas schwieriger nachvollziehbar, weil beide Namen gemeinsam an einer Stelle gehäuft vorkommen - etwas von den umgebenden Namen abzuhängen: Neben den Namen „ben Netanjahu" und „ben Schelemjahu" wird auch „Baruch ben Nerijahu" geschrieben (36,14), sonst eher „Nerija" (so aber auch neben Jeremia in der üblichen Form 36,4.8). Wenn in Jer 28 „Jeremia" und „Hananja" ständig nebeneinander genannt werden, ist es denkbar, dass die Namen angeglichen wurden: „Hananja" - jedenfalls die in Jer 28 genannte Person - endet immer auf *-ja*. Dass sich dieses orthographische Phänomen[162] über die Grenzen von Jer 28 nach hinten und vorne noch etwas ausgebreitet haben kann, ist gut denkbar. Es wäre dann jedenfalls ein Phänomen, das hinreichend erklärt wäre als lokal auftretende orthographische Variante, die in den Textablauf ein Stück weit hineingekommen ist und sich im Überlieferungsprozess etablieren konnte, weil die Namen in ihrer Orthographie nicht völlig festlagen. Angesichts des auch sonst beobachtbaren Schwankens der Namensformen verliert das Phänomen um Kapitel 28 seine Singularität. Wenn Namen im Jeremiabuch eine gewisse Schwankung bei der Schreibung aufweisen, auch außerhalb der Kapitel 27-29, ja ohne dass man sich deshalb zu literarkritischen Operationen genötigt fühlen müsste, dann ist

---

161 Keine Belege in folgenden Kapiteln:2, 4, 5, 6, 8, 9, 10, 12, 13, 16, 17, 23, 31, 48.
162 Es geht ja nur um die Schreibung oder Auslassung eines Vokalbuchstabens.

es angebracht, über alternative Erklärungsmöglichkeiten nachzudenken. Zwar
ist es im Text auffälliger, wenn sich der Name des Jeremia ändert, aber letztlich dürften auch in diesem Fall die abweichenden Formen das Maß dessen,
was an Schwankungen sonst zu beobachten ist, nicht übersteigen. Diese
Vermutung wird durch die Beobachtung einer Reihe von Namen der Tendenz
nach bestätigt. Die folgende Tabelle listet die Vorkommen der Namen Jeremia, Zedekia, Baruch ben Nerija, Gedalja und Ismael ben Netanja in den beiden Formvarianten im Jeremiabuch auf.

	Jeremia	Zedekia	Baruch b. Nerija	Gedalja	Ismael b. Netanja
-jahu	122	45	6	20	12
-ja	9	3	3	3	2

Abbildung 6: Vorkommen der Namen Jeremia, Zedekia, Baruch ben Nerija,
Gedalja, Ismael ben Netanja in den Formen mit -ja und -jahu

Führt man nun auf der Grundlage dieser Werte Fisher's exact test durch, wobei je zwei Namensverteilungen gegeneinander geprüft werden[163], ergeben
sich dabei die folgenden Werte:

	Jeremia	Zedekia	Baruch ben Nerija	Gedalja	Ismael ben Netanja
Jeremia					
Zedekia	1				
Baruch ben Nerija	0.03	0.04			
Gedalja	0.39	0.38	0.31		
Ismael ben Netanja	0.28	0.31	0.34	1	

Abbildung 7: Ergebnis von Fisher's exact test zur Frage, ob die Namen
Jeremia, Zedekia, Baruch ben Nerija, Gedalja, Ismael ben Netanja in den
Formen auf -ja und -jahu denselben Populationen entstammen.

Die Tabelle zeigt, dass z.B. die Namen „Jeremia" und „Zedekia" ebenso
gewiß einer Population angehören wie die Namen „Gedalja" und „Ismael ben
Netanja", die Namen schwanken in diesen Fällen in gleicher Weise zwischen

---

163 Bei diesem Test wurde jeweils der „2-tail" Wert gewählt. Der Test ist zu finden unter
   http://www.matforsk.no/ola/fisher.htm.

beiden Formen. Aber auch die anderen Namensverhältnisse sind so, dass man sie derselben Population problemlos zuordnen kann. Lediglich bei „Baruch ben Nerija" gibt es signifikante Abweichungen: Vergleicht man das Verhältnis der Formen dieses Namens mit den Verhältnissen, die sich bei „Jeremia" und „Zedekia" ergeben, so sagt Fisher's exact test, dass die Schwankung zwischen den Namensformen bei Baruch ben Nerija nur in 3 % bzw. 4 % der Fälle in Stichproben auftreten würden die man aus einer Population erhalten würde wie sie durch die Namen „Jeremia" bzw. „Zedekia" repräsentiert werden. Das könnte daran liegen, dass die Stichprobe „Baruch ben Nerija" gegenüber den Vergleichsproben („Jeremia" und „Zedekia") sehr klein ist: „Jeremia" und „Zedekia" sind unter den betrachteten Namen die häufigsten, „Baruch ben Nerija" dagegen ist dort der seltenste Name. Insgesamt scheint es so etwas wie eine konstante Schwankung zwischen den Namensformen zu geben, die bei fast allen Namen so ähnlich ausfällt, dass man zur Annahme unterschiedlicher Populationen nicht genötigt ist. Lediglich der am seltensten vorkommende Name „Baruch ben Nerija" zeigt gegenüber den häufigsten Namen „Jeremia" und „Zedekia" signifikante Abweichungen.

Eine Sichtung des Phänomens in seiner Gesamtheit lässt die Schwankungen bei den Namensformen erheblich weniger auffällig erscheinen, so dass es allein, als nunmehr einziges Argument, die Beweislast für die Sonderstellung von Kapitel 27-29 nicht mehr wird tragen können. Die Schwankungen in den Namensformen sind zudem, da es sich um rein orthographische Varianten handelt, als Schreibervarianten[164] gut vorstellbar. D.h., auch bei den unterschiedlichen Formen der jahwehaltigen Namen ist damit zu rechnen, dass die gemeinsame Geschichte der drei Kapitel, falls es sie gegeben hat, in eine Zeit gehört, in der am Text keine bewussten Änderungen mehr vorgenommen wurden. Jer 27-29 ist weitaus deutlicher durch das gemeinsame Thema verbunden. Daraus ist aber noch keine literarkritische Sonderstellung zu behaupten. Außerdem kann unter thematischen Gesichtspunkten auch Jer 26 nicht ausgeschlossen werden.

Die exemplarische Diskussion hat gezeigt, dass auch wohlakzeptierte literarkritische Argumente erhebliche Probleme bergen können. Unter diesem Aspekt gesehen, gewähren die oben durchgemusterten Merkmale[165] zwar noch immer keine völlige Sicherheit, erscheinen aber doch vertrauenswürdig genug, vielleicht vertrauenswürdiger als so manches geläufige literarkritisch verwendete Merkmal, wie z.B. die Phraseologie.

---

164 Mit einer solchen Möglichkeit rechnet auch Rudolph, aber nur für die seine These störenden Namen auf *-jahu* in Kapitel 27-29. Vgl. Rudolph (1958), S. 158.
165 Vgl. oben 3.4.2.2.

3.5 Vorbereitungen zur Clusteranalyse

3.5.1 Beschreibung der Clusteranalyse

Die Clusteranalyse ist eine multivariate Analysemethode, sie ist ein Schätzverfahren, das mehrere Variablen gleichzeitig in die Berechnung einbezieht.[166]. Die Entscheidung, bei den Untersuchungen dieser Arbeit die Clusteranalyse einzusetzen, wurde in zwei Schritten getroffen. Ausgangspunkt war die Erkenntnis, dass ein einziges Merkmal zur Kennzeichnung von Texten als Produkten eines Autors nicht ausreichend sein dürfte. Zusammen mit dem Wunsch, die Entscheidung so weit wie möglich auf konsequente und durchgängige Zählungen zu stützen, also statistisch zu argumentieren, führte das zu multivariaten Analysemethoden. Die bei Backhaus/Erichson/Plinke/Weiber vorgestellten Verfahren bildeten die Menge, aus der dann die konkrete Methode gewählt wurde. In die engere Wahl kamen schließlich Clusteranalyse und Diskriminanzanalyse. Letztere hat den Nachteil, dass man bei ihr die Zahl der Gruppen, auf die die Fälle verteilt werden sollen, vorher festlegen muss. Das erschien, auf die alttestamentlichen Texte bezogen, eine zu dominante Vorgabe, so dass am Ende die Clusteranalyse als dasjenige Verfahren übrig blieb, welches das Vorgehen der Literarkritik bei der „Quellenscheidung" am klarsten abbildet.

Wenn in dieser Arbeit von „der Clusteranalyse" gesprochen wird, so stellt dies eine starke Vereinfachung dar. Statistiker fassen mit diesem Begriff eine recht umfangreiche Gruppe von mathematischen Verfahrensweisen zusammen, die auf je unterschiedliche Weise „Fälle" aufgrund eines Vergleichs von „Variablen" zu Gruppen ordnen. In unserem konkreten Zusammenhang sollte die Clusteranalyse die Texte aufgrund der Merkmale sortieren, d.h. die Fälle sind die Texte, die Variablen die Merkmale.

Ein Punkt, an dem die verschiedenen Verfahren sich unterscheiden, oder zumindest unterscheiden können, ist die Weise, wie sie aus den in Zahlen gefassten Merkmalen oder Variablen eine Zahl ermitteln, die dann die Ähnlichkeit oder Unähnlichkeit der Fälle zueinander repräsentiert. Eine Reihe von Verfahren überlässt es dem Untersuchenden, sich für einen solchen Koeffizienten zu entscheiden[167]. Das in dieser Untersuchung gewählte Ward-Verfahren[168] lässt eine solche Wahl nicht zu, eine Darstellung der verschiedenen Ähnlichkeits- und Unähnlichkeitskoeffizienten ist darum entbehrlich. Wichtig zu wissen ist lediglich, dass ein Ähnlichkeits- oder Unähnlichkeits-

---

166 Für einen Überblick über verschiedene multivariate Analysemethoden vgl. Backhaus.
167 Vgl. Romesburg, S. 141 ff.
168 Siehe unten S. 121f; Vgl. Romesburg, S. 129-135; Backhaus, S. 292 ff.

koeffizient eine mathematische Formel ist, die aus den Zahlen, die als Variablen jeweils zwei Fälle charakterisieren, eine Zahl macht, die nun aussagt, wie ähnlich oder unähnlich die beiden Fälle einander sind.

Schon die Datenerhebung reduziert die Komplexität der Texte stark. Jeder Text wird nach der Datenerhebung repräsentiert durch eine Reihe von Zahlen, von denen jede die Häufigkeit oder Ausdehnung eines Merkmals im Text darstellt. Aus exegetischer Sicht mag es auf den ersten Blick empörend wirken, dass hier ein Text, z.B. 1 Kön 13,1-10 reduziert wird auf die Zahlenreihe (12, 12, 71, 15, 2, 11, 56, 11)[169]. Aber der Text ist damit ja nur zu einem bestimmten Zweck auf diese Merkmale reduziert. Die Literarkritik geht hier nicht anders vor: Auch Rudolph reduziert in seiner Diskussion der Sonderstellung von Jer 27-29 das ganze Jeremiabuch auf drei Merkmale, deren relative Häufigkeit er beobachtet. Hat man sich das einmal klargemacht, wird auch die zweite Reduzierung der Komplexität, die dazu führt, dass der Unterschied zwischen zwei Texten durch eine Zahl dargestellt wird, nicht mehr anstößig sein. Auf der Grundlage dieser Distanzwerte sortiert die Clusteranalyse die Texte zu Gruppen. Romesburg stellt das Prinzip des Verfahrens sehr anschaulich dar:

„ For example, if we gathered a set of pebbles from a stream shore, noted their attributes of size, shape and color, and sorted similar pebbles into similar piles, we would be physically performing a cluster analysis. Each pile of similar pebbles would be a cluster.
Mathematical methods of cluster analysis accomplish this mathematically. Instead of sorting real objects, these methods sort objects described as data. Objects with similar descriptions are mathematically gathered into the same clusters. In fact, if we cluster-analyzed a set of pebbles physically and then again by using a mathematical method of cluster analysis, we should obtain essentially the same clusters."[170]

Damit diese Darstellung von Romesburg keine bloße Behauptung bleibt, müssen wir die von der Clusteranalyse durchgeführte Prozedur wenigstens in ihren Konturen nachzeichnen.

Den Anfang bildet die Datenmatrix, deren Zustandekommen im nächsten Abschnitt näher durchdacht wird. In der Datenmatrix sind die Variablen zu jedem Fall verzeichnet[171]. Diese Datenmatrix hat die Form einer Tabelle, in der jede Reihe einen Fall darstellt, jede Kolumne eine Variable[172]. Aus der Datenmatrix errechnet man sodann für alle möglichen Paare von Fällen je ein

---

169 Vgl. unten, S. 198.
170 Romesburg, S. 2.
171 Zur Normierung der Daten siehe unten S. 126f.
172 Die Darstellung nimmt damit die Anordnung der Datenmatrix im Programm SPSS auf; bei Romesburg (S. 10) sind die Fälle zu Kolumnen, die Variablen zu Reihen geordnet. Die Matrix der Rohdaten ist auf S. 198 zu finden, die normierten Daten auf S. 199.

Distanzmaß (x_n) und bildet daraus die Distanzmatrix. Für eine Clusteranalyse mit den Fällen A, B, C, D, E sähe diese Matrix z.B. folgendermaßen aus:

	A	B	C	D	E
A					
B	x_1				
C	x_2	x_5			
D	x_3	x_6	x_8		
E	x_4	x_7	x_9	x_{10}	

Abbildung 8: Distanzmatrix

Die Felder in der oberen Hälfte der Tabelle enthalten spiegelbildlich dieselben Werte, wie die unterhalb der Diagonalen und bleiben unberücksichtigt. Die Felder auf der Diagonalen beziehen sich auf identische Paar, die natürlich auch unberücksichtigt bleiben.

Diese Distanzmatrix repräsentiert die Stufe 0 der Clusteranalyse, auf der jeder Fall ein eigenes Cluster bildet.

Als nächstes wird jetzt das Paar mit der geringsten Distanz ausgesucht und zu einem Cluster vereinigt. Dann wird eine neue Distanzmatrix errechnet, in der es nun vier Cluster gibt, nämlich eines, das zwei Fälle enthält und drei mit jeweils einem Fall. Erneut werden die beiden Cluster mit der geringsten Distanz vereinigt, so dass in unserem angenommenen ABCDE-Fall jetzt entweder ein Cluster mit drei und zwei mit einem oder zwei Cluster mit je zwei und eines mit einem entstanden sind. Nach dieser Vereinigung wird wieder die Distanzmatrix berechnet, die Cluster mit der geringsten Distanz werden vereinigt usw. bis aus allen Ausgangsclustern zum Schluss ein Cluster geworden ist, von dem nun bekannt ist, in welcher Reihenfolge, mit welcher Distanz und wie die Ausgangscluster - das waren die Fälle - zusammengeordnet wurden. Bei der Art der Zuordnung gibt es Unterschiede zwischen den einzelnen Verfahren, auf die hier aber nicht weiter eingegangen werden muss. Die Einzelheiten dazu sind in der Literatur zu finden[173].

Die Beschreibung dürfte klar gemacht haben, dass eine Clusteranalyse theoretisch auch mit „Papier und Bleistift" durchgeführt werden könnte, dass aber dafür doch eine große Menge an immer wieder analogen Rechenoperationen durchzuführen sind. Das erledigte bei dieser Untersuchung das Computerprogramm SPSS, auf das unten näher eingegangen wird. Dieses

---

173 Vgl. Backhaus, S. 280-303, zusammenfassend S. 298, Romesburg, S. 120-140; Brosius, S. 868-870.

Programm führt alle Rechnungen durch und formuliert das Ergebnis in einer bei diesem Verfahren üblichen Form, dem Dendrogramm.

Dendrogramme sind in dieser Arbeit immer horizontal angeordnet. Am linken Rand sind die Fälle aufgelistet. Das Dendrogramm zeigt die Verbindung mit einem anderen Cluster durch senkrechte Linien an. Je weiter links eine Verbindungslinie sich befindet, desto früher sind die Cluster verbunden worden, je weiter rechts desto später. So kann man sagen, dass im Großen und Ganzen die Ähnlichkeit, die zur Verbindung führt, von links nach rechts abnimmt; ganz am Schluss steht die Verbindung mit der größten Unähnlichkeit[174].

Die Dendrogramme werden vom Programm auf eine Standardgröße gebracht und mit einer Skaleneinteilung von 0 bis 25 versehen. Diese Skaleneinteilung spiegelt *nicht* die Zahlen der Distanzmatrix, aber die Abstände zwischen den Vereinigungsschritten sind maßstäblich eingetragen. Am Dendrogramm lässt sich damit ablesen, in welcher Reihenfolge die Cluster zusammengekommen sind, welche Fälle in ein Cluster gekommen sind und wie groß die relative Ähnlichkeit zwischen zwei vereinigten Clustern ist. Die Hauptschwierigkeit besteht darin festzulegen, wo auf der Skala zwischen 0 und 25 Ähnlichkeit in Unähnlichkeit umschlägt, oder an welcher Stelle der Baum „geschnitten" werden soll. Tut man dies weit links, so erhält man viele Cluster mit wenig Elementen, folglich eine geringere Strukturierung der ganzen Fallmenge, wobei aber die einzelnen Cluster eine größere Homogenität aufweisen. Schneidet man weiter rechts, so erhält man wenige Cluster mit mehr Elementen und wahrscheinlich geringerer Homogenität. Weiter links ist die interne Homogenität der Cluster größer, weiter rechts ist die Unterschiedlichkeit der Cluster zueinander größer. Man muss im Einzelfall entscheiden, was wichtiger ist, und entsprechend das Dendrogramm verwenden und interpretieren.

Daran wird sichtbar, dass die Clusteranalyse ein Schätzverfahren ist, auch wenn es möglich ist, die Distanzwerte zu berechnen[175]. Die „klassische" Literarkritik ist, auf dem Hintergrund der Clusteranalyse betrachtet, ein Schätzverfahren, bei dem die Intuition eine beherrschende Rolle spielt. Die Intuition wird sich auch bei der Clusteranalyse oder anderen statistischen Vorgehensweisen nicht eliminieren lassen - wozu auch? Die Orientierung an statistischen Regeln in der Argumentation verpflichtet aber dem Untersuchenden dazu, im Umfeld der Entscheidungsfindung konsequent und durchgängig zu beobachten, sie verpflichtet ihn, jeden Text, der in der Untersuchung zur Debatte steht, mit denselben Kriterien und unter demselben Blickwinkel zu be-

---

174 Das Ward-Verfahren löst einmal gebildete Gruppen nicht wieder auf. Zu den Problemen dieses Vorgehens Romesburg, S. 135.

175 In dieser Untersuchung wird darauf verzichtet, um nicht den Eindruck einer Art von Genauigkeit zu erwecken, die so gar nicht gegeben ist.

urteilen. Das kann dazu führen, dass die Ergebnisse weniger profiliert wirken als traditionell gewonnene. In gewisser Hinsicht ist die oben diskutierte Statistik der Namen, die Rudolph verwendet und die sich, unter etwas anderem Blickwinkel betrachtet und sobald die Faszination durch das lokale Phänomen etwas abgeblendet wird, in ihrer einlinigen und scharf konturierten Bedeutsamkeit relativiert, ein Beispiel für diesen Unterschied im Profil der Ergebnisse. Statistische Argumentation wird aber Ergebnisse hervorbringen können, bei denen der Entscheidungsweg transparenter wird vor den Augen des Lesers, dem allerdings abverlangt werden muss, dass er sich auf die dem Exegeten des AT möglicherweise ungewohnten Regularien statistischen Argumentierens einlässt.

Im Falle der hier unternommenen Clusteranalysen wird man kein allzu scharf konturiertes Ergebnis erwarten können: Mit acht beobachteten Merkmalen ist die Zahl der Variablen, die für die Clusteranalyse maximal so groß sein darf wie die Zahl der Fälle minus eins, deutlich niedriger als möglich wäre. Aber das war ja eines der Zugeständnisse, die an den experimentellen Charakter der Untersuchung gemacht wurden. Die geringe Zahl der Variablen lässt die Untersuchung besonders bei der Kontrolle in einem überschaubaren Rahmen bleiben. Erkauft wird diese Kontrollierbarkeit mit einem Verlust an vielleicht möglicher Kontur. Vielleicht möglich, denn die Effektivität der verwendeten Merkmale ist sowenig noch erwiesen, wie es andere, in ihrer Effektivität wirklich ausgewiesene Merkmale, gäbe. Aber immerhin sind die unterscheidenden Merkmale als zentrales Problem der Zuordnung zu Quellen beschrieben. Das ist ein Gewinn, den die Disziplin des Zählens nebenher abgeworfen hat. Die Merkmale, die eine Quellenschicht von einer anderen unterscheiden, haben wesentlich mehr Aufmerksamkeit und systematische Erprobung verdient als ihnen bisher zuteil wurde.

Angesichts der Grobkörnigkeit des zu erwartenden Ergebnisses wird man Aussagen am ehesten am äußersten rechten und am äußersten linken Rand des Dendrogrammes machen können. Wegen der Unschärfe, die das Ergebnis unter den beschriebenen Voraussetzungen haben wird, sind wahrscheinlich nur die Bereiche größter Ähnlichkeit und größter Unähnlichkeit aussagekräftig. Bei der Deutung der Dendrogramme kann das Textkorpus, das einige Texte enthält, die nicht dem Jeremiabuch entstammen, das Maß der tatsächlichen Ähnlichkeit abschätzen helfen, denn wir gehen davon aus, dass die einzelnen Bücher, aus denen die Texte stammen, von unterschiedlicher Herkunft sind.

Nachdem die Funktionsweise des Verfahrens dargelegt und eine Vorabschätzung der Ergebnisse getroffen ist, muss zur Vervollständigung noch Rechenschaft abgelegt werden über die verwendete Literatur zur Clusteranalyse, das verwendete Programm und das spezielle Verfahren, das für die Clusteranalyse ausgewählt wurde.

Da an dieser Stelle Methoden behandelt werden, die in der Exegese des AT bisher unüblich sind, scheint es mir sinnvoll, die verwendete Literatur nicht nur im Literaturverzeichnis aufzulisten, sondern kurz vorzustellen. Es sind dabei nur solche Werke zu nennen, in denen Informationen zur Clusteranalyse zu finden sind und die zugleich so geschrieben sind, dass sie für statistische Laien verständlich sind.

Das Werk „Multivariate Analysemethoden. Eine anwendungsorientierte Einführung" wurde in zwei Auflagen verwendet. Die ältere[176] bietet eine geringere Zahl an unterschiedlichen Methoden, ist aber zum Einstieg gut geeignet, da sie ausführlich und sehr anschaulich erklärt. Die neuere siebte Auflage[177] enthält im Text zur Clusteranalyse weitere statistische Informationen, auf die man anfangs gerne verzichtet, die aber, wenn die Vorgehensweise grundsätzlich klar geworden ist, sehr nützlich werden.

Romesburgs „Cluster Analysis for Researchers" vereint diesen zweistufigen Zugang in einem Buch. Er gibt zuerst eine grundlegende Beschreibung „der" Clusteranalyse und reicht dann in späteren Kapiteln die Einzelheiten zu verschiedenen Themen nach. Romesburgs Buch ist leicht verständlich geschrieben und ist nicht zuletzt interessant durch die vielen Fallbeispiele für Anwendungsmöglichkeiten der Clusteranalyse.

Der besondere Nutzen des Buches von Brosius/Brosius liegt darin, dass es u.a. die Clusteranalyse für Benutzer des Statistikprogramms SPSS beschreibt.

Das Statistikpaket SPSS wurde für die statistische Untersuchung verwendet. Es ist ein Programm, das sich schon seit langem auf dem Markt bewährt hat. Bereits Radday & al. haben dieses Programm verwendet, das damals allerdings noch keine Möglichkeit bot, Clusteranalysen zu erstellen, und das natürlich nur auf Großrechnern Verwendung fand. Heutige Versionen des Programms können auf dem PC installiert werden. Die Untersuchungen dieser Arbeit wurden sämtlich auf einem solchen Computer durchgeführt. Weder für die maschinell durchgeführten Konkordanzrecherchen[178] noch für die statistischen Untersuchungen war der Einsatz eines Großrechners nötig.

Innerhalb der vom Programm angebotenen Möglichkeiten für die Clusteranalyse wurde das Ward-Verfahren für die Untersuchung ausgewählt. Dieses Verfahren verwendet als Distanzmaß die quadrierte euklidische Distanz[179],

---

176 Von C. Schuchard-Ficher, K. Backhaus, U. Humme, W. Lohrberg, W. Plinke, W. Schreiner.

177 Von K. Backhaus, B. Erichson, W. Plinke, R. Weiber. Im folgenden zitiert als „Backhaus"

178 Hierfür wurde das Programm „Accordance" verwendet.

179 Die quadrierte euklidische Distanz ist ein Distanzmaß, dass auf dem Satz des Pythagoras basiert. Die beiden zu verbindenden Elemente als Punkte in einer Ebene gedacht, lässt sich deren Distanz durch die Verbindungsstrecke zwischen den Punkten darstellen; diese kann „zerlegt" werden in zwei Strecken, die jeweils parallel zu den

ein anderes Distanzmaß ist bei diesem Verfahren nicht möglich. Für den in Clusteranalysen geübten Statistiker ist das ein Nachteil, schränkt es doch die Möglichkeit, das Verfahren den speziellen Gegebenheiten anzupassen, ein. Für den hier unternommenen ersten experimentellen Einsatz der Clusterana-lyse war diese Beschränkung eher eine Erleichterung, weil sie weitere Ent-scheidungen zur Prozedur überflüssig machte.

Der wichtigste Grund für die Entscheidung für das Ward-Verfahren war eine bei Backhaus referierte Arbeit, derzufolge „das Ward-Verfahren im Vergleich zu anderen Verfahren in den meisten Fällen sehr gute Partitionen findet und die Elemente ‚richtig' den Gruppen zuordnet."[180] Das Ward-Verfahren bildet Gruppen so, dass bei der Fusionierung die Veränderung der Gruppe möglichst gering ist, die Gruppen also sehr homogen sind. Backhaus bezeichnen das Verfahren als „sehr gute(n) Fusionierungsalgorithmus", aller-dings nur dann, wenn

„- die Verwendung eines Distanzmaßes (inhaltlich) sinnvolles Kriterium zur Ähnlichkeitsbestimmung darstellt;

- alle Variablen auf metrischem Skalenniveau gemessen wurden;

- keine Ausreißer in einer Objektmenge enthalten sind, bzw. vorher elimi-niert wurden;

- die Variablen unkorreliert sind;

- zu erwarten ist, dass die Elementzahl in jeder Gruppe ungefähr gleich groß ist;

- die Gruppen in etwa gleiche Ausdehnung besitzen"[181]

Die letzten vier Bedingungen werden an späterer Stelle weiter überdacht werden müssen, wobei die Frage, ob die Variablen korreliert sind, in einem eigenen Untersuchungsschritt geprüft werden muss[182].

3.5.2 Datenerhebung

Mosteller und Wallace beschreiben nicht nur ihre eigene Erfahrung mit Datenerhebungen mit den Worten „their first frustration was the discovery of an important empirical principle - people cannot count, at least not very high."[183]

Koordinatenachsen der Ebene liegen und (folglich) aufeinander senkrecht stehen. Die entstandene Figur ist ein rechtwinkliges Dreieck, dessen Hypothenuse die gewünschte Distanz darstellt Vgl. Brosius, S. 882.
180 Vgl. Backhaus, S. 298.
181 Vgl. Backhaus, S. 298 f.
182 Siehe unten 3.6.2. und 3.6.3.2.
183 Mosteller/Wallace, S. 7.

Schon die Einsicht in diese Tatsache motiviert dazu, dem eigentlich doch recht schlichten Vorgang des Zählens der Merkmale sorgfältige Beachtung zu widmen: Es gilt Vorkehrungen zu treffen gegen die menschliche Schwäche. Aber damit noch nicht genug: Nicht nur der Zählvorgang muss in einer Form durchgeführt werden, der Fehler vermeiden hilft, es muss zuvor festgelegt werden, was genau und wie gezählt werden soll, und es muss schließlich für die Vergleichbarkeit der erhobenen Zahlen gesorgt werden. Über all das soll der folgende Abschnitt Rechenschaft ablegen.

Um bei den größten Einheiten der Untersuchung zu beginnen, findet die Datenerhebung innerhalb der abgegrenzten „Fälle" statt, das sind die Texte 1 Kön 13,1-10; 1 Kön 13,11-18; 1 Kön 13,19-25; 1 Kön 13,26-32; Ez 13,1-16; Ez 13,17-23; Jer 7,1-8,3; Jer 20,1-6; Jer 20,7-18; Jer 26,1-9; Jer 26,10-16; Jer 26,17-19; Jer 26,20-23; Jer 27,1-11; Jer 27,12-15; Jer 27,16-22; Jer 28,1-11; Jer 28,12-17; Jer 29,1-3; Jer 29,4-9; Jer 29,10-14; Jer 29,16-20[184]; Jer 29,21-23; Jer 29,24-32. Jeder dieser Fälle stellt eine Einheit dar, für die ein Datensatz erstellt wird[185]. Die Texte werden repräsentiert durch den unveränderten Haupttext der Biblia Hebraica Stuttgartensia, eine Textkritik wurde nicht durchgeführt. Für diese arbeitsökonomische Entscheidung waren zwei Überlegungen wesentlich: 1. Es gibt in den Textabschnitten keine so großen Abweichungen in der Texttradition, dass man annehmen müßte, eine Entscheidung für eine andere Texttradition an der einen oder anderen Stelle hätte ein anderes Ergebnis erbracht[186]. 2. Diese Arbeit ist eine Pilotstudie zu literarkritischen Methoden, kein Kommentar zu den betreffenden Texten.

Diese nun näher bestimmten Texte werden in Sätze eingeteilt, und für jeden Satz wird eine Phrasenstrukturanalyse erstellt, so dass die verschiedenen Funktionen, die jedes Wort im Satz hat, sichtbar werden. Als Beispiel für eine solche Analyse der Phrasenstruktur wird der bereits behandelte Satz Jer 28,12[187] in *Abbildung 9* analysiert dargestellt.

In diesem Satz wird z.B. das Wort הנביא (הנניה) auf einer der ersten Analysestufen als Teil einer Adverbiale mit Präposition bestimmt, dann wird die Satzhaftigkeit dieser Fügung erkannt, הנביא wird Teil des Subjektes des untergeordneten Satzes und wird dann als Apposition zum Eigennamen Hananja bestimmt. In unserer Untersuchung würde die Analyse an dieser

---

184 Jer 29, 15 wurde nicht einbezogen, weil der Vers sich weder dem vorangehenden noch dem nachfolgenden Abschnitt eindeutig zuordnen ließ.

185 Im Verlauf der Untersuchung werden Fälle mit weniger als 100 Wörtern ausgeschlossen. Das ist der Grund dafür, dass die aufwendig zu erhebenden lexikalischen Daten für diese Texte nicht ermittelt wurden. Vgl. unten, S. 198f.

186 Vgl. dazu auch unten zu Ez 13, 1-16, 3.6.3.5.

187 Siehe oben S. 103.

Stelle Halt machen, da das Wort in ihr die unterste Einheit darstellt[188], wenngleich die Einheit הנביא noch weiter analysiert werden könnte.

Ein paar Fragen, die an dieser Stelle möglicherweise auftauchen, sollen gleich beantwortet werden. Die Schwierigkeit der Begrenzung eines Satzes, auf die oben hingewiesen wurde[189], stellt kein Problem dar, weil nur Elemente unterhalb der Satzgrenze gezählt werden. Der einzige Fall, in dem dennoch Auswirkungen zu erwarten wären, sind die mit לאמר eingeleiteten Reden. Dieses Problem wird durch Festlegung einer Regel gelöst: Durch לאמר eingeleitete Rede wird als syntaktisch unabhängig vom לאמר behandelt, das לאמר selbst wird als ein „erstarrtes" Element mit textgrammatischer, über den Satz hinausgehender Funktion angesehen. Wie לאמר werden auch andere Elemente, die dazu dienen, den ganzen Satz in Relation zu anderen Textbestandteilen zu bringen, als „makrosyntaktische Elemente" registriert, aber nicht gezählt.

Gezählt werden alle Wörter, die unter ein Merkmal fallen. Im Beispiel Jer 28,12 sind so alle Wörter zwischen אחרי und לאמר Teil einer Adverbiale mit Präposition, sie sind zugleich aber auch Teil von z.B. Constructusverbindungen usw. und werden dort ebenfalls gezählt. Mehrfachzählungen innerhalb derselben Kategorie sind dabei aber ausgeschlossen.

Die Zählregeln für die syntaktischen Merkmale sind im Einzelnen folgende: Bei Adverbialen mit Präposition wird die Präposition nicht mitgezählt, weil die proklitischen Präpositionen sonst Verzerrungen bzw. Inkonsequenzen hervorrufen würden: Da die proklitischen Präpositionen mit dem ersten Wort der präpositionalen Fügung ein Wort bilden, müsste man sonst ein Wort doppelt zählen. Bei Constructusverbindungen werden alle Wörter im status constructus gezählt, bei Attributen nur das Attribut selbst, nicht das Bezugswort, und entsprechend wird auch bei Appositionen gezählt. Die Adverbialen ohne Präposition werden vollständig gezählt. Alle syntaktischen Merkmale wurden manuell gezählt, ohne den Computer für die eigentliche Zählung einzusetzen. Um das damit auftauchende Problem menschlicher Zählschwäche im Schach zu halten, wurden immer nur kleine Textmengen gezählt. Die Texte wurden in Tabellenform vorbereitet, so dass jeweils ein Wort in einer Zeile stand. Auf jeder Textseite befanden sich zwischen 26 und 35 Wörter. Die zu zählenden Wörter wurden durch Ankreuzen in Spalten markiert, dann wurden seitenweise die Kreuze gezählt und unter der letzten Textzeile in der jeweiligen Spalte notiert. Die Zahlen,

---

188 Unter einem Wort verstehe ich eine Folge von Schriftzeichen, die durch Spatium oder Maqqef von anderen Gruppen von Schriftzeichen getrennt ist. So auch Stipp (1992), S. 124, Anm. 40.

189 Siehe oben S. 102.

Phrasenstruktur von Jer 28,12 (ohne לֵאמֹר)

הַנָּבִיא	יִרְמְיָה	צַוַּאר	מֵעַל	הַמּוֹטָה	אֶת־	הַנָּבִיא	חֲנַנְיָה	שְׁבוֹר	אַחֲרֵי	יִרְמְיָה	אֶל־	יְהוָה	דְּבַר־	וַיְהִי
N+Art	Nprop	Ncs	Präp	N+Art	Präpna	N+Art	Nprop	VInf	Präp	Nprop	Präp	Nprop	Ncs	Vfin
NPdet				NPdet		NPdet								
NPAppV		NPCsV				NPAppV						NPCsV		
NPAdv				NPdirObj		NPSub		NPPräd		NPAdv		NPSub		VPpräd
(Satz?) NPAdv														
Satz														

Abbildung 9: Phrasenstruktur von Jer 28,12.
Adv = Adverbiale, App = Apposition, AppV = Appositionsverbindung, Art = Artikel, cs = constructus, CsV = Constructusverbindung, det = determiniert, dirObj = direktes Objekt, fin = finitum, Inf = Infinitiv, N = Nomen, na = nota accusativi, NP = Nominalphrase, Präd / präd = Prädikat / prädikativ, Präp = Präposition, prop = proprium, Sub = Subjekt, V = Verbum, VP = Verbalphrase.

die so gezählt wurden, blieben zumeist unter 10, ein Bereich, in dem noch nicht mit nennenswerten Zählfehlern gerechnet werden muss.

Für die Zählung bei den lexikalischen Merkmalen „Wortschatz" und „seltene Wörter" wurden die Texttabellen so bearbeitet, dass in jeder Zeile das Lexem stand, alle Affixe wurden entfernt, ausgefallene Konsonanten eingefügt. Mit der Sortierfunktion des Textverarbeitungsprogramms und durch Löschen mehrfach vorkommender Lexeme wurde die Tabelle solange reduziert, bis jedes Lexem nur noch einmal dastand. Der „Wortschatz" wurde durch das Textverarbeitungsprogramm maschinell gezählt. Ausgehend von dieser Wortschatztabelle wurden die „seltenen Wörter" mit Hilfe des Konkordanzprogrammes „Accordance" ermittelt, deren Zählung erfolgte manuell[190]. Für das Merkmal „Vorkommen der Präposition Beth" wurde das Register in Jennis Buch „Die hebräischen Präpositionen. Band 1: Beth" verwendet.

Die Zahlen wurden dann auf einem Datenblatt zusammengestellt, so dass alle Zahlen für einen Text nun auf einem Blatt tabellarisch zusammengestellt waren. Dabei wurde für jede Textseite auch die Zahl der darauf befindlichen Wörter notiert. Vom Datenblatt wurden die Daten in das Eingabefeld von SPSS eingegeben, alle weiteren Rechnungen besorgte der Computer, der aus den Daten zunächst die Rohdaten ermittelte.[191]

Hätten diese Rohdaten die Grundlage der Analyse gebildet, so wäre das Ergebnis unbrauchbar gewesen. Die Texte sind unterschiedlich lang, und darum mussten die Daten normiert werden, um sie vergleichbar zu machen. Dafür wurden die Rohdaten jeweils durch die Wortzahl des betreffenden Textes dividiert. Auch diese Rechnung erledigte selbstverständlich das Statistikprogramm. Die entstandenen normierten Daten[192] geben reine Maßzahlen für die durchschnittliche Häufigkeit des jeweiligen Phänomens je Wort im Text wieder. Multipliziert man die normierten Daten mit 100, so erhält man den prozentualen Anteil des Merkmals am Text. Diese Zahlen stehen in der Eingabetabelle von SPSS zusammen mit allen anderen bisher eingegebenen und errechneten Zahlen.

Sicherheitshalber wurden die Daten für die Clusteranalyse noch einer weiteren Normierung unterzogen: Wenn bei einer Datenerhebung Variablen ermittelt werden, deren Werte eine sehr unterschiedlich Streubreite haben, so wird dadurch das Ergebnis verzerrt[193]. Die unterschiedliche Streubreite der Daten könnte bei einer Clusteranalyse dazu führen, dass eine Variable das

---

190 Dabei wurde jedes der „seltenen Wörter" je Text nur einmal gezählt.
191 Tabelle im Anhang S. 198.
192 Tabelle im Anhang S. 199.
193 Als Beispiel für Daten mit unterschiedlicher Streubreite kann man sich z.B. vorstellen, es würden die Größe von Menschen in cm und ihr Einkommen in DM nebeneinander als Variablen verwendet.

Ergebnis überproportional beeinflusst. Um dem vorzubeugen, wurden die z-Werte gebildet, welche die normierten Daten sämtlich auf eine „gleich lange Skala" projizieren.

3.6 Durchführung der Clusteranalyse

Mit den erhobenen Daten wurden im Rahmen einer Vorstudie eine ganze Reihe von Clusteranalysen durchgeführt, wobei unterschiedliche Kombinationen von Merkmalen zur Anwendung kamen und auch andere Methoden neben dem Ward-Verfahren ausprobiert wurden. Diese Vorstudie diente vor allem dem Vertrautwerden mit Programm und Verfahren. Jedes der Analyseergebnisse wurde daraufhin durchgesehen, ob es an einer Stelle Gruppenbildungen hervorgebracht hätte, die mit bestehenden Zuordnungen konvergieren oder divergieren; es wurde dabei immer gefragt, ob irgendwelche Gründe für dieses Ergebnis erkennbar wurden, oder ob die Texte selbst die entstandenen Gruppierungen einleuchtend erscheinen ließen. Für Statistiker könnte das so aussehen, als wäre so lange probiert worden, bis das erwünschte Ergebnis erreicht wurde. Tatsächlich sollte erkundet werden, welche Änderungen beim „input" zu welchen Änderungen beim „output" führen und unter welchen Bedingungen Ergebnisse entstehen, die den auf konventionellem Wege gewonnenen ähneln. Die Analysen brachten eine so verwirrende Menge an Gruppierungen hervor, dass als erstes der Eindruck völliger Willkür entstand. Dieser Eindruck relativierte sich indes sehr bald. Bei genauerem Vergleich stellte sich nämlich heraus, dass es bereits in diesem Stadium möglich war, an einigen Stellen klare Tendenzen wahrzunehmen. So fielen Jer 26,1-9 und Jer 26,10-16 fast immer in unterschiedliche Cluster, umgekehrt waren 1 Kön 13,11-18 und 1 Kön 13,19-25 notorisch sehr nahe beieinander. Die Ergebnisse im einzelnen darzustellen ist allerdings nicht sinnvoll, denn im Verlauf der Untersuchung wurden Probleme erkennbar, die dann behoben werden konnten. Am Ende wurde ein Weg gefunden, die Clusteranalyse durch eine begründbare Steuerung der Rahmenbedingungen zu recht stabilen Ergebnissen zu führen. Der Weg dorthin soll im Folgenden beschrieben werden.

3.6.1 Ausschluss aller Texte mit weniger als 100 Wörtern

Bereits nach den ersten Analysen wurde deutlich, dass einige Texte zu konstantem Verhalten neigen, andere dagegen wenig Stabilität zeigen. Besondere Auffälligkeiten waren bei den kurzen Texten des Textkorpus zu beobachten. Bei Jer 26, 17-19 und Jer 26, 20-23 sah das zunächst so aus, als würden sie durch die Clusteranalyse klar einer gemeinsamen Herkunft zugeordnet. Weitere Untersuchungen ließen Zweifel an der Richtigkeit dieser Deutung aufkommen, die Möglichkeit einer Erklärung durch den Funktionalstil - Ähnlichkeit der Textsorte also - rückte in den Vordergrund. Am Ende setzte sich die Einsicht durch, dass die Besonderheiten von Jer 26,17-19 und Jer 26,20-23 nicht abgelöst vom Verhalten anderer, ähnlich kurzer Texte beurteilt werden dürfen. Das führte zu der Entscheidung, die kurzen Texte auszuschließen.

Vielleicht wird es einmal möglich sein, auch über so kurze Texte Aussagen zu machen. Dafür müsste man aber erheblich mehr über die effektiven Merkmale wissen und sicherer entscheiden können, welche Merkmale für welche Herkunftsgruppe noch bei derartigen Texten trennscharfe und korrekte Ergebnisse erbringen. Davon sind wir heute noch weit entfernt.

Für den Ausschluss sprachen zwei weitere Wahrnehmungen: Unter den stilstatistischen Untersuchungen zu Autorenfragen, die im Umfeld dieser Untersuchung rezipiert wurden, gab es keine, die es gewagt hätte, mit derartig kurzen Texten zu operieren. Das allein wäre noch kein ausreichender Grund, wenngleich das Konzept dieser Untersuchung es ratsam erscheinen lässt, eher zu Unrecht Texte auszuschließen, als Schlüsse aus Analysen zu ziehen, die nicht aussagekräftig sind, weil sie die fraglichen Texte einschlossen. Hinzu kam eine Beobachtung, die an anderen Texten in einem anderen Zusammenhang gemacht wurde. Die Häufigkeit der Präposition Beth in den Elihureden des Hiobbuches (Hi 32-37) wurde erhoben. Die Elihureden haben einen Umfang von 1300 Wörtern. Gezählt wurde in Blöcken mit ca. 100 Wörtern. Bei Abschnitten dieser Größe war die Abweichung der Raten gegenüber der Rate des Gesamttextes gravierend. Auch bei einer Abschnittslänge von 200 Wörtern ergaben sich noch deutliche Schwankungen. Erst ab einer Textgröße von 300 Wörtern repräsentierten die Texte die Rate des Gesamttextes zufriedenstellend. Bei den Analysen des Textkorpus wurde, mit einem gewissen Optimismus, angenommen, dass die Schwankungen bei einem einzelnen Merkmal nicht zu stark ins Gewicht fallen, wenn mehrere Merkmale gleichzeitig herangezogen werden. Das Vertrauen auf derartige Effekte war nicht zuletzt deshalb nötig, weil ein Ausschluss aller Texte mit weniger als 300 Wörtern das Textkorpus auf Jer 7,1-8,3 hätte zusammenschrumpfen lassen, was jede weitere Untersuchung erübrigt hätte. Auch bei einer Beschränkung auf Texte mit 200 und mehr Wörtern wäre die Situation kaum besser gewesen: Außer Jer 7,1-8,3 wären nur noch Jer 28,1-11 und Ez 13,1-16 in dieser Kategorie vertreten gewesen. Darum wurden nur die sehr kurzen Texte nicht berücksichtigt. Dass dabei Jer 29,16-20 mit 92 Wörtern ausgeschlossen, Jer 28,12-17 mit 101 Wörtern dagegen einbezogen wurde, gehört zu den üblichen Folgen solcher Grenzziehungen. Eine andere Grenze hätte ähnliche Randphänomene hervorgerufen. Die meisten ausgeschlossenen Texte haben deutlich weniger als 100 Wörter[194]: Jer 26,17-19 (64); Jer 26,20-23 (69); Jer 27,12-15 (72); Jer 29,1-3 (54); Jer 29,4-9 (87); Jer 29,10-14 (82); Jer 29,16-20 (92); Jer 29,21-23 (65). Der Ausschluss dieser Texte führte zu einer gewissen Konsolidierung der Ergebnisse. Nun zeichnete sich ab, dass zwei Gruppen entstanden, deren Mitglieder jeweils einigermaßen, wenn auch nicht völlig konstant blieben.

3.6.2 Korrelation zwischen Merkmalen

Führt man eine Clusteranalyse durch, so sollen, wenn man das Ward-Verfahren einsetzt, die Variablen nicht korreliert sein. Um das zu gewährleisten, wird bei umfangreicheren Untersuchungen mit vielen Fällen und vielen Variablen zuerst untersucht, ob unter den Variablen solche sind, die miteinander korrelieren, d.h. die voneinander abhängig sind. Dafür wird gewöhnlich eine Faktorenanalyse vorgenommen. Das ist ein weiteres multivariates Verfahren[195]. Die Faktorenanalyse setzt jedoch voraus, dass die Variablen normalverteilt sind. Das ist bei unseren stilistischen Merkmalen sicher nicht der Fall, sie sind vielmehr binomialverteilt. So wird man nach anderen Wegen suchen müssen, auf denen es möglich ist, Aussagen über Korrelationen zwischen den Variablen vorzunehmen.

In gewisser Hinsicht wird man ohnehin sagen müssen, dass alle Phänomene einer Sprache korreliert sind. Aber ebenso sind ja auch alle anderen Phänomene der Wirklichkeit, die Eingang in unsere Wahrnehmung finden, korreliert - so gesehen wäre eine Clusteranalyse nie durchführbar. Die Sicht, in der alle Phänomen einer Sprache korreliert sind, ist letzlich ähnlich extrem wie die, in der alle Phänomene der Wirklichkeit korreliert sind. Korrelation ist offenbar kontextabhängig.

Sieht man sich die Merkmale auf mögliche innere Beziehungen hin an, so könnte am ehesten bei den Merkmalen „Beth" und „Adverbiale mit Präposition" ein Zusammenhang bestehen. Es geht bei der Frage nach der Korrelation allerdings um realiter auftretende Beziehungen, nicht um solche, die sinnvoll erscheinen. Um an dieser Stelle mehr Gewissheit zu erreichen, wird als erstes eine Clusteranalyse der Merkmale vorgenommen. Die Untersuchung folgt darin der Darstellung von Romesburg, der ein solches Vorgehen empfiehlt[196]. Das Ergebnis dieser Clusteranalyse zeigt die folgende Abbildung (*Abb. 10*)

---

194 In Klammern steht jeweils die Wortzahl des Textes.
195 Beschreibung der Faktorenanalyse bei Backhaus, S. 188 ff.
196 Vgl. Romesburg, S. 35 f.

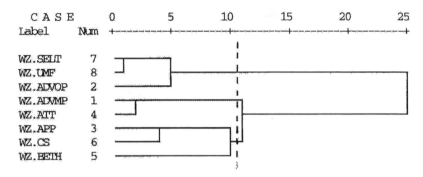

Abbildung 10: Clusteranalyse der Variablen zur Feststellung von Korrelationen. Die verwendeten Siglen entsprechen folgenden Merkmalen: WZ.SELT = „seltene Wörter"; WZ.UMF = Wortschatzumfang; WZ.ADVOP = Adverbiale ohne Präposition; WZ.ADVMP = Adverbiale mit Präposition; WZ.ATT = Attribut; WZ.APP = Apposition; WZ.CS = Constructus; WZ.Beth = Beth.

Das Dendrogramm zeigt Ähnlichkeiten zwischen den Variablen. Dabei handelt es sich nicht notwendig um logische Beziehungen, sondern um Beziehungen, die in den verwendeten Datensätzen vorhanden sind. Es ist ratsam, die Variablen so auszuwählen, dass sie aus verschiedenen Clustern der Analyse der Variablen stammen. Wird der Baum an der bezeichneten Stelle (gestrichelte Linie) geschnitten, so erhält man drei Cluster: 1. „seltene Wörter", „Wortschatzumfang" und „Adverbiale ohne Präposition", 2. „Adverbiale mit Präposition", „Attribut" und 3. „Apposition", „Constructus" und „Beth". Als besonders ähnlich entpuppen sich die beiden Wortschatzvariablen.

Die Entscheidung, den Baum so zu schneiden, dass drei Cluster entstehen und nicht vielmehr zwei - was der Fall gewesen wäre, wenn noch ein Stück weiter rechts geschnitten worden wäre – ergibt sich letztlich aus der Tatsache, dass eine Clusteranalyse mit nur zwei Merkmalen ein unsinniges Unternehmen gewesen wäre. Diese Entscheidung kann nicht weiter begründet werden. Wo bei einer Clusteranalyse der Baum geschnitten wird, ist immer eine Ermessensfrage, und entsprechend wird die Frage, wie viele Cluster entstehen, vom Analysanden entschieden. Sie ergibt sich nicht von selbst aus der Analyse. Es zeigte sich allerdings, dass die Ergebnisse bei der Clusteranalysen der Fälle deutlich stabiler wurden, wenn die Variablen so gewählt wurden, dass sie, bezogen auf die drei-Cluster-Lösung bei der Analyse der Merkmale, aus unterschiedlichen Clustern stammten.

3.6.3 Clusteranalysen zu den Texten

3.6.3.1 Zum Verständnis der Dendrogramme

Da für die folgenden Einschätzungen das Lesen der Dendrogramme vorausgesetzt wird, soll am Beispiel von Analyse Nummer 19[197] gezeigt werden, wie die Gruppenbildung aus dem Dendrogramm abgelesen wird.

In Analyse Nummer 19 werden die Texte sortiert unter Berücksichtigung der Merkmale „Attribut", „Adverbiale ohne Präposition" und „Constructus". Dieser Analyse kann gegenüber anderen kein Vorzug gegeben werden, weil es kein Argument gibt, das dafür spräche, dass Analyse 19 eher richtig ist als eine andere. Sie dient lediglich als Beispiel zu Demonstrationszwecken, jede andere der nicht ausgeschlossenen Analysen könnte ebenso gut verwendet werden.

Die Entwicklung der Cluster ist von links nach rechts zu lesen, die rechts neben den Textsiglen erscheinenden Zahlen bezeichnen die jeweilige Nummer des Textes in der Input-Datei, sind also für das Verständnis des Dendrogrammes belanglos, weil die Anordnung in der Input-Datei keinerlei Einfluss auf das Ergebnis hat.

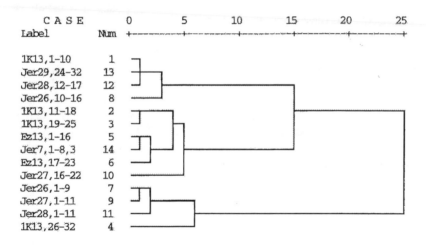

Abbildung 11: Analyse Nummer 19. Ward – Verfahren, verwendete Merkmale: Attribut, Adverbiale ohne Präposition, Constructus.

---

197 Die Dendrogramme sind im Anhang vollständig wiedergegeben. Die im Text verwendete Numerierung bezieht sich auf die im Anhang mit den Dendrogrammen verbundenen Nummern.

Auf der ersten Ebene der Vereinigung verbindet die Analyse diejenigen Texte, die einander am ähnlichsten sind. Auf dieser Ebene bilden sich vier Subcluster:

1. 1 Kön 13,1-10 mit Jer 29,24-32 und Jer 28,12-17,
2. 1 Kön 13,11-18 mit 1 Kön 13,19-25,
3. Ez 13,1-16 mit Jer 7,1-8,3 und
4. Jer 26,1-9 mit Jer 27,1-11.

Auf der nächsten Stufe werden die Subcluster 3 und 4 um je eine Text erweitert: Subcluster 3. enthält nun Ez 13,1-16, Jer 7,1-8,3 und Ez 13,17-23; Subcluster 4 enthält Jer 26,1-9, Jer 27,1-11 und Jer 28,1-11. Die anderen Subcluster bleiben unverändert, drei Texte sind in den Vereinigungsprozess noch nicht einbezogen (Jer 26,10-16, Jer 27,16-22, 1 Kön 13,26-32). Die nächste Stufe verbindet Jer 26,10-16 mit Subcluster 1, das nun die Texte 1 Kön 13,1-10, Jer 29,24-32, Jer 28,12-17 und Jer 26,10-16 enthält. Als Nächstes werden die Subcluster 2 und 3 vereinigt. Das entstandene Subcluster 2/3 wird schließlich mit Jer 27,16-22 verbunden, noch eine Stufe später wird 1 Kön 13,26-32 als letzter Einzeltext einem Subcluster eingegliedert (Subcluster 4). Jetzt werden die Subcluster 1 und 2/3 vereinigt, wobei der Abstand dieses Schrittes vom vorhergehenden etwa so groß ist, wie der des ganzen davor liegenden Vorgangs insgesamt. Als letztes wird das Subcluster 1/2/3, das in der unten verwendeten Bezeichnung dem Cluster I[198] entspräche, mit dem Subcluster, das nun auch als Cluster II bezeichnet werden könnte, verbunden. Cluster II enthält in Analyse 19 die Texte Jer 26,1-9, Jer 27,1-11, Jer 28,1-11 und 1 Kön 13,26-32. Cluster I wird von den übrigen Texten gebildet: 1 Kön 13,11-18, 1 Kön 13,19-25, Jer 7,1-8,3, Jer 26,10-16, Jer 27,16-22, Jer 28,12-17, Jer 29,24-32, Ez 13,1-16, Ez 13,17-23. Die folgende Abbildung soll das Ergebnis von Analyse 19 noch einmal auf etwas andere Weise veranschaulichen:

---

198 Siehe unten S. 138.

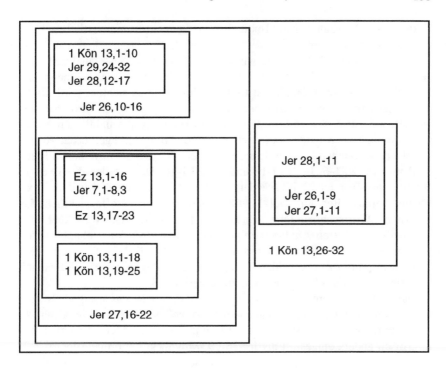

Abbildung 12: Aufbau der Cluster in Analyse Nummer 19

3.6.3.2 Extreme Fälle

Die in Abschnitt 3.6.2 getroffene Entscheidung, die Unabhängigkeit der drei in der Clusteranalyse der Variablen gefundenen Merkmalscluster für ausreichend zu halten, wurde bei den folgenden Analysen der Texte zugrunde gelegt. Damit wurde angenommen, dass der oben[199] angeführten Forderung, die Variablen sollten unkorreliert sein, Genüge getan ist.

Von den bei Backhaus[200] aufgestellten Voraussetzungen, die bei Einsatz des Ward-Verfahrens erfüllt sein sollten, kann jetzt nur noch auf eine Einfluss genommen werden: Da über Ausdehnung und Elementzahl in den Gruppen vorab keine Aussagen gemacht werden können, bei der geringen Gesamtgröße des Textkorpus auch gesagt werden kann, dass die Gruppen in gleicher Weise klein sein werden, ist nur noch zu klären, ob es innerhalb des

---

199 Siehe oben S. 122f.
200 Backhaus, S. 298 f. Siehe oben S. 122.

Textkorpus „Ausreißer" gibt, Texte also, die gegenüber dem restlichen Text-korpus stark abweichen.

Um das herauszubekommen, wurde eine Reihe von Clusteranalysen nach dem Single-Linkage-Verfahren durchgeführt. Dieses Verfahren neigt zur Kettenbildung - wie auch an den fünf Dendrogrammen sichtbar wird. Es ist darum zur Ermittlung von Gruppenbildungen wenig geeignet, wird aber ver-wendet, um Ausreißer zu ermitteln. Es wurden nicht alle möglichen Merk-malskombinationen eingesetzt, doch zeigen die fünf durchgeführten Analy-sen[201] mit hinreichender Deutlichkeit, dass drei Texte als Ausreißer in Frage kommen: Jer 20,1-6, Jer 20,7-18 und Jer 27,1-11. Dabei fallen die Texte in Jer 20 gegenüber Jer 27,1-11[202] deutlicher und auch häufiger aus dem Text-korpus heraus. Bei Jer 27,1-11 führt darüber hinaus offensichtlich das Merkmal „Wortschatzumfang" zu starken Besonderheiten. Weil aber, wie sich bei den späteren Analysen zeigen wird, dieses Merkmal ohnehin wohl kein gutes Unterscheidungskriterium ist, wird Jer 27,1-11 nicht aus dem Textkorpus entfernt. Die beiden Texte aus Jer 20 dagegen empfiehlt es sich zu entfernen, um das Ergebnis nicht zu verzerren.

Darin steckt eigentlich schon ein eigenes Ergebnis, das geeignet ist, die Brauchbarkeit statistischer Argumentation zu belegen: Jer 20,1-6 und Jer 20, 7-18 werden ja auch sonst und auf der Grundlage ganz anderer Kriterien lite-rarkritisch anders eingestuft als Jer 26-29. Mowinckel[203] ordnete Jer 20,7 ff. seiner Quelle A zu, 20,1-6 gehörte nach seiner Einschätzung Quelle B an, der er auch Jer 26; 28 und 29,24-32 zurechnete[204], während Jer 27 und 29,1-23 bei ihm zur Quelle C gehören. Thiel rechnet in Kapitel 20 nur mit geringen Anteilen der deuteronomistischen Redaktion, die an diesem Kapitel we-sentlich das Arrangement geleistet habe, die Hauptmenge des Textes sei der Redaktion vorgegeben gewesen[205]. Diese habe aber in Jer 26 - 29 zahlreiche Spuren hinterlassen, besonders in Kapitel 27 und 29[206]. Damit ist der Text von Jer 20 recht deutlich von dem der Kapitel 26 -29 - und erst recht natür-lich von Jer 7,1-8,3 - unterschieden.

Beide Texte fallen jedenfalls bei der Prüfung auf Ausreißer aus dem Text-korpus heraus, sie sind offenbar hinsichtlich der gewählten Merkmale von den übrigen Jeremiatexten stärker unterschieden als die Texte, die nicht dem Jeremiabuch entstammen! Beobachten lässt sich noch innerhalb der Cluster-

---

201 Siehe unten S. 200ff. Die Analysen sind dort jeweils mit einer Nummer versehen. Auf diese Numerierung beziehen sich die im Text verwendeten Nummern für die Clusteranalysen.

202 Als deutlicher Ausreißer in 3, weniger deutlich in 4.

203 Mowinckel (1913), S. 20.

204 Mowinckel (1913), S. 24.

205 Thiel (1973), S. 228.

206 Thiel (1981), S. 3.

analysen nach dem Single-Linkage-Verfahren, dass Jer 20,7-18 überall dort als Ausreißer erscheint, wo eines der reinen Wortschatzmerkmale „Wortschatzumfang" oder „seltene Wörter" verwendet wurde[207]. Dass das Merkmal „Wortschatzumfang" möglicherweise weniger gut zur Trennung taugt, wird hier dadurch aufgewogen, dass das unverdächtige Merkmal „seltene Wörter" in Bezug auf Jer 20,7-18 offenbar analoge Wirkungen hervorbringt. Dass der Text an dieser Stelle extreme Werte hat, zeigt auch ein Blick in die Daten, der allerdings auch verdeutlicht, dass Ez 13,17-23, der nicht als Ausreißer erscheint, einen ähnlich exotischen Wortschatz hat: Offenbar sind mehrere Merkmale am Zustandekommen der Ungewöhnlichkeit von Jer 20,7-18 beteiligt. Die Besonderheit von Jer 20,7-18 könnte durch die Textsorte bedingt sein, aber darüber sind an dieser Stelle keine näheren Erkenntnisse möglich und auch nicht nötig. Jer 20,7-18 gilt traditionell als „poetischer Text". Man mag sich die Besonderheiten dieses Textes vorderhand damit erklären, wie immer auch der Unterschied zwischen „poetischen" und „prosaischen" Texten beschrieben werden soll.

Anders ist die Lage bei Jer 20,1-6. Dieser wird gewöhnlich als Prosatext eingestuft, die Poetizität kann hier also keinesfalls für Unterschiede verantwortlich gemacht werden. Dennoch fällt auch Jer 20,1-6 aus dem Rahmen der Texte heraus, und zwar nicht nur in solchen Merkmalskombinationen, in denen die Wortschatzmerkmale verwendet wurden[208], sondern in einem Fall[209] auch mit großer Deutlichkeit ohne Einfluss des Wortschatzes. Das macht Jer 20,1-6 im Zusammenhang der untersuchten Textgruppe noch mehr zu einem Fremdling als Jer 28,7-18, denn zum einen ist hier die Differenz durch Unterschiede in der Textsorte nicht zu erklären, zum anderen scheint sich hier doch - wenngleich schemenhaft - ein Unterschied im Sprachgebrauch abzuzeichnen, der in die grammatischen Tendenzen hineinreicht. Wenn die Merkmale überhaupt geeignet sind, Texte nach ihrer Herkunft zu unterscheiden, und wenn die Texte nicht doch noch zu kurz sind, um überhaupt Aussagen treffen zu können, dann müsste sich an dieser Stelle abzeichnen, dass Jer 20,1-6 anderer Herkunft ist als Jer 26-29. Das ist nun freilich der Sache nach keine Neuigkeit, bestätigt aber die auf stärker intuitiver Grundlage gewonnenen Ergebnisse literarkritischer Arbeit mit ganz anderen Merkmalen - Merkmalen, die dem Verdacht (intuitiver) Einflussnahme weitgehend entzogen sind - und in einem Verfahren, das kontrollierbar ist.

---

207 Nummer 1, 2, 3, 4.
208 Nummer 1+2.
209 Nummer 5.

3.6.3.3 Die verbleibenden Texte

Zu den verbleibenden 14 Texten wurden Clusteranalysen nach dem Ward-Verfahren erstellt, wobei alle möglichen 18 Merkmalskombinationen eingesetzt wurden. Die sich ergebenden Dendrogramme sind im Anhang als Nummer 6-23 beigefügt. Sie alle im Einzelnen zu besprechen würde nur zu einer verwirrenden Ansammlung von Einzelheiten führen. Ich wähle darum den Weg einer Durchsicht unter verschiedenen Gesichtspunkten.

Bereits bei den Vortests fiel auf, dass Clusteranalysen mit dem Merkmal „Wortschatzumfang" zu Ergebnissen führten, die unverständlich und nicht mehr recht nachvollziehbar erschienen. Dasselbe zeigt sich auch bei den hier durchgeführten Analysen[210]. Merkwürdige Ergebnisse sind natürlich erst einmal ein Grund zum Nachdenken darüber, ob diese Ergebnisse Gründe haben könnten, nicht aber ein Grund, die Ergebnisse sogleich zu verwerfen. Bei näherem Betrachten keimt jedoch in diesem Fall der Verdacht, das Merkmal „Wortschatzumfang" könnte bei kurzen Texten möglicherweise unkontrollierbare Effekte hervorrufen, weil der Wortschatz in einem Text sich nicht proportional zur Textlänge aufbaut. Vielmehr ergibt sich, wenn man die Zunahme des Wortschatzes in einem Text graphisch darstellt, eine zuerst steil ansteigende, sich dann aber immer stärker abflachende Kurve, die schließlich etwa die Form eines liegenden Parabelastes annimmt[211]. Da diese Kurve eben keine Gerade ist, wird wahrscheinlich, dass der Wortschatzumfang erst bei größeren Textumfängen zu einer stabilen Variablen werden kann. In der Untersuchung wurden darum diejenigen Clusteranalysen, die das Merkmal „Wortschatzumfang" einbeziehen, verworfen, so dass die Analysen 6-11 und 15-20 übrigbleiben. Das Beispiel zeigt, wie wichtig es ist, die Merkmale immer wieder kritisch zu reflektieren - eine Aufgabe, der sich die Literarkritik gewöhnlich nicht unterzieht.

Unter den durchgeführten und nicht verworfenen Clusteranalysen, deren Ergebnisse unten tabellarisch aufgelistet sind, könnte jede einzelne Analyse dasjenige Ergebnis repräsentieren, das eigentlich angestrebt wurde, nämlich die historisch richtige Sortierung zu Gruppen gleicher Herkunft. Leider ist es nicht möglich, dieses möglicherweise enthaltene richtige Ergebnis aus der Gesamtmenge der Dendrogramme herauszufiltern. Solange über die Effektivität der Merkmale keine genaueren Kenntnisse vorliegen, kann, außer den bereits verworfenen Analysen mit dem Merkmal „Wortschatzumfang" in der Merkmalskombination, keine der durchgeführten Analysen begründet ausgeschlossen werden, und es kann ebensowenig einer der Analysen eine begründete Priorität zugesprochen werden. Solange nicht neue Erkenntnisse über die

---

210 Nummer 12, 13, 14 und 21, 22, 23.
211 Vgl. Bucher-Gillmayer, S. 244 und 247.

verwendeten Merkmale oder weitere Merkmale hinzugezogen werden können, sind die aus der Tabelle ablesbaren Tendenzen, ergänzt durch weitere aus den Dendrogrammen ablesbaren Gewichtungen alles, was an dieser Stelle erreicht werden kann. Darüber hinaus können allenfalls Vermutungen geäußert werden, die sich etwa beim Vergleich mit konventionell erarbeiteten Gruppierungen einstellen.

Für eine erste Orientierung über die Ergebnisse sind in der folgenden Tabelle alle Ergebnisse zusammengestellt. Bei den Clusteranalysen wurde hierfür jeweils die Interpretation vom Standpunkt der größtmöglichen Unähnlichkeit gewählt, d.h. die Bäume wurden möglichst weit rechts geschnitten. In den meisten Analysen ist das die Interpretation, die sich anbietet, in einigen Fällen (z.B. in Analyse 19) könnte man auch durchaus einen Schnitt weiter links sinnvoll finden, der dann mehrere Cluster ergäbe. Mit der getroffenen Entscheidung erhält man jeweils zwei Cluster, von denen gesagt werden kann, dass die Elemente in den unterschiedlichen Clustern sich hinsichtlich der jeweiligen Merkmalskombination maximal unterscheiden. In der Tabelle sind immer diejenigen Elemente, die in einem Cluster mit Jer 7,1-8,3 auftauchen, mit einem x markiert, die unmarkierten fallen entsprechend in das andere Cluster.

Jer 26, 1-9						x	x	x				
Jer 26, 10-16					x		x	x				
Jer 27, 1-11									x	x	x	
Jer 27, 16-22			x	x	x	x	x		x		x	x
Jer 28, 1-11									x	x	x	
Jer 28, 12-17	x	x	x	x	x	x	x	x		x	x	
Jer 29, 24-32	x	x	x	x	x	x	x	x		x	x	
Jer 7, 1-8, 3	x	x	x	x	x	x	x	x	x	x	x	x
Ez 13, 1-16	x	x	x	x	x	x	x	x		x	x	x
Ez 13, 17-23	x	x	x	x	x	x	x	x	x	x	x	x
1 Kön 13, 1-10	x	x	x	x	x	x	x	x	x			
1 Kön 13, 11-18	x	x	x	x	x	x	x			x		
1 Kön 13, 19-25	x	x	x	x	x	x	x			x		
1 Kön 13, 26-32		x								x		
Analyse Nr.	7	8	9	10	11	19	20	15	18	17	6	16

Abbildung 13: Übersicht über die Ergebnisse der Clusteranalysen ohne Kombinationen mit dem Merkmal „Wortschatzumfang", für eine 2-Cluster-Aufteilung.

Die Tabelle zeigt, dass in einem großen Bereich die Cluster recht konstant auftreten[212]. Aber auch bei den am stärksten abweichenden Analysen Nummer 18, 17, 6 und 16 gibt es so etwas wie einen Minimalkonsens, der darin besteht, dass in diesem Textkorpus und mit den bei diesem Merkmalsbündel möglichen und sinnvollen Merkmalskombinationen das Gros der betrachteten Texte aus dem Jeremiabuch von Jer 7,1-8,3 abweicht. Die konstantesten Gemeinsamkeiten zeigen sich bei Jer 7,1-8,3 zu den Ezechieltexten, besonders zu Ez 13,1-16. Die Dendrogramme plazieren diese Texte häufig in die unmittelbare Nähe von Jer 7,1-8,3.[213] Immerhin kommen auch Jer 28,12-17 und Jer 29,24-32, die nur in den Analysen Nummer 18 und 17 im anderen Cluster landen, in der Beständigkeit des Auftretens im Cluster von Jer 7,1-8,3 gleich nach den Ezechieltexten. Jer 27,16-22 findet sich in 9 Fällen im selben Cluster wie Jer 7,1-8,3, ebenso oft ist 1 Kön 13,1-10 in diesem Cluster vertreten, aber anders als Jer 26,17-22 ist 1 Kön 13,1-10 nicht in den Analysen Nummer 17, 6 und 16 in einem Cluster mit Jer 7,1-8,3 zu finden. Die restlichen Texte - Jer 26,1-9; Jer 26 10-16; Jer 27,1-11; Jer 28,1-11 und 1 Kön 13,26-32 - kommen gleich selten (nämlich je dreimal) in dasselbe Cluster wie Jer 7,1-8,3 und sind damit diejenigen Texte, die in den Bereich maximaler Unähnlichkeit weisen. Der Tendenz nach müsste man insgesamt von folgenden Clustern ausgehen:

Cluster I: Jer 7,1-8,3; Jer 27,16-22; Jer 28,12-17; Jer 29,24-32; Ez 13,1-16; Ez 13,17-23; 1 Kön 13,1-10; 1 Kön 13,11-18; 1 Kön 13,19-25;

Cluster II: Jer 26,1-9; Jer 26,10-16; Jer 27,1-11; Jer 28,1-11; 1 Kön 13,26-32

Bei dieser Einteilung steht die Unähnlichkeit zwischen den Clustern im Vordergrund, über die Ähnlichkeitsbeziehungen, die die Cluster möglicherweise intern strukturieren, sind auf diesem Wege keine Aussagen möglich. D.h. wenn die Rahmenbedingungen Aussagen über die Herkunft der Texte überhaupt gestatten, so sind auf der Grundlage dieser Seite der Analysen Aussagen möglich wie: Jer 7,1-8,3 ist vermutlich anderer Herkunft als Jer 26. Für Aussagen über die Herkunft von Jer 26,1-9 einerseits und Jer 26,10-16 andererseits kann auf der Grundlage der Clustereinteilung, die auf einem Schnitt am rechten Rand des Dendrogrammes beruht, nichts gesagt werden. Hierfür sind Schnitte am linken Rand aussagekräftiger.

---

212 Nummern 7, 8, 9, 10, 11, 19, 20 und 15. Die Anordnung der Kolumnen ist so vorgenommen, dass der Bereich der Übereinstimmung sichtbar wird.
213 Nummer 6, 8, 15, 16, 17, 19. In 7, 10 und 18 sind nur Ez 13,1-16 mit Jer 7,1-8,3 verbunden.

Um am linken Rand der Dendrogramme[214] Tendenzen zu erfassen, wurde ein durchgängiges Beobachtungsschema auf alle verbliebenen Dendrogramme[215] angewandt: Registriert wurden nur Verbindungen zwischen anderweitig noch unverbundenen Texten - also keine Verbindungen zwischen Clustern mit mehr als einem Element, auch dann nicht, wenn zu diesem Cluster lediglich ein einzelner Text hinzukam. Berücksichtigt wurden nur Vereinigungen zwischen solchen Einzeltexten, wenn sie auf der ersten oder zweiten Stufe innerhalb der jeweiligen Analyse stattfanden, wobei die Vereinigung auf der zweiten Stufe jeweils extra notiert wurde. Das Ergebnis dieser Beobachtungen ist in Tabellenform im Anhang[216] zusammengestellt. Dort ist für jeden Text eine Tabelle zu finden, in der alle Verbindungen aufgelistet sind, die in der oben beschriebenen Weise zustande kommen, zusammen mit den Nummern der Analysen, in denen die Verbindung vorkommt. Aus diesen Tabellen lassen sich wiederum einige Tendenzen ablesen.

Jer 28,12-17 und *Jer 29,24-32* werden siebenmal auf der ersten und zweimal auf der zweiten Stufe verbunden. Die beiden Texte müssen also im Rahmen dieser Tendenzbeobachtung als sehr ähnliche Texte eingestuft werden. Beide Texte werden außerdem dreimal auf der ersten Stufe mit 1 Kön 13, 1-10 zu einer Dreiergruppe verbunden, Jer 29, 24-32 wird zudem noch zweimal auf der ersten und einmal auf der zweiten Stufe mit diesem Text verbunden. Die Beziehung der drei Texte zueinander wäre etwa folgendermaßen darstellbar:

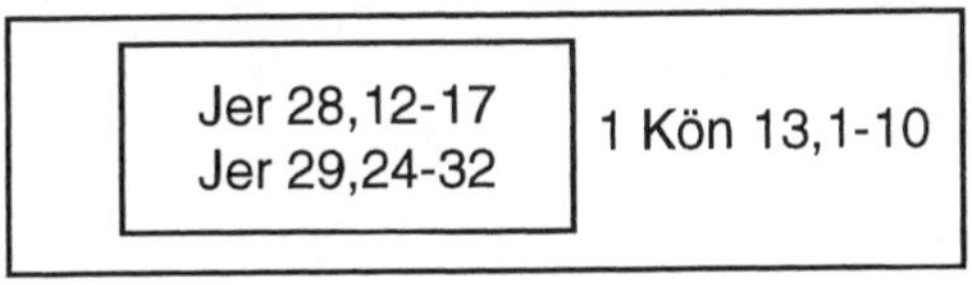

Abbildung 14: Subcluster Jer 28, 12-17; Jer 29, 24-32; 1 Kön 13, 1-10.

1 Kön 13,11-18 und *1 Kön 13,19-25* werden fünfmal auf der ersten und zweimal auf der zweiten Stufe verbunden. Bei diesen beiden Texten ist bemerkenswert, dass sie zu den beiden übrigen Texten in 1 Kön 13 sehr wenige direkte Verbindungen aufweisen. Nur 1 Kön 13,19-25 ist in einer Analyse[217] auf der ersten Stufe mit 1 Kön 13,26-32 verbunden, ein Text, der sich der Tendenz der Unähnlichkeit zufolge im anderen Cluster befand. Die Clusteranalysen ergeben erst einmal nur eine Tendenz zu fehlender Ähnlichkeit hin-

---

214 Siehe oben S. 119.
215 Nummer 6-12 und 15-20.
216 „Übersicht über direkte Verbindungen zwischen Texten". Siehe unten S. 212ff.
217 Nummer 15.

sichtlich bestimmter Merkmale zwischen 1 Kön 13,11-25, 1 Kön 13,1-10 und
1 Kön 13,26-32, während bei 1 Kön 13,11-18 und 1 Kön 13,19-25 eine deutliche Tendenz zur Ähnlichkeit vorhanden ist. In graphischer Darstellungs-
form ergibt sich also:

1 Kön 13,11-18 1 Kön 13,19-25	1 Kön 13,26-32	1 Kön 13,1-10

Abbildung 15: Subcluster 1 Kön 13,11-25; 1 Kön 13,26-32; 1 Kön 13,1-10

Eine Tendenz zu deutlicher Nähe ergibt sich auch für *Jer 7,1-8,3* und *Ez
13,1-16*, die in vier Analysen auf der ersten Stufe und in einer weiteren auf
der zweiten Stufe verbunden werden. Jer 7,1-8,3 zeigt gelegentlich Verbindungen zu 1 Kön 13,1-10, jedoch deutlich seltener als dies bei Jer 29,24-32
der Fall ist, so dass wohl die Verbindung mit Ez 13,1-16 stärkere Beachtung
verdient. Wie dies genau zu deuten ist, kann nicht geklärt werden, solange
alle in den Clusteranalysen gefundenen Beziehungen zwischen Texten in
ihrer Bedeutung hypothetisch sind und zugleich die scheidende Wirkung der
Merkmale nicht näher bekannt ist. Es ist an dieser Stelle allerdings auf eine
Reihe von Arbeiten hinzuweisen, die Beziehungen zwischen den Büchern
Jeremia und Ezechiel zum Thema haben[218]. Die Tendenz, die beiden Texte
als sehr ähnliche Elemente zu vereinigen, ist in den Clusteranalyse jedenfalls
deutlich und führt, graphisch dargestellt, zum Ergebnis:

Jer 7,1-8,3 Ez 13,1-16

Abbildung 16: Subcluster Jer 7, 1-8, 3; Ez 13, 1-16.

Mit erheblich geringerer Deutlichkeit und Häufigkeit sind *Jer 27, 16-22* und
Ez 13,17-23 zusammengestellt. Sie werden dennoch als eine mögliche Un-
tergruppe erwähnt, denn immerhin gibt es für diese beiden, generell durch
wenige unmittelbare Beziehungen im Textkorpus etwas fremd wirkenden
Texte[219] eine klare Neigung zu dieser Gruppierung:

---

218 Mendecki; Lust; Vieweger.
219 Es sei daran erinnert, dass Jer 27,16-22 bei den Single- Linkage- Analysen auch öfter als
    „Ausreißer" aufgetreten war, d.h. dass dieser Text im Korpus doch eine gewisse
    Randständigkeit aufweisen dürfte.

```
┌─────────────────┐
│ Ez 13,17-23     │
│ Jer 27,16-22    │
└─────────────────┘
```

Abbildung 17: Subcluster Jer 27,16-22; Ez 13,17-23

Bei den verbleibenden Texten, die alle *Cluster II* angehören, fällt auf, dass die Ähnlichkeiten diffus ausfallen: 1 Kön 13,26-32 wird nur mit den Texten Ez 13,1-16, Ez 13,17-23, Jer 7,1-8,3 und 1 Kön 13,11-18 nie direkt verbunden, zu allen übrigen Texten ergeben sich in den Clusteranalysen wenigstens je eine, manchmal zwei direkte Verbindungen. Ähnlich breit gestreut, aber ohne erkennbare Schwerpunkte sind die Verhältnisse bei den übrigen Elementen des Clusters II, die einander möglicherweise generell stark ähneln - aber darüber lässt die Analyse kein Urteil zu. Besonderheiten sind lediglich noch zu Jer 27,1-11 und Ez 13,17-23 erwähnenswert: Beide Texte werden selten gleich zu Beginn der Analyse mit einem Text verbunden. Bei Jer 27,1-11 sind nur drei derartige Texte zu verzeichnen[220], wobei ein Schwerpunkt nicht auszumachen ist. Bei Ez 13,17-23 sind es gar nur zwei Texte[221], allerdings - wie gerade oben ausgeführt - mit einem deutlichen Schwerpunkt von drei direkten Verbindungen auf Jer 27,16-22, der zumindest in der Übersicht der Verbindungen von Ez 13,17-23 und Jer 27,16-22 sichtbar wird, wenngleich die Ähnlichkeit nicht so häufig zu Verbindungen auf niederer Stufe führt, wie z.B. bei Jer 28,12-17 und Jer 29,24-32. Jer 27,1-11 dagegen muss wohl innerhalb des Textkorpus eine eher fremdartige Ausprägung der Merkmale aufweisen.

3.6.3.4 Zwei Textgruppen. Jer 28,12-17 / Jer 29, 24-32 und 1 Kön 13

Obwohl in dieser Arbeit die grundsätzlichen Erwägungen zur Methode im Vordergrund stehen, soll an dieser Stelle der Untersuchung der Blick von den abstrakten Daten zurück zu den damit beschriebenen Texten gehen. Zwar können exegetische Untersuchungen beim derzeitigen Stand der Erprobung statistischer Analysen nur sehr bedingt als Beleg für die Tauglichkeit der Vorgehensweise herangezogen werden, immerhin könnte aber eine exemplarische Betrachtung der exegetischen Konsequenzen der durchgeführten Analysen diese anschaulicher und so die angestrebte Argumentationsweise leichter verständlich machen. Als Beispiele greife ich zwei kleine Textgruppen heraus, die in sich homogen sind in der Weise, dass in ihnen jeweils nur Texte eines biblischen Buches vertreten sind. Die gewählten Textgruppen

---

220 Jer 28,1-11; Jer 26,1-9; 1 Kön 13,26-32.
221 Jer 7,1-8,3; Jer 27,16-22.

werden z.T. sehr früh gebildet, von den Analysen also als sehr ähnlich eingestuft. Außerdem werden die Textbereiche auf einer der folgenden Stufen
der Analyse - also auch noch recht früh - miteinander vereint und bilden dann
ein heterogenes Cluster, in dem Texte aus zwei verschiedenen Büchern zusammenkommen.

Jer 28,12-17 / Jer 29,24-32

Jer 28,12-17 und Jer 29,24-32 werden siebenmal auf der ersten und zweimal
auf der zweiten Stufe verbunden. Die beiden Texte müssen also im Rahmen
dieser Tendenzbeobachtung als sehr ähnliche Texte eingestuft werden. Dabei
drängt sich natürlich die Frage auf, zu welchen Aussagen und Folgerungen
diese im Test sich manifestierende Ähnlichkeit tatsächlich berechtigt. Da die
Merkmale nicht beanspruchen können, irgendein homogenes Textkorpus
zuverlässig zu charakterisieren, und da die in den Clusteranalysen verwendeten Texte vergleichsweise wenige sind, ist jeder Versuch, ein solches Ergebnis zu deuten, das ja ohnehin erst einmal nur eine Tendenz registriert, mit
einer Ungewissheit belastet[222]. Das schwächste Glied in der Argumentations-
kette ist in diesem Fall gerade die Behauptung, die Texte seien aufgrund ihrer
Ähnlichkeit als Texte gleicher Herkunft zu deuten. Daran muss noch einmal
erinnert werden: Im Rahmen der hier durchgeführten Pilotstudie sind Beschreibung und Erprobung des Verfahrens noch wichtiger als die konkreten
exegetischen Ergebnisse. Dennoch wird es nützlich sein, das Ergebnis einmal
probehalber so zu behandeln, als wäre es ein zuverlässiges Ergebnis, als
könnten wir also mit hoher Wahrscheinlichkeit darauf vertrauen, dass Texte,
die in der Clusteranalyse als ähnliche Texte erscheinen, auch wirklich gemeinsamer Herkunft sind. Unter dieser Voraussetzung möchte ich noch einige Beobachtungen an den Texten und zum Wortschatz der Texte zu-
sammentragen und mit deren Hilfe noch einmal die Frage erwägen, ob das
Verständnis der Texte Jer 28,12-17 und Jer 29,24-32 erhellt werden kann,
wenn man sie als Texte gleicher Herkunft liest, und in welcher Hinsicht sie
sich, bei näherer Betrachtung denn als Texte gleicher Herkunft verstehen
lassen.

Jer 29, 24-32 ist von den beiden Texten der schwierigere. Bei ihm steht für
viele Exegeten die Uneinheitlichkeit und Brüchigkeit Textes so sehr im Vordergrund, dass die Frage nach dessen innerem Zusammenhang und seiner

---

222 Dass traditionell Literarkritik mit ganz analogen Ungewissheiten belastet ist, sei
   immerhin angemerkt: Für die dort verwendeten Merkmale wurde m.W. bisher noch
   nicht nachgewiesen, dass sie Textkorpora zuverlässiger charakterisieren, die Zahl der
   herangezogenen Vergleichstexte ist gewöhnlich noch geringer als in der vorliegenden
   Untersuchung, dasselbe gilt für die Zahl der herangezogenen Merkmale.

Eingliederung in das Kapitel 29 sich nicht mehr zu stellen scheint[223] - aber auch die Endtextlektüre hat ja ihre Berechtigung und müsste möglich sein, und ist es auch.

Die erste Hälfte des Kapitels (V 1-15) enthält heilvolle Ankündigungen für die Deportierten in Babel. Wie auch immer jene ihren Aufenthalt bewerten, der Brief Jeremias verbindet diesen Aufenthalt mit שׁלום für die Deportierten, vorausgesetzt, sie fügen sich in ihr Schicksal. Damit sie das tun, ist es nötig, dass sie auf den Propheten Jeremia hören und nicht auf falsche Propheten. V 8 passt, so gesehen, an dieser Stelle gut in das Konzept des Endtextes. Über den in der Gegenwart zu erwartenden שׁלום hinaus, wird der Gola die Wende ihres Geschickes angekündigt und die Rückführung ins Land (המקום הזה, V 10). Vorausgesetzt ist aber auch dafür, dass die Deportierten auf Gottes Propheten hören, deren Beistand sie sich auch in Babel wünschen (V 15). Genau darin bestand die Verfehlung des davidischen Königs und der Zurückgebliebenen (V 19), dass sie auf das von den Propheten verkündigte Wort nicht gehört haben, und dafür wird ihnen die vollständige Vernichtung angekündigt (V 16-18). Aber im Zusammenhang von Kapitel 29 ist diese Ankündigung der Vernichtung gewissermaßen zweckentfremdet: Sie wird nicht den Betroffenen verkündigt, sondern den Deportierten mitgeteilt, um ihnen einzuschärfen, dass sie bei ihrem Wunsch nach prophetischer Wegleitung die Unausweichlichkeit des prophetischen Wortes nicht vergessen mögen und natürlich nur wahren Propheten (oder sollte man sagen „dem wahren Propheten"?) folgen dürfen. Das Kapitel wird darum ganz konsequent fortgeführt und abgeschlossen durch Worte gegen zwei Fälle von „Falschprophetie". Dass genau zwei Fälle (Ahab und Zedekia werden gemeinsam abgehandelt) zitiert werden, könnte Kapitel 29 an seinem Ende mit dem Schluss von Kapitel 26 verbinden, wo das Schicksal der beiden Propheten Micha und Uria geschildert wurde. Der Vorwurf der Falschprophetie scheint allerdings in den beiden Fällen am Ende von Kapitel 29 nicht ganz eindeutig zu sein, wie schon Thiel[224] beobachtet hat. Ahab und Zedekia werden neben der Falschprophetie ehebrecherische Beziehungen vorgeworfen, für ihr Vergehen werde Nebukadnezar sie am Feuer rösten lassen. Dem modernen Leser stellen sich

---

223 Vgl. Duhm (1901), S. 234. Für die Annahme der Uneinheitlichkeit gibt es z.T. sehr gewichtige Gründe, wie z.B. das Fehlen von V 16-20 in der LXX (vgl. Thiel (1981), S. 17). Darauf muss an dieser Stelle jedoch nicht im Einzelnen eingegangen werden, da derjenige Teil des Kapitels, der hier zur Debatte steht, zum überwiegenden Teil der „Endstufe" des Textes eher zuzurechnen ist als dessen Vorformen. Den Versuch, Kapitel 29 als Gesamttext zu lesen, unternimmt Hardmeier (1990), der auf dem Weg über eine Analyse der Kommunikationsstruktur zu ganz ähnlichen Ergebnissen kommt, wie die hier unternommene Untersuchung des Textes.

224 Thiel (1981), S. 18 (zu Ahab und Zedekia) und S. 13 (zu Schemaja). Vgl. auch McKane (1996), S. 723.

zwei Fragen: 1. Für welches der beiden Vergehen werden sie von Nebukadnezar bestraft? 2. Was haben Ehebruch und Falschprophetie miteinander zu tun? Auf die erste Frage könnten Kenner des mesopotamischen Rechtes wohl eine Antwort geben, insofern sich eine Antwort finden ließe auf die Frage, welche Vergehen von Nebukadnezar mit dem Feuertod bestraft werden konnten[225]. Im AT ist der Feuertod als Strafe für Ehebruch vorgesehen[226]. Für das Verständnis dieser Stelle trägt dieser inneralttestamentliche Bezug aber wahrscheinlich nicht viel aus, weil dann immer noch nicht sicher wäre, welches Ziel die Erwähnung einer solchen Strafe an dieser Stelle anstrebt. Die gemeinsame Erwähnung von Ehebruch und Falschprophetie scheint mir dagegen für das Textverständnis wichtig zu sein. Sie kann verstanden werden als (literarisches) Mittel, um den Fall von Ahab und Zedekia in Kapitel 29 zu integrieren. Seit der Verkündigung des Hosea ist Ehebruch als Bild für eine vom Menschen zerstörte Gottesbeziehung eingeführt. Im Jeremiabuch ist das Verb נאף in dieser Verwendung mehrfach belegt[227]. Die Erwähnung des Ehebruchs wird nicht den Zweck gehabt haben, Ahab und Zedekia weiter zu diffamieren[228], sondern könnte auf der Endstufe des Textes den Sinn haben, die Tiefendimension und Schwere des Vergehens „Falschprophetie" zu repräsentieren: Es ist ein Vergehen, das die Gottesbeziehung zerstört. Liest man an dieser Stelle den Text unter literarkritischem Vorzeichen, so wird die Darstellung Ahabs und Zedekias als „Falschpropheten" als Produkt der Redaktion erscheinen, was im Gegenzug dazu führt, dass der Vorwurf des Ehebruchs als dasjenige erscheint, was mit Ahab und Zedekia ursprünglich verbunden ist, weil dieser Vorwurf nicht unmittelbar und direkt das Interesse der Redaktion spiegeln würde. Vermittelt durch die Verwendung von „Ehebruch" als religiöse Metapher hätte die Redaktion so einen, aus unserer Perspektive gesehen, eher fernliegenden Fall moralischer Verfehlung dem Oberbegriff „Falschprophetie" eingegliedert. Interessant ist dieser Vorgang deshalb, weil er sich im folgenden Abschnitt, dem in der Clusteranalyse verwendeten Text Jer 29,24-32 dort wiederholt, wo dieser Text sich gegen

---

225 Dass Nebukadnezar Vergehen gegen die Regeln einer fremden Religion geahndet haben soll, scheint mir dabei von vornherein der unwahrscheinlichere Fall zu sein. Sobald man über die Frage auch nur nachdenkt, hat man allerdings schon vorausgesetzt, dass die Episode sich auf historische Realität bezieht und nicht primär Teil eines (literarischen) Bedeutungsgefüges ist.

226 Gen 38,24 und Lev 21,9. Vgl. Schreiner (1984), S. 170.

227 Das Verb begegnet in Jer 3,8; 5,7; 7,9; 9,1; 23,10; 23,14; 29,23. Zumindest in 3,8 und 23,10 geht es schwerlich um realen Ehebruch. Die metaphorische Bedeutung scheint indes an allen Stellen präsent. Zur Veränderung des Vorstellungskomplexes bei Jeremia gegenüber Hosea vgl. Jeremias (1994), S. 126-130.

228 Das vermutet Carroll (1986), S. 566.

Schemaja wendet. Auch hier hat schon Thiel[229] bemerkt, dass Schemajas Vergehen, wie es sich in V 24-28 darstellt, nicht „Falschprophetie" sein kann. Dort wird berichtet, dass Schemaja Jeremia bei den Tempelautoritäten als einen Verrückten und Propheten denunziert. Unter literarkritischem Blickwinkel würde dieser Abschnitt als dasjenige im Text erscheinen, was der Redaktion vorgegeben war. Die Redaktion hätte dann die Differenzen zwischen ganz unterschiedlichen Handlungen eingeebnet und sowohl das nicht gegen den Propheten gerichtete Fehlverhalten (Ehebruch, V 21-23) als auch die Denunziation, die Jeremia zum „Falschpropheten" erklärt (V 26), unter dem Begriff „Falschprophetie" eingeordnet. Im Resultat ergibt das eine ungeheure Aufwertung des Propheten, der so zur quasigöttlichen Instanz wird: Im Falle des Ehebruchs ist er nicht mehr unter denen, welche die Schuld aus ihrer Mitte entfernen müssen, um nicht selbst als Kollektiv Schuld auf sich zu laden, vielmehr ist, da auch diese Gebotsverletzung unter „Falschprophetie" subsumiert wird[230], sein eigener Bereich verletzt. In derselben, den Propheten überhöhenden Weise wird in der Schemaja-Episode der die Autorität des Propheten anzweifelnde Widerstand gegen dessen Verkündigung als Widerstand gegen Gott selbst verstanden. Das manifestiert sich in dem zusammenfassenden Vorwurf יהוה על דבר סרה כי. Gottes Angelegenheit und die Angelegenheit des Propheten werden, sofern die vorgenommene Unterscheidung von „Vorlage" und „Redaktion" tragfähig ist, im Übergang von der Vorlage zur redaktionell bearbeiteten Endfassung zu *einer* Angelegenheit. Auf dem Hintergrund dieser Beobachtung erscheint das Thema „Falschprophetie" selbst in dienender Funktion gegenüber der Darstellung der universalen Autorität des Propheten. Dann nämlich fügt sich auch der erste Teil des Kapitels zu den Worten gegen die „Falschpropheten": In seinem Brief an die Deportierten beansprucht Jeremia, Prophet auch für diese Deportierten zu sein.

Kapitel 28 bietet dem Verständnis weniger Schwierigkeiten[231]. Es setzt den in Kapitel 27 begonnenen Bericht fort und damit diesen voraus. Kapitel 27 ist als narrative Einheit ohne 28 vorstellbar, 28 dagegen nicht ohne 27. Auf der Stufe des Endtextes bilden Kapitel 27 und 28 einen narrativen Zusammenhang[232]. Der Beginn von Kapitel 28[233] greift in dem Prophetenwort

---

229 Vgl. Thiel, (1981), S. 13. Münderlein, S. 39 f. deutet den Vorwurf des Ehebruchs als ein Zeichen der moralischen Verworfenheit der Propheten Zedekia und Ahab. Ähnlich Hermisson, S. 133f.

230 Die Argumentation ist nur mit diesem Vergehen überhaupt möglich und nur, weil es die genannte metaphorische Verwendung von נאף gibt.

231 Vgl. Thiel (1981) S. 10: „Hingegen scheint die Redaktion in Kapitel 28 wenig eingegriffen zu haben".

232 Nimmt man zu dieser Beobachtung noch die oben festgestellte Aufnahme der zwei Fälle von echten Propheten in Kapitel 26 in den zwei Fällen von „Falschprophetie" hinzu, so

des Hananja das Stichwort „Joch" (עֹל) auf und nimmt in dessen Zeichen-handlung ab V 10 deutlich Bezug auf Jeremias Zeichenhandlung in Kapitel 27, es führt diese konterkarierend fort. Der zweite Akteur, Jeremia, bleibt in dieser Szene fast untätig: Er akzeptiert das Wort des Hananja und weist le-diglich auf die Kriterien für wahre Propheten, wie sie auch in Dtn 18, 22 be-legt sind, hin. Nach der Zeichenhandlung des Hananja, mit der dieser der ebenfalls in eine Zeichenhandlung eingekleideten Verkündigung des Jeremia widerspricht, verlässt Jeremia den Ort der Handlung, was die Szene ab-schließt. Die durch das Gotteswort initiierte Reaktion des Jeremia wird da-durch zu einer eigenen Szene[234]. Der Einschnitt zwischen V 11 und V 12 ist, wenn man den Text entlanggeht, als narrativer Einschnitt wahrnehmbar. Eine Notwendigkeit, den Einschnitt literarkritisch zu deuten, ergibt sich bei die-sem Schritt nicht. Innerhalb von Jer 28,12-17 sehe ich keine zwingende Notwendigkeit, literarkritische Operationen vorzunehmen. Wenn über das Gotteswort in V 13 f. nicht eigens berichtet wird, dass es vor Hananja ver-kündet worden sei, so kann dies sehr gut seinen Grund in der Ökonomie der Erzählung haben, die auf den Leser des Textes ausgerichtet ist und nicht auf Hananja. Die Tatsache, dass V 16 b Zitat aus Dtn 13,6 ist, reicht nicht aus, um diesen Textteil für sekundär zu erklären und zu streichen[235]: Warum sollte es dem Verfasser unmöglich gewesen sein, den auch in Dtn 13,6 über-lieferten Text zu zitieren? Das Zitat ist in den Text sehr gut integriert, was daran ersichtlich ist, dass die beiden Zitate von Dtn 13,6 in 28,16 und 29,32 unterschiedlich sind und keines Dtn 13,6 wörtlich wiedergibt[236]. Mit größe-ren Zweifeln belastet ist V17, aber auch bei diesem Vers dürften die Argu-mente gegen die Zugehörigkeit nicht stark genug sein. V 17 ist für den Ab-schnitt Jer 28,12-17 nicht sehr bedeutungsvoll.

---

ergäbe sich eine Rahmung von 27 f. durch 26 einerseits und 29 andererseits. Diese Strukturierung kann hier nicht weiter verfolgt werden. Ließe sie sich erhärten, so wäre das ein weiteres Argument gegen Rudolphs literarkritische Abgrenzung der Kapitel 27-29.

233 Für den Vergleich von Jer 28,12-17 mit Jer 29,24-32 kann Kap. 27 außer Betracht bleiben.

234 Nach V 11 sind Hananja und Jeremia nach dem Text an verschiedenen Orten. Im Text wird die Rückkehr Jeremias zu Hananja mit minimalen Mitteln dargestellt in dem infinitivus absolutus הָלֹוךְ, der gewöhnlich als erstarrte Form bei einer auslösenden Verbform nur noch Aufforderungscharakter hat. Hier bringt er - ganz der Funktion des infinitivus absolutus entsprechend - die Bedeutung der Verbalwurzel in den Satz ein und überbrückt damit die entstandene Distanz zwischen den beiden Akteuren.

235 So Thiel (1981), S. 10, McKane (1996), S. 715; Schreiner (1984), S. 167, Carroll (1986), S. 540.

236 Ein gewichtigeres Argument ist das Fehlen in der LXX. Aber auch dieses Argument scheint mir nicht zwingend auf den sekundären Charakter des Zitates hinzuweisen.

Die in den Clusterananlysen sich abzeichnende Nähe der Texte Jer 28,12-17 und Jer 29,24-32 zueinander ist für sich selbst genommen nicht unbedingt sehr aussagekräftig, weil sie eine Verhältnisbestimmung auf einem recht blaßen Hintergrund - dem der Gesamtmenge der untersuchten Texte - darstellt. Für eine Betrachtung vor einem weiteren Horizont sind, bei einem kleinen Test wie diesem, nur Beobachtungen an leicht zugänglichen Merkmalen sinnvoll, das ist in diesem Fall der Wortschatz. Da es bisher m.W. keine Untersuchungen von Wortschatzverteilungen im AT gibt, verwende ich Jer 20,1-6 und Jer 20,7-18 als Vergleichstexte. Diese beiden Texte waren bei der Clusteranalyse als Ausreißer ausgeschlossen worden, wobei Jer 20,7-18 durch einen besonders exotischen Wortschatz aufgefallen war, Jer 20,1-6 dagegen nicht. Bei Jer 20,1-6 ist darum zu erwarten, dass der Wortschatz gewöhnlich ist im Vergleich mit Jer 28,12-17 und Jer 29,24-32. Außerdem bildet Jer 20,1-6 eine inhaltliche Parallele zu Jer 29,24-32, die sich auch im Wortschatz offenbart. Jer 20,7-18 dagegen stellt beim Wortschatz einen Extremfall dar, vor dessen Hintergrund sich abschätzen lässt, wie ähnlich oder unähnlich die Vokabulare hinsichtlich ihrer Verteilungsmuster sind. Das ist ein Vergleich, bei dem lediglich die je gewählten Häufigkeitsverteilungen illustrierend nebeneinandergestellt werden. Eine ernsthafte Untersuchung des Vokabulars würde die Einbeziehung von sehr vielen Texten erfordern, was im derzeitigen Stadium nicht möglich ist. In der folgenden Tabelle sind die Vokabulare nach ihrer Häufigkeit im AT geordnet. Die Prozentzahlen nennen den Anteil des jeweiligen Vokabularausschnittes am Gesamtvokabular.

Vorkommen im AT	Jer 20, 7-18	Jer 20, 1-6	Jer 29, 24-32	Jer 28, 12-17
1-100	36	20	16	12
101-200	12	7	11	4
201-500	18	11	21	20
501-1000	11	20	18	20
1001-5000	14	30	21	31
über 5000	7	12	12	12
Gesamt[237]	98	100	99	99

Abbildung 18: Häufigkeitsgruppen des alttestamentlichen Vokabulars in Jer 20 7-18.1-6; 29,24-32; 28,12-17. Angeführt ist der prozentuale Anteil am Vokabular des Textes.

---

237 Durch Rundungsfehler ergeben sich nicht immer 100%.

Die Tabelle zeigt den überaus hohen Anteil an „seltenen Wörtern" in Jer 20, 7-18: 36 Prozent des gesamten Vokabulars dieses Textes kommt im AT bis zu 100 mal vor. In den anderen Texten sind es erheblich geringere Anteile am Vokabular. Auch sonst zeigen die Texte außer Jer 20, 7-18 im Verteilungsmuster keine deutlichen Abweichungen voneinander.

Nimmt man sich nun, ausgehend von dem Überblick, die häufigsten Wörter in den Texten heraus, das sind jene mit mehr als 5000 Vorkommen im AT, so ergibt sich folgendes Bild:

Jer 20,7-18 (172)	לא	אמר	אֶל	כל	אשר	על	אֵל	מן	את
Jer 20,1-6 (122)	לא	אמר	אֶל	כל	אשר	על			את
Jer 28,12-17 (101)	לא	אמר	אֶל	כל		על			את
Jer 29,24-32 (147)	לא	אמר	אֶל	כל	אשר	על			את

Abbildung 19: Vertretung der häufigsten Wörter des AT in den Texten Jer 20,7-18.1-6; 28,12-17; 29,24-32.

In der ersten Spalte ist jeweils der Text bezeichnet[238], auf den sich die in der jeweiligen Zeile folgenden Wörter beziehen. Diese sind von links in aufsteigender Häufigkeit angeordnet. Proklitische Präpositionen und andere pro- und enklitische Elemente wurden, den Zählregeln entsprechend, nicht einbezogen. Die Übersicht zeigt, dass dieser Bereich des Vokabulars allen Texten im Wesentlichen gemeinsam ist. Dabei spielt allerdings die Textlänge eine Rolle: Je länger der Text ist, desto vollständiger ist die Liste. Das erklärt dann auch, warum אשר in Jer 28,12-17 nicht vorkommt. Neben Jer 29,24-32 gelesen, fällt dieses Fehlen ja durchaus auf. Die Versuchung ist dann umgekehrt groß, beim Fehlen eines solchen Elementes, z.B. in 28,12-17, diesen Text anders einzustufen als z.B. 29,24-32. Dass das ein Fehlschluss sein könnte, zeigt die Übersicht. Differenzierende Einblicke sind an diesem Ende der Häufigkeitsskala und auf diesem Wege (noch) nicht zu erwarten.

Das andere Ende der Skala könnte mehr Erfolg versprechen: Eine Aufstellung der Vorkommen der entsprechenden Wörter nach ihren Belegen im AT könnte u.U. zeigen, zu welchem Textbereich innerhalb des AT der betreffende Text eine Affinität hat. Zum Einlesen sind die „seltenen Wörter" von Jer 20,7-18 nützlich. Die Tabelle zeigt wegen ihres großen Umfangs einige grundsätzliche Faktoren der Beobachtungsmöglichkeiten auf. Die Wörter sind in dieser Tabelle ihrer Häufigkeit nach geordnet, so dass die selteneren Wörter oben stehen. Bei den im AT sehr selten belegten Wörtern kann es naturgemäß auch nicht so viele „Beziehungen" geben, aber von Anfang an

---

238 In Klammern die Textlänge in Wörtern.

zeigt sich bei Jer 20,7-18 eine Affinität zu den Psalmen. Diese zieht sich durch den ganzen Vokabularausschnitt hindurch und wird sehr bald noch unterstrichen durch die Vokabularparallelen in Hiob und - schon weniger dicht - in den Proverbien. Ein zweiter Entsprechungsbereich ist das Buch Jesaja und, wiederum mit Abstrichen, das Buch Ezechiel. Die frühen Schriftpropheten[239] zeigen bei den seltenen Wörtern überaus wenige Parallelen. Generell sind parallele Bereiche bei den häufiger vorkommenden Wörtern - in der Tabelle weiter unten - wieder schwieriger auszumachen, das Bild wird dort undeutlicher. Mit dem Buch Deuteronomium hat der Vokabularausschnitt von Jer 20,7-18 nicht sonderlich viele Gemeinsamkeiten, auch die Bücher Josua bis 2 Könige stehen deutlich hinter den Psalmen und Hiob und auch hinter Jesaja und Ezechiel zurück. Sachlich wird besonders die Parallelität zu den Psalmen nicht verwundern[240]. Auf eine Schwierigkeit muss allerdings hingewiesen werden: Da die biblischen Bücher sich in ihrer Länge z.T. stark unterscheiden, müssen derartige Tendenzabschätzungen sehr behutsam behandelt werden. Die frühen Schriftpropheten sind neben den Büchern Josua bis 2. Könige oder auch neben den großen Schriftpropheten ein schmächtiges Textkorpus, die Wahrscheinlichkeit, dass ein Wort dort auftaucht, ist geringer.

---

239 Darunter werden hier und im folgenden die Bücher Amos, Hosea, Micha, Nahum, Habakuk und Zephanja verstanden.
240 Vgl. Ittmann, S.187.

	Gen	Ex	Lev	Num	Dtn	Jos	Ri	1Sam	2Sam	1Kön	2Kön	Jes	Jer	Ez	Hos	Joel	Am	Ob	Jona
קלס											1		1	2					
דבה	1			3									1	1					
שׂחק						2	1	3				3							
יגון	2											2	4	1					
זעקה	3	5					2					1	4						
מגור	6	1										1	6	1					
עריץ												7	2	4					
צהרים	2			1				1	4	1		3	3				1		
בשׂר								2	7	1			7	1					
לעג											1	3	1	2	1				
נקמה				2			1		2			11	5						
פתה	1	1		1			2	1	3			3	2	2					
כלמה												4	3	13					
כליה		2	14	1								1	4						
בחן	2											2	6	1					
רחם	4	4	1	4	1		2	2				1	4	1	1				
תרועה			2	6		2		3	1				3	1			2		
כול	3						3	12				1	4	2		1	1		
בשׁת							2	11				5	6		1				
אולי	12	1		5		2		3	2	3	1	3	6	1	1		1		1
עצר	3			3	2		3	3	2	4	4	2	4						
צלע	3	19			1			2	7				1	11					
שׁד	1			1								10	3	5	6	2	3		
אנושׁ	6			1								8	4						
לאה	34	1										5	5	1					
הרה	23	2		1			3	3	2		3	7	2				1		
אביון		2			7			1				5	4	3			5		
ריב	1	4			5	1	2	3				5	6	1	2				
ארר	9	1	1	13	19	2	4	3			1		6						
כשׁל							1					11	11	3	6				
קבר	8	1		2			2		6	4	6	5	4	9					
חמס	4	1			1		1		2			3	6	7		1	2	1	1
חרפה	2					1	3	1				6	12	7	1	2			
זעק		1					13	10	5	1		5	9	4	2	1			2
עמל	1			1	1		2					3	1			1			
שׂכל	2			2	2		5			1	1	3	5				1		
רחמ	4	6	1	4	3		2	2		1	1	13	14	2	8				
הפך	4	5	9	2	2	4	4	1	1	3		4	6	3	2	1	6		1
בער		6	1	3	16	4		3	5	1		17	11	7	2				
	Gen	Ex	Lev	Num	Dtn	Jos	Ri	1Sam	2Sam	1Kön	2Kön	Jes	Jer	Ez	Hos	Joel	Am	Ob	Jona

Abbildung 20: Die Verteilung der „seltenen Wörter" von Jer 20,7-8 im AT.

Mi	Na	Hab	Ze	Hag	Sa	Mal	Ps	Ijob	Spr	Rut	Hld	Koh	Klgl	Est	Dan	Esra	Neh	1Ch	2Ch	
							2													קלס
							1		2											דבה
		1			1		5	9	6		2	1						2	1	שׁחק
							4													יגון
			1				1	3									1			זעקה
							3	1					1							מגור
							3	3	1											עריץ
			1				3	2				1								צהרים
	1						3										2			בשׂר
							8	5	3								2		1	לעג
							5					1								נקמה
							1	3	5										3	פתה
1							7	1	1											כלמה
							5	2	1			1								כליה
						2	2	9	5	1							1			בחן
							3	5	1											רחם
		1					5	3							4			1	2	תרועה
					1	1	2		1	1							1		4	כול
1	1	2					7	1						2	1				1	בשׁת
		1			1		1						1	2						אולי
							2	3	1					3			1	3	7	עצר
2		1					2	1												צלע
	2						3	4	2		8	1								שׂד
							13	18										1	1	אנושׁ
1							1	3	1	1										לאה
							1	2		1							2			הרה
							23	6	4				1							אביון
3		1					7	5	12				2						2	ריב
						4	1	1												ארר
	3				1	1	7	1	6				2				1		4	כשׁל
	1						3	5									3		8	קבר
1		6	2		1		14	4	8				1				1			חמס
1		2					20	2	2				3		4		4			חרפה
1		2			1		5	2				1	1	1			2	1	3	זעק
		2					14	10	4			35					1			עמל
							12	4	19						11	1	3	3	3	שׂכל
1	1				2		8	5	2				1				1			רחם
		1	2				10	12	2				5	2	2		1	1	2	הפך
	1					1	11	1	2				1	1			1		4	בער
Mi	Na	Hab	Ze	Hag	Sa	Mal	Ps	Ijob	Spr	Rut	Hld	Koh	Klgl	Est	Dan	Esra	Neh	1Ch	2Ch	

Mit den Erfahrungen aus den „seltene Wörtern" von Jer 20,7-18 können wir nun zu der entsprechenden Tabelle über die „seltenen Wörter" in Jer 28,12-17 und Jer 29,24-32 übergehen. Jer 28,12-17 hat sechs „seltene Wörter", keines davon ist ein Hapaxlegomenon im AT oder im Jeremiabuch, das Wort סרה taucht auch in Jer 29,24-32 auf. Die Überschneidungen mit dem Vokabular der Bücher Ezechiel und Jesaja fallen sofort ins Auge, was allerdings auch an der Position der Zahlen in der Tabelle liegen mag. Auch im Buch Deuteronomium sind fünf der sechs „seltenen Wörter" belegt. In den Büchern Josua bis 2 Könige sind vier verwendet - wie schwer diese Überschneidung allerdings wiegt, ist angesichts der Länge dieses Textbereiches schwer einzuschätzen. Jedenfalls sind diejenigen Wörter, die dort vorkommen, dann auch häufiger verwendet. Bei den frühen Schriftpropheten sind nur drei der sechs Wörter belegt. Ob das zu dem Schluss berechtigt, dass der Text eher in einem Traditionszusammenhang mit dem Dtn als mit den frühen Schriftpropheten steht, kann man bezweifeln. Am deutlichsten ist dieser Ausschnitt aus dem Vokabular von Jer 28,12-17 im Jeremiabuch selbst beheimatet, gefolgt von den Büchern Jesaja und Ezechiel. Verbindungslinien von diesem Vokabularausschnitt zu den frühen Schriftpropheten und zu Dtn und den Büchern Josua bis 2 Könige sind vorhanden, aber nicht sonderlich stark wahrnehmbar[241]. Die „seltenen Wörter" von Jer 28,12-17 sind gleichmäßig über den Text verteilt, lediglich V 15 enthält keines dieser Wörter. Jer 29, 24-32 enthält neun „seltene Wörter". Eines davon (ציניק) ist im AT nur hier verwendet und für unsere Frage darum unergiebig. Von den verbleibenden acht Wörtern sind zwei (נטע und גולה) im Jeremiabuch recht häufig, zwei (גער und שגע) kommen im Jeremiabuch nur hier vor. Fünf der acht Wörter kommen auch bei Jesaja vor, ebenso viele im Dtn. Das Buch Ezechiel verwendet aus dem Vokabularausschnitt drei Wörter, die Bücher Josua bis 2 Könige fünf, bei den frühen Schriftpropheten finden sich vier Wörter wieder. All das gibt keinen deutlichen Hinweis auf einen möglichen Hintergrund des Textes. Die hier verwendeten „seltenen Wörter" sind großenteils noch seltener belegt als die in Jer 28,12-17, es zeigt sich in Jer 29,24-32 aber keine Tendenz. Nicht einmal die Neigung zu einer Ähnlichkeit mit dem Wortschatz des Jeremiabuches ist in Jer 29,24-32 so deutlich wie in Jer 28,12-17. Allerdings tauchen zwei Wörter auf, die auch in Jer 20,1-6 verwendet werden (פקיד und מהפכת) und eines aus Jer 28,12-17 (סרה). Besonders interessant ist nun die Verteilung dieser Wörter in Jer 29,24-32:

---

241 Die Vorkommen im chronistischen Geschichtswerk gehören bereits in die Wirkungsgeschichte der Texte.

| | Jer 29,24-32 | | | | | | | | | Jer 28,12-17 | | | | | |
	צבית	מכפלה	שוא	קדה	ערקד	יצא	דליה	נבה	אמצ	קדה	מטמון	נאוץ	אן	הלך	מכתבי
Gen						1	1	14	3			8	3	1	4
Ex									1						17
Lev									1		1		1	1	20
Num									1				1	2	13
Dtn		1	1	2				1	5	2		1	2	8	3
Jos									1			2		6	4
Ri						1						3		3	3
1 Sam			3										1	1	
2 Sam									1				1	3	1
1 Kön									1			8		3	3
2 Kön			1			1	2	5	1					2	3
Jes		2		4		2		2	11	4	3	4	5	6	
Jer	1	2	1	2	3	1	10	3	16	2	5	9	10	8	2
Ez							11	5	2	2	1	1		6	2
Hos			1									1		3	
Joël							1								
Am							1		3					1	
Obd															
Jona															
Mi												1		1	
Nah						1	1								
Hab												1			
Zef									1						
Hag															1
Sach						2	2								2
Mal						2							1		
Ps						4			6			1		5	
Ijob									1			3		5	
Spr									2					2	
Rut						1									
Hld								8				3			
Koh									5					1	
Klgl									1			2	2		
Est						1	1								1
Dan									1			3			
Esra								12							3
Neh				4			1	1				1			4
1 Chr							1		1		1			7	8
2 Chr				2									7	4	4

Abbildung 21: Die "seltenen Wörter" von Jer 29,24-32 und Jer 28,12-17 und ihre Verteilung im AT.

Sieben der acht berücksichtigten Wörter befinden sich in den Versen 26, 27 und 28 - das ist jener Teil des Textes, von dem oben angenommen wurde, dass er bei der Abfassung bereits vorlag. Diese drei Verse haben einen Umfang von 45 Wörtern. Das achte der „seltenen Wörter"[242] schließlich befindet sich in V 32 und ist das hier wie in Jer 28,12-17 verwendete סרה. Der überwiegende Teil des Textes verwendet also einen Wortschatz, der insofern als konventionell bezeichnet werden kann, als Wörter mit 100 und weniger Belegen im AT in ihm fast nicht vorkommen.

Bis hierher haben wir das Vokabular an den beiden Extrempunkten betrachtet. Sowohl die sehr häufigen Wörter, bezogen auf das Vokabular des AT, als auch die „seltenen Wörter" ließen Beobachtungen zu, wenngleich die an den häufigsten Wörtern auf den ersten Blick enttäuschen mögen: Bewiesen sie doch nur deren Allgegenwart[243]. Am anderen Ende des Häufigkeitsspektrums schien das Vokabular aussagekräftiger, erlaubte zumindest eine grobe Abschätzung von mehr oder weniger wahrscheinlichen Hintergrundtexten. Größtes Hindernis waren dabei die geringe Erfahrung mit Vokabularverteilungen - durch die Einbeziehung eines Vergleichstextes konnte das Problem beschrieben, nicht jedoch behoben werden. Ein weiteres Problem stellt die unterschiedliche Länge der Bücher dar. Dennoch waren hier durch die Kombination von Beobachtungen zum Vorkommen der einzelnen Wörter im AT und der Verteilung der „seltenen Wörter" im betreffenden Text einige interessante Einblicke möglich.

Um die Betrachtung des Wortschatzes abzurunden, möchte ich noch die in den beiden Texten in prädikativer Funktion verwendeten Verben[244] vergleichend nebeneinander stellen, um so doch wenigstens eine Wortgruppe in ganzer Breite einzubeziehen.[245]

---

242 צינוק wurde als Hapaxlegomenon des AT nicht mitgezählt.

243 Mit mehr Informationen und einem konsensfähigen Textkorpus könnten aber gerade die sehr häufigen Wörter für die Einordnung von Texten wertvolle Dienste leisten. Vgl. Morton, S. 102.

244 Finite Verbformen und als Prädikate verwandte Infinitive und Partizipien.

245 Die Verben sind nach ihrer Häufigkeit im AT in aufsteigender Reihenfolge angeordnet.

Jer 28, 12-17	Jer 29, 24-32
	גער
	נטע
	נבא
בטח	בטח
שבר	
	פקד
	ירא
חיה	
	בנה
מות	
	אכל

Jer 28, 12-17	Jer 29, 24-32
שלח	שלח
	קרא
	ישב
דבר	דבר
עבד	
שמע	
הלך	
נתן	נתן
עשה	עשה
היה	היה
אמר	אמר

Abbildung 22: In prädikativer Funktion verwendete Verben in Jer 28,12-17 und Jer 29,24-32.

Sieben Verben sind in beiden Texten verwendet. אמר steht dabei in der Botenformel, die natürlich in beiden Texten gleich ist. Das „Allerweltswort" היה führt auf keine aussagekräftige Parallele in den Texten, und auch עשה und נתן führen nicht zu erkennbaren Analogien. Das ist der Fall bei דבר, בטח und שלח. דבר ist in dem Zitat aus Dtn 13,6 verwendet, das, in jeweils dem Kontext angepasster Form, in Jer 29,32 und Jer 28,16 angeführt wird. Das Verb בטח wird im AT im Hif'il fünfmal gebraucht: in Ps 22,10; 2 Kön 18,30 und parallel dazu Jes 36,15 sowie in Jer 28,15 und 29,31. An den beiden letztgenannten Stellen, die in unseren Texten Jer 28,12-17 und Jer 29,24-32 liegen, ist außerdem die Fortführung mit על שקר parallel. Schließlich sind die Formulierungen in beiden Fällen mit dem Verb שלח verbunden. Dass das Verb שלח in Jer 28 in einem Wortspiel verwendet wird, wurde von Hardmeier bereits festgestellt[246]. Aber auch den Abschnitt 29,24-32 durchzieht das Verb שלח leitmotivisch: In V 25 hat Schemaja Briefe geschickt (שלח), weil Jeremia, wie in V 28 gesagt wird, etwas geschickt (שלח) hat. Der in V 31 ergehende Gottesbefehl an Jeremia lautet wiederum שלח, der Inhalt des an Schemaja auszurichtenden Wortes ist: Ich habe ihn nicht geschickt (לא שלחתיו). Die drei auffallenden Parallelen zwischen 28,12-17 und 29,24-32 liegen in 29,24-32 überwiegend außerhalb des Textbereiches, der wahr-

---

246 Hardmeier (1990), S. 309.

scheinlich bereits vorgelegen hat (V26-28). Der „redaktionelle" Teil des
Textes enthält die Parallelen zu 28,12-17, und er ist es wahrscheinlich auch,
der für die Ähnlichkeit sorgt, die in den Clusteranalysen zum Ausdruck
kommt, denn die „Vorlage" umfasst nur 45 Wörter, die „Redaktion" folglich
102, und sie dominiert damit das Bild des Gesamttextes. Das aber bedeutet,
dass Jer 28,12-17, sofern die in der Statistik aufscheinende Ähnlichkeit herkunftsbedingt ist, auch aus jenem Autorenkreis stammt, der Jer 29,24-32
redigiert hat. Die Verse 29,25-28 müssten folglich - als Vorlage - früheren
Datums sein[247]. Der Abschnitt Jer 28,12-17 wäre also vollständig von jener
„Redaktion" verfasst, die den Abschnitt Jer 29,25-28 im Zusammenhang von
29,24-32 in den Themenbereich „Sendung und Autorität des Propheten" hin-
eingedeutet hat.

1 Kön 13

Zur Literarkritik von 1 Kön 13 gibt es eine ganze Reihe von Beiträgen. Einen
Minimalkonsens bildet die Einschätzung M. Noths[248], dass die Verse 1-10
von den Versen 11 ff. zu trennen seien. Innerhalb der so unterschiedenen
Bestandteile des Kapitels[249] werden noch unterschiedliche Bestandteile als
„sekundär" oder „redaktionell" bezeichnet. Auf die unterschiedlichen Einschätzungen möchte ich im einzelnen nicht eingehen. Sie trennen häufig
Textbestandteile vom Gesamttext ab, über die wegen ihrer Kürze keine Aussagen mehr möglich sind[250]. Nicht die Argumente als solche sind falsch, das
sei an dieser Stelle ausdrücklich vermerkt, sondern die Argumentationsweise,
die minimale Ausschlüsse in gleicher Weise für möglich hält wie die Zuordnung größerer Textbereiche und die den Text nur als lineare Abfolge (mit
Inkonsistenzen, Dubletten usw.) betrachtet und nicht gewahr wird, dass eine
Zuordnung von Textbestandteilen zu Gruppen gleicher Herkunft nur möglich
ist, wenn flächenhaft auftretende Ähnlichkeiten im „Muster" auffindbar sind,
die nur statistisch auffindbar sind. Die linear vorgehende Prozedur verleitet
dazu, zum einen den Text wie ein Puzzlespiel zu behandeln, so als handle es
sich um ausgegrabene Keramik, die sich mit etwas Glück aus den Scherben

---

247 Im Falle von Jer 29,25-26 allerdings wäre zu erwägen, ob diese Verse nicht eher noch
   eine Kompilation aus 29,5-7 und 20,1-6 darstellen, die auf denjenigen zurückgeht, der
   Jer 29,24-32 in seiner jetzigen Gestalt verfaßt hat. Hier bewegt man sich allerdings auf
   unsicherem Grund.
248 Noth (1968), S. 291. Noth trennt die Teile allerdings nur thematisch, nicht literarkritisch.
   Anders Fritz, S. 141.
249 Über den Anfang herrscht Uneineinigkeit. Nach Noth (1963), S. 81, Anm. 1 beginnt die
   Erzählung bereits in 12,33, neuere Untersuchungen beginnen den Abschnitt über den
   Gottesmann aus Juda zumeist in 13,1. Der Abschluss dieser Erzählung wird entweder in
   V 32 oder in V31 gesehen.
250 Vgl. besonders Würthwein, S. 166-168, 171.

wieder zusammensetzen lässt[251]. Aber schon bei Keramikfunden muss man ja mit fehlenden Teilen, abgestoßenen Rändern und dergleichen mehr rechnen. Bei Texten gibt es außerdem nichts, was dem Brand bei der Keramik entspräche: Sie sind jederzeit überall veränderbar, technische Schranken gibt es nicht, allenfalls solche der Konvention. So können weder „passende" noch „unpassende" Anschlüsse wirklich Aufschluss über die Zusammengehörigkeit von Textteilen geben. Zum anderen verleitet die auf die lineare Betrachtung des Textes sich beschränkende Sicht dazu, die Möglichkeiten zur Einschätzung von solchen Textteilen zu überschätzen: Unterhalb einer gewissen Textlänge sind Zuordnungen in steigendem Maße spekulativ[252]. Besonders leicht erkennbar werden die Aporien einer derartigen Vorgehensweise, wenn einzelne Wörter zugeordnet oder ausgegliedert werden. Spieckermanns Anmerkung zu 1 Kön 13, 2 ist kein Einzelfall: „1 Kön 13, 2 aβ (ohne ויאמר) γb ist ein vaticinium ex eventu, das nicht nur 2 Kön 23,15, sondern auch 23,20 voraussetzt. Die Eintragung in 1 Kön 13 muss also von einer noch späteren Hand als der gesamte dtr Text 2 Kön 23,15-20 stammen, da die in 1 Kön 13,2* vollzogene Kombination des Materials voraussetzt, dass die dort breit ausgeführte Redaktion hier bereits exzerpiert werden kann."[253] Dass die Erwähnung des Josia ein *vaticinium ex eventu* darstellt, ist nicht zu bestreiten, dass dies aber eine Ergänzung im Text darstellt, ist bei Spieckermann nicht begründet und - wegen der Kürze des Textes - auch nicht begründbar. Noch weniger begründbar ist aber die Ausklammerung des ויאמר in 1 Kön 13, 2. Selbst wenn man die Ankündigung der Geburt des Josia für sekundär hält und damit annehmen muss, in der ursprünglichen Geschichte habe der Gottesmann aus Juda an dieser Stelle ein anderes Wort verkündet, so könnten doch beide Worte, das ursprüngliche wie das sekundär eingefügte, sehr wohl durch ויאמר eingeleitet worden sein. Welches der beiden ויאמר dann das nun im Text stehende wäre, ist völlig unentscheidbar. Der Hinweis, ויאמר sei von dem *vaticinium ex eventu* abzutrennen, spiegelt eine Genauigkeit der literarkritischen Scheidung vor, die gar nicht zu erreichen ist.

In all den Erwägungen von Spannungen und Widersprüchen auf kleinem und kleinstem Raum wäre den literarkritischen Arbeiten zu 1 Kön 13 nun, wenn man den Clusteranalysen traut, entgangen, dass der Schluss der Erzählung vom Gottesmann aus Juda ein anderes Gepräge aufweist als der Anfang und als der Mittelteil ab V 11. Die Clusteranalysen vereinigen V 11-18 ge-

---

251 Wonneberger, S. 26f. verwendet den Tell als Modell für die Darstellung der literarkritischen Aufgabe und spricht von einem „archäologischen Modell". Es ist zu fragen, ob ein solches Modell nicht zu problematischen Analogieschlüssen verleiten kann.

252 Eine etwas ausführlichere exemplarische Diskussion einer Argumentation in einem kleinen Textabschnitt findet sich im folgenden unter 4.3.

253 Spieckermann (1982), S. 114, Anm. 184.

wöhnlich schnell mit V 19-25, sie trennen V 1-10 davon ab und ordnen den Schluss der Erzählung häufig dem anderen Cluster zu. Der eher unstrittige Teil, V 1-10, kann erst einmal beiseite gelassen werden. Wir wenden uns dem zweiten Teil der Erzählung vom Gottesmann aus Juda zu, um herauszufinden, ob der Befund aus den Clusteranalysen sich erhärten lässt.

Die folgende Betrachtung des Kapitels wird mehrere Wege beschreiten: Angesichts des in der Forschung so meist nicht vertretenen literarkritischen Ergebnisses der Clusteranalysen[254] ist es angebracht, die Merkmale noch einmal anzusehen und dabei zu fragen, welche von ihnen für die Abtrennung des Schlusses sorgen und ob die Abweichungen nicht etwa anders als literarkritisch gedeutet werden müssen. Dann soll auch zu diesem Kapitel der Wortschatz der drei sich ergebenden Abschnitte (V 1-10, 11-25, 26-32) gesichtet werden, um herauszufinden, ob er erkennen lässt, in welchem Verhältnis die Abschnitte zueinander stehen könnten. Dabei muss die Diskussion zur Literarkritik des Kapitels bedacht werden unter der Frage, ob die in der Forschung vorgeschlagenen Ausschlüsse aus dem Text diesen in seinem zweiten Teil ab V11 einheitlicher würden erscheinen lassen. Außerdem ist noch der Versuch zu unternehmen, die Erzählung auf dem Hintergrund der gewonnenen Einsichten zu lesen, als einen historisch entstandenen wie auch als einen von der „Endredaktion" für verstehbar gehaltenen Text.

Als erstes noch einmal zum Ergebnis der Clusteranalysen. Die zwölf zu berücksichtigenden Analysen (6, 7, 8, 9, 10, 11, 15, 16, 17, 18, 19, 20) liefern für 1 Kön 13 lediglich Tendenzen zu Vereinigung oder Trennung, zu Homogenität oder Inhomogenität von Texten. Für die vier in 1 Kön 13 angenommenen Texte erbringen die Analysen drei Ergebnisse: 1. Der erste Textteil, V 1-10, ist vom Nachfolgenden zu unterscheiden. 2. Die beiden Texte V 11-18 und V 19-25 bilden eine Einheit. 3. Der Schlussteil ist von den beiden so gewonnenen Einheiten entschieden zu trennen.

Die Verse 1-10 werden in 10 der 12 Analysen von 11-25 getrennt, d.h. die Texte werden erst auf späteren Stufen vereint. Nur Analyse 7 verbindet V 1-10 auf der ersten Stufe mit 19-25, Analyse 16 stellt auf der 3. Stufe eine Verbindung zu 11-18 her; von großer Ähnlichkeit wird man in diesem Fall nicht mehr reden können.

Ebenso häufig, wie 1-10 abgetrennt wird, vereinen die Clusteranalysen V 11-18 und 19-25. Lediglich die Analysen 15 und 16 zeigen keine Neigung, diese beiden Texte aus 1 Kön 13 als besonders ähnlich einzustufen[255]. Wenn

---

254 Gewöhnlich wird nur V 1-10 von 11-32 getrennt. Von dieser Annahme geht auch Mead noch aus, der stärker von der narrativen Einheit des Kapitels als von der literarhistorischen Schichtung her argumentiert.

255 Analyse 16 zeigt keines der oben genannten Ergebnisse. Daraus kann nicht gefolgert werden, dass diese Analyse kein „richtiges" Ergebnis erbracht hat. Im Gegenteil kann nicht ausgeschlossen werden, dass gerade diese Analyse die Geschichte des Textes

die beiden ersten Ergebnisse, die sich mit den in der Forschung zumeist vertretenen Einschätzungen weitgehend decken, in so vielen Analysen auftreten,
so heißt das, dass die Ähnlichkeit bzw. Unähnlichkeit der Texte offenbar in
den Merkmalen so durchgängig manifestiert ist, dass die allermeisten Merkmalskombinationen zu den genannten Ergebnissen führen.

Das ist anders bei der Abtrennung von V 26-32 von V 1-10 und von V 11-
25, die nur bei bestimmten Merkmalskombinationen in sechs der Analysen
auftritt. Dort allerdings bewirkt sie die Einordnung von V 26-32 in ein anderes Cluster. Eine nicht ganz so starke Abtrennung nimmt Analyse 18 vor, die
V 26-32 auf der vierten Stufe mit V 1-10 verbindet. Auch die Verbindung
von V 26-32 mit V 11-25, die in Analyse 17 auf der fünften Stufe stattfindet,
wird man schwerlich als Ausdruck einer großen Ähnlichkeit der Texte zueinander auffassen können. Die Analysen 17 und 18 geben hinsichtlich der Abtrennung von V 26-32 vom Vorangehenden kein grundsätzlich anderes Ergebnis als die Analysen 7, 9, 10, 11, 19 und 20, sie zeigen das Ergebnis nur
weniger scharf pointiert. Die Analysen 15 und 16, die V 26-32 mit V 19-25
verbinden, hatten auch V 11-18 und V 19-25 nicht verbunden. Wenn
schließlich die Analysen 6 und 8 den Schlussteil von 1 Kön 13 mit dem Anfang verbinden, so könnte auch das eine abgeschwächte Form desselben Ergebnisses sein, das die Analysen 7, 9, 10, 11, 19 und 20 erbrachten; der
Schluss wird auch hier *nicht* mit dem vorangehenden Teil verbunden. Die
Abtrennung der Verse 26-32 wird in den Clusteranalysen kaum weniger
deutlich belegt als die Abtrennung von V 1-10 und die Zusammenfügung von
V 11-25. Die Datentabelle zeigt, in welchen Merkmalen am deutlichsten ein
Unterschied von V 26-32 zu den vorangehenden Teilen von 1 Kön 13 erkennbar wird. Bei den Merkmalen „Adverbiale ohne Präposition", Adverbiale mit Präposition", „Constructus" und „Beth" liegen die Werte von V 26-32
unter oder über allen anderen Werten von Texten in 1 Kön 13. Ob es sich
dabei um signifikante Abweichungen handelt, lohnt sich nicht zu erkunden,
so lange z.B. auch über ein sinnvolles Signifikanzniveau für solche Fragen
keine Einigkeit besteht. Ein Blick in die Clusteranalysen zeigt, dass diejenigen Analysen, die V 26-32 vom vorhergehenden Text trennen, zwei oder drei
der vier oben angeführten, wahrscheinlich unterscheidenden Merkmale verwendeten. Unter denen, welche die Trennung weniger deutlich werden
ließen, hat nur Analyse 8 zwei aus diesen vier Merkmalen berücksichtigt.
Analyse 7 trennt, wie wir schon sahen, V 26-32 von V 11-25, verbindet den
Text aber mit V 1-10. Zusammengenommen bestätigt das den Eindruck, dass

---

korrekt darstellt, von der argumentativen Logik des Verfahrens her kann das nicht
ausgeschlossen werden. Wenn dennoch hier probeweise davon ausgegangen wird, dass
diese Analyse die Entstehung des Textes eher nicht korrekt wiedergibt, so wird dazu die
Annahme vorausgesetzt, dass die Literarkritik bisher auch nicht nur zu
Fehleinschätzungen gelangt sein dürfte.

die vier genannten Merkmale für die Abtrennung von V26-32 vom vorangehenden Text zuständig sind. Mit dieser Information lässt sich nun abschätzen, ob inhaltliche oder textsortenspezifische Zwänge die Andersartigkeit von V 26-32 insbesondere gegenüber V 11-25, bedingt haben können.

Bei dem Merkmal „Adverbiale ohne Präposition" könnte der Unterschied in V 26-32 verursacht sein durch die dem Verlauf der Erzählung entspringende seltenere Verwendung der Negation am Ende von 1 Kön 13. Tatsächlich enthalten V 26-32 erheblich weniger Negationen als V 1-10 und V 11-25. Aber in V 11-25 ist der Anteil der Negation an dem Merkmal „Adverbiale ohne Präposition" niedriger als in V26-32. Gleichzeitig werden Adverbien wie שׁם, גם o.ä. in V 11-25 deutlich häufiger verwendet als in V 26-32, so dass die Zahl der Negationen nicht allein für den Unterschied bei diesem Merkmal verantwortlich ist.

Für den größeren Anteil des Merkmals „Adverbiale mit Präposition" in V 26-32 kann ich keinen inhaltlichen oder textsortenspezifischen Grund angeben, ebenso wenig für den höheren Anteil des Merkmals „Constructus". Bei den Vorkommen der Präposition Beth zeigen die normierten Daten für V 26-32 wiederum den höchsten Wert innerhalb von 1 Kön 13, doch relativiert ein Blick auf die Rohdaten[256] diesen Befund. Das Merkmal ist praktisch gleichmäßig über das Kapitel verteilt. Für die anderen betrachteten Merkmale - neben der Präposition „Beth" - wird man annehmen müssen, dass ihre trennende Wirkung tatsächlich nicht durch inhaltliche oder textsortenspezifische Faktoren erklärt werden kann. Das Ergebnis der Clusteranalysen kann darum durchaus literarhistorische Verhältnisse spiegeln, die bisher nicht allgemein als in den Texten vorhanden erkannt worden sind. Da im Falle von 1 Kön 13 die Frage der Textbeziehungen innerhalb der Teiltexte des Kapitels zur Debatte steht, möchte ich im Folgenden nicht die Verweise des Vokabulars auf einen möglichen Hintergrund untersuchen, sondern die Beziehungen der Vokabulare der Teiltexte zueinander.

Diejenigen Wörter, die allen drei durch die Clusteranalysen definierten Abschnitten gemeinsam sind, befinden sich erwartungsgemäß im Bereich der häufigen und häufigsten Wörter. Es sind: אישׁ, הלך, דבר, שׁוב, קרא, אכל, דרך, אלוהים, בוא, בית und - im Bereich der Wörter mit mehr als 3000 Belegen im AT - die Wörter את, מן, על, אשׁר, אל, אמר, לא, בן, כי, היה. Diese häufigsten Wörter sind wiederum beim derzeitigen Stand des Wissens um die Vokabel-

---

256 Natürlich charakterisieren die *normierten* Daten die Ähnlichkeiten und Unterschiede. Allerdings ist bei dem Vergleich der normierten Daten stets die Frage zu stellen, bis zu welcher Größenordnung Unterschiede relevant sind. Der Blick auf die Rohdaten zeigt in diesem Fall, dass die Schwankung unerheblich ist. Zu einem entsprechenden Ergebnis wird man gelangen, wenn man die normierten Daten zu diesem Merkmal mit den normierten Daten bei den anderen Texten vergleicht.

statistik noch nicht weiter verwertbar. Die nicht ganz so häufigen Wörter dagegen vermitteln schon eher den Eindruck von möglicherweise Einheit stiftenden Elementen. Diese könnten dazu beitragen, dass man den Entstehungsprozess von 1 Kön 13 nachvollziehen könnte. Von Interesse sind dafür neben den Wörtern, die allen drei Teilen gemeinsam sind, solche, die je zwei Teilen gemeinsam sind, die also V 1-10 mit V 11-25 verbinden, V 1-10 mit V 26-32 und V 11-25 mit V 26-32[257].

V 1-10 und V 11-25 haben folgende 13 Wörter gemeinsam[258]: זה, יום, מלך,
יכל, שתה, מקום, צוה, לחם, עמד, כה, מים, את, הנה.

V 11-25 und V 26-32 weisen 14 gemeinsame Wörter auf: מות, דבר, עיר, כל,
חבש, מרה, אריה, נבלה, אצל, חמור, שלך, מצא, פה, אחרי.

V 1-10 hat 5 Wörter mit V 26-32 gemeinsam: במה, עצם, שמע, הוא, נתן.

Der Mittelteil des Kapitels weist sowohl zu dem Beginn als auch zum Schluss des Kapitels zahlreiche Überschneidungen im Vokabular auf, Anfang und Schluss dagegen haben relativ wenige gemeinsame Wörter. Unter literarkritischem Blickwinkel ist die einfachste Erklärung für dieses Phänomen, dass V 1-10 und V 26-32 durch V 11-25 zu einer Einheit verklammert worden sein könnten. Dieser literarkritische Anfangsverdacht kann noch eine Weile außer Betracht bleiben. Die Vokabularüberschneidungen sind nicht nur quantitativ interessant, sondern liefern Einblicke in unterschiedliche Form von Aufnahme und Transposition der Themen innerhalb des Kapitels. Eine ganze Reihe von Wortparallelen freilich führt zu keiner irgendwie nachvollziehbaren Linie. Andere führen zu wörtlichen Parallelen, bei denen der Regelverdacht klassischer Literarkritik, in solchen Fällen sei der Text möglicherweise als bearbeitet anzusehen, nicht einfach ausgeblendet werden darf. Wieder andere führen auf thematische Komplexe, die, ohne gleich zu sein, sich als Transpositionen auseinander entwickeln lassen. Solche thematischen Komplexe, die durch Wortparallelen auffindbar werden, durchziehen den Text mit einem Netz von Bedeutungsanalogien und stiften dadurch Kohärenz innerhalb des Textes[259].

---

257 Eigennamen werden dabei außer Acht gelassen.
258 Die Wörter sind absteigend nach ihrer Häufigkeit im AT geordnet. Diejenigen Wörter, die allen drei Teilen gemeinsam sind, wurden dabei nicht noch einmal aufgeführt.
259 Das Phänomen, auf das hier Bezug genommen wird, steht in engem Zusammenhang mit dem, das Greimas als „Isotopie" in die Literaturwissenschaft eingeführt hat (Vgl. Greimas). Eine Darlegung der Isotopie kann an dieser Stelle ebensowenig geleistet werden wie ein genauer Nachvollzug der Greimas'schen Methodik. Zu Greimas' Begriff der Isotopie vgl. Zima, S. 296 ff.

Der den Versen 1-10 und 26-32 gemeinsame Vokabularausschnitt, der V 1-10 und V 26-32, ist klein an Umfang und enthält überwiegend unspezifische Wörter: נתן, שמע und הוא führen zu keinem erhellenden Bezug zwischen den Texten. Anders die Wörter במה und עצם. Mit der Erwähnung der במה wird in dem resümierenden V 32 auf die Szene in V 1-10 zurückverwiesen, hierin kann man eine bewusst eingeführte Verklammerung der Teile sehen, und so wird diese Aufnahme auch gewöhnlich gedeutet. Das Wort עצם dagegen bezeichnet in V 1-10 etwas anderes als in V 26-32 insofern, als die negative Konnotation der Verunreinigung, die in V 1-10 bei der Erwähnung der Gebeine mitklingt[260], in V 26-32 nicht vorhanden ist. In einem gemeinsamen Handlungszusammenhang erscheinen die Gebeine erst dem, der 2 Kön 23 kennt.

Der Vokabularausschnitt, der V 1-10 und V 11-25 gemeinsam ist, enthält in den Wörtern מים, לחם und שתה ein Thema, das in diesen beiden Abschnitten mehrmals gleich verwendet wird. Aus dem gemeinsamen Wortschatz aller drei Abschnitte gehören zu diesem Thema noch דרך, שוב und אכל. Aus diesen Wörtern wird die Verhaltensregel Gottes für den Gottesmann gebildet, die in V 11-25 eine zentrale Rolle spielt, und die auch in V 8b.9 innerhalb von V 1-10 genannt wird. Diese Nennung erregt vor dem literarkritischen Blick natürlich den Verdacht, hier sei wiederum eine Dublette zu finden, die nur dem Zweck diene, V 1-10 mit V 11-25 zu verbinden. In V 1-10 dominieren das Wort, das der Gottesmann zu verkündigen hat und der Handlungszusammenhang dieser Verkündigung den Kern des Textes, so dass die Erwähnung der Verhaltensregel eher als eine Erweiterung auf V 11-25 hin erscheint, eine auf den ersten Blick wenig subtil wirkende Form der Verknüpfung. Der Eindruck der Plumpheit relativiert sich allerdings, wenn man, die Spur der Vokabularparallele weiter verfolgend, feststellt, dass auch das Verb יכל in V 11-25 im Zusammenhang des dem Gottesmann auferlegten Verhaltens auftaucht, das dieses Verb in der in V 16 gebrauchten Form einen Anklang bildet an des Verb אכל (לא אכל / לא אוכל) und dass dieses Verb eben auch in V 1-10 verwendet ist an einer Stelle, die sich als transponierte Form des Gebotsthemas auffassen lässt. V 4b lautet:

וַתִּיבַשׁ יָדוֹ אֲשֶׁר שָׁלַח עָלָיו וְלֹא יָכֹל לַהֲשִׁיבָהּ אֵלָיו׃

Der Schluss des Verses taucht, mit anderer Bedeutung, aber doch sehr ähnlich in V 16 wieder auf: לֹא אוֹכַל לָשׁוּב אִתָּךְ

Eine weitere, unseren Lesegewohnheiten weniger auffallende Aufnahme besteht in dem Verb יבשׁ, das einen semantischen Gegenpol zu שתה מים bildet. Die Beziehung, die zwischen V 4b und V 8b.9 und V 16, 17, 18, 22, 23 konstituiert wird in der Aufnahme des thematischen Komplexes, lässt das

---

260 Das übersieht Mead, S.196.

Wunder, das an Jerobeam geschieht, als eine teilweise Zwangsvollstreckung der auf dem Gottesmann liegenden Verpflichtung erscheinen. An einem Körperteil erfährt Jerobeam, wie es ist, nicht mehr שוב tun zu können, und nur die Fürbitte des Gottesmannes bewahrt ihn davor, dass dies bereits ein endgültiges Unvermögen wird[261]. Die in V 8 folgende erste Erwähnung der dem Gottesmann obliegenden Verhaltensvorschrift wirkt ja, von V 1ff. her gelesen und solange man V 11 ff. ausblendet, nicht direkt störend oder unpassend: Der Einladung eines gerade gedemütigten Königs nicht zu folgen, möchte, besonders für denjenigen, der an der Demütigung maßgeblichen Anteil hatte, durchaus nahe liegen. Als Vorschrift für das Verhalten des Gottesmannes ist sie in V 8 zwar dargestellt, doch wird der Vorschriftcharakter letztlich erst durch die Wiederholung in V 11-25 deutlich, V 8 vermittelt sehr stark den Eindruck einer Ausrede.

Die Verbindung der in V 1-10 und V 11-25 erzählten Geschichten erweist sich auf den zweiten Blick als weniger holzschnittartig, als es zunächst den Anschein hatte. Das erledigt nun noch nicht die Schwierigkeiten des Textes, löst z.B. nicht das Problem, wie in V 1-10 das Wort gegen den Altar in Bethel und die Auseinandersetzung des Gottesmannes mit Jerobeam zusammengehören, aber es zeigt, dass das Zusammenfügen von V 1-10 und V 11-25, deren unterschiedliche Herkunft ja unstrittig ist, mehr gewesen sein kann als eine bloße Kompilation: Die Bedeutsamkeit des an Jerobeam geschehenden Wunders, die erst durch die Wiederholung der Verhaltensregel in V 16 f. in Kraft gesetzt wird[262], verleiht der Erzählung ja auch eine theologische Dimension, die über das Konstatieren der Strafe für einen gegenüber Gott unbotmäßigen König hinausgeht: Hinsichtlich der Forderung nach der Erfüllung des göttlichen Willens gelten für den König keine anderen Regeln als für den Gottesmann.

Der Gottesmann allerdings muss für seinen Ungehorsam - obwohl er dazu durch eine Lüge gebracht wird - sofort büßen, ohne auch nur eine einzige Möglichkeit zur „Umkehr" zu bekommen. Der Vokabularausschnitt, der in V 11-25 die tragende Rolle spielt und bei der Verknüpfung mit V 1-10 wesentlich ist, taucht auch im dritten Teil des Kapitels noch einmal auf. Der Löwe, der den Gottesmann in V 24a tötet, bleibt als einziger gehorsam. Gegen seine Natur tötet er den Gottesmann lediglich, rührt jedoch weder seine Jagdbeute

---

261 Das Schicksal des Altars, gegen den sich das Wort des Gottesmannes richtete, verläuft zunächst parallel: Er zerbirst, ist nicht mehr fähig, das Opfer aufzunehmen, auch שפך bildet einen semantischen Gegenpol zu שתח. Sein weiteres Schicksal scheint den Erzähler unserer Geschichte an dieser Stelle nicht mehr zu interessieren, es wird in 2 Kön 23 dargestellt.

262 Hier ist die Aufnahme der Wurzel יכל, die durch das Wortspiel mit אכל in V 16 hervorgehoben wird, ein wesentliches Signal.

noch den Esel[263] an, und, wie um dies zu unterstreichen, bleibt er neben der
Leiche stehen. Niemand soll sagen können, er sei nur gestört und verjagt
worden, nein, der Löwe *wollte* den Gottesmann nur töten, nicht fressen. Hier
taucht in V 28 eines der Stichworte aus dem beschriebenen Themenkomplex
auf : לֹא־אָכַל הָאַרְיֵה אֶת־הַנְּבֵלָֽה. Der Löwe spielt in 1 Kön 13 auf verschiedene Zusammenhänge an. Als erstes beruht der Mittelteil des Kapitels (V 11-
25) auf der öfter belegten[264] Vorstellung, dass der Tod durch den Löwen eine
Strafe für Ungehorsam gegenüber Gott ist. Innerhalb von 1 Kön 13 wird der
Löwe als derjenige, der den Willen Gottes vollstreckt, zum Gegenbild
Jerobeams, wozu ein Löwe gut geeignet ist, weil er im AT und im alten Orient auch symbolisch für den König stehen kann[265]. Schließlich bildet der
Löwe, der die Leiche des Gottesmannes nicht frisst, eine Brücke zu Kapitel
14, wo in V 11 den Nachkommen Jerobeams angekündigt wird, dass ihre
Leichname von wilden Tieren gefressen werden würden.

1 Kön 13 ist, wenn man der Linie folgt, welche die Geschichte unter den
Blickwinkel von V 11-25 bringt, weniger eine Geschichte über den Gottesmann aus Juda, als eine über Jerobeam. So gesehen ist es nur konsequent,
wenn das Wort gegen den Altar aus V 2 in V 11 zum Wort an den König
wird. Die Geschichte 1 Kön 13, 1-32 zeigt, wie weit Jerobeam davon entfernt
ist, den Gotteswillen zu erfüllen und wie langmütig Gott diesen Jerobeam
behandelt, derselbe Gott, dessen Gehorsamsforderung im Falle des Gottesmannes aus Juda so rigoros ist, dass selbst der Ungehorsam, der auf Täu-
schung beruht, mit dem Tod bestraft wird. Mehr dann allerdings auch nicht:
Dass der Gottesmann am Ende bestattet wird, ein ehrenvolles Begräbnis erhält, ist in diesem Zusammenhang von Belang und verbindet 1 Kön 13 kon-
trastierend mit 1 Kön 14[266]. Der Verweis auf das Ergehen nach dem Tod wird
in beiden Kapiteln als Ersatz für einen Ausgleich der „Schuldbilanz" im Leben verwendet.

---

263 Mead, S. 202, plädiert dafür, in dem Esel ein karikierendes Abbild Jerobeams zu sehen.
    Dies ist unwahrscheinlich, denn „ ‚Esel' begegnet im Unterschied zu ‚Hund' im AT
    kein einziges Mal eindeutig als Schimpfwort" (Keel u.a. (1984), S. 125). Mead scheint
    hier eher an die Vorgaben und Wertungen seiner eigenen Sprache zu denken. Das zeigt
    sich wohl auch darin, dass er an der fraglichen Stelle den Esel nicht - wie sonst - als
    „donkey" bezeichnet, sondern das, wegen seiner Zweideutigkeit deftiger klingende
    Wort „ass" verwendet. Der unbehelligt bleibende Esel hat die Funktion, den
    konsequenten Gehorsam des Löwen zu dokumentieren. Noth (1968), S. 302, wendet
    sich gegen jedes symbolische Verständnis des Löwen. Dagegen spricht allerdings, dass
    das Motiv des strafenden Löwen im AT öfter auftaucht.
264 1 Kön 20,35 f.; 2 Kön 17,25; Jer 5,5 f.
265 Vgl. Keel (1972), S. 75 f.
266 Vgl. 1 Kön 14,11: „Wer von Jerobeam in der Stadt stirbt, den sollen die Hunde fressen;
    wer aber auf dem Felde stirbt, den sollen die Vögel des Himmels fressen..."

Der dritte Textteil, V 26-32, wird ebenso wie V 1-10 über den semantischen Komplex der Verhaltensvorschrift für den Gottesmann in den Gesamttext integriert. Wiederum findet eine Transposition des Komplexes statt, und wie in V 1-10 wird nicht jede Einzelheit in der transponierten Form gespiegelt. V 26-32 allerdings ist, da die handelnden Personen im wesentlichen dieselben sind wie in V 11-25[267], in ihrer Unterschiedenheit vom Vorhergehenden nicht so leicht zu bemerken. Auch die Grenze zwischen beiden Textteilen ist nicht so eindeutig feststellbar wie die zwischen V 1-10 und V 11-25. Die Geschichte des Leichnams des Gottesmannes könnte frühestens in V 24b beginnen, spätestens ab V 29 liegt der Verdacht nahe, dass nunmehr eine andere Stimme zu hören sei, auch nach klassischen Kriterien der Literarkritik, denn in V 29 ist der Ort des Geschehens nicht mehr Bethel, wie noch in V 11, sondern wird umständlich beschrieben als עִיר הַנָּבִיא הַזָּקֵן. Für einen Neueinsatz mit V 26 spricht die Tatsache, dass das Vergehen des Gottesmannes dort nur noch mit מָרָה אֶת־פִּי יְהוָה umschrieben wird. Dasselbe Verb wird in V 21 verwendet, in V 22 aber sogleich erläutert mit Hilfe der in V 16 f. verwendeten Wörter[268]. Ab V 26 wird darüber hinaus der Prophet zur (einzigen) handelnden Person, was die Abgrenzung an dieser Stelle gerechtfertigt erscheinen lässt. Die in V 26-32 nur verständliche Passivität des Gottesmannes aus Juda wird in V 11-25 an zwei Stellen präludiert, und dies wird erkennbar über einen weiteren Verbindungsstrang, der im Vokabular sichtbar wird: Unter den Wörtern, die V 11-25 und V 26-32 gemeinsam sind nimmt das Verb מצא eine besondere Stellung ein, weil es gewissermaßen den Handlungsverlauf von V 11-32 strukturiert: Das Geschick des Gottesmannes ist ab V 11 durch drei Begegnungen bestimmt, die jeweils durch dieses Verb als ein „Finden" beschrieben werden. Als Alternative - das ist hier einmal wichtig zu bedenken - hätte sich im Fall der ersten Begegnung auch ein Verb wie קרא II angeboten, das ja zumindest eine lautliche Anbindung an V 1-10 geboten hätte. Bei der Begegnung mit dem Löwen wirkt schon der Umstand, dass erst die Tatsache der Begegnung genannt wird, eigentlich auffällig. Hätte es nicht genügt zu sagen, dass der Löwe ihn tötete?[269] Nur in der letzten Begegnung scheint die Verwendung des Verbs מצא sehr einleuchtend, weil es sich bei der Leiche des Gottesmannes mehr oder weniger um einen Gegenstand handelt, den man finden kann. Umge-

---

267 Nicht unwesentlich dürfte allerdings sein, dass der eine der beiden Akteure in V26-32 nicht mehr handeln kann.

268 Diese doppelte Beschreibung einer Handlung kann auch im Rahmen traditioneller Literarkritik verstanden werden als ein Hinweis auf eine Verknüpfung von V 11-25 als der Geschichte, die vom Ungehorsam des Gottesmannes ausdrücklich erzählt, mit der Ätiologie des Grabes, die in V 26-32 den Gottesmann dann doch nicht so sehr „aus der Gnade fallen" lässt, dass nicht sein Grab noch von Bedeutung wäre.

269 So 2 Kön 17,25.

kehrt ergibt der letzte Abschnitt des Kapitels ohne die vorausgehenden Teile auch einen nachvollziehbaren Sinn. Sobald V 11-25 mit der Verbindung vom Betrug des einen Propheten und der dafür erlittenen Strafe des anderen ausgeblendet ist, wird V 26-32 verstehbar als Ätiologie des Grabes: Der Prophet findet den Leichnam des Gottesmannes in einer wundersamen Szenerie, die ihn verstehen lässt, dass der so mit einer Totenwache versehene Mann[270] unter besonderem Schutz steht, der es ihm angeraten scheinen lässt, diesen zu bestatten, wobei alle technischen Schwierigkeiten (was ist mit dem Löwen?) ausgeblendet bleiben. Im jetzigen Zusammenhang, der 2 Kön 23 einschließt, ist das Unternehmen in den Augen des Propheten profitabel, weil es sein eigenes Grab unter den Schutz des Gottesmannes stellt. Das Bild, das in dem Schlussabschnitt von 1 Kön 13 von dem Propheten, wie ganz besonders auch von dem Gottesmann aus Juda gezeichnet wird, unterscheidet sich aber von dem in V 11-25 vorliegenden stark. In V 11-25 ist der Prophet Gegner der Gottesmannes, wenngleich er sich verstellt. In V 26-32 ist er sein Unterstützer insofern, als er die Gültigkeit der Verkündigung des Gottesmannes bestätigt. Der Gottesmann erscheint in V 11-25 als der (unfreiwillig) Ungehorsame, in V 26-32 erscheint er als der berufene Prophet, dessen Wort über seinen Tod hinaus Gültigkeit erlangt. Diese Unterschiede zeigen noch einmal, dass V 11-25 einerseits und V 26-32 andererseits unterschiedliche Geschichten mit unterschiedlichen Zielsetzungen erzählen wollen. Wenn sie dennoch im Endstadium des Textes einen einheitlichen Sinn erlangen, so deshalb und darin, dass 1 Kön 13 Jerobeam im Blick hat, wie ja auch der durchgängig als redaktionell eingestufte (und darum nicht einbezogene) V 33 zeigt. Sobald man die Geschichte von 1 Kön 13 als eine Geschichte über Jerobeam liest, verliert auch der Betrug des Propheten in erheblichem Maße an Anstößigkeit. Der „Ungehorsam" des Gottesmannes, der ja aus Unkenntnis der Sachlage heraus entsteht und an dem man dem Gottesmann keine echte Schuld wird geben können[271], wird zum exemplarischen Fall, der Jerobeam die Unbedingtheit und Unausweichlichkeit des Gotteswillens vor Augen führen soll. Der aber weigert sich zu verstehen, was ihm schon aus seiner Begegnung mit dem Gottesmann hätte erkennbar sein können: dass er irgendwann nicht mehr würde umkehren können (שוב). Um so eine Geschichte erzählen zu können, in der Gott auf den wichtigsten Akteur, den

---

270 Zu fragen wäre, ob auch hier der Löwe als Totenwächter des von Gott Berufenen im Endstadium der Erzählung wiederum auf den Löwen als Königssymbol zielt und nun Josia meint, der das Grab in 2 Kön 23 verschont.

271 Ich meine, man verstellt sich den Zugang zu der Geschichte, wenn man zu sehr versucht, aus ihr eine objektive und nachvollziehbare Schuld des Gottesmannes herauszudestillieren (so z.B. Mead, S 200 f. und Würthwein, S. 171). Die Pointe des Endtextes beruht gerade darauf, dass der schuldlos wirkende Gottesmann hart bestraft wird, Jerobeam dagegen (noch) nicht!

Gottesmann, keinerlei Rücksicht nimmt, muss man wahrscheinlich voraussetzen, dass die anvisierten Zuhörer in irgendeiner Form das ehrenvolle Begräbnis und die Bestätigung der Verkündigung als so etwas wie eine Entschädigung für ein vorzeitig beendetes Leben akzeptieren konnten.

Die durch die Clusteranalyse veranlasste Sicht der Teile der Geschichte vom Gottesmann aus Juda lässt sich mit Mitteln, die auch traditioneller Literarkritik zugänglich sind, durchaus begründen, den Textteilen und dem Gesamttext lässt sich eine je eigene inhaltliche und theologische Zielsetzung abgewinnen.

Bezieht man nun die in einer Reihe von Clusteranalysen auftretende Verbindung von 1Kön 13,1-10 mit Jer 28,12-17 und Jer 29,24-32 in die Überlegungen ein, so kann diese Verknüpfung, sofern sie denn historische Sachverhalte spiegeln sollte, nur so verstanden werden, dass ein Textbereich des Jeremiabuches, den man als „Bearbeitung" wird ansprechen müssen, wenn man nicht alle bisherige Forschung am Jeremiabuch für falsch wird erklären wollen, mit einem Abschnitt aus dem deuteronomistischen Geschichtswerk verbunden wird, der am ehesten in die Rubrik „Vorlage" einzuordnen ist. Die beiden Texte Jer 28,12-17 und Jer 29,24-32 werden durch die Einordnung in ein Cluster mit Jer 7,1-8,3 als Texte gekennzeichnet, die man in der üblichen Terminologie alttestamentlicher Untersuchungen als „deuteronomistische" Bearbeitungen wird einstufen müssen. Bei 1 Kön 13 wird das Attribut „deuteronomistisch" aber am ehesten auf den Bereich der V 11-25 passen. Sowohl die inhaltliche Ausrichtung als auch die Beziehungen zu dem Kapitel 1 Kön 14, das in den dafür relevanten Teilen als „deuteronomistisch" eingestuft wird[272], sprechen dafür. Dann aber kann 1 Kön 13,1-10 nur vordeuteronomistisch sein. Dieses Ergebnis wäre, wenn es sich erhärten ließe, mit der Sicht Hyatts, dass die Bearbeiter des Jeremiabuches dieses im Sinne der deuteronomistischen Theologie erst umgedeutet hätten, nicht zu vereinbaren. Jedenfalls dann nicht, wenn man erwartet, dass das Attribut „deuteronomistisch" mit jener Gruppe von Textproduzenten zu verbinden ist, die das deuteronomistische Geschichtswerk im wesentlichen in seine heutige Gestalt brachten und den Propheten Jeremia dabei unerwähnt ließen.

3.6.3.5 Die Heterogenität der Texte - Wie verändern literarkritische Operationen das Ergebnis der Clusteranalysen?

Die den Clusteranalysen unterzogene Texte sind nicht mit Sicherheit literarisch einheitlich, zumeist werden sie als mehr oder weniger uneinheitlich betrachtet. Bei der Textsegmentierung wurden narrative Einschnitte zur

---

272 vgl. Fritz, S. 143 f.; Würthwein, S. 327.

Segmentierung verwendet. Die Möglichkeit, mit Texten zu arbeiten, deren Herkunft in sich nicht einlinig zu bestimmen wäre, wurde in Kauf genommen. Welche Auswirkungen das auf die Analysen hat, wird bei der Gesamteinschätzung der Clusteranalysen zu bedenken sein. Eine andere Frage, die in diesem Zusammenhang gehört, ist, welche Veränderungen wohl aufgetreten wären, wenn die Segmentierung anders vorgenommen worden wäre, wenn also literarkritisch bereinigte Texte herangezogen worden wären. Nun war die Entscheidung, literarisch heterogene Segmente in Kauf zu nehmen, begründet durch die Unmöglichkeit, konsensfähige „reine" Textformen oberhalb der Mindestlänge von 100 Wörtern für ein ganzes Textkorpus zu bekommen. Diese Begründung behält auch ihre Gültigkeit; dennoch hat die Frage, wie literarkritische Eingriffe sich auf die Einschätzung der Ähnlichkeiten und Unähnlichkeiten durch Clusteranalysen auswirken, ihre Berechtigung.

Im Rahmen der Untersuchung wurde an einem Beispiel getestet, wie ein literarkritisch veränderter Text sich neben seinem unveränderten Pendant in einer Clusteranalyse verhält und welche Änderungen eintreten, wenn der Text auf seine Bestandteile aufgeteilt eingesetzt wird. Grundlage war die literarkritische Scheidung in Ez 13,1-16, die Pohlmann in seinem Kommentar vornimmt. Aus Ez 13,1-16 werden so zwei Texte, deren älterer[273] Ez 13,1-3. 6.10-12 umfasst und im Folgenden die Benennung Ez 13,1* erhält. Die jüngere Textschicht umfasst den größeren Rest des Ausgangstextes mit Ez 13,4.5.7-9.13-16 und wird Ez 13, 1red genannt. Der ältere Text enthält weniger als 100 Wörter[274], wurde aber dennoch, um diese Tests überhaupt durchführen zu können, herangezogen. Die Tests verwenden dieselbe Merkmalskombination wie die oben[275] erläuterte Analyse 19. Getestet wurden drei Varianten: Zuerst mit dem Ausgangstext und je einer der beiden „Schichten", dann ohne den Ausgangstext mit den beiden „Schichten". Die Dendrogramme der Analysen sind auf den folgenden Seiten abgebildet.

Die Veränderungen gegenüber Analyse 19 sind weniger dramatisch als es auf den ersten Blick vielleicht aussieht. Unverändert bleiben in allen Analysen die Subcluster 1 Kön 13,1-10; Jer 29,24-32; Jer28, 12-17; Jer 26,10-16 und Jer 26,1-9; Jer 27,1-11; Jer 28,1-11; 1 Kön 13,26-32. Bei den übrigen Texten ergeben sich leichte Verschiebungen: Ez 13,17-23 (bei Pohlmann dem älteren Prophetenbuch entstammend, also aus derselben Schicht wie Ez 13,1*) zeigt deutlich geringere Ähnlichkeit mit Ez 13,1-16, wenn beide Teiltexte in der Analyse verwendet werden und Ez 13,1* mit dem unveränderten Text Ez 13,1-16 eingesetzt wird. Die Texte aus Ez 13,1-16 verbinden sich

---

273 Vgl. Pohlmann (1996), S. 9.
274 Ez 13,1* hat 85 Wörter, Ez 13,1red 135.
275 Siehe oben S. 131 ff.

dann mit Jer 7,1-8,3, und dieses Subcluster wird mit 1 Kön 13,1-10; Jer 29,24-32; Jer 28,12-17; Jer 26,10-16 verbunden, während Ez 13,17-23 näher an 1 Kön 13,11-18; 1 Kön 13,19-25; Jer 27,16-22 erscheint. Anders ist das nur, wenn Ez 13,1red mit dem ursprünglichen Text Ez 13,1-16 zusammen analysiert wird. Dann bilden Ez 13,1-16 mit Ez 13,1red und Jer 7,1-8,3 eine offenbar sehr homogene Gruppe, die gleich auf der ersten Stufe vereinigt wird. Diese Gruppe, in der nun die Sprache der „späteren Bearbeitung" von Ez 13,1-16 dominieren muss, weil sie im unveränderten Text Ez 13,1-16 den größten Teil ausmacht und außerdem durch Ez 13,1red repräsentiert wird, wird auf der nächsten Stufe mit Ez 13,17-23 vereint. D.h. wenn Ez 13,17-23 mit einer der beiden in Ez 13,1-16 etwa vertretenen „Schichten" verbunden werden kann, dann mit der späteren, nicht mit der früheren, wie Pohlmann aus inhaltlichen Erwägungen entscheidet[276].

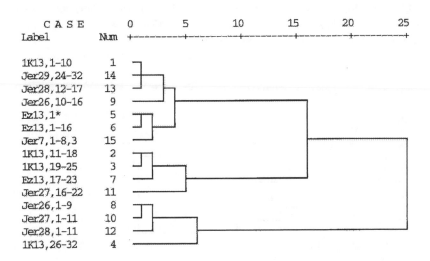

Abildung 23: Test mit Ez 13,1-16 (Ez 13 * ist „Textanteile des älteren Prophetenbuches nach Pohlmann); Ward – Verfahren. Verwendete Merkmale: Attribut, Adverbiale ohne Präposition, Constructus.

---

276 Diese Entscheidung wird allerdings auch von Pohlmann mit großer Vorsicht formuliert. Vgl. Pohlmann (1996), S. 194.

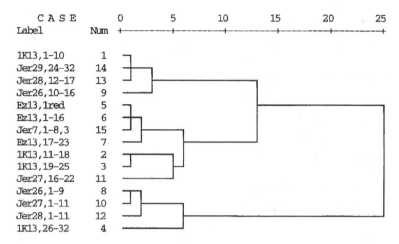

Abbildung 24: Test mit Ez 13,1-6 (Ez 13,1 red ist „Textanteile späterer Bearbeitung" nach Pohlmann); Ward – Verfahren. Verwendete Merkmale: Attribut, Adverbiale ohne Präposition, Constructus.

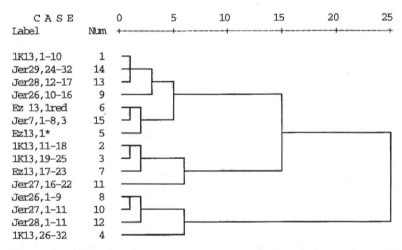

Abbildung 25: Test mit Ez 13,1-6 (Ez 13,1* ist „Textanteile des älteren Prophetenbuches",Ez 13,1red ist „Textanteile späterer Bearbeitungen" nach Pohlmann); Ward – Verfahren. Verwendete Merkmale: Attribut, Adverbiale ohne Präposition, Constructus

Insgesamt bekommt man aus den Testanalysen wie auch aus den Analysen 6-20 den Eindruck, dass Ez 13,1-16 ganz und in seinen Bestandteilen stärkere Ähnlichkeit zu Jer 7,1-8,3 aufweist als zu Ez 13,17-23 und dass die Unterschiede zwischen den Textformen Ez 13,1-16; Ez 13,1* und Ez 13, 1red sehr gering sind. Tatsächlich sind für Pohlmann ja auch nicht Unterschiede in der Gestalt der Textteile für seine Scheidung ausschlaggebend, sondern die Diskontinuitäten im Text:

„Diese Durchsicht der Textfolgen in Ez 13 lässt zwar einen Leitfaden im übergreifenden Thema ‚Trugprophetie' erkennen; zugleich ist jedoch schon wegen des mehrfachen Anredewechsels, aber auch im Blick auf die auffälligen Redundanzen, Dubletten (vgl. V. 11.12a und 13 f.), Überschüsse / Erweiterungen (vgl. V. 15 f. und V. 12) und Widersprüche (vgl. V. 9 und 15) klar, dass für 13, 1-16 wie für das gesamte Kapitel eine längere und kompliziertere Wachstumsgeschichte zu veranschlagen ist."[277]

Aber eine Diskontinuität im Text lässt zwar den Schluss zu, dass mit dem Text entweder in literarkritisch relevanter Weise etwas geschehen sein muss, oder dass der Text an der betreffenden Stelle ein strukturelles Signal trägt, sie sagt in keinem Fall in sich schon aus, dass ein „Autorenwechsel" angenommen werden muss. Auch wenn man die Diskontinuität als literarischen Bruch identifizieren kann, besteht immer noch die Möglichkeit, dass die Texte zu beiden Seiten des Bruches gleicher Herkunft sind. Aus den Beobachtungen Pohlmanns kann allenfalls geschlossen werden, dass Ez 13, 1-16 eine Reihe von Textteilen enthält, nicht jedoch, dass diese unterschiedlicher Herkunft sind. Pohlmann betreibt Tendenzkritik, d.h., er versucht, die Texte nach einer inhaltlichen Logik zu sortieren, was an sich zu nichts anderem führen kann, als zu einem inhaltlich sortierten Text. Das mag in manchen Fällen das Einzige sein, was man überhaupt noch erreichen kann. In diesem speziellen Fall wird allerdings die Sortierung des Inhalts wenigstens an einer Stelle durch ein deutliches Missverständnis in Frage gestellt. In V 5 übersetzt Pohlmann - anders als Zimmerli und die Zürcher Bibel - den MT mit „Ihr seid nicht in die Bresche gestiegen und habt eine Mauer (...) errichtet"[278]. Tatsächlich hat der hebräische Text hat am Anfang von V 5 nämlich ein negiertes Verb (lo' qatal) und ein affirmatives (wayyiqtol). Bei seiner Auslegung lässt Pohlmann sich jedoch von der Ambiguität des Deutschen verleiten: „V. 5 bringt ein neues Bild: Wie den Verteidigern einer Stadt wird den Propheten vorgeworfen, dass sie es *versäumt* haben, in die Bresche zu steigen und die Mauer in Ordnung zu bringen, woraufhin das Haus Israel im Krieg am Jahwetag nicht standhalten kann"[279]. Dieses Verständnis ist nur auf dem Hintergrund der deutschen Übersetzung möglich, die es erlaubt, die Negation auf zwei Verben zu beziehen. Im Hebräischen ist das zumindest an dieser Stelle unmöglich, weil die affirmative Form (wayyiqtol) niemals durch lo'

---

277 Pohlmann (1996), S. 187.
278 Pohlmann (1996), S. 184.
279 Pohlmann (1996), S. 190. Hervorhebung hinzugefügt.

verneint werden könnte. Die entsprechende negierte Form wäre lo' qatal. D.h. an dieser Stelle werden den Propheten zwei Vorwürfe gemacht: 1. Sie sind nicht in die Bresche getreten, und 2. sie haben eine Mauer gebaut[280]. Das Verständnis der Stelle wird dadurch nicht unmittelbar erleichtert, aber der Text ist nun einmal so, wie er dasteht. Außerdem wird ja ab V 10 das Motiv der Mauer aus V 5 und vielleicht auch V 4 wieder aufgenommen. Das Beispiel zeigt einmal mehr die Gefahren einer Argumentation mit inhaltlichen Kriterien[281], zumal einige Schlüsse traditioneller Literarkritik, wie der vom „literarischen Bruch" auf den Autorenwechsel sich überdies als kurzschlüssig erweisen.

Viele literarkritische Eingriffe bewegen sich in erheblich kleineren Größenordnungen[282], die in der Statistik der Texte sicher keine Veränderung hervorrufen, wohl aber in der (theologischen) Ausrichtung der Texte. Solche literarkritischen Änderungen stehen aber immer unter dem Verdacht, nur um dieser veränderten Ausrichtung willen vorgenommen worden zu sein: Der Exeget bearbeitet den Text so, dass er aussagt, was der Exeget wünscht - der Exeget muss ja nicht wünschen, dass der Text seiner Meinung ist.

---

280 Pohlmanns Auslegung geht davon aus, dass die Propheten *keine* Mauer gebaut haben.
281 Einen weiteren Schwachpunkt hat die Exegese Pohlmanns in V 11, wo die Änderung des Tempus zwar einen textkritischen Rückhalt hat, aber zu einer Glättung führt. Die alternative Lesart wird gewöhnlich ohne große Begründung abgelehnt, ein Versuch, die temporale Struktur des MT in der Tradition des Codex Leningradensis zu verstehen, ist mir nicht bekannt.
282 Vgl. z.B. Thiel (1981) zu Jer 28.

4 Ertrag

4.1 Einschätzung des literarkritischen Ertrages

Die statistische Untersuchung ist durch eine Reihe von Ungewissheiten belastet, welche die Deutung der Ergebnisse erschweren. Da ist an erster Stelle die Frage, ob die Merkmale tatsächlich geeignet sind, die Texte nach ihrer Herkunft zu sortieren. Damit verbunden ist die Frage, ob je drei Merkmale[1] ausreichen, um Textgruppen soweit zu charakterisieren, dass sie voneinander unterscheidbar werden. Das Problem wird ja zusätzlich verschärft durch die Ungewissheit über die Zahl der historisch vorauszusetzenden unterschiedlichen „Hände", die an den Texten gearbeitet und ihre noch nachweisbaren Spuren hinterlassen haben, sowie die mögliche interne Heterogenität der Texte, die aber in diesem Fall das kleinere Problem darstellt[2]. Alle genannten Probleme begleiten und belasten aber auch die Argumentation in der Literarkritik in ihrer heute üblichen Form, ohne dass sie dort ernsthaft behandelt würden. Darauf wird weiter unten noch einzugehen sein. Ehe diese grundsätzlichen methodologischen Zusammenhänge, die mit der Untersuchung verbunden sind und zu deren Erhellung sie einiges beitragen kann, bedacht werden, soll noch einmal das literarkritische Ergebnis der Clusteranalysen zusammenfassend diskutiert werden.

An den durch besondere Unähnlichkeit gekennzeichneten zwei Hauptclustern wie auch an den durch besondere Ähnlichkeit gekennzeichneten kleinen Untergruppen erscheint einiges vertraut oder doch zumindest plausibel. Bereits das erste Ergebnis der Analysen, das zum Ausschluss von Jer 20 wegen besonders großer Unähnlichkeit mit dem Rest des Textkorpus führte, ist ein solches Ergebnis. Die Clusteranalyse war in der Lage, mit Hilfe der Merkmale diese Unähnlichkeit zu erkennen, die sonst auf ganz anderem Wege dazu führt, dass Jer 20 literarkritisch anders eingestuft wird als die Texte, die im Textkorpus verbleiben. Ebenso ist die Zuordnung von Jer 7,1-

---

1 Die Beschränkung auf je drei Merkmale war oben 3.6.2 vorgenommen worden, um Korrelationen zwischen den Merkmalen auszuschließen.

2 Dennoch hat die Clusteranalyse Ergebnisse erbracht, die mit auf konventionellem Wege erreichten Ergebnissen weit übereinstimmen bzw. so gut verständlich sind, dass der Zufall als Erklärungsmöglichkeit ausgeschlossen werden kann: Sofern man der Intuition von Exegeten nicht völlig misstraut, spricht diese Übereinstimmung und Nachvollziehbarkeit der Ergebnisse deutlich für die grundsätzliche Brauchbarkeit der Clusteranalyse für literarkritische Zwecke.

8,3 einerseits und Jer 26 andererseits zu verschiedenen Herkunftsgruppen
einer der wenigen konsensfähigen Punkte in der Diskussion um die Literarkritik der Jeremiatexte des Korpus. Auch die Zusammenstellung von Jer
29,24-32 und Jer 28,12-17 ist zwar ungewöhnlich, erscheint aber selbst in der
Gegenüberstellung mit vorliegenden literarkritischen Entwürfen zu diesen
Texten nicht unmöglich. Die Strukturierung, welche die Analyse dem Kapitel
1 Kön 13 verleiht, ist im überwiegenden Teil mit den sonst zu diesem Kapitel
vertretenen Ansichten hinsichtlich der inneren literarkritischen Verhältnisse
problemlos in Einklang zu bringen, und stellt, was den Schlussteil in V 26-32
angeht, auch keine unmögliche Perspektive dar[3]. Auch die Ähnlichkeit von
Jer 7,1-8,3 mit Ez 13,1-16 ist nur solange anstößig, wie man Ähnlichkeit
gleichsetzt mit „Texte eines Autors". Damit kommt eine wichtige Frage in
den Blick: Welche Art von Stil beschreiben die Merkmale? Im Falle von Jer
7,1-8,3 und Ez 13,1-16 lässt sich die Deutung aus gemeinsamer Herkunft
noch aufrechterhalten unter Hinweis auf einen möglichen Epochen- oder
Gruppenstil[4], doch so sehr bei der Auswahl der Merkmale auch angestrebt
wurde, dass sie mit einiger Wahrscheinlichkeit herkunftsbezogene Gruppen
unterscheiden sollten, so wenig gibt es eine Garantie dafür, dass die Merkmale das auch tun. Wenn in Cluster II die Kapitelanfänge von Jer 26, Jer 27
und Jer 28 zusammenkommen, dann regt sich der Verdacht, hier könnte doch
der Funktionalstil die Gruppierung bewirkt haben. Diese Vermutung lässt
sich allerdings kaum aufrechterhalten: Es fehlen in Cluster II dafür die Anfänge der Geschichten in 1 Kön 13, und auch der Anfang von Ez 13 ist in
Cluster I und nicht in Cluster II. Darüber hinaus sind in Cluster II auch noch
der Schluss von 1 Kön 13 und der Text Jer 26,10-16 enthalten. Vielleicht ist
die auffällige Versammlung von Kapitelanfängen in Cluster II eher damit zu
erklären, dass die Kapitel Jer 26, 27, 28 und 29[5], trotz aller Bezüge der Kapitel zueinander, in sich jeweils geschlossene narrative Einheiten darstellen;
keine der Erzählungen reicht über die Kapitelgrenzen hinaus. In dieser Situation, in welcher der erzählerische Bestand sich auf ein Kapitel[6] beschränkt,
ist es denkbar, dass spätere Änderungen am Ende oder am Anfang zugesetzt
wurden, eine Möglichkeit, von der man in der Literarkritik häufig ausgeht.
Die Zusammensetzung von Cluster II - in dem sich neben 1 Kön 13,26-32
nur Texte aus dem Jeremiabuch finden - ist verständlich, wenn die Merkmale

---

3 Zu 1 Kön 13 s. auch Stipp (1987), S. 375 ff. und unten S. 179 ff.
4 Parallelen zu Jer 7,1-8,3 im Ezechielbuch (auch zu Ez 13) findet Miller, S. 91 f. Seine
   Erklärung dafür ist, dass Ezechiel das Jeremiabuch (bzw. Teile daraus) kannte. S. 118.
5 Der Anfang von Kapitel 29 enthält nur Abschnitte mit weniger als 100 Wörter.
6 Es geht hier weniger um die Kapiteleinteilung, die natürlich jünger ist als der Text mit
   allen Zusätzen, als um die Tatsache, dass der erzählerische Grundbestand so kurz und
   so distinkt war, dass er zusammen mit eventuellen Erweiterungen in den Rahmen eines
   Kapitels „passte".

eine Unterscheidung nach dem Epochenstil bewirken. Denkbar wäre u.U. auch eine Sortierung nach Soziolekten, doch würde damit die Einordnung von 1 Kön 13,26-32 gegenüber dem Rest von 1 Kön 13 rätselhafter erscheinen.

Insgesamt sind die konkreten literarkritischen Ergebnisse der Clusteranalysen unter den gegebenen Voraussetzungen eher als Denkanstöße zu verstehen denn als Beweis für eine literarkritische Theorie. Dafür sind Textgrundlage und Merkmalbündel dieser Pilotstudie zu klein. Angesichts der Tatsache, dass die Ergebnisse mit Kombinationen von je drei Merkmalen erreicht wurden, ist das Ergebnis mit seinen recht stabilen Gruppierungen, die überdies auch noch an mehreren Stellen durchaus sinnvoll erscheinen, mehr als zu erwarten gewesen wäre, und das ist ein starkes Argument für den Einsatz statistischer Verfahren und stilistischer Merkmale für literarkritische Untersuchungen. Der wichtigste Ertrag der Studie liegt aber in den Einblicken in die Funktionsweise und Probleme konventioneller literarkritischer Argumentation.

4.2 Die Clusteranalyse als Verfahren für die Literarkritik

Die Clusteranalyse wurde als Verfahren gewählt, weil sie denjenigen Schritt, der in der Literarkritik der Zuweisung zu literarischen „Schichten" entspricht, am deutlichsten nachzeichnet und die Einbeziehung mehrerer Merkmale zur gleichen Zeit ermöglicht. Im Verlauf der Analysen wurde allerdings auch deutlich, dass für einen ernsthaften Einsatz der Clusteranalyse in der Literarkritik derzeit noch einige Voraussetzungen nicht gegeben sind, so dass beim derzeitigen Stand der Kenntnisse eine Clusteranalyse noch nicht ohne weiteres eingesetzt werden kann. Die Voraussetzungen sind vor allem: sicher zugeordnete Textkorpora von ausreichender Größe, bessere Kenntnisse der für die Zuordnung erforderlichen Mindestlänge von Texten, detailliertes Wissen über die literarkritische Effektivität einzelner stilistischer Merkmale und ein erheblich breiteres Repertoire an einsetzbaren Merkmalen. Die genannten notwendigen Voraussetzungen möchte ich noch etwas näher erläutern.

Ohne ein Textkorpus, das einer „Schicht" oder einem „Autor" sicher zugeschrieben wird und dann die Basis für weitere Zuordnungen bilden kann, ist eine Unterscheidung verschiedener literarischer „Schichten" eigentlich gar nicht möglich. Natürlich gab es in der Geschichte der Literarkritik die Phase der Entdeckung von „Schichten", und ebenso könnten jederzeit wieder „Schichten" entdeckt werden, die bisher als solche nicht wahrgenommen wurden. Dabei wäre es allerdings wünschenswert, dass sich in der Exegese des AT der Begriff der Nachweisgrenze durchsetzte. Um eine „Schicht" als eigenständige Größe wahrnehmen zu können, ist mindestens *ein* Text von

mehr als minimaler Länge erforderlich[7], und auch bei den zuzuschreibenden
Texten wird es sinnvoll sein, unterhalb einer Mindestlänge den spekulativen
Charakter der Entscheidung einzuräumen. Das Fehlen von Referenzkorpora,
die das repräsentieren, was man z.B. als „deuteronomistisch" bezeichnet, hat
in der literarkritischen Debatte sicher manche Verwirrung ausgelöst. Um bei
diesem Beispiel zu bleiben, so gibt es dort die Möglichkeit, als „deuteronomistisch" zu bezeichnen, was eine inhaltliche bzw. wörtliche Parallele im
Deuteronomium hat oder im deuteronomistischen Geschichtswerk[8] oder in
anderen als „deuteronomistisch" eingestuften Texten. Manchmal genügt auch
das Auftauchen von Wörtern aus Weinfelds Liste deuteronomistischer Wörter[9] und Wendungen. Das, was man im weitesten Sinne als „Autor" bezeichnen kann, ist aber über die Phraseologie und die Inhalte nicht greifbar, selbst
dann gewöhnlich nicht, wenn ein „Autor" einen sehr markanten Wortschatz
hat, weil die Beobachtungen, die zu einer Zuschreibung führen können, eher
flächig sein müssen, Lexeme aber punktuell auftreten und so stets Zweifel
offen lassen, ob nun das partikulare Vokabular den Text global charakterisiert oder vielmehr Zeichen ist für einen Eingriff in den Text. Das Lexikon
einschließlich aller möglichen Wendungen und Stereotypen ist Gemeingut
der Sprecher und Schreiber einer Sprache. „Autoren" sind nurmehr über ihre
Texte greifbar, sie sind aus unserer Perspektive nur noch darstellbar als ein
Konstrukt neben den Texten. Darum ist es notwendig, bei Zuschreibungen
anzugeben, welches Textkorpus für einen „Autor" oder eine „Schicht" steht.
In der literarkritischen Diskussion zum Jeremiabuch gibt Stipp z.B. zu Beginn seiner Abhandlung „Jeremia im Parteienstreit" seine Referenztexte für
die einzelnen „Schichten" an[10]. Es dürfte klar sein, dass die Angabe eines
Referenzkorpus generell eine Voraussetzung für literarkritische Zuschreibung
ist, die auch dort erfüllt werden muss, wo keine Clusteranalyse durchgeführt
wird.
Kenntnisse über die erforderliche Mindestlänge von Texten sind nötig, weil
die Merkmale in der Literarkritik stets statistischer Natur sind. Nehmen wir
einmal an, der Text Jer 7,1-8,3 sei ein Text, der als Referenztext für einen
„Autor" oder eine „Schicht" geeignet ist. In den Texten dieser Provenienz
wären dann also auf 100 Wörter durchschnittlich 9,8 Wörter im status
constructus zu erwarten. Natürlich kann kein Text von 100 Wörtern Länge
diese Bedingung erfüllen, weil man entweder 9 oder 10 Wörter im status
constructus finden wird. In Wirklichkeit wird man, wenn man einen Bereich

---

7   Wie groß der Text sein muß, wäre auch noch zu erforschen. Möglicherweise ist z.B. Jer
    7,1-8,3 mit ca. 600 Wörtern lang genug.
8   Die von Westermann geäußerten Zweifel an der Existenz des Deuteronomistischen
    Geschichtswerkes müssen hier nicht diskutiert werden.
9   Weinfeld(1992), S. 320 ff.
10 Stipp (1992), S. 34-41.

von 100 Wörtern ansieht, irgendeine Anzahl von Wörtern im status constructus antreffen, vielleicht auch keines. Die Zahl 9,8 stellt eben einen Durchschnittswert dar. Die Mindestlänge eines Textes bezogen auf dieses Merkmal wäre diejenige Länge, von der ab Texte dieser Provenienz einigermaßen zuverlässig die „autorenspezifische" Rate aufweisen. In der Untersuchung wurde die Mindestlänge willkürlich auf 100 Wörter festgelegt, im Vertrauen darauf, dass die erforderliche Textlänge bei gleichzeitiger Verwendung mehrerer Merkmale niedriger ist als bei nur einem Merkmal[11]. Ob dieses Vertrauen gerechtfertigt ist, müsste aber erst noch ermittelt werden durch abschnittweise Betrachtung jedes einzelnen Merkmals. Auch hier liegt auf der Hand, dass die Beachtung von Mindestlängen auch für die konventionelle Literarkritik ein Desiderat darstellt. Als ein Beispiel, in dem dies, wie so häufig, nicht beachtet wurde, möchte ich auf Stipp verweisen, der einen Zusammenhang zwischen 1 Kön 13 und 1 Kön 20,35-43 beschreiben zu können meint[12]. Tatsächlich beschränken sich alle Beziehungen von 1 Kön 20,35-43 zu 1 Kön 13 auf 1 Kön 20,35f. Stipp versucht hier also zwei Verse zuzuschreiben. So verblüffend die Parallelität des Plots auch sein mag - der übrigens in 2 Kön 17,25 ff. in seinen Grundbestandteilen noch einmal auftaucht - der Text ist zu kurz, um über sein mögliches literarisches Verhältnis zu 1 Kön 13 sichere Erkenntnisse gewinnen zu können.

Die Effektivität der stilistischen Merkmale wurde in der Untersuchung vorausgesetzt, was nicht von vornherein möglich ist. Um mit hoher Wahrscheinlichkeit Merkmale zu verwenden, die Texte literarkritisch scheiden können, müssten solche Merkmale an Referenzkorpora erhoben werden. Dabei ist zu beachten, dass auch effektive Merkmale nicht absolut differenzierende Wirkung haben; vielmehr ist diese Kraft stets bezogen auf Paare von „Autoren" oder „Schichten". Was deuteronomistische Sprache etwa von chronistischer Sprache unterscheidet, kann etwas ganz anderes sein als das, was deuteronomistische Sprache von der Sprache von Mowinckels Schicht B im Jeremiabuch unterscheidet. Das zeigt, dass die in literarkritischen Argumentationen so dominant gewordene Verwendung von Phraseologie und thematischen Merkmalen schon aus diesem Blickwinkel fragwürdig wird. Zwei Schichten könnten sich in der Phraseologie oder in der theologischen „Tendenz" ähneln, ohne darum identischer Herkunft sein zu müssen. Für eine solide Ausgangsbasis ist es erforderlich, mehrere Referenzkorpora nebeneinander zu stellen und daraufhin zu befragen, bei welchen Merkmalen sie sich jeweils voneinander unterscheiden.

Das führt zur letzten Voraussetzung, die für eine erfolgversprechende Durchführung einer Clusteranalyse wie auch konventioneller Literarkritik

---

11 Vgl Morton, S. 73.
12 Stipp (1987), S. 375 ff. Vgl. unten, S. 179ff.

erfüllt werden müsste: Das Repertoire der Merkmale, auf die hin Texte bisher zu literarkritischen Zwecken untersucht wurden, ist sehr gering. Dies gilt in gleichem Maße für diese Untersuchung wie für konventionelle literarkritische Argumentationen; die Bandbreite der für die Zuschreibung verwendeten Merkmale ist dort gewöhnlich noch deutlich geringer als in dieser Untersuchung. Ein Versuch die potentiellen Unterscheidungsmerkmale so zu beschreiben, dass es möglich ist systematisch nach weiteren Merkmalen zu suchen, wurde im zweiten Teil dieser Arbeit mit der Darlegung des Stilbegriffs in Anlehnung an Lotman unternommen. In der literarkritischen Debatte wurden Argumente bisher gewöhnlich nur *ad hoc* für falsch oder ungültig oder für gültig erklärt, ein vergleichbarer Versuch, Wege zum Finden unterscheidender Merkmale zu beschreiben, ist mir nicht bekannt. Das führt aber bereits von den Voraussetzungen, die für eine Clusteranalyse erfüllt sein müssten, hinüber zum methodologischen Ertrag der Untersuchung.

4.3 Methodologischer Ertrag

Bereits der vorangegangene Abschnitt zeigte, dass Erfahrungen mit statistischen Textuntersuchungen die Augen für Problembereiche in der literarkritischen Argumentation öffnen könnte. Das beginnt schon bei der Vorbereitung zur statistischen Untersuchung, die dazu nötigt, den literarkritischen Argumentationsgang in drei grundlegende Schritte zu zerlegen: Der erste Schritt, welcher der Registrierung von Diskontinuitäten dient, führt stets zu zweideutigen Ergebnissen, da die Diskontinuitäten erst gedeutet werden müssen und Deutungen immer in zwei Richtungen - auf eine literarkritisch relevanten Bruch hin oder auf einen Einschnitt als Mittel literarischer Strukturierung - möglich sind. Selbst ein literarkritischer Bruch ist aber noch nicht ausreichend für die Annahme, dass Textteile vor und nach dem Bruch unterschiedlicher Herkunft sind. Keines der im ersten Schritt verwendeten Kriterien reicht aus, um eine Autorenwechsel zu begründen, nicht einmal die Feststellung von Dubletten, denn ein „Autor" wäre in der Lage, eine Geschichte zweimal zu erzählen, z.B. in zwei Varianten. Und ein Redaktor könnte auch, ohne weitere Zufügungen, zwei Texte eines „Autors" zusammenstellen. Erst der zweite Schritt, bei dem Texte auf ihre stilistischen Merkmale hin verglichen werden, lässt solche Schlüsse zu. Diesem Schritt galt das Hauptaugenmerk der Arbeit. Er ist seinem Wesen nach statistisch, denn in ihm wird die Menge der Eigenschaften systematisch reduziert auf je einen Datensatz, und dieser wird mit anderen, analog hervorgebrachten Datensätzen verglichen. Die Feststellung, dass dieser Schritt im wesentlichen statistischer Natur ist, stellt keinesfalls eine heteronome Vereinnahmung eines exegetischen Entscheidungsvorganges dar, vielmehr eröffnet diese Einsicht der Exegese die Möglichkeit, sich an dieser Stelle das zu Nutze zu machen, was an Prozeduren mit den damit ja verbundenen Kontrollmöglichkeiten von statistischer Seite zur Verfügung steht. Das zwingt zwar erst einmal dazu, diese Prozeduren kennen und damit umgehen zu lernen, könnte längerfristig aber die Literarkritik vor unangemessenen statistischen Schlüssen bewahren und damit auch vor unangemessenen literarkritischen Schlüssen.

Diesen Zusammenhang möchte ich illustrieren mit Hilfe von Stipps Argumentation für eine literarische Abhängigkeit von 1 Kön 20,35 f. von 1 Kön 13[13]. Die beiden Verse in 1 Kön 20 wirken auf den ersten Blick, da ist Stipp zuzustimmen, in ihrem Zusammenhang dysfunktional. Auch die Ähnlichkeit im Motiv - Ungehorsam gegenüber Jahwe führt zur Tötung durch einen Löwen - wirkt beeindruckend. Dieses Motiv tritt allerdings auch in 2 Kön 17,25 ff. und Jer 5,6 auf. Dass die Ähnlichkeit im Motiv nicht nur durch eine literarische Abhängigkeit erklärt werden kann, sieht auch Stipp: „Es ist noch denkbar, dass bei Kenntnis eines thematisch ähnlichgearteten Textes Motive und Einzelzüge von dort entlehnt wurden", stellt dann aber fest: „Es ist aber unwahrscheinlich, dass die Angleichung bis in solche Feinheiten des Sprachgebrauches wie Merkmal (3) ausgedehnt wurde."[14] Stipp legt seiner Entscheidung also einen stilistischen Vergleich zugrunde, der drei Merkmale benutzt: 1. „Die Verbindung b°=dabar YHWH (...) als Circumstant"[15], 2. die Verwendung von אריה und מצא bei der Beschreibung des zentralen Ereignisses und 3. die Vorkommen der Präposition אצל

Die beiden ersten Merkmale lassen die Frage auftauchen, ob der Erzähler nicht durch die Sachverhalte, die zu erzählen waren, in der Wahl der Lexeme eingeengt war, sowohl bei der Begegnung mit dem Löwen als auch bei der Feststellung, dass es ein Gebot Jahwes - als Voraussetzung für den Ungehorsam nötig - gab. Die in beiden Fällen getroffene Wahl war möglicherweise schlicht naheliegend. Das sieht wohl auch Stipp so, denn er meint diese Übereinstimmungen seien noch durch ein hinter beiden Texten stehendes Motiv zu erklären. Diese Möglichkeit meint er aber mit Hilfe der Vorkommen von אצל ausschließen zu können. מן־אצל in 1 Kön 20,36 sei nur als Zitat aus der fünffachen Verwendung von אצל in 1 Kön 13 zu erklären. Die Argumentation klingt überzeugend und ist doch in keiner Weise tragfähig.

Stipp versucht, die Zuordnung eines Textes von 35 Wörtern Länge, was sehr wahrscheinlich unmöglich ist. Das vierte Argument Stipps, das die Dysfunktionalität der Verse 1 Kön 20,35 f. im Kontext verwendet, zeigt allenfalls

---

13 Stipp (1987).
14 Stipp (1987), S. 377.
15 Stipp (1987), S. 375.

einen Bruch an[16], kann aber nicht dafür verwendet werden, die Zu-
schreibungsfrage zu klären. Stipp vermengt hier den ersten Schritt (Feststellung von Diskontinuitäten) mit dem zweiten (Zuordnung zu Textgruppen
gleicher Herkunft).

Die von Stipp verwendeten Merkmale haben den gemeinsamen Nachteil,
seltene Merkmale zu sein. Alle Merkmale kommen in einem Text nur einmal
vor, können also den Text nicht flächig beschreiben. Dabei war die Verwendung der ersten beiden Merkmale außerdem vielleicht aus inhaltlichen Gründen naheliegend. Allein die „relative Seltenheit eines Lexems"[17] macht ein
Merkmal nicht besonders aussagekräftig, wie Stipp meint, es macht das
Merkmal für den statistischen Vergleich ungeeignet. Das gilt erst einmal für
die relative Häufigkeit der Merkmale in den zu vergleichenden Texten, denn
die Merkmale sollten den Text flächig beschreiben, punktuell auftretende
Merkmale könnten ja auch punktuell anderer Herkunft sein. Zugleich kann
die Präposition אצל in 1 Kön 20,35 f., wenn sie als Merkmal noch zählbar
sein soll, nicht weniger als einmal vorkommen. Stipps Argumentation kann
nur funktionieren unter der Voraussetzung, das die Präposition אצל ein
Spezialwort des Autors von 1 Kön 13 und 1 Kön 20 wäre, was er nirgendwo
behauptet und auch das Problem mit sich brächte, dass weitere Texte dann
ebenfalls diesem „Autor" zugeschrieben werden müssten. Innerhalb des AT
betrachtet, kommt die Präposition im Deuteronomistischen Geschichtswerk
relativ häufiger vor als im restlichen AT: 19 Vorkommen in den 109.260
Wörtern des Deuteronomistischen Geschichtswerkes stehen 39 Vorkommen
in den übrigen Büchern mit 366.267 Wörtern gegenüber[18]. Aber um Stipps
Argumentation für eine Sonderstellung von 1 Kön 13 und 1 Kön 20,35 f.
innerhalb des Deuteronomistischen Geschichtswerkes aufrechterhalten zu
können, müsste nun für diese 19 Vorkommen innerhalb des Deuteronomistischen Geschichtswerkes und für die 39 Vorkommen außerhalb desselben eine eigene konsistente Herkunft nachgewiesen werden, die außerdem
denjenigen Textbestandteilen im Deuteronomistischen Geschichtswerk, welche die Präposition enthalten, eine Sonderstellung zuweist. Der wahrscheinlich richtigere Schluss ist, dass die Präposition אצל als effektives

---

16 Allerdings kann die rabbinische Auslegungstradition die Stelle gut in den Text
    integrieren: David Kimchi liest die Episode als eine Art Zeichenhandlung: „Ahab
    should have realized that G-d had killed the entire Aramean army miraculously. He left
    Ben Hadad to test Ahab. Not realizing this, Ahab had pity on Ben-Hadad, and spared
    his life, only for him to wage war at a later date. In this he was similar to Saul, who, out
    of pity, spared Agag, contrary to the prophetic command conveyes to him by Samuel.
    The penalty for disobeying a prophet is death by the hands of heaven", ähnlich urteilt
    Rashi; (zitiert nach Rosenberg/Hochberg, S. 215).
17 Stipp (1987), S. 376.
18 Textlängen nach Accordance, Vorkommen von אצל nach Mandelkern ermittelt.

Merkmal nicht zu gebrauchen ist, erst recht nicht in einem Text von so extremer Kürze. Auch scheint es mir nicht ganz korrekt zu sein, die fünf Vorkommen der Präposition in 1 Kön 13 durchzuzählen: Diese haben eine Häufung in V 24, 25, 28, 31, die durch den Plot hervorgerufen wird. Vier der Vorkommen entfallen nämlich auf die Darstellung des Leichnams des Propheten mit dem Löwen und dem Esel an seiner Seite, die fünfte begegnet in der Aussage, der zweite Prophet habe sich an der Seite des Propheten bestatten lassen wollen, was dann die „Totenwache" durch Löwe und Esel in gewisser Weise fortführt. Mit anderen Worten: Nachdem einmal diese Präposition gewählt wurde, konnte keine andere mehr gewählt werden, weil immer wieder dasselbe ausgedrückt werden sollte. Von diesem für 1 Kön 13, 26-32 so wichtigen statuarischen Bild ist in 1 Kön 20, 35 f. nichts zu spüren, und so sei doch auch die Frage gestattet, ob es wirklich unerheblich ist, ob die Präposition אֵצֶל heißt oder מִן־אֵצֶל?

Stipps wichtigstes Argument überschreitet den von ihm gesteckten Rahmen des Vergleichs zwischen 1 Kön 13 und 1 Kön 20 dort, wo er der Präposition אֵצֶל bedeutungsvolle Seltenheit bescheinigt. Eine literarkritisch relevante Bedeutsamkeit könnte dieses Merkmal aber nur haben, wenn Stipp den Rahmen des Vergleichs konsequent auf alle Vorkommen von אֵצֶל ausgedehnt hätte, dann hätte er nachweisen müssen, dass dieses Merkmal die Signatur einer bestimmten „Schicht" innerhalb des Deuteronomistischen Geschichtswerkes ist und nur dort - und evtl. in „Schichten" mit nahem und nachvollziehbarem Bezug zu jener - vorkommt. Selbst wenn ihm dieser Nachweis gelungen wäre, was ich für unwahrscheinlich halte, hätte das nur Aussagen über die Herkunft der Präposition מִן־אֵצֶל in 1 Kön 20,36 zugelassen: אֵצֶל kann genauso gut ausgegrenzt und einem Redaktor zugewiesen werden wie der ganze Abschnitt 1 Kön 20,35f.

Stipp unterliegt einem Trugschluss, weil er an einer Stelle mit punktuell auftretenden Merkmalen operiert, an der seine Argumentation flächige Merkmale verwenden müsste, um schlagkräftig zu sein. Statistik gelingt eher mit häufig auftretenden, möglichst allgegenwärtigen Merkmalen als mit solchen, die zwar ins Auge stechen, dies aber hauptsächlich tun, weil sie so selten sind. Die Zuschreibung des Textes 1 Kön 20,35f ist nicht möglich, weil es in einem so kurzen Text unmöglich ist, eine ausreichende Zahl an Merkmalen zu beobachten, die wahrscheinlich nicht der bewussten Steuerung und Stilisierung eines „Autors" unterworfen sind. Darüber hinaus gibt es in seiner Argumentation zumindest einen Fehler, den ein bewusster Umgang mit dem statistischen Charakter von Zuschreibungsfragen verhindert hätte: Die Statistik der Präposition אֵצֶל (wenn man einmal אֵצֶל und מִן־אֵצֶל als dasselbe betrachtet) im Vergleich der beiden Texte auf dem Hintergrund des Deuteronomistischen Geschichtswerkes nötigt zu gar nichts, solange man nicht die Existenz einer „Schicht" voraussetzt, die durch die Verwendung der

Präposition אצל gekennzeichnet ist. Die Statistik der Präposition im AT aber, welche die eigentliche Beweislast tragen muss, wird von Stipp nur als bedeutungsvoll postuliert, nicht aber dargestellt und interpretiert.

Die Behauptung, 1 Kön 20,35 f. sei literarisch von 1 Kön 13 abhängig, ist spekulativer Natur, lediglich die Parallele im Motiv lässt sich behaupten, die allerdings teilen die genannten Texte dann auch noch mit 2 Kön 17,25 ff. und Jer 5,6.

In der Literarkritik wird die Einsicht in den statistischen Charakter von Zuschreibungsfragen weniger durch das Beispiel von Arbeiten wie denen von Radday behindert als durch Mängel bei der Fragestellung, man muss fast sagen durch den Mangel einer solchen Fragestellung im methodischen Sinn. Seit langem sind Methodenfragen in der Literarkritik, sofern sie überhaupt vorkommen, praktisch beschränkt auf den Bereich der gültigen Merkmale für intratextuelle Diskontinuitäten bzw. für intertextuelle Zuschreibungen. Welche Frage(n) die Literarkritik überhaupt stellt, schien keiner Diskussion wert. Aber es ist nicht möglich, den Faden einfach dort weiterzuspinnen, wo Julius Wellhausen ihn aus der Hand gegeben hat. Seither hat sich im Verständnis von Texten soviel gewandelt, dass man unter den texttheoretischen Voraussetzungen der Anfänge der Literarkritik Gefahr läuft, Fragen zu beantworten, die sich so nicht mehr stellen, und dabei von den Zeitgenossen nicht mehr verstanden zu werden. Gerade die Fragestellung ist ein sehr wesentlicher Bereich wissenschaftlichen Argumentierens und Forschens. Das Ergebnis, das die vorliegende Untersuchung an dieser Stelle vorweisen kann, mag - insbesondere auf dem Hintergrund einer exegetischen Debatte, die gelegentlich Gefahr läuft, im Streit um die (theologischen) Inhalte der Texte zu vergessen, was sie tut - als eine nur unwesentliche Umformulierung eines alten Programms erscheinen. Es ist mehr und sei darum noch einmal formuliert und erläutert.

Literarkritik stellt die Frage nach der intratextuellen und intertextuellen Homogenität von Texten. Sie stellt diese Frage, um die Geschichte der Texte nachzeichnen zu können und setzt dabei voraus, dass dem Textkorpus eines „Autors", eines „Redaktors", einer „Schicht" relative stilistische Homogenität zugesprochen werden müsste.

Gegenstand literarkritischer Untersuchung sind die Texte, sie sind das Vorliegende, mit dem Literarkritik sich beschäftigt. Der „Autor" oder auch „Redaktor" dagegen sind Konstruktionen, welche die Exegetin oder der Leser neben den Texten entwirft. Diese Konstruktion ist ein notwendiges Unternehmen. In ihm kommt das aufklärerische Anliegen zum Zuge, das die Texte an die konkrete geschichtliche Bedingtheit menschlicher Existenzen bindet, und damit die Möglichkeit, sie als direkten Ausfluss des Transzendenten zu lesen, verwehrt[19]. Die Konstruktion selbst ist aber kein nachweislicher Sachverhalt des Textes. Schlüsse, aus den historischen Situationen, die man mit (inhaltlicher) Hilfe der Texte neben den Texten entwirft, zurück auf Fragen der Homogenität in den Texten mögen interessante Kombinationen ergeben, methodisch sauber sind sie nicht.

Eine Vorgehensweise, die von den Texten ausgehend nach Homogenität fragt, steht sehr schnell vor der Notwendigkeit, festlegen zu müssen, wie groß der Grad der geforderten Homogenität sein soll. Völlig homogen wären zwei Texte nur, wenn sie identisch sind.

An diesem Punkt völliger Übereinstimmung beginnt ein Kontinuum der Ähnlichkeit, das immer stärker in Unähnlichkeit übergeht. Bei den Clusteranalysen wurde dieses Kontinuum repräsentiert durch die Skala von 0 bis 25, unter der die Fälle in den Dendrogrammen vereinigt wurden. Von welchem Punkt an die Unähnlichkeit so groß ist, dass von einer gemeinsamen Herkunft nicht mehr ausgegangen werden kann, ist nicht vorhersagbar, dieser Punkt kann nur empirisch ermittelt werden. Bei „Autoren", von denen ein großes Korpus an sicher zugeschriebenen, eventuell noch chronologisch differenzierten Texten existiert, ist es möglich, diesen Punkt zu bestimmen. Im AT gibt es schwerlich irgendeinen „Autor", bei dem man so verfahren könnte. So ist nicht nur das Referenzkorpus, das „Autor" oder „Schicht" repräsentiert, eine Angelegenheit der Festlegung durch den Leser, auch die Schwankungsbreite, das stilistische Spektrum, das man einem solchen „Autor" zuschreibt, ist praktisch nur durch Definition festzulegen. Beim derzeitigen Stand der Kenntnisse über die Texte ist eine Ermittlung der tatsächlichen Schwankungsbreite im Stil eines „Autors" oder einer „Schicht" nur über das Referenzkorpus möglich, das bei alttestamentlichen Texten gewöhnlich deutlich kleiner ausfallen wird als das, was z.B. Foster bei seiner Untersuchung zur Elegie für William Peter[20] heranziehen kann. Das Ausmaß an Absicherung durch die Empirie wird folglich geringer ausfallen. Die Formulierung der Fragestellung ermöglicht es immerhin, diesen Tatbestand fest-

---

19 Die Negation der Existenz realer Menschen als Produzenten der Texte führt in ganz unterschiedlichen Zusammenhängen immer wieder zu unterschiedlich gefärbten fundamentalistischen Ergebnissen: die Vorstellung, die Texte seien verbal inspiriert, ist nicht auf christlich fundamentalistische Kreise beschränkt. Die Position des Strukturalisten Goldmann, die besagt, dass nicht der Autor seinen Text schreibt, sondern dass das „Kollektivsubjekt" (Zima, S. 84) durch den Autor dies tut, ersetzt nur den Heiligen Geist durch die Gesellschaft. Aber auch dekonstruktivistische Modelle, in denen der Autor mit seiner Stimme verschwindet, als Individuum nicht mehr existiert, trennen die Texte von ihrem Ursprung und lassen damit eine Leerstelle entstehen, die zum Ursprung neuer Mythen werden kann. Zu Recht zählt Eco diese Form der Interpretation darum zu den „hermetischen Interpretationen" (vgl. Eco (1995), z.B. S. 62, 64-66), zu denen man auch den New Criticism wird rechnen müssen.

20 Siehe oben 3.3.4.

stellen zu können. Erst die Formulierung einer möglichen Frage erlaubt es, die Sachzwänge einzuschätzen, die jeder Antwort einen Rahmen vorgeben, und sie ermöglicht es, einige Operationen als methodisch fragwürdig zu erkennen. Die Frage nach der Homogenität von Texten und Textkorpora sollte so weit wie möglich verfolgt werden, um für die anschließende chronologische Einschätzung nicht von vornherein die Ausgangsbasis zu schwächen. Solange Aussagen über die Texte im Rahmen dessen bleiben, was den Texten als solchen an Information entnommen werden kann, müssen vergleichsweise wenige Voraussetzungen an die Texte herangetragen werden, nämlich Grammatik und Lexikon des Hebräischen sowie eine operationalisierbare Stiltheorie. Diese Voraussetzungen bewegen sich auf einem vergleichsweise abstrakten Niveau. Bewusste oder unbewusste Eintragungen können so weitgehend unwahrscheinlich gemacht werden. Solange die Argumentation in diesem Bereich bleibt und die Regeln der Statistik, der Wissenschaft, die anzuwenden an dieser Stelle unausweichlich ist, beachtet werden, können die in ihr getroffenen Aussagen Gültigkeit beanspruchen. Diese Aussagen bewegen sich dann allerdings noch ganz im Rahmen der Statistik und werden erst durch die Interpretation des statistischen Befundes exegetisch relevant. Die Interpretation getrennt von der Feststellung der textlichen Tatbestände durchzuführen, wird die Diskussion mit Sicherheit erleichtern.

Der methodologische Ertrag bietet bis hierher das Bild einer Vorgehensweise, die sich hinsichtlich der Textumfänge und hinsichtlich der „erlaubten" Argumentationsweisen Beschränkungen auferlegt, um Ergebnisse erzielen zu können, deren Gültigkeit man unter den wissenschaftstheoretischen Bedingungen unseres Jahrhunderts wird behaupten können. Dass die sich daran anschließenden Schritte den Übergang in das Gebiet der Geschichte und der Deutung wagen müssen, schmälert nicht den Gewinn: Auch dort wird die Argumentation leichter, wenn man weiß und nicht nur ahnt, wie tragfähig der Grund, auf dem man aufbaut, tatsächlich ist.

Der Ertrag aus der Modifizierung der Methode erschöpft sich jedoch nicht in einer Einschränkung möglicher Ergebnisse um deren Gewissheit willen. Auf dem, durch die Forderung nach einer Mindestlänge der Texte tatsächlich geschmälerten Gebiet sind außerdem die Beobachtungsmöglichkeiten durch die Einsicht in den stilistischen Charakters der Merkmale erheblich erweitert. Die Merkmale, die nun in den Blick kommen, wären schon immer beobachtbar gewesen und wurden auch manchmal in ähnlicher Weise wie hier vorgeschlagen schon verwendet[21], nicht jedoch unter dem systematisierenden Aspekt einer allgemeinen Theorie stilistischer Textprägung, wie sie hier von

---

21 Vgl. z.B. Seidl (1978), S.18 ff., wobei Seidl, seinem Thema entsprechend mit sehr kurzen Textabschnitten arbeitet.

Lotman übernommen wurde. Die Nachvollziehbarkeit des Suchprozesses profitiert davon ebenso wie dieser selber. Der Gewinn struktureler Text-betrachtung liegt nicht zuletzt darin, dass sie den Text unter verschiedenen Aspekten zu beobachten erlaubt, dass diese Aspekte in der Vorstellung von den „Textebenen"[22] ein gewisses Maß an Systematisierung erfahren haben. Innerhalb mancher Ebenen gibt es weitere logische Systematisierungen, so etwa in der Semantik[23]. Die theoretischen Überlegungen seien durch einige Beispiele veranschaulicht.

Bei längeren Texten wäre es möglich, syntaktische Phänomene zu be-obachten. Dabei kämen etwa Sätze und Gliedsätze, die mit כִּי oder durch אֲשֶׁר eingeleitet werden, in Frage, auch die Verwendungsweisen von כִּי, אֲשֶׁר, אֲשֶׁר תַּחַת und יַעַן אֲשֶׁר wären ein interessantes Beobachtungsfeld, wobei allerdings תַּחַת אֲשֶׁר und יַעַן אֲשֶׁר selten vorkommen, so dass erst festgelegt werden müsste, was man auf diesem Feld denn beobachten wollte. Ein weiteres Feld wären diejenigen Teilsätze, die durch eine einleitende Präposition und nach-folgenden Infinitiv Constructus mit den dazugehörigen Syntagmen konsti-tuiert werden. Welchen Raum nehmen sie im Text ein? Gibt es bevorzugt verwendete Präpositionen? Auch das Gebiet von Determination und Deixis bietet Möglichkeiten zu Beobachtungen: Von der Indetermination reicht das Spektrum über Determination und Deixis mit den Demonstrativpronomina bis zu den in einigen Texten überaus häufigen Formulierungen mit כֹּל. In diesen Zusammenhang gehören auch die Bereiche der lokalen und tempo-ralen Deixis, also Bestimmungen wie hier, jetzt, heute usw.[24]

Andererseits wäre es natürlich auch möglich, auf der Ebene der Semantik die lokalen und temporalen Aussagen zu analysieren[25]. Nomina könnten nach semantischen Grundkategorien wie konkret/abstrakt, belebt/unbelebt usw. spezifiziert werden, um semantische Tendenzen zu entdecken, verwendete Verben könnten aufgegliedert werden nach verba actionis, verba stativa, verba dicendi usw. Wenn ein Textkorpus hier Tendenzen zeigte, wäre zu prüfen, ob diese Tendenz das Textkorpus von einem anderen zu unter-scheiden in der Lage wäre, ebenso müsste bei allen anderen Merkmalen ver-fahren werden.

Auch das Lexikon eines Textkorpus könnte Auskunft über mögliche Ten-denzen geben: Werden bestimmte Wortklassen häufiger als in anderen, vergleichbaren Texten verwendet oder gemieden? Ist die Variabilität des Wortschatzes über alle Wortklassen ähnlich, oder werden Wortklassen zwar mit normaler Häufigkeit verwendet, aber mit geringerer oder erhöhter Varia-

---

22 Vgl. Lotman, S.83 ff.
23 Vgl. z.B. Schweizer (1989), S.59 ff. 90 f.
24 Vgl. dazu Bühler, S. 102 ff.
25 Schweizer (1989), S. 99 f.

bilität, mit anderen Worten: Hat der Wortschatz wortklassenspezifische Einseitigkeiten? Davon zu unterscheiden wäre wiederum die Frage nach der Konventionalität des Wortschatzes, die ebenfalls auf Wortklassen aufgegliedert werden könnte, und in deren Zusammenhang nach Wortschatzüberschneidungen mit anderen Textkorpora gefragt werden könnte.

Schließlich gäbe es noch den Bereich traditioneller Stilistik, in dieser Arbeit als Makrostilistik bezeichnet und nicht berücksichtigt. Metaphern und Bilder wären sicher eine nähere Untersuchung wert, wobei nach Bildungstypen[26] ebenso gefragt werden könnte wie nach den in den „Bildhälften" angesprochenen semantischen Bereichen. Figuren der Wiederholung könnten untersucht werden, beginnend mit Alliterationen über Hendiadyoin zu chiastischen Textanordnungen, wobei die Dimension des beobachteten Merkmals allerdings in einer sinnvollen Relation stehen muss zur Größe des Textkorpus: Ein Merkmal, das für statistische Vergleiche herangezogen werden soll, muss mit einer gewissen Häufigkeit vorkommen. Das gilt auch für die - unter theologischem Aspekt sicher sehr interessanten - Aktantenkonstellationen.

Auch wenn alle denkbaren stilistischen Merkmale zur Unterscheidung von Textgruppen grundsätzlich einsetzbar sind, empfiehlt es sich doch, außer den selten vorkommenden Merkmalen auch sehr komplexe Merkmale auszuschließen. Zu diesen zählen etwa inhaltliche Konzepte, Gattungen, Phrasen und Formeln. So sehr jeder Mensch ein Original ist[27], so selten ist Originalität in Literatur - und nicht nur dort - anzutreffen. Das Plagiat ist keine Ausnahmeerscheinung, sondern eher eine Existenzform von Literatur - man könnte das Phänomen etwas freundlicher als Traditionsgebundenheit bezeichnen: Originelle Gedanken werden eine Tradition begründen, deren Anfang dann im AT gewöhnlich nicht mehr bestimmbar ist, oder sie werden verschwinden. Nicht jeder, der eine Tradition aufnimmt, muss diese in der gleichen Weise verstehen wie der Begründer der Tradition, und nicht jede Traditionsaufnahme wird heute noch in ihrer Intention verstehbar sein. Dennoch ist der wichtigere Grund für den Rat, komplexe Merkmale für statistische Zuschreibungsfragen nicht heranzuziehen, die Tatsache, dass die Komplexität selbst Probleme bei der Ermittlung der Vorkommen des Merkmals ebenso bereiten wird wie bei der Auswertung von Ergebnissen. Die aufgezählten möglichen Merkmale, die sich ja noch vermehren lassen, dürften den Verzicht auf derartige Merkmale erleichtern.

---

26 Bei Metaphern z.B. Adjektiv-, Verb-, Substantivmetaphern.
27 Und diese Eigenschaft kommt in den subtilen Tendenzen der Textgestalt zum Ausdruck,
    das war eine Grundvoraussetzung dieser Arbeit.

4.4 Vom Pilotprojekt zum Verfahren

und es wäre nicht recht, wenn diese Wahrheit durch
meine Schwäche Eintrag erlitte (Cervantes)

Die erstaunlich gut nachvollziehbaren Ergebnisse der Clusteranalyse dürfen nicht darüber hinwegtäuschen, dass diese heute noch kein wirklich einsatzfähiges Instrument für die Literarkritik darstellt. Sie zeigen aber, dass auf dem hier erprobten Weg längerfristig eine Verbesserung des methodischen Instrumentariums möglich ist. Es wäre allerdings nicht sinnvoll, sich von vornherein nur auf ein bestimmtes multivariates Verfahren einzuschränken: Im Verlauf weiterer Forschungen könnte sich ein anderes Verfahren als geeigneter herausstellen.

Allerdings hat die für die statistische Untersuchung notwendige Analyse literarkritischer Prozeduren eine Reihe von Schwachstellen in deren Argumentation ans Licht befördert. Neben der schwachen Strukturierung des Problemfeldes und der Fragestellung kam hier insbesondere der nicht wahrgenommene statistische Charakter eines Teils der literarkritischen Prozedur zum Tragen sowie die stilistische Natur aller möglichen effektiven Merkmale. Die Strukturierung der Fragestellung[28] wäre dem bisherigen Vorgehen problemlos einzugliedern, und auch die andere Sicht auf die Merkmale stellt für einen konventionellen Umgang mit literarkritischen Fragen weniger ein Problem dar als eine erhebliche Erweiterung der Möglichkeiten, für die Beobachtung an den Texten ebenso wie für die kritische Reflexion der Merkmale. Auch die Ablösung von komplexen semantischen Merkmalen und von der Bindung an semantische Kohärenz - Zusammenhänge, die Eintragungen provozieren - dürfte eher unmittelbar zu einer Erleichterung literarkritischer Argumentation führen.

Der statistische Charakter literarkritischer Prozeduren erfordert weitere Überlegungen darüber, wie dieser neuen Einsicht Rechnung getragen werden kann, vorerst auch ohne auf die Clusteranalyse zurückzugreifen, und wie darüber hinaus noch offene Fragen, die im Zusammenhang mit den Clusteranalysen entstanden, beantwortet werden können.

Folgender Weg ist denkbar: Als erstes könnten die verwendeten Merkmale überprüft werden, wobei zugleich der Einfluss der Textlänge auf die Stabilität der Raten erhoben werden kann. Dazu werden die Merkmale an einem längeren Text, der in etwa gleich lange Abschnitte unterteilt wurde, noch einmal erhoben. Die Unterteilung eröffnet die Möglichkeit zu beobachten, ob

---

28 D. h. die Unterscheidung der Schritte: Feststellen von Diskontinuitäten; Zuweisung der Textabschnitte zu einer durch ein Referenzkorpus repräsentierten Textgruppe; Einordnen in eine relative und absolute Chronologie.

die Merkmale etwa in irgendeiner Weise im Text auffallend ungleichmäßig
verteilt sind, und auf Beobachtungen dieser Art zu reagieren. Das kann bedeuten, dass das Merkmal ausgeschlossen wird, oder dass Textteile als „Ausreißer" ausgeschlossen werden oder, dass bei textsortenbedingten Un-
gleichmäßigkeiten darauf geachtet wird, nur Texte derselben Textsorte beim
Vergleich heranzuziehen. Die Untergliederung eines längeren Textes bei der
Beobachtung der Merkmale ist aber gerade für die Kontrolle der notwendigen
Textlänge sicher ein sinnvolles Hilfsmittel, das auch bei der Erprobung neuer
Merkmale nützlich bleiben wird. Die Segmentierung würde es ermöglichen,
neben der Häufigkeitsrate des Merkmals auch die Schwankungsbreite zu ermitteln, eine Information, die immer dann wichtig werden kann, wenn zu
dem Text kürzere Vergleichstexte herangezogen werden.

Solange die Eigenschaften der Merkmale noch nicht gut bekannt sind und
auch zur Textlänge keine ausreichenden Erfahrungen vorliegen, empfiehlt es
sich an zweiter Stelle, statt die Merkmale in einem multivariaten Verfahren
einzusetzen, diese je einzeln in den Texten zu beobachten - was die gerade
genannte Kontrollfunktion erfüllen würde - und dann drittens die Merkmale
jeweils in Textpaaren mit Hilfe eines statistischen Tests zu beurteilen und so
zu bestimmen, ob die betrachteten Texte eher ähnlich sind oder eher so unähnlich, dass eine gemeinsame Herkunft unwahrscheinlich ist. Bei dieser
Vorgehensweise wird es möglich sein, die Eigenschaften der Merkmale zu
beobachten, und Merkmale auszuschließen, die zur herkunftsspezifischen
Sonderung ungeeignet sind und parallel die fraglichen Texte einzuschätzen.
Die Notwendigkeit, Merkmale nicht nur zu konstatieren, sondern so weit zu
bestimmen, dass sie zählbar werden, wie auch das konkrete Auszählen über
den ganzen Text und in allen zu vergleichenden Texten in analoger Weise, ist
eine gute Übung, die vor vorschnellen Urteilen - gerne verbunden mit Adjek-
tiven wie „häufig" oder „selten" - in vielen Fällen bewahren kann, auch wenn
die Zahlen für sich genommen unwichtig sind. Die Zahlen können den
Wahrheitsgehalt literarkritischer Urteile in keinem Fall aus sich selbst heraus
gewährleisten oder auch nur verbessern, aber die Disziplin des Zählens kann
dem literarkritischen Urteil eine solide Grundlage verschaffen, die auf einer
kontrollierten und reflektierten Beobachtung beruht, bei der die willkürlich
gesetzten Grenzen sichtbar bleiben. In der hier vorgelegten Untersuchung ist
z.B. der Begriff „selten" im Merkmal „seltene Wörter" festgelegt auf 100
Vorkommen oder weniger im masoretischen Text des AT. Natürlich ist das
eine willkürliche Festlegung - aber die bisher üblich Einsatzweise des Adjektivs „selten" ist nicht weniger willkürlich, sie drückt sich lediglich vor einer
klaren Aussage. Darum ist bei dem anzustrebenden Verfahren auf das Auszählen von Merkmalen, auf die genaue Festlegung von Grenzen, auch von
willkürlichen Grenzen, nicht zu verzichten.

Ähnliches gilt für den Einsatz statistischer Prozeduren und Tests beim
Vergleich von Texten: Diese Vorgehensweise kann nicht aus sich heraus eine

fraglos richtige Literarkritik garantieren. Auf diesem Weg wird es sicher nicht möglich sein, Literarkritik zu „automatisieren", und es ist ja auch fraglich, ob eine Automatisierung an einem so wichtigen Punkt der Interpretation eines Textes wirklich wünschenswert und sinnvoll wäre. Zugleich ist aber der Vergleich von Daten eine Prozedur, die bei Texten nicht anders verläuft als z.B. beim Sortieren von Kieselsteinen. Hier wie dort gelten dieselben Grundregeln des Zählens, Addierens, Dividierens usw., und das wird auch in der Exegese des AT nicht angezweifelt. Schwierigkeiten bereiten nicht diese einfachen Prozeduren, sondern die aus komplexeren Fragestellungen abgeleiteten Verfahren und Tests; diese rufen häufig ein Misstrauen hervor, das seine Quelle wohl nicht zuletzt in einem Gefühl der Unsicherheit hat. Ohne Statistikkenntnisse ist es schwierig zu beurteilen, ob das betreffende Verfahren zu Recht und korrekt angewandt wurde. Das spricht aber nicht gegen den Einsatz von Statistik, sondern für die Vermehrung statistischer Kenntnisse unter Exegeten. Es spricht auch dafür, zur Klärung literarkritischer Probleme mit Statistikern zusammen zu arbeiten. Nichts spricht jedoch dafür, die Aufgaben aufzuteilen und einen statistischen Bereich auszugrenzen, der dann ganz von einem Statistiker bearbeitet wird. Bereits die Datenerhebung erfordert sowohl exegetische Erfahrung und Kenntnisse der hebräischen Grammatik, als auch Wissen um die statistischen Erfordernisse. Dass dabei ein Exeget nicht so weit in die mathematischen Hintergründe der Statistik eindringen kann, wie es für Statistiker geboten sein mag, steht außer Diskussion. Es ist auch nicht nötig, zu wissen, warum etwa „Fisher's exact test" verlässliche Ergebnisse liefert: Man kann auch zählen, ohne die Peano'schen Axiome zu kennen. Wichtiger ist es, zu wissen, dass „Fisher's exact test" keine literarkritische Entscheidung liefert, sondern nur der Entscheidung eine nachvollziehbare Grundlage gibt. Wie nämlich die „Population" zu beschreiben ist, der zwei Texte angehören oder nicht angehören, ist mit dem Test durchaus nicht entschieden, dafür muss das verwendete Merkmal als effektives Merkmal überzeugen. Der Test zeigt nur, mit welcher Wahrscheinlichkeit zwei Texte sich hinsichtlich eines Merkmals wirklich unterscheiden, und er tut dies statistisch korrekt. Der Augenschein ist nun einmal keine verlässliche Schätzmethode. Da es verlässliche Schätzmethoden gibt und die Aufgabe, vor der Exegeten in solchen Fällen stehen, immer eine Schätzaufgabe ist, empfiehlt sich die Verwendung einer verlässlichen Schätzmethode eher als die Verwendung einer unzuverlässigen.

Das Verfahren, das hier entworfen werden soll, müsste somit breit gestreut Eigenschaften zweier Textkorpora erheben, diese Merkmale zuerst und vor der Statistik befragen, ob sie als effektive Merkmale denkbar sind. Ist dies der Fall, so müssten die oben beschriebenen Untersuchungen zur erforderlichen Textlänge und zur tatsächlichen statistischen Effektivität des jeweiligen Merkmals durchgeführt werden. Dann müssten die zu jedem effektiven Merkmal aus den Textpaaren gewonnenen Datenpaare einem statistischen

Test unterzogen werden, der wiederum Aussagen ermöglicht, mit welcher Wahrscheinlichkeit die beiden Korpora derselben oder unterschiedlichen Populationen angehören. Ab welcher Wahrscheinlichkeit von einer einzigen Population nicht mehr geredet werden kann, ist dabei eine Sache der Definition, auch wenn es statistische Konventionen gibt. Als Textkorpora wären zur Erarbeitung der Grundlagen - Erfahrungen mit Merkmalen, mit Textlängen, mit statistischen Tests oder auch mit anderen statistischen Verfahren - zwei Textgruppen mit deutlich unterschiedlicher Herkunft auszuwählen, wobei es ein besonderer Vorzug wäre, wenn diese Gruppen sonst möglichst parallel wären. Als Beispiel für solche Gruppen wären etwa das deuteronomistische einerseits und das chronistische Geschichtswerk andererseits zu nennen. Aus diesem Bereich könnte man zwei ausreichend große Textproben zusammenstellen, die jeweils zwei unterschiedliche Repräsentationen derselben Traditionen darstellen würden. Mit diesen Textkorpora könnte man beginnen, Erfahrungen mit unterschiedlichen Merkmalen, mit Textlängen und auch mit der Anwendung statistischer Tests zu machen und sich so eine empirische Grundlage für weitere Untersuchungen erarbeiten. Ob sich dabei die hier vorgeschlagenen und erprobten Verfahren letztlich als die beste Wahl erweisen, wird sich zeigen. Das fernere Ziel müsste für dieses Verfahren darin bestehen, eine möglichst umfangreiche Menge an Textproben unterschiedlicher, aber „gewisser", d.h. unter Absehung von der zeitlichen Einordnung konsensfähiger Herkunft zusammenzutragen, und an diesen Textproben möglichst viele Merkmale zu beschreiben. Texte fraglicher Herkunft könnten dann mit diesen Kontrollkorpora verglichen werden und so möglicherweise dem einen oder anderen zugeordnet werden. Auch wenn dieses Stadium des Verfahrens noch weit in der Zukunft liegen mag, sollte das nicht an der Ausführung erster Schritte hindern: Auch fernen Zielen nähert man sich schrittweise

5 Anhang

5.1 Alexander L. Kielland, Karen

1 Im Krug zu Krarup war einmal ein Mädchen, das hieß Karen.

2 Die Bedienung ruhte allein auf ihren Schultern; denn die Frau des Krugwirts ging fast immer umher und suchte nach ihren Schlüsseln. Und es kamen viele Leute in den Krug zu Krarup; - Leute aus der Umgebung, die zusammenkamen, wenn es an den Herbstabenden dunkel wurde und in der Wirtsstube saßen und Kaffeepunsch tranken, so im Allgemeinen ohne bestimmte Absichten, wie auch Reisende und Wanderer, die stampfend hereinkamen - blau und verweht -, um etwas Warmes in den Leib zu bekommen, das bis zum nächsten Krug vorhalten könnte.

3 Aber Karen konnte trotzdem alles allein machen, obgleich sie ganz still herumging und nie Eile zu haben schien.

4 Sie war schmächtig und klein - ganz jung, schweigsam und ernst, so daß die Handelsreisenden kein Vergnügen an ihr fanden. Aber den ehrbaren Leuten, die nicht zum Vergnügen in den Krug gingen - und die Wert darauf legten, daß der Kaffee schnell und brühheiß serviert wurde, gefiel Karen umso besser. Und wenn sie mit ihrem Tablett zwischen den Gästen hindurchschlüpfte, wichen die schweren in Fries gekleideten Körper mit ungewöhnlicher Eile zur Seite, man machte ihr Platz, und das Gespräch verstummte für einen Augenblick, alle mußten ihr nachsehen, sie war so anmutig.

5 Karen hatte jene großen grauen Augen, die einen zu gleicher Zeit anzusehen und weit, weit vorbeizusehen scheinen, und die Augenbrauen waren hochgewölbt, wie vor Erstaunen.

6 Darum glaubten die Fremden, daß sie nicht recht begriff, worum sie baten. Aber sie begriff es wohl und irrte sich nie. Trotzdem war etwas seltsames an ihr, als ob sie weit nach etwas hinausblickte - oder lauschte - oder träumte.

7 Der Wind kam von Westen her über die Tiefebene. Er hatte lange, schwere Wogen über den Ozean gewälzt; salzig und naß von Schaum und Gischt, hatte er sich auf die Küste geworfen. Aber in den hohen Dünen mit dem langen Strandhaargras war er trocken, voller Sand und ein wenig müde geworden, so daß er, als er nach dem Krug zu Krarup kam, gerade noch die Türen des Stalles aufwehen konnte.

8   Die Türen flogen auf, und der Wind erfüllte den großen Raum und drang zur Küchentür hinein, die angelehnt stand. Und schließlich entstand ein solcher Luftdruck, daß die Türen am anderen Ende des Stalls auch aufsprangen; und jetzt fuhr der Westwind triumphierend quer hindurch, schwenkte die Laterne, die an der Decke hing, hin und her, riß dem Stallknecht die Mütze herunter und rollte sie in die Dunkelheit hinaus, blies den Pferden die Decken über die Köpfe, blies eine weiße Henne von der Stange und in den Wassertrog herunter. Der Hahn erhob ein fürchterliches Geschrei, der Knecht fluchte, die Hühner schrien, und in der Küche erstickten sie vor Rauch; die Pferde wurden unruhig und schlugen Funken aus den Steinen. Selbst die Enten, die sich in der Nähe der Krippen zusammengedrängt hatten, um bei den verschütteten Körnern die ersten zu sein, begannen zu schnattern, und der Wind sauste mit einem Höllenlärm, bis ein paar Männer aus der Wirtsstube herauskamen, sich mit dem Rücken gegen die Tür stemmten und sie wieder zudrückten, während die Funken aus den großen Tabakspfeifen ihnen in den Bart flogen.

9   Nach diesen Heldentaten warf sich der Wind auf die Heide, lief die tiefen Gräben entlang und rüttelte den Postwagen, auf den er eine halbe Meile vom Krug entfernt stieß, mit großer Heftigkeit.

10   **"Das ist doch des Teufels, was er immer für Eile hat, nach dem Krug zu Krarup zu kommen", brummte der Postillon Anders und gab den schweißbedeckten Pferden einen Klaps.**

11   **Denn es war sicher das zwanzigste Mal, das (sic) der Postführer das Fenster heruntergelassen hatte, um das eine oder andere zu ihm hinaufzurufen. Zuerst war es eine freundschaftliche Einladung zu einem Kaffeepunsch gewesen; aber nach und nach nahm die Freundschaft ab, und das Fenster fuhr mit einem Knall herunter, und heraus kamen einige kurzgefaßte Bemerkungen über Kutscher und Pferde, die jedenfalls für Anders nicht gerade schmeichelhaft waren.**

12   Inzwischen strich der Wind tief über der Erde hin und ließ in der dürren Heide langgedehnte und seltsame Seufzer hören. Es war Vollmond; aber dicht umwölkt, so daß nur ein weißlicher Nebelschimmer über der Nacht lag.

13 *Hinter dem Krug zu Krarup erstreckte sich das Torfmoor, finster*
mit schwarzen Torfstichen und tiefen, gefährlichen Löchern. Und
zwischen den kleinen Heidekrauthügeln schlängelte sich ein
Grasstreifen hin, als ob es ein Weg sein könnte; aber es war kein
Weg, denn er führte bis an den Rand einer Torfgrube, die größer
als die anderen war und auch tiefer.

14 *Aber im Grasstreifen lag der Fuchs ganz flach auf der Lauer, und*
der Hase sprang leichtfüßig über die Heide.

15 *Es war leicht für den Fuchs, zu berechnen, daß der Hase so spät*
am Abend keinen langen Ring laufen würde. Er steckte vorsichtig
die spitze Schnauze heraus und machte eine Überschlag, und
während er, dem Wind folgend, zurückschlich, um einen guten
Platz zu finden, von dem aus er sehen könnte, wo der Hase den
Ring schließen und sich niederlegen würde, dachte er
selbstgefällig, wie die Füchse doch immer klüger und die Hasen
dümmer und dümmer würden.

16 Drin im Krug ging es ungewöhnlich lebhaft zu, denn ein paar
Handelsreisende hatten Hasenbraten bestellt; außerdem war der
Krugwirt auf einer Auktion in Thisted, und die Frau war nicht
daran gewöhnt, sich um etwas anderes als um die Küche zu
kümmern. Aber jetzt traf es sich so unglücklich, daß der
Rechtsanwalt mit dem Krugwirt sprechen wollte, und da er nicht
zu Hause war, mußte die Frau einen langen Bescheid und einen
äußerst wichtigen Brief annehmen, was sie ganz und gar in
Verwirrung setzte.

17 Am Ofen stand ein fremder Mann in Ölkleidern und wartete auf
eine Flasche Selterswasser; zwei Fischhändler hatten schon
dreimal Kognak zum Kaffee verlangt; der Knecht des Krugwirtes
stand mit einer leeren Laterne da und wartete auf ein Licht, und
ein langer, vertrockneter Bauer verfolgte Karen mit ängstlichen
Augen: er sollte 63 Öre auf eine Krone herausbekommen.

18 Aber Karen kam und ging, ohne sich zu übereilen und ohne sich
verwirren zu lassen. Man sollte es kaum für möglich halten, daß
sie sich in alledem zurechtfinden konnte. Die großen Augen und
die erstaunten Augenbrauen waren wie gespannt vor Erwartung;
den kleinen, feinen Kopf hielt sie steif und ruhig, wie um nicht in
dem vielen, was sie zu bedenken hatte, gestört zu werden. Ihr
blaues Barchentkleid war ihr zu eng geworden, so daß das
Bündchen etwas einschnitt und in der Haut am Hals - dicht
unterhalb des Haares - eine kleine Falte bildete.

19 "Die Mädchen in Agger haben eine so weiße Haut", sagte der eine
Fischhändler; es waren junge Leute und sie sprachen von Karen
als Kenner.

20   **Drüben am Fenster stand ein Mann, der auf die Uhr sah und
      sagte: "Die Post kommt früh heute abend"**

21   Es rasselte über die Pflastersteine im Hof; die Tür zum Stall
      wurde aufgeschlagen, und der Wind rüttelte wieder an allen
      Türen, und aus den Öfen schlug der Rauch.

22   Im selben Augenblick, als die Krugtür aufging, schlich sich Karen
      hinaus in die Küche. **Der Postführer trat ein und sagte guten
      Abend.**

23   **Er war ein hochgewachsener Mann, mit dunklen Augen,
      schwarzem, lockigem Bart und einem kleinen, kraushaarigen
      Kopf. Der lange Mantel aus dem prachtvollen, roten Tuch des
      Königs von Dänemark war mit einem breiten Kragen von
      lockigem Hundsfell, der über die Schultern fiel verziert.**

24   **All das spärliche Licht von den beiden Petroleumlampen, die
      über dem Krugtisch hingen, schien sich verliebt auf die rote
      Farbe zu werfen, die so sehr von all dem Grauen und
      Schwarzen, das sich im Raum befand, abstach. Und die hohe
      Gestalt mit dem kleinen kraushaarigen Kopf, dem breiten
      Kragen und den langen purpurroten Falten wurde, wie sie
      durch die niedrige, verrauchte Wirtsstube ging, zu einem
      Wunder von Schönheit und Pracht.**

25   Karen kam eilig aus der Küche; sie senkte den Kopf, so daß man
      ihr nicht ins Gesicht sehen konnte, während sie eilig von Gast zu
      Gast ging.

26   Den Hasenbraten stellte sie mitten vor die beiden Fischhändler,
      worauf sie den beiden Handelsreisenden, die im Nebenzimmer
      saßen, eine Flasche Selterswasser brachte. Darauf gab sie dem
      bekümmerten Bauern ein Talglicht, und indem sie wieder
      hinausschlüpfte, steckte sie dem Fremden am Ofen 63 Öre in die
      Hand.

27   Die Frau des Krugwirts war ganz verzweifelt; sie hatte allerdings
      ganz unverhofft die Schlüssel gefunden, aber gleich darauf hatte
      sie den Brief des Rechtsanwaltes verloren und jetzt befand sich
      der ganze Krug in der fürchterlichsten Verwirrung, niemand hatte
      bekommen, was er haben sollte, alle schrien durcheinander, die
      Handelsreisenden klingelten in einem fort mit der Tischglocke,
      die Fischhändler lachten sich halbtot über den Hasen, der mit
      gespreizten Beinen auf der Schüssel vor ihnen lag; aber der
      ängstliche Bauer klopfte der Frau mit seinem Talglicht auf die
      Schulter, er zitterte um seine 63 Öre. Und in all dieser
      hoffnungslosen Verwirrung war Karen spurlos verschwunden.

28   **Der Postillon Anders saß auf dem Bock; der Junge des
Krugwirts stand bereit, das Tor zu öffnen; die zwei Reisenden
im Wagen waren ungeduldig, die Pferde auch, - obgleich sie
keinen Grund hatten, sich auf die Fahrt zu freuen,** und der
Wind brauste und pfiff durch den Stall.

29   **Endlich kam der Postführer, auf den man wartete. Er trug
seinen Mantel über dem Arm, als er an den Wagen trat und
um Entschuldigung bat, daß man habe warten müssen. Das
Licht von der Laterne fiel auf sein Gesicht; er schien sehr
warm zu sein, und das sagte er auch mit einem Lächeln, als er
den Mantel anzog und zum Kutscher hinaufstieg.**

30   **Das Tor ging auf, und der Postwagen rasselte davon. Anders
ließ die Pferde langsam gehen, jetzt hatte es keine Eile mehr.
Ab und zu warf er einen verstohlenen Blick auf den
Postführer an seiner Seite; er saß noch da und lächelte vor
sich hin und ließ den Wind in seinen Haaren zausen.**

31   **Anders Postillon lächelte auch - auf seine Weise; er fing an zu
begreifen.**

32   Der Wind folgte dem Wagen bis der Weg eine Wendung
machte, dann warf er sich wieder auf die Ebene und pfiff
und ließ in der dürren Heide langgedehnte und seltsame
Seufzer hören. Der Fuchs lag auf seinem Posten, alles war genau
ausgerechnet; der Hase mußte gleich da sein.

33   Drin im Krug war Karen endlich wieder aufgetaucht, und die
Verwirrung legte sich allmählich. Der ängstliche Bauer wurde von
seinem Licht befreit und bekam seine 63 Öre, und die
Handelsreisenden hatten sich auf den Braten geworfen.

34   Die Wirtin jammerte ein wenig; aber sie machte Karen keine
Vorwürfe; es gab keinen Menschen in der Welt, der Karen
Vorwürfe machen konnte.

35   Still und ohne sich zu übereilen, kam und ging sie wieder, und die
friedliche Gemütlichkeit, die ihr immer folgte, breitete sich wieder
über die behagliche, halbdunkle Wirtsstube aus. Aber die beiden
Fischhändler, die schon mehr als einen Kognak bekommen hatten,
waren ganz hingerissen von ihr. Sie hatte Farbe in die Wangen
bekommen, und ein kleines, halb unterdrücktes Lächeln lag auf
ihrem Gesicht, und wenn sie ein einziges Mal die Augen hob, ging
es ihnen durch und durch.

36   Aber als sie fühlte, daß ihre Blicke ihr folgten, ging sie in das
Zimmer, wo die Handelsreisenden beim Essen saßen, und fing an,
einige Löffel am Schanktisch zu putzen.

37   "Haben sie sich den Postführer angesehen?" fragte einer der
Reisenden.

38   "Nein, ich sah ihn nur flüchtig; er ging wohl gleich wieder
      hinaus", antwortete der andere mit vollem Munde.
39   "Ein verteufelt hübscher Kerl! Ich habe nämlich auf seiner
      Hochzeit getanzt."
40   "So - ist er verheiratet?"
41   "Jawohl! Sein Frau wohnt in Lemvig; sie haben zwei Kinder,
      glaube ich. Sie war die Tochter des Krugwirts in Ulstrup, und ich
      kam gerade am Hochzeitsabend dahin. Das war eine lustige Nacht
      - können Sie mir glauben."
42   Karen ließ die Teelöffel fallen und ging hinaus. Sie hörte nicht,
      was sie ihr aus der Wirtsstube zuriefen; sie ging über den Hof in
      ihre Kammer, machte die Tür zu und fing, halb von Sinnen, an, ihr
      Bett zu ordnen. Ihre Augen blickten starr in das Dunkel, sie faßte
      sich an den Kopf, sie faßte sich an die Brust, - sie stöhnte, sie
      begriff nicht, - sie begriff nicht -. Da hörte sie die Frau jämmerlich
      rufen: "Karen, kleine Karen!" Da fuhr sie auf, aus dem Hofe
      hinaus, hinten ums Haus herum, und - hinaus in die Heide.
43   Im Zwielicht schlängelte sich der Grasstreifen zwischen der Heide
      hin, als ob es ein Weg wäre; aber es war kein Weg, niemand
      durfte glauben, daß es ein Weg sei, denn der Streifen führte
      gerade an den Rand der großen Torfgrube.
44   *Der Hase fuhr zusammen, er hatte ein Platschen gehört. Er lief*
      wie närrisch in langen Sätzen davon; bald mit unter den Leib
      gezogenen Beinen und krummem Rücken, bald ausgestreckt,
      unglaublich lang - wie eine fliegende Ziehharmonika - hüpfte er
      über die Heide hin.
45   *Der Fuchs streckte die spitze Schnauze empor und starrte erstaunt*
      dem Hasen nach. Er hatte kein Plätschern gehört. Denn er hatte
      sich nach allen Regeln der Kunst auf dem Grund eines tiefen
      Grabens herangeschlichen; und da er sich keines Fehlers bewußt
      war, konnte er aus dem Hasen nicht klug werden.
46   *Lange stand er da, das Hinterteil gesenkt und den großen,*
      buschigen Schwanz im Heidekraut versteckt; und er fing an
      darüber nachzudenken, ob die Hasen klüger oder die Füchse
      dümmer würden.

47   Aber als der Westwind ein großes Stück zurückgelegt hatte,
        wurde er zum Nordwind, dann zum Ostwind, darauf zum
        Südwind, und schließlich kam er wieder über das Meer als
        Westwind, warf sich in die Dünen und ließ in der dürren
        Heide langgedehnte und seltsame Seufzer hören. Aber im
        Krug zu Krarup fehlten zwei erstaunte graue Augen und ein
        blaues Barchentkleid, das zu eng geworden war. Und die Frau des
        Krugwirts jammerte mehr denn je; sie konnte es nicht begreifen; -
        niemand konnte es begreifen - außer Postillon Anders - - und noch
        jemand.
48   Aber wenn alte Leute der Jugend eine recht ernste Warnung
        erteilen wollten, pflegten sie gern so zu beginnen: Im Krug zu
        Krarup war einmal ein Mädchen, das hieß Karen.

Folgende Erzählstränge wurden unterschieden und durch unterschiedliche
Schriften gekennzeichnet:
„Im Kraruper Krug"
„Die Postkutsche"
„Der Wind"
„Fuchs und Hase

5.2 Rohdaten

Text	Wortzahl	beth	seltene Wörter	Wortschatzumfang	Constructus	Apposition	Attribut	Adverbiale m. Präp.	Adverbiale o. Präp
1 K 13,1-10	194	12	12	71	15	2	11	56	11
1 K 13,11-18	136	7	6	53	7	0	26	30	11
1 K 13,19-25	113	7	8	53	5	4	29	28	10
1 K 13,26-32	120	8	7	52	10	0	39	41	3
Ez 13, 1-16	220	13	22	84	24	17	25	53	17
Ez 13,17-23	135	4	18	69	10	4	19	50	14
Jer 20,1-6	122	9	14	61	22	13	13	24	17
Jer 20,7-18	172	7	39	110	12	1	18	27	18
Jer 26,1-9	152	6	9	64	22	5	37	66	7
Jer 26,10-16	132	8	4	60	14	2	15	56	3
Jer 26,17-19	64	1	*	*	12	5	5	19	5
Jer 26,20-23	69	2	*	*	10	8	2	20	4
Jer 27,1-11	155	14	15	85	23	16	43	70	6
Jer 27,12-15	72	5	*	*	7	2	16	33	4
Jer 27,16-22	134	5	7	59	14	10	48	52	13
Jer 28,1-11	202	12	12	75	35	22	45	79	3
Jer 28,12-17	101	2	6	51	8	10	3	28	7
Jer 29,1-3	54	1	*	*	9	7	28	43	1
Jer 29,10-14	82	1	*	*	4	1	26	27	1
Jer 29,16-20	92	7	*	*	6	14	27	49	5
Jer 29,21-23	65	5	*	*	9	7	14	13	2
Jer 29,24-32	147	6	9	60	11	14	12	45	7
Jer 29,4-9	87	4	*	*	4	6	13	11	7
Jer 7,1-8,3	604	27	59	207	59	9	123	190	46

Abbildung 26: Rohdaten (=kein Wert ermittelt)*

5.3 Normierte Daten

Text	Wortzahl	beth	seltene Wörter	Wortschatzumfang	Constructus	Apposition	Attribut	Adverbiale m. Präp.	Adverbiale o. Präp
1 K 13,1-10	1	,062	,062	,366	,077	,010	,057	,289	,057
1 K 13,11-18	1	,051	,044	,360	,051	0	,191	,221	,081
1 K 13,19-25	1	,062	,071	,469	,044	,035	,257	,248	,088
1 K 13,26-32	1	,067	,058	,433	,083	0	,325	,342	,025
Ez 13, 1-16	1	,059	,100	,382	,109	,077	,114	,241	,077
Ez 13,17-23	1	,030	,133	,511	,074	,030	,141	,370	,104
Jer 20,1-6	1	,074	,115	,500	,180	,107	,107	,197	,139
Jer 20,7-18	1	,041	,227	,640	,070	,006	,105	,157	,105
Jer 26,1-9	1	,036	,059	,421	,145	,033	,243	,434	,046
Jer 26,10-16	1	,061	,030	,455	,106	,015	,114	,424	,023
Jer 26,17-19	1	,016	*	*	,188	,078	,078	,297	,078
Jer 26,20-23	1	,029	*	*	,145	,116	,029	,290	,058
Jer 27,1-11	1	,090	,097	,548	,148	,103	,277	,452	,039
Jer 27,12-15	1	,069	*	*	,097	,028	,222	,458	,056
Jer 27,16-22	1	,037	,052	,440	,104	,075	,358	,388	,097
Jer 28,1-11	1	,059	,059	,371	,173	,109	,223	,391	,015
Jer 28,12-17	1	,020	,059	,505	,079	,099	,030	,277	,069
Jer 29,1-3	1	,019	*	*	,167	,130	,519	,796	,019
Jer 29,10-14	1	,012	*	*	,049	,012	,317	,329	,012
Jer 29,16-20	1	,076	*	*	,065	,152	,293	,533	,054
Jer 29,21-23	1	,077	*	*	,138	,108	,215	,200	,031
Jer 29,24-32	1	,041	,061	,408	,075	,095	,082	,306	,048
Jer 29,4-9	1	,046	*	*	,046	,069	,149	,126	,080
Jer 7,1-8,3	1	,045	,098	,343	,098	,015	,204	,315	,076

*Abbildung 27: Normierte Daten (*kein Wert ermittelt)*

5.4 Dendrogramme

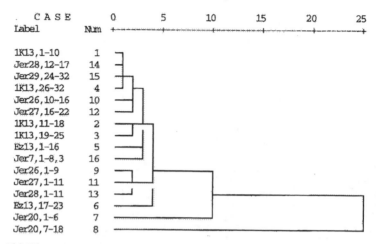

Abbildung 28: Analyse Nummer 1 – Single Linkage
Verwendete Merkmale: Adverbiale mit Präposition, Constructus, seltene Wörter.

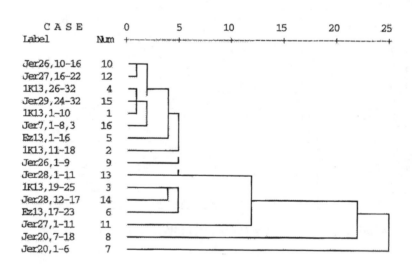

Abbildung 29: Analyse Nummer 2 – Single Linkage
Verwendete Merkmale: Adverbiale mit Präposition, Wortschatzumfang, Constructus

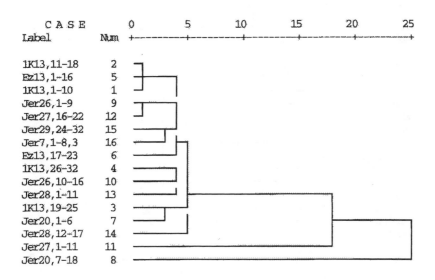

Abbildung 30: Analyse Nummer 3 – Single Linkage
Verwendete Merkmale: Adverbiale mit Präposition, Wortschatzumfang, Beth.

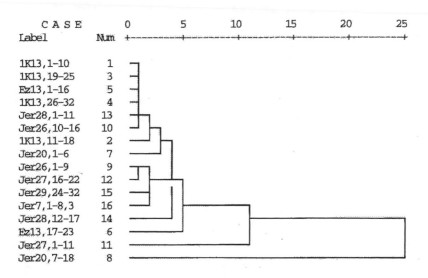

Abbildung 31: Analyse Nummer 4 – Single Linkage
Verwendete Merkmale: Adverbiale mit Präposition, seltene Wörter, Beth.

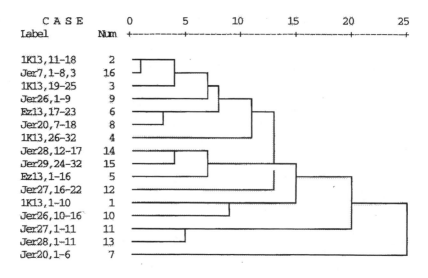

Abbildung 32: Analyse Nummer 5 – Single Linkage
Verwendete Merkmale: Attribut, Apposition, Adverbiale ohne Präposition.

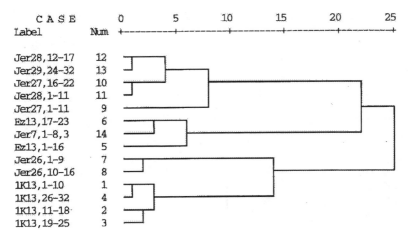

Abbildung 33: Analyse Nummer 6 – Ward – Verfahren
Verwendete Merkmale: Adverbiale mit Präposition, seltene Wörter,
Apposition.

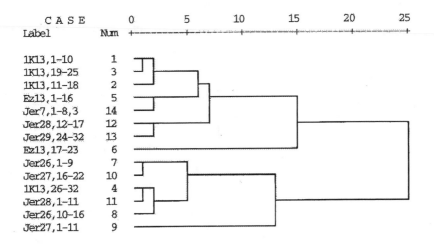

Abbildung 34: Analyse Nummer 7 – Ward – Verfahren
Verwendete Merkmale: Adverbiale mit Präposition, seltene Wörter, Beth.

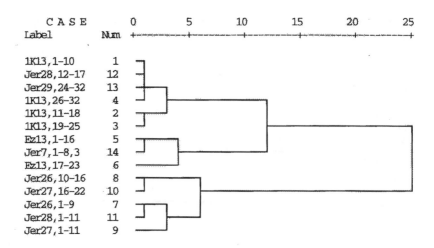

Abbildung 35: Nummer 8 – Ward – Verfahren
Verwendete Merkmale: Adverbiale mit Präposition, seltene Wörter,
Constructus.

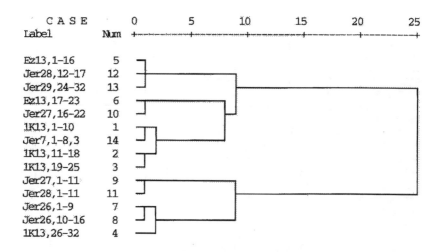

Abbildung 36: Analyse Nummer 9 – Ward – Verfahren
Verwendete Merkmale: Adverbiale mit Präposition, Adverbiale ohne
Präposition, Apposition.

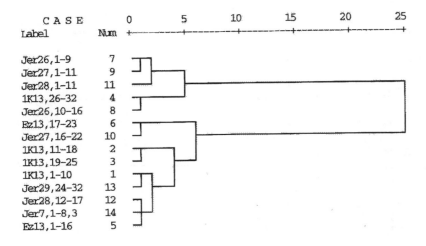

Abbildung 37: Analyse Nummer 10 – Ward – Verfahren
Verwendete Merkmale: Adverbiale mit Präposition, Adverbiale ohne
Präposition, Constructus.

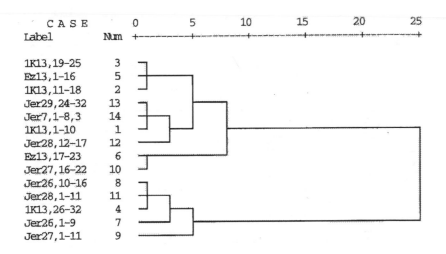

Abbildung 38: Analyse Nummer 11 – Ward – Verfahren
Verwendete Merkmale: Adverbiale mit Präposition, Adverbiale ohne
Präposition, Beth.

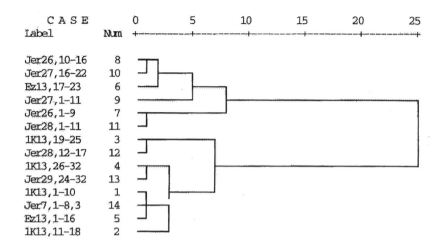

Abbildung 39: Analyse Nummer 12 – Ward – Verfahren
Verwendete Merkmale: Adverbiale mit Präposition, Wortschatzumfang,
Constructus.

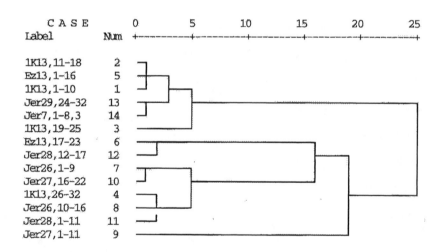

Abbildung 40: Analyse Nummer 13 – Ward – Verfahren
Verwendete Merkmale: Adverbiale mit Präposition, Wortschatzumfang, Beth

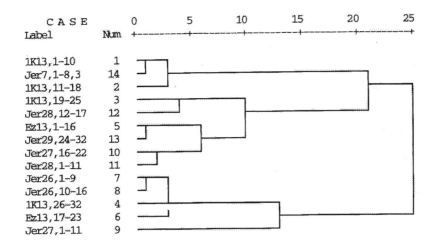

Abbildung 41: Analyse Nummer 14 – Ward – Verfahren
Verwendete Merkmale: Adverbiale mit Präposition, Wortschatzumfang,
Apposition.

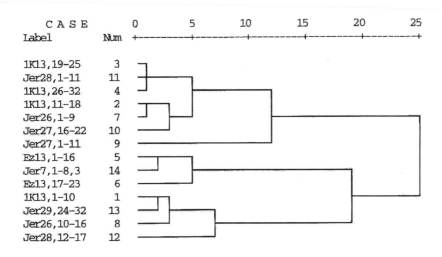

Abbildung 42: Analyse Nummer 15 – Ward – Verfahren
Verwendete Merkmale: Attribut, seltene Wörter, Beth.

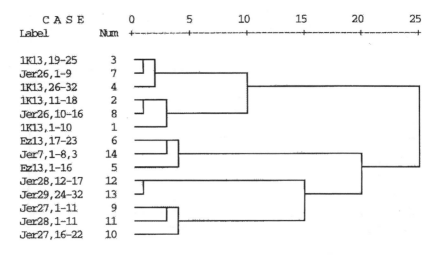

Abbildung 43: Analyse Nummer 16 – Ward – Verfahren
Verwednete Merkmale: Attribut, seltene Wörter, Apposition.

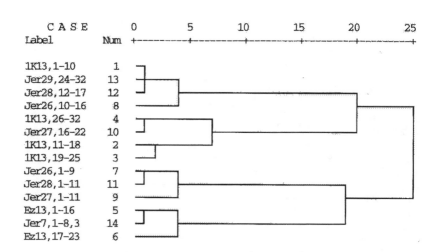

Abbildung 44: Analyse Nummer 17 – Ward – Verfahren
Verwendete Merkmale: Attribut, seltene Wörter, Constructus.

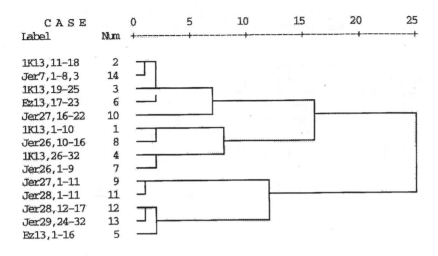

Abbildung 45: Analyse Nummer 18 – Ward – Verfahren
Verwendete Merkmale: Attribut, Apposition, Adverbiale ohne Präposition.

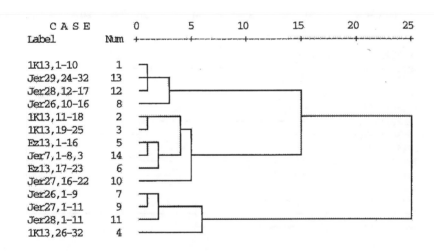

Abbildung 46: Analyse Nummer 19 – Ward - -Verfahren
Verwendete Merkmale: Attribut, Adverbiale ohne Präposition, Constructus.

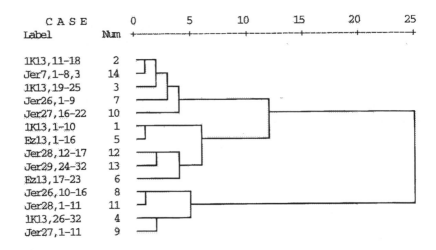

Abbildung 47: Analyse Nummer 20 – Ward – Verfahren
Verwendete Merkmale: Attribut, Adverbiale ohne Präposition, Beth.

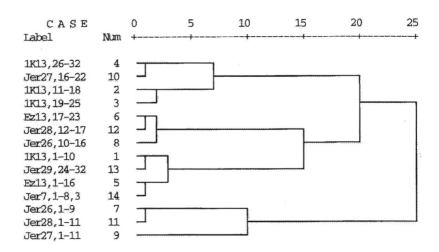

Abbildung 48: Analyse Nummer 21 – Ward – Verfahren
Verwendete Merkmale: Attribut, Wortschatzumfang, Constructus.

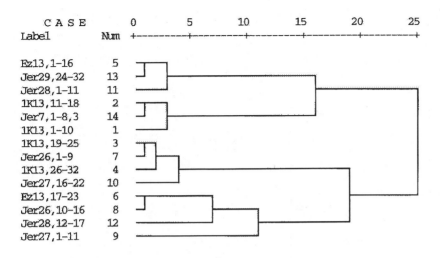

Abbildung 49: Analyse Nummer 22 – Ward – Verfahren
Verwendete Merkmale: Attribut, Wortschatzumfang, Apposition.

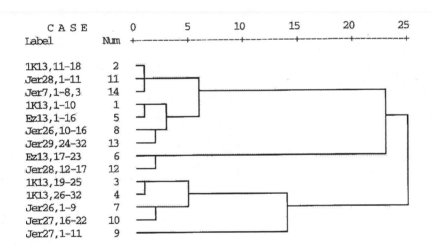

Abbildung 50: Analyse Nummer 23 – Ward – Verfahren
Verwendete Merkmale: Attribut, Wortschatzumfang, Beth.

5.5 Übersicht über direkte Verbindungen zwischen Texten

Ausgangstext	verbunden mit	in Analyse Nummer...
1 Kön 13,1-10	1 Kön 13,26-32	6
	1 Kön 13,19-25	7; 8
	Jer 28,12-17	8; 17; 19
	Jer 29,24-32	8; 10; 11; 15II; 19; 17
	Jer 7,1-8,3	9; 11; 17
	Jer 26,10-16	18II
	Ez 13,1-16	20

Ausgangstext	verbunden mit	in Analyse Nummer...
1 Kön 13,11-18	1 Kön 13,19-25	6II; 8; 9; 10; 11; 17II; 19
	Ez 13,1-16	11
	Jer 26,1-9	15
	Jer 26,10-16	16
	Jer 7,1-8,3	18; 20

Ausgangstext	verbunden mit	in Analyse Nummer...
1 Kön 13,19-25	1 Kön 13,11-18	6II; 8; 9; 10; 11; 17II; 19
	Ez 13,1-16	11
	1 Kön 13,26-32	15
	Jer 28,1-11	15
	Jer 26,1-9	16

Ausgangstext	verbunden mit	in Analyse Nummer...
1 Kön 13,26-32	1 Kön 13,1-10	6; 8
	1 Kön 13,19-25	7; 15
	Jer 28,12-17	8
	Jer 29,24-32	8
	Jer 26,10-16	10; 11
	Jer 28,1-11	11; 15
	Jer 27,16-22	17
	Jer 26,1-9	18II
	Jer 27,1-11	20II

Ausgangstext	verbunden mit	in Analyse Nummer...
Jer 7,1-8,3	Ez 13,1-16	7II; 8; 10; 17; 19
	Jer 28,12-17	10
	Jer 29,24-32	11
	1 Kön 13,1-10	9; 11; 15II
	1 Kön 13,11-18	18; 20

Ausgangstext	verbunden mit	in Analyse Nummer...
Jer 26,1-9	Jer 26,10-16	6II; 9
	Jer 27,16-22	7
	Jer 28,1-11	8; 17
	Jer 27,1-11	10; 19
	1 Kön 13,11-18	15
	1 Kön 13,19-25	16
	1 Kön 13,26-32	18II

Ausgangstext	verbunden mit	in Analyse Nummer...
Jer 26,10-16	Jer 26,1-9	6II; 9
	Jer 27,16-22	8
	Jer 28,1-11	11; 20
	1 Kön 13, 1-10	18II
	1 Kön 13,11-18	16
	1 Kön 13,26-32	10; 11

Ausgangstext	verbunden mit	in Analyse Nummer...
Jer 27,1-11	Jer 28,1-11	9; 18
	Jer 26,1-9	10; 19
	1 Kön 13,26-32	20

Ausgangstext	verbunden mit	in Analyse Nummer...
Jer 27,16-22	Jer 28,1-11	6
	Jer 26,1-9	7
	Jer 26,10-16	8
	Ez 13,17-23	9; 10; 11
	1 Kön 13,26-32	17

Ausgangstext	verbunden mit	in Analyse Nummer...
Jer 28,1-11	Jer 26,1-9	8; 17
	Jer 26,10-16	11; 20
	Jer 27,1-11	9; 18
	Jer 27,16-22	6
	1 Kön 13,19-25	15
	1 Kön 13,26-32	7; 11; 15

Ausgangstext	verbunden mit	in Analyse Nummer...
Jer 28,12-17	Jer 29,24-32	6; 7II; 8; 9; 16; 17; 18; 19; 20II
	1 Kön 13,1-10	8; 17; 19
	1 Kön 13,26-32	8
	Jer 7,1-8,3	10
	Ez 13,1-16	9; 10

Ausgangstext	verbunden mit	in Analyse Nummer...
Jer 29,24-32	Jer 28,12-17	6; 7II; 8; 9; 16; 17; 18; 19; 20II
	Jer 7,1-8,3	11
	1 Kön 13,1-10	8; 10; 11; 15II; 17; 19
	Ez 13,1-16	9

Ausgangstext	verbunden mit	in Analyse Nummer...
Ez 13,1-16	Jer 7,1-8,3	7II; 8; 10; 15II; 17; 19
	Jer 28,12-17	9; 10
	Jer 29,24-32	9
	1 Kön 13,11-18	11
	1 Kön 13,19-25	11
	1 Kön 13, 1-10	20

Ausgangstext	verbunden mit	in Analyse Nummer...
Ez 13,17-23	Jer 7,1-8,3	6II; 17
	Jer 27,16-22	9; 10; 11

Abbildung 51: Übersicht über direkte Verbindungen zwischen Texten auf der untersten Stufe der Clusteranalysen.

Abkürzungen

Abkürzungen richten sich nach S. M. Schwertner: IATG². Internationales Abkürzungsverzeichnis für Theologie und Grenzgebiete. Berlin/New York, 1992.

Literatur

Ackroyd, P. R.: The Book of Jeremiah - Some recent Studies. In: JSOT 28 1984), S. 47-59

Aczal, A. D.: Fermat's Last Theorem. Unlocking the Secret of an Ancient Mathematical Problem. New York 1996

Agresti, A.: An Introduction to Categorial Data Analysis. New York u.a. 1996 (= Wiley series in Probability and Statistics)

Albertz, R.: Jer 2-6 und die Frühzeitverkündigung Jeremias. In: ZAW 94 (1982), S. 20-47

- Die Intentionen und die Träger des Deuteronomistischen Geschichtswerks. In: ders. u.a. (Hg.), Schöpfung und Befreiung. FS C. Westermann. Stuttgart 1989, S. 37-53

Althann, R.: bere´sit in Jer 26:1, 27:1, 28:1; 49:34. In: JNWSL 14 (1988), S. 1-7

Altmann, G.: Statistik für Linguisten. Bochum 1980 (= Quantitative Linguistics 8)

Alonso-Schökel, L.: Das Alte Testament als literarisches Kunstwerk. Köln 1971

Arnold, H. L.; H. Detering (Hg.): Grundzüge der Literaturwissenschaft. München 1996

Arnold, H. L.; V. Sinemus: Grundzüge der Literatur- und Sprachwissenschaft. Band 1, Sprachwissenschaft. 10. Aufl., München 1992

Auld, A. G.: Prophets through the Looking Glass. Between Writings and Moses. In: JSOT 27 (1983), S. 3-23

- Prophets and Prophecy in Jeremiah and Kings. In: ZAW 96 (1984), S. 66-82

- Prophecy in Books: A Rejoinder. In: JSOT 48 (1990), S. 31-32

Bachtin, M. M.: Author and Hero in Aesthetic Activity. In: M. Holquist, Vadim Liapunov (Eds.): Art and Answerability. Early Philosophical Essays by M. M. Bakhtin. Austin 1990, S. 5-256

- Das Problem von Inhalt, Material und Form im Wortkunstschaffen. In: Ders.: Die Ästhetik des Wortes. Hg. von Rainer Grübel. Frankfurt am Main 1979, S. 95-153

- Response to a Question from the *Novy Mir* Staff. In: Ders.: Speech Genres and other Late Essays. Austin 1999, S. 1-7

Bachtin, M. M.; P. N. Medvedev: S. unter Medvedev

Backhaus, K.; B. Erichson; W. Plinke; R. Weiber: Multivariate Analyse-methoden. 7. Aufl., Berlin 1994

Barstad, H.: No Prophets? Recent Developments in Biblical Prophetic Research and Ancient Near Eastern Prophecy. In: JSOT 57 (1993), S. 39-60

Bartelmus, R.: Einführung in das Biblische Hebräisch. Mit einem Anhang Biblisches Aramäisch. Zürich 1994

Bartholme-Weinelt, D.: Adverbialkonstruktionen in Zeitungstexten. Ein Beitrag zur Sprachstatistik. Regensburg 1993

Bartholomew, D. J.: Probability, Statistics and Theology? In: Journal of the Royal Statistical Society Ser. A 151 (1988), S. 137-178

Batori, I. S.; U. Hahn; M. Pinkal; W. Wahlster (Hg): Computerlinguistik und ihre theoretischen Grundlagen. Symposium, Saarbrücken, 9.-11. März 1988. Proceedings. Berlin u.a. 1988

Baumann, A.: Urrolle und Fasttag: Zur Rekonstruktion der Urrolle des Jeremiabuches nach den Angaben in Jer 36. In: ZAW 80 (1969), S. 350-373

Becking, B.: The second Danite Inscription. Some Remarks. In: BN 81 (1996), S. 21-30

Bee, R.: The Use of Statistical Methods in Old Testament Studies. In: VT 23 (1973), S.257-272

Benjamin, W.: Das Kunstwerk im Zeitalter seiner technischen Reproduzier-barkeit. Frankfurt / Main 1977

Berlekamp, E. R.; J. H. Conway; R. K. Guy: Gewinnen. Strategien für mathematische Spiele. Bd 1: Von der Pike auf. Braunschweig / Wiesbaden 1985

Berlin, A.: Poetics and Interpretation of Biblical Narrative. Winona Lake 1994

Blenkinsopp, J. A.: History of Prophecy in Israel. Revised and Enlarged. Louisville 1996

Bogaert, P.-M.: De Baruch à Jérémie. Les deux rédactions conservées du livre de Jérémie. In: ders. (Ed.), Le livre de Jérémie. Le Prophète et son milieu. Les oracles et leur transmission. BEThL 54, Leuven 1981, S. 168-173

- Le livre de Jérémie en perspective: Les deux rédactions antiques selon les travaux en cours. In: RB 101 (1994), S. 363-406
- Le livre de Jérémie 1981 - 1996. In: ders. (Ed.), Le livre de Jérémie. Le Prophète et son milieu. Les oracles et leur transmission. BEThL 54, 2. Aufl., Leuven 1997, S. 411-417

Bogdal, K.-M. (Hg.): Neue Literaturtheorien. Eine Einführung. 2. Aufl., Oppladen 1997

Borges de Sousa, A.: Jer 4,23-26 als P-orientierter Abschnitt. In: ZAW 105 (1993), S. 419-428

Bosshard, E.: Beobachtungen zum Zwölfprophetenbuch. In: BN 40 (1987), S. 30-62

Brekelmans, C.: Some considerations on the Prose Sermons in the Book of Jeremiah. In: Bijdr 34 (1973), S. 204-211

Brenner, A. (Ed.): A Feminist Companion to the Latter Prophets. Sheffield 1995

Bright, J.: The Date of the Prose Sermons of Jeremiah. In: L. G. Perdue; B. W. Kovacs (Ed.): A Prophet to the Nations. Essays in Jeremiah Studies, Winona Lake 1984, S. 193-212

- Jeremiah. A New Translation with Introduction and Commentary by John Bright. New York u.a. 1965 (= The Anchor Bible)

Brown, R.B.; H. Brown: Accordance. Software for Biblical Studies. Version 2.0. Altamonte Springs 1996

Brosius, G.; F. Brosius: SPSS Base System und Professional Statistics. Bonn u.A. 1995

Brueggemann, W.: Jeremiah. Intense Criticism / Thin Interpretation. In: Interp. 42 (1988), S. 268-280

Brunner, H.: Grundzüge einer Geschichte der altägyptischen Literatur. 4. Aufl. Darmstadt 1986

Bucher-Gillmayr, S.: The interaction of textual signs and reader response - the meaning and the meaning of a text. In: actes du quatrième colloque international Bible et informatique: „ Matériel et matière ". L'impact de l'informatique sur les études bibliques. Paris 1995, S. 241-254

Bühler, K.: Sprachtheorie. Die Darstellungsfunktion der Sprache. Ungekürzter Nachdruck der Ausgabe Jena 1934, Stuttgart / New York 1982

Bühlmann, W; K. Scherer: Stilfiguren der Bibel. Ein kleines Nachschlagewerk. Fribourg 1973

Büsing, G.: Ein alternativer Ausgangspunkt zur Interpretation von Jer 29. In: ZAW 104 (1992), S. 402-408

Burkard, G.; I. Kottsieper; I. Shirun-Grumach; H. Sternberg-el-Hotabi; H. J. Thissen: Weisheitstexte II. Gütersloh 1991 (=TUAT III,2)

Bußmann, H.: Lexikon der Sprachwissenschaft. 2.Aufl., Stuttgart 1990

- Dictionary of Language and Linguistics. London / New York 1996

Carberry, S.: Plan Recognition in Natural Language Dialogue. Cambridge
    u.a. 1990
Carroll, R. P.: From Chaos to Covenant. Uses of Prophecy in the Book of
    Jeremiah. London 1981
- Poets not Prophets. A response to 'Prophets through the Looking-Glass'. In:
    JSOT 27 (1983), S. 25-31
- Prophecy, Dissonance and Jeremiah XXVI. In: L. G. Perdue, B. W. Kovacs
    (Ed.): A Prophet to the Nations. Winona Lake 1984, S. 381-391
- Jeremiah. A Commentary. Philadelphia 1986 (= Old Testament Library)
- Dismantling the Book of Jeremiah and Deconstructing the Prophet. In: M.
    Augustin, (Hg.), „Wünschet Jerusalem Frieden". FS K.-D. Schunck.
    Frankfurt a. M. 1988 (= BEAT 13), S. 291-302
- Radical Clashes of Will and Style: Recent Commentary Writing on the
    Book of Jeremiah. In: JSOT 45 (1989), S. 99-114
- Whose Prophets? Whose History? Whose Social Reality? In: JSOT 48
    (1990), S. 33-49
- Arguing about Jeremiah: Recent Studies and the Nature of a Prophetic
    Book. In: J. A. Emerton (Hg): Congress Volume Leuven 1989. Leiden u.a.
    1991 (= VTS 43), S. 222-235
- Inscribing the Covenant: Writings and the Written in Jeremiah. In: A. G.
    Auld (Ed.), Understanding Poets and Prophets. FS G. W. Anderson.
    Sheffield 1993, S. 61-76 (= JSOT.S. 152)
- Intertextuality and the Book of Jeremiah: Animadversiones on Text and
    Theory. In: J. Ch. Exum, D. J. A. Clines (Ed.): The New Literary
    Criticism and the Hebrew Bible. Sheffield 1993 (= JSOT.S.143), S. 55-78
- Ancient Israelite Prophecy and Dissonance Theory. In: R. P. Gordon (Ed.):
    „The Place is too small for us". The Israelite Prophets in Recent
    Scholarship. Winona Lake 1995, S. 377-391
Cazelles, H.: Jeremiah and Deuteronomy. In: L. G. Perdue; B. W. Kovacs
    (Ed.): A Prophet to the Nations. Essays in Jeremiah Studies. Winona Lake
    1984, S. 89-111
- Zephaniah, Jeremiah, and the Scythians in Palestine.In: L. G. Perdue; B. W.
    Kovacs (Ed.): A Prophet to the Nations. Essays in Jeremiah Studies.
    Winona Lake 1984, S. 129-149
Childs, B. S.: The Enemy from the North and the Chaos Tradition. In: L. G.
    Perdue; B. W. Kovacs (Ed.): A Prophet to the Nations. Essays in Jeremiah
    Studies. Winona Lake 1984, S. 151-161
- The Canonical Shape of the Prophetic Literature. In: R. P. Gordon (Ed.):
    „The Place is too small for us". The Israelite Prophets in Recent
    Scholarship. Winona Lake 1995, S. 513-522
Clark, K.; M. Holquist: Mikhail Bakhtin. Cambridge MA / London 1984

Clements, R. E.: The Prophet and his Editors. In: D. J. A. Clines u.a. (Ed.): The Bible in Three Dimensions. Sheffield 1990 (= JSOT.S 87), S. 203-220

Clines, D. J. A.: Language as Event. In: R. P. Gordon (Ed.): „The Place is too small for us". The Israelite Prophets in Recent Scholarship. Winona Lake 1995, S. 166-175

Collins, T.: The Mantle of Elijah. The Redaction Criticism of the Prophetical Books. Sheffield 1993 (= BiSe 20)

Cook, J.: Towards an Appropriate Textual Base for the Old Testament. In: JNWSL 20 (1994), S. 171-177

Coxon, P.: Nebuchadnezzar's Hermeneutical Dilemma. In: JSOT 66 (1995), S. 87-97

Crenshaw, J. L.: A Living Tradition. The Book of Jeremiah in Current Research. Interp. 37 (1983), S. 117-129

Culler, J.: On Deconstruction. Theory and Criticism after Structuralism. Ithaca 1994

Curtius, E. R.: Europäische Literatur und Lateinisches Mittelalter. 11. Aufl., Tübingen / Basel 1993

Day, J.: Inner-biblical Interpretation in the Prophets. In: R. P. Gordon (Ed.): „The Place is too small for us". The Israelite Prophets in Recent Scholarship. Winona Lake 1995, S. 230-246

Deist, F. E.: The Prophets: Are We Heading for a Paradigm Switch? In: V. Fritz u.a. (Hg.): Prophet und Prophetenbuch. FS O.Kaiser. Berlin/New York 1989 (= BZAW 185), S. 1-18

Derrida, J.: Grammatologie. 6.Aufl.,Frankfurt 1996

Dietrich, W.: Prophetie und Geschichte. Eine redaktionsgeschichtliche Untersuchung zum deuteronomistischen Geschichtswerk. Göttingen 1972 (= FRLANT 108)

Dijkstra, M.: Prophecy by letter. (Jeremiah XXVIV). In: VT 33 (1983), S. 319-322

Domin, H.: Gesammelte Gedichte. 6. Aufl., Frankfurt 1997.

Drake, B.: Unanswered Questions in Computerized Literary Analysis. In: JBL 91 (1972), S. 241 f.

Duhm, B.: Das Buch Jeremia.Tübingen/Leipzig 1901 (= Kurzer Hand-Commentar zum Alten Testament Abt. XI)

- Israels Propheten. 2.Aufl., Tübingen 1922

Eagleton, T.: Einführung in die Literaturtheorie. 4. Aufl., Stuttgart / Weimar 1997

Eaton, J. H.: Festal Drama. In: R. P. Gordon (Ed.): „The Place is too small for us". The Israelite Prophets in Recent Scholarship. Winona Lake 1995, S. 247-251

Eco, U.: Semiotik und Philosophie der Sprache. München 1985
- Einführung in die Semiotik. 7. Aufl., München 1991
- Semiotik. Entwurf einer Theorie der Zeichen. 2. Aufl., München 1991
- Lector in Fabula. 2. Aufl., München 1994
- Die Grenzen der Interpretation. München 1995
Ehrlich, V.: Russischer Formalismus. Frankfurt/Main 1987
Eissfeldt, O.: Zur Überlieferungsgeschichte der Prophetenbücher. In: Kleine
    Schriften 3. Tübingen 1966, S. 55-60
- Vorraussage-Empfang, Offenbarungsgewißheit und Gebetskraft-Erfahrung
    bei Jeremia (1962). In: Kleine Schriften 4. Tübingen 1968, S. 58-62
Emerson, C.: S. unter Morson, G. S.

Farringdon, J. M. et al.: Analysing for Authorship. A Guide to the Cusum
    Technique. Cardiff 1996
Fechter, F.: Bewältigung der Katastrophe. Untersuchungen zu ausgewählten
    Fremdvölkersprüchen im Ezechielbuch. Berlin/New York 1992 (= BZAW
    208)
Feist, U.: Ezechiel. Das literarische Problem des Buches forschungsge-
    schichtlich betrachtet. Stuttgart/Berlin/Köln 1995 (= BWANT 138)
Fensham, F. C.: Nebukadrezzar in the Book of Jeremiah. In: JNWSL 10
    (1982), S. 53-65
Fischer, G.: Aufnahme, Wende und Überwindung Dtn/r Gedankengutes in
    Jer 30 f. In: W. Groß (Hg.): Jeremia und die „deuteronomistische Bewe-
    gung". Weinheim 1995 (= BBB 98), S. 129-139
- Das Trostbüchlein. Text Komposition und Theologie von Jer 30-31.
    Stuttgart 1993 (= SBB 26)
Floss, J. P.: Methodologische Aspekte exegetischer Hypothesen am Beispiel
    von Theo Seidls Beitrag zur „Tempelrede". In: W. Groß (Hg.): Jeremia
    und die „deuteronomistische Bewegung", Weinheim 1995 (= BBB 98), S.
    181-185
Fohrer, G.: Studien zur alttestamentlichen Prophetie (1949 - 1965). Berlin
    1967 (= BZAW 99)
Fohrer, G.; H. W. Hoffmann; F. Huber; L. Markert; G. Wanke: Exegese des
    Alten Testaments. Einführung in die Methodik. 4. Aufl., Heidelberg 1983
Foster, B. R.: Before the Muses. An Anthology of Akkadian Literature.
    Volume II: Mature, Late. 2. Aufl. Bethesda 1996
Foster, D. W.: Elegy by W. S. A Study in Attribution. Newark / London /
    Toronto 1989
Fritz, V.: Das erste Buch der Könige. Zürich 1996 (= Zürcher
    Bibelkommentare AT 10.1). Zitiert als 1996 a
- Die Entstehung Israels im 12. und 11. Jahrhundert v. Chr. Stuttgart 1996 (=
    Biblische Enzyklopädie; Bd 2). Zitiert als 1996b
Fuhrmann, H.: Einladung ins Mittelalter. 4. Aufl., München 1989

Gardiner, A.: Egyptian Grammar. Being an Introduction to the Study of
   Hieroglyphs. Third Edition, Revised. Oxford 1979

Geller, S.: Were the Prophets Poets? In: „The Place is too small for us". The
   Israelite Prophets in Recent Scholarship. Winona Lake 1995, S. 154-165

Gieselmann, B.: Die sogenannte josianische Reform in der gegenwärtigen
   Forschung. In: ZAW (1994), S. 225- 242

Goethe, J. W. v.: Goethes Gedichte in zeitlicher Folge. 9. Aufl., Franfurt
   /Main 1995

Gordon, R. P.: A Story of two Paradigm Shifts. In: R. P. Gordon (Ed.): „The
   Place is too small for us". The Israelite Prophets in Recent Scholarship.
   Winona Lake 1995, S. 3-26

Gottwald, N. K.: Social Class as an analytical and Hermeneutical Category in
   Biblical Studies. In: JBL 112 (1993), S. 3-22

Graupner, A.: Auftrag und Geschick des Propheten Jeremia. Literarische
   Eigenart, Herkunft und Intention vordeuteronomistischer Prosa im
   Jeremiabuch. Neukirchen-Vluyn 1991 (= BThSt 15)

Greenberg, J.: Some Universals of Grammar with Particular Reference to the
   Order of Meaningful Elements. In: K. Denning; S. Kremmer (Ed.) : On
   Language. Selected Writings of Joseph Greenberg. Stanford 1990, S. 40-
   70

- Two Approaches to Language Universals. In: In: K. Denning; S. Kremmer
   (Ed.): On Language. Selected Writings of Joseph Greenberg. Stanford
   1990, S. 702-720

Greenspahn, F. E.: Why Prophecy Ceased. In: JBL 108 (1989), S. 37-49

Greimas, J. A.: Strukturale Semantik. Methodologische Untersuchungen.
   Braunschweig 1971

Gunneweg, A. H. J.: Die Prophetenlegende 1 Reg 13 - Mißdeutung, Umdeutung, Bedeutung. In: V. Fritz u.a. (Hg.): Prophet und Prophetenbuch. FS
   O. Kaiser Berlin / New York 1989, S. 73-81

Häusl, M.: Abischag und Batscheba. Frauen am Königshof und die
   Thronfolge Davids im Zeugnis der Texte 1 Kön 1 und 2. St. Ottilien 1993
   (= ATS 41)

- Bedecken, verdecken, verstecken. Studie zur Valenz althebräischer Verben.
   St. Ottilien 1997 (= ATS 59)

Hardmeier, C.: Texttheorie und biblische Exegese. Zur rhetorischen Funktion
   der Trauermetaphorik in der Prophetie. München 1978 (= BEvTh 79)

- Prophetie im Streit vor dem Untergang Judas. Erzählkommunikative
   Studien zur Entstehungssituation der Jesaja- und Jeremiaerzählungen in II
   Reg 18-20 und Jer 37-40. Berlin / New York 1989 (= BZAW 187)

- Jer 29,24-32 – „eine geradezu unüberbietbare Konfusion"? Vorurteil und
   Methode in der exegetischen Forschung. In: E. Blum u.a. (Hg.): Die

hebräische Bibel und ihre zweifache Nachgeschichte. FS R. Rendtorff. Neukirchen-Vluyn 1990, S. 301-317

- Die Propheten Micha und Jesaja im Spiegel von Jeremia XXVI und 2 Regum XVIII-XX. Zur Prophetierezeption in der nach-joschijanischen Zeit. In: J. A. Emerton (Ed.): Congress Volume Leuven 1989. Leiden 1991, S. 172-189 (= VTS 43)

- Umrisse eines vordeuteronomistischen Annalenwerkes der Zidkijazeit. Zu den Möglichkeiten computergestützter Textanalyse. In: VT 40 (1990), S. 165-184

Hardmeier, C.; E. Talstra: Sprachgestalt und Sinngehalt. Wege zu neuen Instrumenten der Computergesteuerten Textwahrnehmung. In: ZAW 101 (1989), S. 408-428

Hartenstein, F.: Die Unzugänglichkeit Gottes im Heiligtum. Jesaja 6 und der Wohnort JHWHs in der Jerusalemer Kulttradition. Neukirchen-Vluyn 1997 (= WMANT 75)

Hatch, E.; H. Farhady: Research Design and Statistics for Applied Linguistics. Rowley / London / Tokyo 1982

Hausmann, J.: „Ein Prophet, der Träume hat, der erzähle Träume; wer aber mein Wort hat, der predige mein Wort recht" (Jer 23,28) - ein Beitrag zum Verstehen der deuteronomistischen Wort-Theologie. In: H. M. Niemann u.a. (Hg.): Nachdenken über Israel, Bibel und Theologie. FS K.-D. Schunck. Frankfurt a. M.,1994, S. 163-175 (= BEAT 37)

Hawthorn, J.: Grundbegriffe moderner Literaturtheorie. Tübingen / Basel 1994 (= UTB 1756)

Hermisson, H.-J.: Kriterien „wahrer" und „falscher" Prophetie im Alten Testament. Zur Auslegung von Jeremia 23,16-22 und Jeremia 28,8-9. In: ZThK 92 (1995), S. 121-139

Herrmann, S.: Die Bewältigung der Krise Israels. Bemerkungen zur Interpretation des Buches Jeremia. In: Beiträge zur Alttestamentlichen Theologie. FS W. Zimmerli. Göttingen 1977, S. 164-178

- Jeremia - Der Prophet und die Verfasser des Buches Jeremia. In: P.-M. Bogaert (Ed.): Le livre de Jérémie. Le prophète et son milieu. Les oracles et leur transmission. Leuven 1981, S. 197-214 (= BThL 54)

- Der Beitrag des Jeremiabuches zur biblischen Theologie. In: A. Meinhold, R. Lux (Hg.): Gottesvolk. Beiträge zu einem Thema Biblischer Theologie. FS S. Wagner. Berlin 1988, S. 156-174

- Jeremia. Der Prophet und das Buch. Darmstadt 1990 (= EdF 271)

- Grenzen der Prophetenforschung, dargestellt am Buche Jeremia. In: H. M. Niemann u.a. (Hg.): Nachdenken über Israel, Bibel und Theologie. FS K.-D. Schunck. Frankfurt a. M. 1994, S. 133-147 (= BEAT 37)

Hobbs, T. R.: Some Remarks on the Composition and Structure of the Book of Jeremiah. In: L. G. Perdue; B. W. Kovacs (Ed.): A Prophet to the Nations. Essays in Jeremiah Studies. Winona Lake 1984, S. 175-191

Hoffmann, H.-D.: Reform und Reformen. Untersuchungen zu einem Grundthema der deuteronomistischen Geschichtsschreibung. Zürich 1980 (= AThANT 66)

Holladay, W. L.: Prototype and Copies: A New Approach to the Poetry-Prose Problem in Jeremiah. In: JBL 79 (1960), S.351-367

- The Architecture of Jeremiah 1-20. Lewisburg / London 1976

- The Identifikation of the two Scrolls of Jeremiah. In: VT 30 (1980), S. 452-467

- The Background of Jeremiah's Self-Understanding. In: L. G. Perdue; B. W. Kovacs (Ed.): A Prophet to the Nations. Essays in Jeremiah Studies. Winona Lake 1984, S.313-324

- Jeremiah 1. A Commentary on the Book of the Prophet Jeremiah Chapters 1-25. Philadelphia 1986 (= Hermeneia)

- Jeremiah 2. A Commentary on the Book of the Prophet Jeremiah Chapters 26-52. Mineapolis 1989 (= Hermeneia)

Holmes, D. I.: A Stylometric Analysis of Mormon Scripture and Related Texts. In: Journal of the Royal Statistical Society, A 155/1 (1992), S. 91-120

- Authorship Attribution. In: Computers and the Humanities, 28/2 (1994), S. 87-106

Holquist, M: S. unter Clark, K.

Hornung, E.: Grundzüge der ägyptischen Geschichte. 2.Aufl., Darmstadt 1978

Horst, F.: Die Anfänge des Propheten Jeremia. In: ZAW 41 (1923), S. 94-153

Hossfeldt, F. L.: Ezechiel und die deuteronomisch - deuteronomistische Bewegung. In: W. Groß (Hg.): Jeremia und die „deuteronomistische Bewegung". Weinheim 1995 (= BBB 98), S. 271-295

Hossfeldt, F. L.; I. Meyer: Prophet gegen Prophet. Eine Analyse der alttestamentlichen Texte zum Thema: Wahre und falsche Prophetie. Fribourg 1973 (= BiBe 9)

- Der Prophet vor dem Tribunal. Neuer Auslegungsversuch von Jer 26. In: ZAW 86 (1974), S. 30-50

House, P.R. (Ed.): Beyond Form Criticism. Essays in Old Testament Literary Criticism.Winona Lake 1992

Houston, W.: What did the Prophets Think They were Doing? Speech Acts and Prophetic Discourse in the Old Testament. In: R. P. Gordon (Ed.): „The Place is too small for us". The Israelite Prophets in Recent Scholarship. Winona Lake 1995, S. 133-153

Hubmann, F. D.: Bemerkungen zur älteren Diskussion um die Unterschiede zwischen MT und G im Jeremiabuch. In: W. Groß (Hg.): Jeremia und die „deuteronomistische Bewegung". Weinheim 1995 (= BBB 98), S. 263-270

Huff, D.: How to Lie with Statistics. Middlesex u.a. 1979

Huwyler, B.: Jeremia und die Völker. Untersuchungen zu den
    Völkersprüchen in Jeremia 46-49. Tübingen 1997 (= FAT 20)
Hyatt, J. P.: The Deuteronomic Edition of Jeremiah. In: Vanderbilt Studies in
    the Humanities I, (1951), S. 71-96
- Jeremiah and Deuteronomy. In: L. G. Perdue; B. W. Kovacs (Ed.): A
    Prophet to the Nations. Essays in Jeremiah Studies. Winona Lake 1984, S.
    113-127
- The Beginning of Jeremiah's Prophecy. In: L. G. Perdue; B. W. Kovacs
    (Ed.): A Prophet to the Nations. Essays in Jeremiah Studies. Winona Lake
    1984, S. 63-72

Ittmann, N.: Die Konfessionen Jeremias. Neukirchen-Vluyn 1981 (=
    WMANT 54)

Jenni, E.: Die hebräischen Präpositionen. Bd. 1 Die Präposition Beth.
    Stuttgart u.a. 1992
- Dtn 19,16: sara „Falschheit". In: E. Jenni: Studien zur Sprachwelt des Alten
    Testaments. Stuttgart 1997, S.106-116 (1997a)
- Verba gesticulationis im Hebräischen. In: E. Jenni: Studien zur Sprachwelt
    des Alten Testaments. Stuttgart 1997, S.150 – 161 (1997b)
Jeremias, J.: Der Prophet Hosea. Göttingen 1983 (= ATD 24,1)
- Amos 3-6. Beobachtungen zur Entstehungsgeschichte eines
    Prophetenbuches. In: ZAW 100 (Suppl.) (1988), S. 123-138
- Völkersprüche und Visionsberichte im Amosbuch. In: Fritz, V. u.a. (Hg.):
    Prophet und Prophetenbuch. FS O. Kaiser. Berlin/New York 1989, S. 82-
    97
- Das Proprium alttestamentlicher Prophetie. In: ThLZ 119 (1994), Sp. 485-
    494
- Hoseas Einfluß auf das Jeremiabuch - ein traditionsgeschichtliches
    Problem. In: A. Tångberg (Ed.): Text and Theology. FS M. Sæbø. Oslo
    1994, S. 112-134
- Der Prophet Amos. Göttingen 1995 (= ATD 24,2)
Jobling, D.: The Quest of the Historical Jeremiah: Hermeneutical
    Implications of Recent Literature. In: L. G. Perdue; B. W. Kovacs (Ed.): A
    Prophet to the Nations. Essays in Jeremiah Studies. Winona Lake 1984, S.
    285-297
Jones, D. R.: Jermiah. Grand Rapids 1992 (= New Century Bible
    Commentary)
Jost, R.: Frauen, Männer und die Himmelskönigin. Exegetische Studien.
    Gütersloh,1995
Joüon, P.: Grammaire de l'Hébreu Biblique. Rome 1996

Kaiser, O.: Grundriß der Einleitung in die kanonischen und deuterokano-
    nischen Schriften des Alten Testaments. Band 2: Die prophetischen
    Werke. Gütersloh 1994
Kayser, W.: Das sprachliche Kunstwerk. Eine Einführung in die Literatur-
    wissenschaft. 13. Aufl., Bern/München 1968
Keel, O.: Die Welt der altorientalischen Bildsymbolik und das Alte
    Testament. Am Beispiel der Psalmen. Zürich u.a. 1972
Keel, O.; M. Küchler; C. Uehlinger: Orte und Landschaften der Bibel. Ein
    Handbuch und Studienreiseführer zum Heiligen Land. Band 1: Geogra-
    phisch-geschichtliche Landeskunde. Einsiedeln u.a. 1984
Keenan, E. L.: Towards A Universal Definition of „Subjekt". In: Li, Charles
    N. (Ed.): Subject and Topic. New York / San Francisco / London 1975, S.
    303-333
Kellermann, U.: Der Amosschluß als Stimme deuteronomistischer Heils-
    hoffnung. In: EvTh 29 (1969), S. 169-183
Kessler, M.: Jeremiah, Chapters 26-45 Reconsidered. In: JNES 27 (1968), S.
    81-88
Kenny, A.: A Stylometric Study of the New Testament. Oxford 1986
Kielland, A. L.: Karen. In: A. L. Kielland: Novellen und Noveletten. Werke
    I. Kreuzberg 1985
Kilpp, N.: Eine frühe Interpretation der Katastrophe von 587. In: ZAW 97
    (1985), S. 210-220
- Niederreißen und Aufbauen. Das Verhältnis von Heilsverheißung und
    Unheilsverkündigung bei Jeremia und im Jeremiabuch. Neukirchen-Vluyn
    1990 (= BThSt 13)
Knauf, E. A.; A. de Pury: *Bayt Dawid ou *Bayt Dod? Une relecture de la
    nouvelle inscription de Tel Dan. In: BN 72 (1993), S. 60-69
Koch, K.: Das Prophetenschweigen des deuteronomistischen Geschichts-
    werkes. In: J. Jeremias, L. Perlitt (Hg.): Die Botschaft und die Boten. FS
    H. W. Wolff. Neukirchen-Vluyn 1981, S. 115-128
Köhler, L.; W. Baumgartner: Hebräisches und Aramäisches Lexikon zum
    Alten Testament. 3. Aufl., Leiden 1967 ff.
Koenen, K.: Heil den Gerechten - Unheil den Sündern! Ein Beitrag zur Theo-
    logie der Prophetenbücher. Berlin / New York 1994 (= BZAW 229)
König, E.: Stilistik, Rhethorik, Poetik in Bezug auf die biblische Literatur
    komparativisch dargestellt. Leipzig 1911
König, F. E.: Historisch-kritisches Lehrgebäude der hebräischen Sprache. Mit
    steter Beziehung auf Qimchi und die anderen Autoritäten. Nachdruck der
    Ausgabe von 1881, Hildesheim 1979
Kooij, A. van der: Jeremiah 27:5-15: How Do MT and LXX Relate to Each
    Other. In: JNWSL 20 (1994), S. 59-78
Krallmann, D.: Statistische Methoden in der stilistischen Textanalyse. Bonn
    1966

Kratz, R. G.: Der Anfang des Zweiten Jesaja in Jes. 40,1 und das Jeremia-
buch. In: ZAW 106 (1994), S. 243-261
- Die Komposition der erzählenden Bücher des Alten Testaments.
Grundwissen der Bibelkritik. Göttingen 2000
Krispenz, J.: Spruchkompositionen im Buch Proverbia. Die Sammlungen II
und V. Bern u.a. 1989 (= EHS XXIII, 349)
Kurz, G.: Metapher, Allergorie, Symbol. 3.Aufl. Göttingen 1993

Leech, G. N.; M. H. Short: Style in Fiction. A Linguistic Introduction to
English Fictional Prose. 11. Aufl., London/New York 1994
Lehmann, R.; M. Reichel: DOD und ASIMA in Tell Dan. In: BN 77 (1995),
S. 29-31
Levin, C.: Noch einmal: Die Anfänge des Propheten Jeremia. In: VT 31
(1981), S. 428-440
- Die Verheißung des neuen Bundes in ihrem theologiegeschichtlichen
Zusammenhang ausgelegt. Göttingen 1985 (= FRLANT 137)
- Joschija im deuteronomistischen Geschichtswerk. In: ZAW 96 (1989), S.
352-371
- Das Gebetbuch der Gerechten. In: ZThK 90 (1993), S. 355-381
Lohfink, N. : Kerygmata des Deuteronomistischen Geschichtswerkes. In:
Ders.: Studien zum Deuteronomium und zur deuteronomistischen
Literatur II. Stuttgart 1991 (= SBA 12), S. 125-142
- Gab es eine deuteronomistische Bewegung? In: W. Groß (Hg.): Jeremia und
die „deuteronomistische Bewegung". Weinheim 1995 (= BBB 98), S. 313-
382
Long, B. O.: Social Dimensions of Prophetic Conflict. In: R. P. Gordon
(Ed.): „The Place is too small for us". The Israelite Prophets in Recent
Scholarship. Winona Lake 1995, S. 308-331
Lotman, J. M.: Die Struktur literarischer Texte. 2. Aufl., München 1981 (=
UTB 103)
Lull, R.: Das Buch vom Heiden und den drei Weisen. Stuttgart 1998
Lundbom, J. R: Baruch, Seraiah and Expanded Colophons in the Book of
Jeremiah. In: JSOT 36 (1986), S.89-114
Lust, J.: „Gathering and Return" in Jeremiah and Ezekiel. In: Bogaert, P.-M.:
Le livre de Jérémie. Le prophète et son milieu. Les oracles et leur
transmission. 2. Aufl., Leuven 1997 (=BEThL 54), S. 119-142
Lutzeier, P. R.: Linguistische Semantik. Stuttgart 1985

Macholz, G. C.: Jeremia in der Kontinuität der Prophetie. In: H.-W. Wolff
(Hg.): Probleme biblischer Theologie. FS G. v. Rad. München 1971, S.
306-334
Malamat, A.: Jeremiah and the Last Two Kings of Judah. In: PEQ (1950) -
51, S. 81-87

- The Last Kings of Judah and the Fall of Jerusalem. An Historical-Chronological Study. In: IEJ 18 (1968), S. 137-155

Mandelkern, S.: Veteris Testamenti Concordantiae Hebraicae atque Chaldaice. Unveränderter Nachdruck der 1937 bei Schocken erschienenen Ausgabe, Graz 1975

Maren-Grisebach, M.: Methoden der Literaturwissenschaft. 10. Aufl., Tübingen 1992

Marx, A.: A propos des doublets du livre de Jérémie. Réflexions sur la formation d'un livre prophétique. In: J. A. Emerton (Ed.): Prophecy. FS G. Fohrer. Berlin / New York 1980 (= BZAW 150), S. 313-340

May, H. G.: Towards an Objective Approach to the Book of Jeremiah: The Biographer. In: JBL 61 (1942), S. 139-155

- The Chronology of Jeremiah's Oracles. In: JNES 4 (1945), S. 217-227

McKane, W.: Relations between Prose and Poetry in the Book of Jeremiah with Special Reference to Jeremiah iii 6-11 and xii 14-17. In: L. G. Perdue; B. W. Kovacs (Ed.): A Prophet to the Nations. Essays in Jeremiah Studies. Winona Lake 1984, S. 285-297

- Jeremiah 27,5-8, especially 'Nebuchadnezzar, my servant'. In: V. Fritz u.a. (Hg.): Prophet und Prophetenbuch. FS O. Kaiser. Berlin/New York 1989 (= BZAW 185), S. 98-110

- Jeremiah. I.II. Edinburgh 1986. 1996 (= ICC)

Mead, J. K.: Kings and prophets, donkeys and lions: dramatic shape and Deuteronomistic rethoric in 1 King XIII. In: VT 49 (1999), S. 191-205

Medvedev, P. N.; M. M. Bachtin: The formal Method in Literary Scholarship. A critical Introduction to sociological Poetics. Baltimore / London 1978

Mendecki, N.: Ezechielische Redaktion des Buches Jeremia? In: BZ 35 (1991), S. 242-247

Meyer, I.: Jeremia und die falschen Propheten. Freiburg / Göttingen 1977 (= OBO 13)

Miles, J. A. Jr.: Radical Editing: Redaktionsgeschichte and the Aesthetic of Willed Confusion. In: B. Halpern, J. D. Levenson (Ed.): Traditions in Transformation. Turning Points in Biblical Faith. FS M. Cross. Winona Lake 1981, S. 9-31

Miller, J. W.: Das Verhältnis Jeremias und Hesekiels sprachlich und theologisch untersucht mit besonderer Berücksichtigung der Prosareden. Assen 1955

Morson, G. S.; C. Emerson: Mikhail Bakhtin. Creation of a Prosaics. Stanford 1990

Morton, A. Q.: Literary Detection. How to Prove Authorship and Fraud in Literature and Documents. Bath 1978

Mosteller, F.; D. L. Wallace: Applied Bayesian and Classical Inference. The Case of The Federalist Papers (2nd Edition of: Inference and Disputed Authorship: The Federalist). New York u.a. 1984

Mowinckel, S.: Zur Komposition des Buches Jeremia. In: Videnskapsselskapets Skrifter. II Hist.-Filos. Klasse 1913 No 5. Kristiania 1914

- Prophecy and Tradition. The Prophetic Books in the Light of the Growth and History of Tradition. In: ANVAO. HF 1946, 3. Oslo 1946

Münderlein, G.: Kriterien wahrer und falscher Prophetie. Entstehung und Bedeutung im Alten Testament. 10. Aufl., Bern u.a. 1979 (= EHS XXIII,33)

Muilenburg, J.: Baruch, the Scribe. In: L. G. Perdue; B. W. Kovacs (Ed.): A Prophet to the Nations. Essays in Jeremiah Studies. Winona Lake 1984, S. 229-245

Mulzer, M.: Amos 8,14 in der LXX. Ein Einwurf in die Tell Dan-Text Debatte. In: BN 84 (1996), S. 54-58

Nethöfel, W.: Theologische Hermeneutik in der Postmoderne. In: Neue Zeitschrift für systematische Theologie 29 (1987), S. 210-227

Neumann, G. (Hg.): Poststrukturalismus. Herausforderung der Literaturwissenschaft. Stuttgart/Weimar 1997.

Neumann, K. J.: The authenticity of the Pauline Epistles in the Light of Stylostatistical Analysis. Atlanta 1990

Nicholson, E. W.: Preaching to the Exiles. A Study of the Prose Tradition in the Book of Jeremiah. New York 1970

- The Book of the Prophet Jeremiah. Chapters 1-25. Cambridge 1973(= The Cambridge Bible Commentary)

- The Book of the Prophet Jeremiah. Chapters 26-52. Cambridge 1975 (= The Cambridge Bible Commentary)

- Deuteronomy and Tradition. Oxford 1976

- Prophecy and Covenant.In: R. P. Gordon (Ed.): „The Place is too small for us". The Israelite Prophets in Recent Scholarship. Winona Lake 1995, S. 345-353

Niehr, H.: Die Reform des Joschija. Methodische, historische und religionsgeschichtliche Aspekte. In: W. Groß (Hg.): Jeremia und die „deuteronomistische Bewegung". Weinheim 1995 (= BBB 98), S. 33-55

Nissinen, M.: Falsche Prophetie in neuassyrischer und deuteronomistischer Darstellung. In: Timo Veijola (Hg.): Das Deuteronomium und seine Querbeziehungen. Göttingen 1996, S.172-185

Noth, M.: Überlieferungsgeschichtliche Studien. Erster Teil: Die sammelnden und bearbeitenden Geschichtswerke im Alten Testament. Fotomechan. Nachdruck der 1. Aufl. (1957), Darmstadt 1963

- Könige. 1. Teilband. Neukirchen 1968 (= BK IX / 1)

Nyberg, H. S.: Studien zum Hoseabuche. Zugleich ein Beitrag zur Klärung
    der alttestamentlichen Textkritik. Uppsala 1935 (= UUÂ 1935:6)

O'Brien, M. A.: The Deuteronomistic History Hypothesis: A Reassessment.
    Fribourg / Göttingen 1989 (= OBO 92)
O'Connor, K. M.: „Do not Trim a Word": The Contribution of Chapter 26 to
    the Book of Jeremiah. In: CBQ 51 (1989), S. 616-630
Overholt,T. W.: Remarks on the Continuity of the Jeremiah Tradition. In:
    JBL 91 (1972), S. 457-462
- Prophecy in History: The Social Reality of Intermediation. In: R. P. Gordon
    (Ed.): „The Place is too small for us". The Israelite Prophets in Recent
    Scholarship. Winona Lake 1995, S. 354-376

Paffenroth, K.: The Story of Jesus According to L. Sheffield 1997 (= JSNT
    Suppl. Series 147)
Partee, B. H.; A. te Meulen; R. E. Wall: Mathematical Methods in
    Linguistics. Dordrecht/Boston/London 1993
Paterson, R. M.: Reinterpretation in the Book of Jeremiah. In: JSOT 28
    (1984), S. 37-46
Perdue, L. G. : Jeremiah in Modern Research: Approaches and Issues. In: L.
    G. Perdue; B. W. Kovacs (Eds.): A Prophet to the Nations. Essays in
    Jeremiah Studies. Winona Lake 1984, S. 1-32
Perlitt, L.: Jesaja und die Deuteronomisten. In: V. Fritz u.a. (Hg.): Prophet
    und Prophetenbuch. FS O. Kaiser. Berlin/New York 1989, S. 133-149
Petersen, D. L.: Ecstasy and Role Enactment. In: R. P. Gordon (Ed.): „The
    Place is too small for us". The Israelite Prophets in Recent Scholarship.
    Winona Lake 1995, S. 279-288
Pieper, U.: Über die Aussagekraft statistischer Methoden für die linguistische
    Stilanalyse. Tübingen 1979
Pohlmann, K.-F.: Erwägungen zu Problemen alttestamentlicher Propheten-
    exegese. In: Kottsieper, u.a.(Hg.): „Wer ist wie du, HERR unter den
    Göttern?" Studien zur Theologie und Religionsgeschichte Israels. FS
    O.Kaiser. Göttingen 1994, S. 325-341
- Erwägungen zum Schlußkapitel des deuteronomistischen
    Geschichtswerkes. Oder: Warum wird der Prophet Jeremia in 2. Kön 22-
    25 nicht erwähnt? In: A. H. J. Gunneweg; O. Kaiser (Hg.): Textgemäß. FS
    E. Würthwein. Göttingen 1979, S. 94-109
- Studien zum Jeremiabuch. Göttingen 1978 (= FRLANT 118)
-Die Ferne Gottes - Studien zum Jeremiabuch. In: ThLZ 114 (1989), Sp. 879f
- Die Ferne Gottes - Studien zum Jeremiabuch. Beiträge zu den
    „Konfessionen" im Jeremiabuch und ein Versuch zur Frage nach den
    Anfängen der Jeremiatradition. Berlin / New York 1989 (= BZAW 179)

- Zur Frage nach Ältesten Texten im Ezechielbuch - Erwägungen zu Ez 17,19 und 31. In: V. Fritz u.a. (Hg.): Prophet und Prophetenbuch. FS O. Kaiser Berlin/New York 1989, S. 150-172
- Der Prophet Hesekiel/Ezechiel. Kapitel 1-19. Göttingen 1996 (= ATD 22,1)
Polenz, P. v.: Deutsche Satzsemantik. Grundbegriffe des Zwischen-den-Zeilen-Lesens. 2. Aufl., Berlin/New York 1988
Polk, T.: The Prophetic Persona. Jeremia and the Language of the Self. Sheffield 1984 (= JSOT.S 32)
Porter, J. R.: The Supposed Deuteronomic Redaction of the Prophets. Some Considerations. In: R. Albertz u.a. (Hg.): Schöpfung und Befreiung. FS C. Westermann. Stuttgart u.a. 1989, S. 69-77
Portnoy, S. L.; D. L. Petersen: Biblical Texts and Statistical Analysis: Zechariah and Beyond. In : JBL 103 (1984), S. 11-21 (1984a)
- Genesis, Wellhausen and the Computer: A Response. In: ZAW 96 (1984), S. 421-425 (1984b)
Preuss, H. D.: Zum deuteronmomistischen Geschichtswerk. In: ThR 58 (1993), S. 229-264
Pugliese, A. O.: Von der Hermeneutik zur Text-, Kontext-, und Intertextanalyse. Eine Reflexion über literaturwissenschaftliche Methodologie und Methodik. In: I. Nolting-Hauff, J. Schulze (Hg.): Das fremde Wort. FS Karl Maurer. Amsterdam 1988, S. 17-50

Radday, Y. T: Two Computerized Statistical-Linguistic Tests Concerning the Unity of Isaiah. In: JBL LXXXIX (1970), S. 319-324
Radday, Y. T.; G. Leb; D. Wickmann; S. Talmon: The Book of Judges Examined by Statistical Linguistics. In: Biblica 58 (1977), S. 469-499
Radday, Y. T.; H. Shore: Genesis. An Authorship Study. Rom 1985 (= analecta biblica 103)
Radday, Y.T.; H. Shore; M. A. Pollatschek; D. Wickmann: Genesis, Wellhausen and the Computer. In: ZAW 94 (1982), S. 467-481
Radday, Y. T. ; D. Wickmann: The Unity of Zecharia Examined in the Light of Statistical Linguistics. In: ZAW 87 (1979), S. 30-56
Renz, J.; W. Röllig: Handbuch der althebräischen Epigraphik. Band III: J. Renz, Texte und Tafeln. Darmstadt 1995
Reuter, E.: „Nimm nichts davon weg und füge nichts hinzu!" Dtn 13,1, seine alttestamentlichen Parallelen und seine altorientalischen Vorbilder. In: BN 47 (1989), S. 107-114
Richter, W.: Exegese als Literaturwissenschaft. Entwurf einer alttestamentlichen Literaturtheorie und Methodologie. Göttingen 1971
- Grundlagen einer althebräischen Grammatik. A: Grundfragen einer sprachwissenschaftlichen Grammatik. B: Die Beschreibungsebenen: I. Das Wort (Morphologie). St. Ottilien 1978 (= ATS 8)

- Grundlagen einer althebräischen Grammatik. B: Die Beschreibungsebenen:
  II. Die Wortfügung (Morphosyntax). St. Ottilien 1979 (= ATS 10)
- Grundlagen einer althebräischen Grammatik. B: Die Beschreibungsebenen:
  III. Der Satz (Satztheorie). St. Ottilien 1980 (= ATS 13)
- Untersuchungen zur Valenz althebräischer Verben. 1. ›RK. St. Ottilien 1985
  (= ATS 23)
- Untersuchungen zur Valenz althebräischer Verben. 2. GBH, ‹MQ, QSR II.
  St. Ottilien 1986 (= ATS 25)

Ricœur, P.: The Hermeneutical Function of Distanciation. In: Ders.: From
  Text to Action. Essays in Hermeneutics II. Evanston 1991, S. 75-88
- What Is a Text. In: Ders.: From Text to Action. Essays in Hermeneutics II.
  Evanston 1991, S. 105-124

Riepl, C.: Sind David und Saul berechenbar? Von der sprachlichen Analyse
  zur literarischen Struktur von 1Sam 21 und 22. St. Ottilien 1993 (= ATS
  39)

Rietzschel, C.: Das Problem der Urrolle. Ein Beitrag zur Redaktionsgeschichte des Jeremiabuches. Gütersloh 1966

Riffaterre, M.: Strukturale Stilistik. München 1973

Ringgren, H.: Iraelite Prophecy: Fact or Fiction? In: J. A. Emerton (Ed.):
  Congress Volume 1986. Leiden u.a. 1988, S. 204-210 (= VT.S 40)
- Prophecy in the Ancient Near East. In: R. Coggins u.a. (Ed.): Israel's
  Prophetic Tradition. FS P. R. Ackroyd. Cambridge 1982, S. 1-11

Robinson, T. H.: Baruch´s Roll. In: ZAW 42 (1924), S. 209-221

Rofé, A.: The Arrangement of the Book of Jeremiah. In: ZAW 101 (1989), S.
  390-398

Romesburg, H. C.: Cluster Analysis for Researchers. Malabar/Florida 1984
  (repr. 1990)

Rose, M.: Der Ausschließlichkeitsanspruch Jahwes. Deuteronomische
  Schultheologie und die Volksfrömmigkeit in der späten Königszeit.
  Stuttgart u.a. 1975 (= BWANT 6)

Rosenberg, A. J.; R. Hochberg(Ed.): Miqraot Gedolot. I Kings. New York
  1991

Rosenberg, A. J. (Ed.): Miqraot Gedolot. II Kings. New York 1989
- Miqraot Gedolot. Jeremiah. Vol 1. New York 1989
- Miqraot Gedolot. Jeremiah. Vol 2. New York 1989

Rowley, H. H.: The Early Prophecies of Jeremiah in their Setting. In: L. G.
  Perdue; B. W. Kovacs (Ed.): A Prophet to the Nations. Essays in Jeremiah
  Studies. Winona Lake 1984, S. 33-61

Rudolph, W.: Zum Text des Jeremia. In: ZAW 42 (1930), S. 272-281
- Jeremia. 2. Aufl., Tübingen 1958 (= HAT 12)

Rüterswörden, U.: Es gibt keinen Propheten in einem gesetzlosen Land. In:
  Prophetie und geschichtliche Wirklichkeit im alten Israel. FS S.
  Herrmann. Stuttgart/Berlin/Köln 1991, S. 326-347

Rupprecht, L.: Ist die Berufung Jeremias im „Jünglingsalter" und seine „Frühverkündigung" eine theologische Konstruktion der deuteronomistischen Redaktion des Jeremiabuches? In: R. Albertz u.a. (Hg.): Schöpfung und Befreiung. FS C. Westermann. Stuttgart u.a. 1989, S. 79-91
- Die Historisch-Kritische Methode der Bibelexegese im deutschen Sprachraum: Vorgeschichte, Gegenwärtige Entwicklungen, Tendenzen, Neuaufbrüche. In: Ders.: Studien zur Literaturgeschichte des Alten Testaments. Stuttgart 1994, S. 266-307 (= SBAB 18)

Sanders, W.: Linguistische Stiltheorie. Probleme, Prinzipien und moderne Perspektiven des Sprachstils. Göttingen 1973
Sandig, B.: Stilistik der deutschen Sprache. Berlin / New York 1986
Schabert, I. (Hg.): Shakespeare-Handbuch. Die Zeit - Der Mensch - Das Werk - Die Nachwelt. Stuttgart 1992
Schleiermacher, F. D. E.: Hermeneutik und Kritik. Mit einem Anhang sprachphilosophischer Texte Schleiermachers. 6.Aufl., Frankfurt 1995
Schmid, K.: Buchgestalten des Jeremiabuches. Untersuchungen zur Redaktions- und Rezeptionsgeschichte von Jer 30-33 im Kontext des Buches. Neukirchen-Vluyn 1996 (= WMANT 72)
Schmidt, W. H.: Die deuteronomistische Redaktion des Amosbuches. In: ZAW 77 (1965), S. 168-193
- Elementare Erwägungen zur Quellenscheidung im Pentateuch. In: Vielfalt und Einheit alttestamentlichen Glaubens. Band 1: Hermeneutik und Methodik, Pentateuch und Prophetie. Neukirchen-Vluyn 1995, S. 115-138
- Grenzen und Vorzüge historisch-kritischer Exegese. Eine kleine Verteidigungsrede. In: Vielfalt und Einheit alttestamentlichen Glaubens. Band 1: Hermeneutik und Methodik, Pentateuch und Prophetie. Neukirchen-Vluyn, S. 21- 33
- Plädoyer für die Quellenscheidung. In: Vielfalt und Einheit alttestamentlichen Glaubens. Band 1: Hermeneutik und Methodik, Pentateuch und Prophetie. Neukirchen-Vluyn, S. 101-114
Schopenhauer, A.: Ueber Schriftstellerei und Stil. Leipzig, o. J.
Schottroff, W.: Jeremia 2,1-3. Erwägungen zur Methode der Prophetenexegese. In: ZThK 67 (1970), S. 263-294
Schreiner, J.: „Durch die Propheten gelehrt, das Heil zu erwarten". Erwägungen im Anschluß an Jeremia 29. In: L. Lies (Hg.): Praesentia Christi. FS J. Betz. Düsseldorf 1984, S. 25-36
- Jeremia und die joschijanische Reform. Probleme - Fragen - Antworten. In: W. Groß (Hg.): Jeremia und die „deuteronomistische Bewegung". Weinheim 1995 (= BBB 98), S. 11-31
- Jeremia 1-25,14. 2. Aufl., Würzburg 1985 (= Neue Echter Bibel Lfg. 3)
- Jeremia 25,15-52,34. Würzburg 1984 (= Neue Echter Bibel Lfg.9)

Schwarz, A.; A. Linke; P. Michel; G. S. Williams: Alte Texte lesen. Textlin-
    guistische Zugänge zur älteren deutschen Literatur. Bern/Stuttgart 1988 (=
    UTB1482)
Schweizer, H.: Metaphorische Grammatik. St. Ottilien 1981 (= ATS 15)
- Biblische Texte verstehen. Stuttgart u.a. 1989
Schweizer, H. (Hg.): Computerunterstützte Textinterpretation. Die Josefs-
    geschichte beschrieben und interpretiert im Dreischritt: Syntax - Semantik
    - Pragmatik. Band I : Textbeschreibung und - interpretation. Tübingen
    1995 (= THLI 7/I)
- Computerunterstützte Textinterpretation. Die Josefsgeschichte beschrieben
    und interpretiert im Dreischritt: Syntax - Semantik - Pragmatik. Band II:
    Anhänge zu den Textanalysen. Arbeitsübersetzung, Datensätze zu
    Semantik/ Pragmatik, Tabellarische Befunde. Tübingen 1995 (= THLI
    7/II)
- Computerunterstützte Textinterpretation. Die Josefsgeschichte beschrieben
    und interpretiert im Dreischritt: Syntax - Semantik - Pragmatik. Band III:
    Anhang zur Methodik. Tübingen 1995 (= THLI 7/III)
Seebass, H.: Herrscherverheißungen im Alten Testament. Neukirchen-Vluyn
    1992 (= BThSt 19)
Seidl, T.: Datierung und Wortereignis. Beobachtungen zum Horizont von Jer
    27,1. In: BZ 21 (1977), S. 23-44. 184-199
- Formen und Formeln in Jeremia 27-29. Eine literaturwissenschaftliche
    Untersuchung. St. Ottilien 1978 (= ATS 5)
- Die Wortereignisformel in Jeremia. Beobachtungen zu den Formen der
    Redeeröffnung in Jeremia, im Anschluß an Jeremia 27,1.2. In: BZ 13
    (1979), S. 20-47
- Jeremias Tempelrede: Polemik gegen die joschijanische Reform? Die
    Paralleltraditionen Jer 7 und Jer 26 auf ihre Effizienz für das Deutero-
    nomismusproblem in Jeremia befragt. In: W. Groß (Hg.): Jeremia und die
    „deuteronomistische Bewegung". Weinheim 1995 (= BBB 98), S. 141-
    179
- Untersuchungen zur Valenz althebräischer Verben. 3. THR – „Rein sein".
    St. Ottilien 1997 (= ATS 57)
Seitz, C. R.: The Crisis of Interpretation over the Meaning and Purpose of the
    Exile. A Redactional Study of Jeremiah XXI-XLIII. In: VT 35 (1985), S.
    78-97
- The Prophet Moses and the Canonical Shape of Jeremiah. In: ZAW 101
    (1989), S. 3-27
- Mose als Prophet. Redaktionsthemen und Gesamtstruktur des
    Jeremiabuches. In: BZ 34 (1990), S. 234-245
Sellin, E.: Der alttestamentliche Prophetismus. Drei Studien. Leipzig 1912
Seybold, K.: Der Prophet Jeremia. Stuttgart / Berlin / Köln 1993

Sichel, H. S.: On a Distribution Law for Word-Frequencies. In: Journal of the American Statistical Association, 70 (1975), S. 542-547

Sisson, J. P.: Jeremiah and the Jerusalem Conception of Peace. In: JBL 105 (1986), S. 429-442

Smend, R.: Die Erzählung des Hexateuch auf ihre Quellen untersucht. Berlin 1912

Smend, R.: Das Gesetz und die Völker. Ein Beitrag zur deuteronomistischenRedaktionsgeschichte. In: H.W. Wolff (Hg.): Probleme biblischer Theologie. FS G. v. Rad. München 1991, S. 494-509

Soden, W. v.: Einführung in die Altorientalistik. 2.Auflage. Darmstadt 1992

Soderlund, S.: The Greek Text of Jeremia. A Revised Hypothesis. Sheffield 1985 (= JSOT.S 47)

Sokal, A.; J. Bricmont: Fashionable Nonsense. Postmodern Intellectuals' Abuse of Science. New York 1999

Spieckermann, H.: Juda unter Assur in der Sargonidenzeit. Göttingen 1982 (= FRLANT 129)

- Heilsgegenwart. Eine Theologie der Psalmen. Göttingen 1989 (= FRLANT 148)

Stade, B.: Bemerkungen zum Buche Jeremia. In: ZAW 12 (1882), S. 276-308

- Streiflichter auf die Entstehung der jetzigen Gestalt der alttestamentlichen Prophetenschriften. In: ZAW 23 (1903), S. 153-171

Steck, O. H.: Israel und das gewaltsame Geschick der Propheten. Untersuchungen zur Überlieferung des deuteronomistischen Geschichtsbildes im Alten Testament, Spätjudentum und Urchristentum. Neukirchen-Vluyn 1967 (= WMANT 23)

- Exegese des Alten Testaments. Leitfaden der Methodik. 12. Aufl.. Neukirchen 1989

- Der Abschluß der Prophetie im Alten Testament. Ein Versuch zur Frage der Vorgeschichte des Kanons. Neukirchen-Vluyn 1991 (= Biblisch-Theologische Studien 17)

- Arbeitsblätter Altes Testament für Einführungskurse. 2. Aufl.. Zürich 1993

Steck, O. H.: Die Prophetenbücher und ihr theologisches Zeugnis. Wege der Nachfrage und Fährten zur Antwort. Tübingen 1996

- Die erste Jesajarolle von Qumran (1QIs^a). Schreibweise als Leseanleitung für ein Prophetenbuch. Stuttgart 1998 (= SBS 173)

Steyer, K.: Irgendwie hängt alles mit allem zusammen – Grenzen und Möglichkeiten einer linguistischen Kategorie ,Intertextualität'. In: J. Klein; U. Fix (Hrsg.): Textbeziehungen. Linguistische und literaturwissenschaftliche Beiträge zur Intertextualität. Tübingen 1997, S. 83-106

Stipp, H.-J.: Elischa - Propheten - Gottesmänner. Die Kompositionsgeschichte des Elischazyklus und verwandter Texte, rekonstruiert auf der

Basis von Text- und Literarkritik zu 1 Kön 20.22 und 2 Kön 2-7. St. Ottilien 1987 (= ATS 24)
- Das Verhältnis von Textkritik und Literarkritik in neueren alttestamentlichen Veröffentlichungen. In: BZ 34 (1990), S. 16-37
- w'=haya für nichtiterative Vergangenheit? Zu syntaktischen Modernisierungen im masoretischen Jeremiabuch. In: W. Groß; H. Irsigler; T. Seidl (Hg.): Text, Methode und Grammatik. FS W. Richter. St. Ottilien 1991, S. 521-547
- Jeremia im Parteienstreit. Studien zur Textentwicklung von Jer 26, 36-43 und 45 als Beitrag zur Geschichte Jeremias, seines Buches und judäischer Parteien im 6. Jahrhundert. Frankfurt a.M. 1992, (= BBB 82)
- Eine anfechtbare Ortung des masoretischen Sonderguts im Jeremiabuch. In: BN 70 (1993), S. 88-96
- Das masoretische und alexandrinische Sondergut des Jeremiabuches. Textgeschichtlicher Rang, Eigenarten, Triebkräfte. Fribourg / Göttingen 1994 (= OBO 136)
- Probleme des redaktionsgeschichtlichen Modells der Entstehung des Jeremiabuches. In: W. Groß (Hg.): Jeremia und die „deuteronomistische Bewegung". Weinheim 1995 (= BBB 98), S. 225-262
- Deuterojeremianische Konkordanz. St. Ottilien 1998 (=ATS 63)
Stulman, L.: The Prose Sermoms of the Book of Jeremiah. Atlanta/Georgia 1982 (= SBL Diss Series 83)
- Insiders and Outsiders in the Book of Jeremiah: Shifts in Symbolic Arrangements. In: JSOT 66 (1995), S. 65-85
Sturdy, J. V. M.: The Authorship of the „Prose Sermons" of Jeremiah. In: J. A. Emerton (Ed.): Prophecy. FS G. Fohrer. Berlin/New York 1980 (= BZAW 150), S. 143-150

Tegtmeyer, H.: Der Begriff der Intertextualität und seine Fassungen – Eine Kritik der Intertextualitätskonzepte Julia Kristevas und Susanne Holthuis'. In: J. Klein ; U. Fix (Hrsg.): Textbeziehungen. Linguistische und literaturwissenschaftliche Beiträge zur Intertextualität. Tübingen 1997, S. 49-81
Tesnière, L.: Grundzüge der strukturalen Syntax. Stuttgart 1980
Thiel, W.: Die deuteronomistische Redaktion von Jer 1-25. Neukirchen-Vluyn 1973 (= WMANT 41)
- Die deuteronomistische Redaktion von Jer 26-45. Neukirchen-Vluyn, 1981 (= WMANT 52)
- Vom Norden her wird das Unheil eröffnet. In: V. Fritz, u.a. (Hg.): Prophet und Prophetenbuch. FS O. Kaiser. Berlin/New York 1989, S. 231-248
- Das Jeremiabuch als Literatur. In: VF 43 (1998), S. 76-84
Thompson, J. A.: The Book of Jeremiah. Grand Rapids 1980 (= The New International Commentary on the Old Testament)

Titzmann, M.: Strukturale Textanalyse: Theorie und Praxis der Interpretation. 3. Aufl., München 1993 (= UTB 582)

Todorov, T. (Ed.): Théorie de la littérature. Paris 1965

Tov, E.: L'incidence de la critique textuelle sur la critique littéraire dans le livre de Jérémie. In: RB 79 (1972), S. 189-199

- The Septuagint Translation of Jeremiah and Baruch. A Discussion of an early Revision of the LXX of Jeremiah 29-52 and Baruch in 1;1-3:8. Missoula 1976 (= HSM 8)

- Exegetical Notes on the Hebrew Vorlage of the LXX of Jeremiah 27 (34). In: ZAW 91 (1979), S. 73-93

- The Literary History of the Book of Jeremiah in the Light of its Textual History. In: J. H. Tigay (Ed.): Empirical Models for Biblical Criticism. Philadelphia 1985, S. 211-237

- Der Text der hebräischen Bibel. Handbuch der Textkritik. Stuttgart u.a. 1997

Trakl, G.: Dichtungen und Briefe. 3. Aufl., Salzburg 1974

Uehlinger, C.: Gab es eine Joschijanische Kultreform? Plädoyer für ein begründetes Minimum. In: W. Groß (Hg.): Jeremia und die „deuteronomistische Bewegung". Weinheim 1995 (= BBB 98), S. 57-89

Utzschneider, H.: Die Renaissance der alttestamentlichen Literaturwissenschaft und das Buch Exodus. Überlegungen zu Hermeneutik und Geschichte der Forschung. In: ZAW (1994), S. 197-223

Van Selms, A.: Telescoped Discussion as a Literary Device in Jeremiah. In: VT 26 (1976), S. 99-112

- 'Whate'er my God Ordains Is Right' - A Figure of Style in the Book of Jeremiah. In: Semitics 5 (1977), S. 1-8

Vanoni, G.: Beobachtungen zur deuteronomistischen Terminologie 2 Kön 23,25-25,30. In: N. Lohfink (Hg.): Das Deuteronomium. Entstehung, Gestalt und Botschaft. Leuven 1985 (= BEThL 73), S. 357-362

- Anspielungen und Zitate innerhalb der hebräischen Bibel. Am Beispiel von Dtn 4,29; Dtn 30,3 und Jer 29,13-14. In: W. Groß (Hg.): Jeremia und die „deuteronomistische Bewegung". Weinheim 1995 (= BBB 98), S. 383-395

Veijola, T.: Die Propheten und das Alter des Sabbatgebots. In: V. Fritz u.a. (Hg.): Prophet und Prophetenbuch. FS O. Kaiser. Berlin / New York 1989, S. 246- 264

Veijola, T. (Hg.): Das Deuteronomium und seine Querbeziehungen. Göttingen 1996

Vennemann, T.; J. Jacobs: Sprache und Grammatik. Darmstadt 1982 (= EdF 176)

Vermeylen, J.: Essai de Redaktionsgeschichte des „Confessions de Jérémie".
In: P.-M. Bogaert (Ed.): Le livre de Jérémie. Le Prophète et son milieu.
Les oracles et leur transmissions. Leuven 1981 (= BEThL 54), S. 239-270
- Jérémie. Le Prophète et le livre. In: EThL 58 (1982), S. 252-278
Vieweger, D.: Die Arbeit des jeremianischen Schülerkreises am Jeremiabuch
und deren Rezeption in der literarischen Überlieferung der Propheten-
schrift Ezechiels. In: BZ 32 (1988), S. 15-34
Volz, P.: Studien zum Text des Jeremia. Leipzig 1920 (= BZAW 25)

Waltke, B.; M. O´Connor: An Introduction to Biblical Hebrew Syntax.
Winona Lake 1990
Walton, J. H.: Vision Narrative Wordplay and Jeremiah XXIV. In: VT 39
(1989), S. 508-509
Wanke, G.: Untersuchungen zur sogenannten Baruchschrift. Berlin /
NewYork 1971 (= BZAW 122)
- Jeremia. Teilband 1: Jeremia 1,1-25,14. Zürich 1995 (= Zürcher
Bibelkommentare AT 20.1)
Weber, H.: Leopold Kronecker. In: Mathematische Annalen 43 (1893), S. 1-
25
Weinfeld, M.: Jeremiah and the Spiritual Metamorphosis of Israel. In: ZAW
88 (1976), S. 17-56
- Deuteronomy and the Deuteronomic School. Winona Lake 1992
- Ancient Near Eastern Patterns in Prophetic Literature. In: R. P. Gordon
(Ed.): „The Place is too small for us". The Israelite Prophets in Recent
Scholarship. Winona Lake 1995, S. 32-49
Weippert, H.: Die Prosareden des Jeremiabuches. Berlin/New York 1973 (=
BZAW 132)
- Der Beitrag außerbiblischer Texte zum Verständnis der Prosareden des
Jeremiabuches. In: P.-M. Bogaert (Ed.): Le livre de Jérémie. Le prophète
et son milieu. Les oracles et leur transmission. Leuven 1981 (= BEThL
54), S. 83-104
- Das deuteronomistische Geschichtswerk. Sein Ziel und Ende in der neueren
Forschung. In: ThR 50 (1985), S. 213-249
- Hieremias quadruplex. Vier neue Kommentare zum Jeremiabuch. In: ThRv
87 (1991), S. 177-188
- Schöpfer des Himmels und der Erde. Ein Beitrag zur Theologie des
Jeremiabuchs. Stuttgart 1991 (= SBS 102)
- Fern von Jerusalem. Die Exilsethik von Jer 29,5-7*. In: F. Hahn u.a. (Hg.):
Zion - Ort der Begegnung. FS L. Klein. Bodenheim 1993 (= BBB 90), S.
127-139
Weippert, M.: Die Bildsprache der neuassyrischen Prophetie. In: H. Weippert
u.a. (Hg.): Beiträge zur prophetischen Bildsprache in Israel und Assyrien.
Fribourg/Göttingen 1985 (= OBO 64), S.55-93

Weiser, A.: Der Prophet Jeremia. Göttingen,1952.1955 (= ATD 20.21)

Wellhausen, J.: Die Composition des Hexateuch und der historischen Bücher des Alten Testaments. 4. Aufl. Berlin 1963

Wells, R. D.jr.: Indications of Late Reinterpretation of the Jeremianic Traditions from the LXX of Jer 21,1-23,8. In: ZAW 96 (1984), S. 405-420

Welten, P.: Leiden und Leidenserfahrung im Buch Jeremia. In: ZThK 74 (1977), S. 123-155

Westermann, C.: Die Geschichtsbücher des Alten Testaments. Gab es ein deuteronomistisches Geschichtswerk? Gütersloh 1994 (= ThB 87)

Westermann, D. C.: Zur Erforschung und zum Verständnis der prophetischen Heilsworte. In: ZAW 98 (1986), S. 1-13

Whitley, C. F.: Carchemish and Jeremiah. In: L. G. Perdue; B. W. Kovacs (Ed.): A Prophet to the Nations. Essays in Jeremiah Studies. Winona Lake 1984, S. 163-173

Williams, M. J.: An Investigation of the Legitimacy of Source Distinction for the Prose Material in Jeremiah. In: JBL 112 (1993), S. 193-210

Williamson, H. G. M.: A Response to A. G. Auld. In: JSOT 27 (1983), S. 33-39

Willis, J. T.: Dialogue between Prophet and Audience as a Rethorical Device in the Book of Jeremiah. In:R. P. Gordon (Ed.) „The Place is too small for us". The Israelite Prophets in Recent Scholarship. Winona Lake 1995, S. 205-222

Wilson, R. R: Interpreting Israel's Religion: An Anthropological Perspective on the Problem of False Prophecy. In: R. P. Gordon (Ed.): „The Place is too small for us". The Israelite Prophets in Recent Scholarship. Winona Lake 1995, S. 332-344

Wolff, H. W.: Das Thema „Umkehr" in der alttestamentlichen Prophetie. In: ZThK 48 (1951), S. 129-148 (= ders.: Gesammelte Studien zum Alten Testament (TB 22), München 1964, S. 130-150)

- Das Kerygma des deuteronomistischen Geschichtswerkes. In: ZAW 64 (1952), S. 171-186

- Das Zitat im Prophetenspruch. In: ders.: Gesammelte Studien zum Alten Testament. München 1964 (=TB 22), S. 36-129

Wonneberger, R.: Redaktion. Studien zur Textfortschreibung im Alten Testament, entwickelt am Beispiel der Samuel-Überlieferung. Göttingen 1992 (= FRLANT 156)

Würthwein, E.: Das erste Buch der Könige. Kapitel 1-16. Göttingen 1977 (= ATD 11,1)

Wussing, H.; W. Arnold (Hg.): Biographien bedeutender Mathematiker. Eine Sammlung von Biographien. 2.Aufl., Darmstadt 1985

Žaba, Z.: Les Maximes de Ptahhotep. Prag 1956

Zima, P. V.: Literarische Ästhetik. Methoden und Modelle der Literatur-wissenschaft. 2. Aufl., Tübingen 1995 (= UTB 1590)

Zimmerli, W: Die kritische Infragestellung der Tradition durch die Prophetie. In: O. H. Steck (Hg:): Zu Tradition und Theologie im Alten Testament. Neukirchen-Vluyn 1978 (= BThSt 2), S. 57-86

- Frucht der Anfechtung des Propheten. In: J. Jeremias, L. Perlitt: Die Botschaft und die Boten. FS H.-W. Wolff. Neukirchen-Vluyn 1981, S. 131-146

- Visionary Experience in Jeremiah. In: R. Coggins u.a. (Ed.): Israel's prophetic Tradition. FS P. R. Ackroyd. Cambridge 1982, S. 95-118

- Vom Prophetenwort zum Prophetenbuch. In: ThLZ 104 (1979), Sp. 481-496

Abbildungen

Abbildung 1 Die 11. und 12. Maxime der Lehre des Ptahhotep.......... 25f

Abbildung 2 Lehre des Ptahhotep, Dévaud Nr. 187, in P und L₂........ 27

Abbildung 3 Elemente werkimmanenter und strukturaler Methoden in den Literaturwissenschaften...................................... 35

Abbildung 4 Text mit unterschiedlichen Schichten........................... 95

Abbildung 5 Text mit unterschiedlichen Schichten und einer literarischen Struktur.. 96

Abbildung 6 Vorkommen der Namen Jeremia, Zedekia, Baruch ben Nerija, Gedalja, Ismael ben Netanja in den Formen mit – ja und jahu... 114

Abbildung 7 Ergebnis von Fisher's exact test................................. 114

Abbildung 8 Distanzmatrix.. 118

Abbildung 9 Phrasenstruktur von Jer 28, 12..................................... 125

Abbildung 10 Clusteranalyse der Variablen zur Feststellung von Korrelationen.. 130

Abbildung 11 Analyse Nummer 19.. 132

Abbildung 12 Aufbau der Cluster in Analyse Nummer 19.................... 133

Abbildung 13 Übersicht über die Ergebnisse der Clusteranalysen....... 137

Abbildung 14 Subcluster: Jer 28,12-17; Jer 29,24-32; 1 Kön 13,1-10.. 139

Abbildung 15 Subcluster: 1 Kön 13,11-25; 1 Kön 13,26-32; 1 Kön 13,1-10.. 140

Abbildung 16 Subcluster: Jer 7,1-8,3; Ez 13,1-16............................. 141

Abbildung 17 Subcluster: Jer 27,16-22; Ez 13,17-23......................... 140

Abbildung 18 Häufigkeitsgruppen des alttestamentlichen Vokabulars in Jer 20,7-18.1-6; 29,24-32; 28,12-17........................... 147

Abbildung 19 Vertretung der häufigsten Wörter des AT in den Texten
Jer 20,7-18.1-6; 28,12-17; 29,24-32............................. 148

Abbildung 20 Verteilung der „seltenen Wörter" von Jer 20,7-18 im
AT.. 150f

Abbildung 21 Die „seltenen Wörter" von Jer 29,24-32 und Jer 28,12-
17 und ihre Verteilung im AT....................................... 153

Abbildung 22 In prädikativer Funktion verwendete Verben in Jer
28,12-17 und Jer 29,24-32.. 155

Abbildung 23 Test mit Ez 13,1-16, Ez 13*..................................... 169

Abbildung 24 Test mit Ez 13,1-16, Ez 13red.................................. 170

Abbildung 25 Test mit Ez 13,1-16, Ez 13*, Ez 13red..................... 170

Abbildung 26 Rohdaten... 198

Abbildung 27 Normierte Daten... 199

Abbildung 28 Analyse Nr 1, Single Linkage.................................... 200

Abbildung 29 Analyse Nr 2, Single Linkage.................................... 200

Abbildung 30 Analyse Nr 3, Single Linkage.................................... 201

Abbildung 31 Analyse Nr 4, Single Linkage.................................... 201

Abbildung 32 Analyse Nr 5, Single Linkage.................................... 202

Abbildung 33 Analyse Nr 6 , Ward-Verfahren................................. 203

Abbildung 34 Analyse Nr 7, Ward-Verfahren.................................. 203

Abbildung 35 Analyse Nr 8, Ward-Verfahren.................................. 204

Abbildung 36 Analyse Nr 9, Ward-Verfahren.................................. 204

Abbildung 37 Analyse Nr 10, Ward-Verfahren................................ 205

Abbildung 38 Analyse Nr 11, Ward-Verfahren................................ 205

Abbildung 39 Analyse Nr 12, Ward-Verfahren................................ 206

Abbildung 40 Analyse Nr 13, Ward-Verfahren................................ 206

Abbildung 41 Analyse Nr 14, Ward-Verfahren................................ 207

Abbildung 42 Analyse Nr 15, Ward-Verfahren................................ 207

Abbildung 43 Analyse Nr 16, Ward-Verfahren..................................... 208

Abbildung 44 Analyse Nr 17, Ward-Verfahren..................................... 208

Abbildung 45 Analyse Nr 18, Ward-Verfahren..................................... 209

Abbildung 46 Analyse Nr 19, Ward-Verfahren..................................... 209

Abbildung 47 Analyse Nr 20, Ward-Verfahren..................................... 210

Abbildung 48 Analyse Nr 21, Ward-Verfahren..................................... 210

Abbildung 49 Analyse Nr 22, Ward-Verfahren..................................... 211

Abbildung 50 Analyse Nr 23, Ward-Verfahren..................................... 211

Abbildung 51 Übersicht über direkte Verbindungen zwischen Texten

auf der untersten Stufe der Clusteranalysen................... 212ff

Register

Begriffe und antike Namen

ABCD-Theorie *50, 67, 110*
Accordance *121, 126, 180*
Adverbiale *56, 103, 107f, 123f, 129-131, 159f, 169f*
Ägypten *52*
Ahab *143, 145*
Aktantenkonstellation *54*
Ambivalenz *15, 44*
Amos *51, 64*
Antike *10, 31, 33, 39, 47f*
Apposition *56, 123, 130*
Äquivalenz *38, 47*
Artikel *89, 100, 105*
Attribute *56*
Ausreißer *122, 134, 140, 147, 188*
autonomes Kunstwerk *37*
Autor *7, 10, 13, 28, 36, 40, 50, 57, 59, 61, 63, 66f, 73-77, 80-82, 85-87 90-94, 98, 100f, 105, 108*
Autorenfragen *73f, 84f, 91, 93f, 128*
Autorenwechsel *15, 178*
Baruch ben Nerija *113-115*
Beth *129f, 159f*
Binomialverteilung *112, 129*
Bruch, literarischer *12, 14, 28, 64, 171, 178, 180*
Cercle linguistique de Prague *40*
chronistisch *190*
Chronologie *71, 187*
Circumstantien *108*
Cluster *118f, 121, 127, 130-133, 137-142, 158f, 167*
Codex Leningradensis *7, 172*
Constructusverbindung *56, 89, 103, 107f, 124*
cusum chart technique *81*
Daniel *111*

Daten *60, 70, 75, 77, 78, 82*
Datenerhebung *91, 117, 122f, 126, 189*
Datenmatrix *117*
Datensatz *91, 123, 178*
Deixis *185*
Dekonstruktion, dekonstruktivistisch *33, 35f, 42- 45, 183*
Dendrogramm *119, 120, 130f, 136, 138f, 168*
Dependenzgrammatik *107*
Determination *185*
Deuterojesaia *64*
Deuteronomismus , deuteronomistisch *10f, 50, 62, 66-72, 94, 97, 100, 134, 167, 176f, 190*
deutronomistisches Geschichtswerk *62*
Diktion *71*
Diskontinuität *12-16, 28, 71, 95-99, 171, 178, 180, 182, 187*
Diskriminanzanalyse *78, 116*
Distanzmaß *118, 121*
Djedefhor *24*
Dubletten *12, 13*
Editionsgeschichte *92*
effektive Merkmale *50, 54f, 60, 99, 101, 175, 177, 181, 189*
Ehebruch *144*
Einzelwörter *14, 93, 109*
Endfassung *145*
Endtext *9*
Entropie *79*
Entstehungsprozess *3*
Epochenstil *50, 52, 82, 106, 175*
Erra-Epos *23*
Erweiterungen *28, 56*
Esra *111, 151, 153*
Esther *111*

Explication du Texte *33*
Ezechiel *111, 140, 149, 152,154, 174*
Faktorenanalyse *129*
Fall *93, 101, 104, 105, 108-111, 114, 117f, 124, 129f, 135f, 140, 142, 142, 147, 155, 158, 160, 165, 171*
Falschprophetie *143-145*
Federalist Papers *74f, 91, 94*
Fisher's exact test *112-115, 189*
Formalismus *33, 34, 37, 39-43*
Formgeschichte *8*
Funktionalstil *50, 63*
Gattung *72, 87, 90, 97f, 186, siehe* Textsorte
Gedalja *113f*
Genesis *78, 79, 85-87, 90*
Grammatik, grammatisch *48, 52-55, 59, 89, 107, 135, 184, 189*
Hananja *112f, 123, 146*
Hapax Dislegomena *79*
Hapaxlegomena *78f, 83*
Häufigkeit *75, 83*
Hebräisch, hebräisch *51f, 54f, 87f, 94, 98, 102, 107f, 171, 184*
Hebraistik *55f,*
Herkunft *4, 9, 28, 50, 56f, 59, 61, 66, 70, 77f, 92, 95, 98f, 101, 106, 110, 120, 128, 135f, 138, 142, 156, 163, 168, 171, 173f, 177f, 180f, 183, 188, 190,*
Hermeneutik, hermeneutisch *31, 32, 34, 45*
Heterogenität *173*
historisch-kritisch *7,8*
Homogenität, homogen *12, 15, 28, 49f, 56f, 87, 94, 96, 99, 119, 122, 141, 158, 182-184*
Hosea *144*
ideologische Vorgaben *30*
Imhotep *24*
Imperativ *27*
Induvidualstil *50, 82, 87, 93*
Individuum *10, 51, 183*
Infinitive *88, 154*
Inhomogenität *13*
Integrität *14, 18, 20*
Intuition *98, 119*

Ismael ben Nethnanja *113*
Isotopie *161*
Jeremia *10, 13, 62f, 65, 67f, 70, 100, 110-114, 140, 143, 146, 155, 167*
Jeremiabuch *11, 14, 23, 50, 62-72, 96, 109-113, 117, 120, 134, 138, 144, 152, 167, 174, 176f*
Jeremiatexte *61f*
Jerobeam *163-166*
Jerusalem *13*
josianische Reform *68*
Kanon, kanonisch *8, 92*
Kanonformel *25*
Kongruenz *89*
Konjunktion *89, 103*
Konstanzer Schule *31*
Kontext *10, 15, 42, 44*
Kontrollkorpus *97, siehe* Referenzkorpus, Testkorpus, Textkorpus, Vergleichskorpus
Korrelationen, korreliert *122, 129f*
Kultur *42, 46, 54*
langue 26, 41, 53
Leserichtung *9, 14*
Lexem *103-105, 126, 176, 179*
Lexikon *53, 55, 104, 176, 184f*
Linguistik, linguistisch *32, 43, 55*
Literarkritik, literarkritisch *2, 4, 7-16, 28, 49f, 58-61, 66, 69, 71 -73, 76, 85f, 91f, 94f, 99, 106, 108, 112, 115-117, 119, 136, 142, 146, 156, 158f, 161, 165, 167f, 172-177, 179, 182, 187, 189*
Literatursprache *67*
Literaturtheorie *77*
Literaturwissenschaft *29-36, 39, 40, 44*
Makrostilistik, makrostilistisch *101, 186*
Masoreten, masoretisch *67, 88, 90, 93, 102, 111, 113*
Maxime *25-28*
Merkmal *14, 49, 50f, 54-58, 60, 64, 67, 69, 73, 77-80, 83, 87-91, 96-101, 104-108, 112, 115-117, 120, 123f, 126, 128-131, 134-137, 140-142, 158-160, 169f, 173-184, 184, 186-189*
Merkmalsatz *49, 50*
Metaphern *186*

Metrum, Metrik *29, 67f*
Micha *143, 149*
Mindestlänge *94, 96, 168, 175f*
Mittelägyptisch *52*
multivariate Methoden *57, 77, 79, 116, 121, 187*
Nahum *149*
Nebukadnezar *96, 109, 111, 143f*
Negativkomplement *27*
Nehemia *111, 151*
Nethanja *113*
New Criticism *33-40, 183*
Nomen, Nominalform *88f*
Nominalgruppe *103*
normieren *117, 126f, 160*
Objekt *27, 31f, 41, 54, 56, 103, 107*
OPOJaZ *39*
Orthographie, ortographisch *93, 111, 113, 115*
Papyrus Prisse *24-26*
parole 41, 53
Partizip *88, 104, 107, 154*
Personalstil *15,* siehe Indiviualstil
Phonem, phonetisch *87, 104*
Phraseologie, *50, 68, 70, 72, 97, 115, 176f*
Poesie, poetisch *19, 65-68, 70, 135*
Poetik *33, 38, 47f*
polysem *47*
Population *91, 112, 114f, 189f*
postdeuteronomistisch *10*
Poststrukturalismus *3, 31, 33, 35, 43f, 47*
Prädikat *56, 103, 107*
Pragmatik *47, 52-55*
Präposition *90, 103-106, 108, 123f, 126, 128-131, 148, 159f, 169f, 179-182, 185*
Pronomen *90*
Propheten *62, 65-68, 70, 110, 143, 145f, 156, 166f, 171f, 181*
Prophetie *61*
Prosa, prosaisch *19, 65-68, 70, 105, 135*
Psalmen *149*
Ptahhotep *23-28*
Quellen *59, 61, 64, 66, 70, 88, 110, 120*
Quellenscheidung *116*
Qumran *7, 90, 93*
Redaktion *9f, 14, 19, 21, 23, 69, 72, 134, 144f, 156f*

Redaktionsgeschichte *9, 24*
Redaktor *76, 178, 181f*
Referenz *41, 73*
Referenzkorpus *176, 183, 187, siehe* Kontrollkorpus, Textkorpus, Testkorpus, Vergleichskorpus
Reim *19, 67, 83*
Relation *38, 47, 54*
Rhetorik *33, 47f*
Rhythmus *17*
Rohdaten *117, 126, 160*
Sacharia *88, 91*
Satznukleus *102*
Schemaja *143, 145, 155*
Schicht *10-12, 20, 59f, 62, 72, 94-97, 99, 102, 108, 168f, 175, 177, 181*
Schriftprophetie *51*
segmentieren *94, 95, 98*
sekundäres modellierendes System *47, 53f, 58*
seltene Wörter *105, 126,130,135,152*
Semantik *46, 48, 52-54, 185*
Semiotik *31f, 34, 39, 41-43, 46*
Sichelverteilung *79*
Signifikant *41, 44f, 73*
signifikant *115, 159*
Signifikat *41*
Simpsons Index *79*
Single-Linkage *134f*
Sozialstil, Soziolekt *50, 87, 175*
Spannungen *12-14, 18, 28*
Spezialwörter *80*
Sprachgebrauch *61*
Sprachgestalt *29, 54, 92, 97, 100, 110*
SPSS *117f, 121, 126*
Standardabweichung *81, 102*
Statistik, statistisch *57, 59-61, 71, 74f, 78, 80, 91, 94, 102, 104, 116, 120, 156, 172*
Stil, stilistisch *12, 29, 47-50, 52f, 57, 59, 61, 68, 77f, 82*
Stilanalyse *12, 47, 51, 53*
Stilmerkmale *73*
Stilstatistik *2, 4, 61, 73f, 76, 79f*
Stiltheorie *53, 184*
Struktur *9, 14, 28, 32, 41, 43, 46, 99*
Strukturalismus *32, 34-43*
Subjekt *56, 103, 107*

Subjektivität *22, 33*
Syntagmen *55f, 103, 107f, 185*
Syntax, syntaktisch *13, 17, 46, 48, 52-55, 83, 93, 103f, 106, 185*
Tell-Dan-Inschrift *8*
Testkorpus *97,siehe* Referenzkorpus, Kontrollkorpus, Textkorpus, Vergleichskorpus
Textgeschichte *5, 7, 9, 16, 34, 69, 183*
Textgestalt *24*
Textgrammatik *13*
Textkorpus *12, 48, 57, 60-62, 76, 82, 92, 94, 100, 105f, 108, 120, 127f, 133f, 138, 140-142, 149, 154, 168, 173, 175, 182, 184-186, 189, siehe* Referenzkorpus, Testkorpus, Kontrollkorpus, Vergleichskorpus
Textkritik *8, 123*
Textlänge *93, 96, 106, 136, 148, 157, 177, 180, 187- 190*
Textlinguistik *43*
Textproduzenten *2*
Textsorte *8, 23, 50, 63, 76, 82, 86, 101f, 105f, 108, 110, 128, 135, siehe* Gattung
Texttheorie *30, 39, 48f*
Textüberlieferung *92f*
Textwissenschaft *5*
Traditionsgeschichte *8, 45*
Transitivität *107f*
Tritosacharja *51*
Type-Token-Verhältnis *79*
Uria *143*
Valenz *103, 107f*
Validität *12f*
Variabilität *185f*
Variablen *59f, 79, 90, 116f, 120, 122,*

126, 129f, 133, 136
Varianz *81*
Verb *88f, 103, 107f, 144, 154f, 162, 165, 171*
Verfasserschaft *14, 94, 100f, 110*
Verfasserwechsel *15f, 28*
Vergleichskorpus *82, 94, siehe:* Kontrollkorpus, Referenzkorpus, Testkorpus, Textkorpus
Vokabular *17, 79f, 93, 147f, 152, 154, 161, 165, 176*
Vokabularausschnitt *149, 152, 162f*
Vorlage *145, 156, 167*
vormasoretisch *89, 93, 102*
Wahrnehmung *14, 16f, 23, 28, 32, 38*
Ward-Verfahren *116, 119, 121f, 127, 129, 136*
Waring-Herdan-Modell *79*
Werkinterpretation *33-36, 39*
Worthäufigkeiten *61*
Wortklassen *79, 83, 185*
Wortlänge *79, 87f, 90*
Wortschatz *75, 104, 126, 135f, 142, 147, 152, 154, 158, 162*
Wortschatzumfang *104-106, 108, 130, 134-137*
Wortübergänge *90*
Yale-School *36*
Yule's K *79*
Zählregeln *60*
Zäsuren *14,19*
Zedekia *112, 114, 143, 145*
Zipf'sches Gesetz *79*
Zuschreibungsfragen *69, 79, 80, 84, 176, 182*
Zustimmungszwang *84*

Autorennamen

Agresti *112*
Alonso-Schökel *29*
Arnold/Detering *31f, 39-43, 45, 48, 53*
Arnold/Sinemus *30, 33*
Astruc *73*
Bachtin *32f, 41f, 46, 110*
Backhaus *116, 118, 121f, 129, 133*
Bacon *74*

Bartelmus *107*
Barthes *43, 45*
Bartholomew *88, 90*
Barthes *43,46*
Bayes *74f*
Bense *39*
Berlin *36-38*
Blau *65*

Bloom *36*
Bogaert *63*
Bogdal *30, 35, 39, 43*
Bricmont *46*
Brosius *118, 121f*
Brueggeman *63*
Bucher-Gillmayer *136*
Bühler *185*
Bühlmann/Scherer *29*
Burkard *24, 25*
Bußmann *54, 107*
Cantor *1*
Carroll *69f, 109, 144, 146*
Clark/Holquist *32, 41*
Collins *63*
Crenshaw *63*
Culler *36*
Curtius *39*
de Man *36, 44*
De Morgan *73, 83, 87*
de Saussure *41, 42*
Derrida *28, 34, 36, 43-46*
Dévaud *24- 27*
Domin *98*
Duhm *64- 66, 68, 70, 73, 143*
Eagleton *30, 36, 39, 40, 44*
Eco *2, 3, 43, 46f, 183*
Ehrlich *33*
Ejchenbaum *38, 40*
Enkvist *49*
Fohrer *13,14*
Foster *79, 81- 85, 91f, 97, 183*
Fritz *8*
Fucks *84*
Fühmann *13*
Fuhrmann *7*
Gabler *92*
Gadamer *31, 44*
Gardiner *27, 103*
Goethe *56, 105*
Greimas *43, 161*
Grübel *39, 41f*
Hamilton *74-76, 94*
Hardmeier *30, 143, 155*
Hartmannn *36*
Hatch/Farhady *80f*
Häusl *51, 100*
Hawthorn *39, 42*
Hegel *34, 44*
Hermisson *145*

Herrmann *62f, 66, 68*
Holladay *70*
Holmes *78f, 81, 89, 91*
Hornung *24*
House *24*
Huff *23, 80*
Huwyler *65*
Hyatt *68, 71,*
Ingarden *31*
Iser *31*
Jakobson *39, 40f*
Jauß *31*
Jay *75*
Jenni *51, 55, 105-107*
Jeremias *51, 144*
Jones *109*
Jost *9*
Joüon *55*
Kaiser *51*
Kant *2, 34*
Kayser *33, 35, 39*
Keel *164*
Kenny *76f, 81*
Kielland *19, 21*
Kimchi *180*
Koch *62*
König *24,29*
Kratz *86*
Kristeva *42, 45f*
Kronecker *1*
Lacan *43, 46*
Leskien-Lie/Leskien *19*
Lévi-Strauss *41, 43*
Lotman *38, 42f, 46f, 53, 55, 57, 66f, 69,*
100, 178, 185
Lullus *1*
Lust *140*
Luther *13, 51*
Madison *74-76, 94*
Mandelkern *180*
Mann *13*
Maren-Grisebach *30*
Mathesius *40*
McKane *10, 143, 146*
Mead *158, 162, 164, 166*
Medvedev *42*
Mendecki *140*
Mendenhall *74, 83*
Miller *36, 174*
Morson/Emerson *32, 41*

Morton 61, 79-81, 96, 154, 177
Mosteller/Wallace 61, 74-76, 78, 85, 91f,
97, 122
Mowinckel 10f, 50, 65-67, 70, 134, 177
Mukařovský 40f
Münderlein 145
Nethöfel 45
Neumann 44, 78f
Nicholson 10f, 69
Nietzsche 34, 44
Noth 62, 156, 164
Nyberg 52, 93
Paffenroth 76-78
Peirce 41, 42
Pieper 74
Pohlmann 168-171
Portnoy/Petersen 86, 88, 90
Propp 40
Pugliese 5
Radday 78, 84-91, 97, 101f, 121
Rashi 180
Renz/Röllig 52
Richter 13, 51, 55f, 88, 107f
Ricœur 3, 31
Romesburg 116-119, 121, 129
Rosenberg/Hochberg 180
Rusterholz 31f, 43f
Rudolph 67f, 109-112, 115, 117, 120, 146
Sanders 49
Sandig 52
Schmid 23
Schmidt 30
Schopenhauer 57
Schreiner 109, 121, 144, 146
Schwarz 30, 43
Schweizer 14, 51, 54, 185
Seidl 51, 100, 184
Sellin 86

Shakespeare 74, 82-84, 92- 94, 101
Shute 82
Šklovskij 40
Skram 21
Smend 13
Sokal 46
Sowinski 49
Spieckermann 13, 157
Spillner 48, 53
Steck 9, 12f, 34, 51
Stipp 8, 10f, 52, 62, 71f, 94, 102, 111,
124, 174, 176f, 179-181
Strachey 82
Tegtmeyer 45f
Tesnière 55, 107
Thiel 10f, 61f, 68f, 71f, 109, 134, 143,
145f, 172
Todorov 3, 36-38
Tov 90
Trakl 16-19
Tynjanov 38, 40
v. Polenz 51, 107
v. Soden 23
Vieweger 140
Vinogradov 40
Waltke/O'Connor 55
Weinfeld 176
Weippert 50, 61, 63, 65, 70f, 98
Weiser 109f
Weitzman 90
Wellhausen 60, 86, 182
Westermann 176
Wickmann 85, 88, 90
Wonneberger 157
Würthwein 156, 166f
Žaba 24f, 27
Zima 30f, 34, 37, 39, 41, 43f, 161, 183

Bibelstellen

Genesis
12-27; 87
20-50 ;87
27-50 ;87
38,24 ;144

Leviticus
21,9; 144

Deuteronomium
4, 2; 25
13, 6; 146, 155

1 Könige
13; 62, 158, 174f, 177, 179, 180, 182
13, 1-32; 164

13, 1-10; *117, 123, 132, 137-140, 158,*
161-163, 165, 167f
13, 2; *157*
13, 4b; *162*
13, 8b.9; *162*
13, 11-25; *161-163, 165*
13, 11-18; *123, 127, 132, 138-141, 157,*
169
13, 16f; *162,165*
13, 17.18.22.23; *162*
13, 19-25; *123, 127, 132, 138f, 158, 169*
13, 21; *165*
13, 22; *165*
13, 26-32; *123, 132, 138-141, 159-161,*
165, 168, 174, 181
13, 28; *164*
13, 33; *166*
13, 24.25.28.31; *181*
14, 11; *164*
20; *180*
20,35-43; *177*

   20, 35f; *164, 177, 179, 181*

2 Könige
111, 153
17,25ff; *164f, 177, 179, 182*
18, 30; *155*
23; *157, 162f, 166*
23, 15; *157*
24,18ff; *65*

Jesaia
36,15; *155*

Jeremia
3, 8; *144*
5, 5f; *164, 179, 182*
5, 7; *144*
 7, 1 – 8, 3; *11, 62, 123, 128, 132, 134,*
137-141, 167,169f 174, 176
9, 1; *144*
1-45; *65*
20; *63, 123, 134, 147f, 150*
20, 1-6; *123, 134f, 147, 152, 156*
20, 7-18; *123, 134f, 147-149, 152*
23, 10; *144*
23, 14; *144*
26-29; *62, 134f*

26; *10, 11, 113, 134, 138, 172, 174*
26, 1-9; *123, 127, 132, 138, 141, 168*
26,10-16; *123, 127, 132, 138, 168, 174*
26, 17-22; *138*
26, 17-19; *123, 127-129*
26, 20-23; *123, 1287-129*
27-29; *109-113*
27; *109-111, 115, 117, 123, 132, 134,*
137, 140f, 174
27, 1-11; *132, 134, 138, 141, 168*
27, 1; *109*
27, 6; *111*
27, 12-15; *123, 129*
27, 16-22; *123, 132, 138, 140f, 169*
28; *110, 113, 134, 145, 174*
28, 7-18; *135*
28, 1-11; *123, 128, 132, 138, 141, 168*
28,5ff; *109*
28,11; *146*
28, 12-17; *123, 128, 132, 138f, 141f,*
146-148, 152f, 155, 167, 169, 174
28,12; *123f*
28, 13f; *146*
28,15; *155*
28,16b; *146*
28, 17; *146*
28, 25; *155*
28,28; *155*
29; *110, 113, 143f*
29, 1-23; *134*
29, 1-3; *123, 129*
29, 1; *109*
29, 4-9; *123, 129*
29, 5-7; *156*
29, 10-14; *123, 129*
29, 16- 20; *123, 129*
29, 21-23; *123, 129*
29, 21; *109*
29, 23; *144*
29,24-32; *123, 132, 134, 138-142, 144,*
146-148, 152f, 155f, 167f, 174
29, 25-28; *156*
29, 31; *155*
29, 32; *146*
30f ;*66, 67*
32; *113*
35-41; *113*
40, 8; *113*
41, 9; *113*
46-52; *65*

Ezechiel
13; *63, 174*
13, 1-16; *123, 128, 132, 138, 140f, 168-170*
13, 1red; *168, 171*
13, 1*; *168, 170f,*
13, 17- 23; *123, 132, 135, 138, 140f, 168, 170*

Psalmen
22, 10; *155*

Hiob
3, 20; *15*

Proverbien
27, 6.8; *15*

2 Chronik
111

Nehemia
111

Beihefte zur Zeitschrift für die alttestamentliche Wissenschaft

ERNST-JOACHIM WASCHKE: **Der Gesalbte.** Studien zur alttestamentlichen Theologie. X, 339 S. 2001. Band 306

WALTER GROSS: **Doppelt besetztes Vorfeld.** Syntaktische, pragmatische und übersetzungstechnische Studien zum althebräischen Verbalsatz. XIV, 347 S. 2001. Band 305

CHRISTINE ROY YODER: **Wisdom as a Woman of Substance.** A Socioeconomic Reading of Proverbs 1-9 and 31:10-31. XIII, 165 S. 2001. Band 304

ETAN LEVINE: **Heaven and Earth, Law and Love.** Studies in Biblical Thought. XI, 242 S. 2000. Band 303

HOLGER DELKURT: **Sacharjas Nachtgesichte.** Zur Aufnahme und Abwandlung prophetischer Traditionen. VIII, 364 S. 2000. Band 302

JACQUELINE E. LAPSLEY: **Can These Bones Live?** The Problem of the Moral Self in the Book of Ezekiel. XI, 208 S. 2000. Band 301

Schriftauslegung in der Schrift. Festschrift für Odil Hannes Steck zu seinem 65. Geburtstag. Hrsg. v. Kratz, Reinhard G. / Krüger, Thomas / Schmid, Konrad. VIII, 352 S. 2000. Band 300

URSEL WICKE-REUTER: **Göttliche Providenz und menschliche Verantwortung bei Ben Sira und in der Frühen Stoa.** XII, 338 S. 2000. Band 298

JOCHEN NENTEL: **Trägerschaft und Intentionen des deuteronomistischen Geschichtswerks.** Untersuchungen zu den Reflexionsreden Jos 1;23;24, 1 Sam 12 und 1 Kön 8. XV, 338 S. 2000. Band 297

Gerechtigkeit und Leben im hellenistischen Zeitalter. Symposium anläßlich des 75. Geburtstags von Otto Kaiser. Hrsg. v. Jeremias, Jörg. VII, 116 S. 2001. Band 296

DIRK SCHWIDERSKI: **Handbuch des nordwestsemitischen Briefformulars.** Ein Beitrag zur Echtheitsfrage der aramäischen Briefe des Esrabuches. XIII, 420 S. 2000. Band 295

Rethinking the Foundations. Historiography in the Ancient World and in the Bible. Essays in Honour of John Van Seters. Ed. by McKenzie, Steven L. / Römer, Thomas. XIII, 304 S. 2000. Band 294

TODD A. GOOCH: **The Numinous and Modernity.** An Interpretation of Rudolf Otto's Philosophy of Religion. VIII, 233 S. 2000. Band 293

ARMIN SCHMITT: **Der Gegenwart verpflichtet.** Studien zur biblischen Literatur des Frühjudentums. Hrsg. v. Wagner, Christian. VIII, 328 S. 2000. Band 292

ACHIM MÜLLER: **Proverbien 1–9.** Der Weisheit neue Kleider. IX, 356 S. 2000. Band 291

Beihefte zur Zeitschrift für die alttestamentliche Wissenschaft

AULIKKI NAHKOLA: **Double Narratives in the Old Testament.** The Foundations of Method in Biblical Criticism. XII, 226 S. 2001. Band 290

PIERRE AUFFRET: **Là montent les tribus.** Etude structurelle de la collection des Psaumes des Montées, d'Ex 15,1-18 et des rapports entre eux. XIV, 301 S. 1999. Band 298

KARL WILLIAM WEYDE: **Prophecy and Teaching.** Prophetic Authority, Form Problems, and the Use of Traditions in the Book of Malachi. XVII, 455 S. 2000. Band 288

THILO ALEXANDER RUDNIG: **Heilig und Profan.** Redaktionskritische Studien zu Ez 40-48. XII, 411 S. 2000. Band 287

TILMANN ZIMMER: **Zwischen Tod und Lebensglück.** Eine Untersuchung zur Anthropologie Kohelets. VIII, 277 S. 1999. Band 286

CORINNA KÖRTING: **Der Schall des Schofar.** Israels Feste im Herbst. XII, 389 S. 1999. Band 285

ECKART OTTO: **Das Deuteronomium.** Politische Theologie und Rechtsform in Juda und Assyrien. X, 432 S. 1999. Band 284

JOSÉ E. RAMÍREZ KIDD: **Alterity and Identity in Israel.** The "ger" in the Old Testament. XI, 187 S. 1999. Band 283

CHRISTIAN WAGNER: **Die Septuaginta-Hapaxlegomena im Buch Jesus Sirach.** Untersuchungen zu Wortwahl und Wortbildung unter besonderer Berücksichtigung des textkritischen und übersetzungstechnischen Aspekts. XVI, 428 S. 1999. Band 282

MARTIN BECK: **Elia und die Monolatrie.** Ein Beitrag zur religionsgeschichtlichen Rückfrage nach dem vorschriftprophetischen Jahwe-Glauben. X, 322 S. 1999. Band 281

MARTINA KEPPER: **Hellenistische Bildung im Buch der Weisheit.** Studien zur Sprachgestalt und Theologie der Sapientia Salomonis. X, 233 S. 1999. Band 280

PAUL HEGER: **The Three Biblical Altar Laws.** Developments in the Sacrificial Cult in Practice and Theology. Political and Economic Background. XI, 463 S. 1999. Band 279

Mythos im Alten Testament und seiner Umwelt. Festschrift für Hans-Peter Müller zum 65. Geburtstag. Hrsg. v. Lange, Armin / Lichtenberger, Hermann / Römheld, Diethard. VIII, 309 S. 1999. Band 278

MARK J. BODA: **Praying the Tradition.** The Origin and the Use of Tradition in Nehemiah 9. XIII, 284 S. 1999. Band 277